Interreligiöse Theologie

T V Z

Beiträge zu einer Theologie der Religionen 11

Herausgegeben von Reinhold Bernhardt

In der Reihe «Beiträge zu einer Theologie der Religionen» (BThR) bereits erschienen:

I. Reinhold Bernhardt / Perry Schmidt-Leukel (Hg.): Kriterien interreligiöser Urteilsbildung, 2005.

II. Reinhold Bernhardt: Ende des Dialogs? Die Begegnung der Religionen und ihre theologische Reflexion, 2006.

III. Reinhold Bernhardt / Thomas Kuhn (Hg.): Religionsfreiheit. Schweizerische Perspektiven, 2007.

IV. Uwe Gerber: Wie überlebt das Christentum? Religiöse Erfahrungen und Deutungen im 21. Jahrhundert, 2008.

V. Reinhold Bernhardt / Perry Schmidt-Leukel (Hg.): Multiple religiöse Identität. Aus verschiedenen religiösen Traditionen schöpfen, 2008.

VI. Bernhard Nitsche: Gott – Welt – Mensch. Raimon Panikkars Denken – Paradigma für eine Theologie in interreligiöser Perspektive?, 2008.

VII. Reinhold Bernhardt / Klaus von Stosch (Hg.): Komparative Theologie. Interreligiöse Vergleiche als Weg der Religionstheologie, 2009.

VIII. Mathias Tanner / Felix Müller / Frank Mathwig / Wolfgang Lienemann (Hg): Streit um das Minarett. Zusammenleben in der religiös pluralistischen Gesellschaft, 2009.

IX. Sung Ryul Kim: Gott in und über den Religionen. Auseinandersetzung mit der «pluralistischen Religionstheologie» und das Problem des Synkretismus, 2010.

X. Walter Dietrich / Wolfgang Lienemann (Hg): Religionen, Wahrheitsansprüche, Konflikte. Theologische Perspektiven, 2010.

Interreligiöse Theologie

Chancen und Probleme

herausgegeben von
Reinhold Bernhardt und Perry Schmidt-Leukel

T V Z
Theologischer Verlag Zürich

Bibliografische Informationen der Deutschen Nationalbibliothek
Die Deutsche Nationalbibliothek verzeichnet diese Publikation in der Deutschen Nationalbibliografie; detaillierte bibliografische Daten sind im Internet über http://dnb.d-nb.de abrufbar.

Umschlaggestaltung
Simone Ackermann, Zürich

Druck
ROSCH-BUCH GmbH, Scheßlitz

ISBN 978-3-290-17718-8

www.tvz-verlag.ch

Inhaltsverzeichnis

Reinhold Bernhardt / Perry Schmidt-Leukel
Einleitung 7

I. TEIL
SYSTEMATISCHE UND METHODOLOGISCHE ASPEKTE

Perry Schmidt-Leukel
Interreligiöse Theologie und die Theologie der Zukunft 23

Reinhold Bernhardt
Theologie zwischen Bekenntnisbindung und universalem Horizont.
Überlegungen zum Format einer «interreligiösen Theologie» 43

Sigrid Rettenbacher
Interreligiöse Theologie – postkolonial gelesen 67

Ulrich Dehn
Interreligiöse Theologie als religiöse Kommunikationstheorie 113

Marianne Moyaert
Unangemessenes Verhalten? Über den rituellen Kern von Religion
und die Grenzen interreligiöser Gastfreundschaft 129

II. TEIL
KONKRETIONEN

Catherine Cornille
Interreligiöse Theologie und die Bescheidenheit des Ortes 161

Anja Middelbeck-Varwick
Das Verständnis von Kirche vor der Herausforderung «Interreligiöser Theologie» ... 181

Michael Hüttenhoff
«Allein mag wandern man dem Nashorn gleich ...»? Ein Beitrag zu einer komparativ-theologischen Ethik der Freundschaft ... 209

Wolfgang Gantke
Religion und Leben. Die Verflochtenheit von interkultureller Religionswissenschaft und interreligiöser Theologie am Beispiel einer kulturübergreifenden Lebensphilosophie. ... 235

Werner Ustorf
Ted Strehlows religiöse Identitäten. Ein Interpretationsversuch ... 255

Michael von Brück
Globalisierte Welterfahrung und die Rationalität der transrationalen religiösen Praxis. Warum ich so denke, wie ich denke. Autobiographische Skizzen ... 271

Die Autorinnen und Autoren ... 291

Personenregister ... 293

Reinhold Bernhardt / Perry Schmidt-Leukel

Einleitung

Seit Beginn des 21. Jahrhunderts mehren sich im europäischen, besonders auch im deutschsprachigen Raum Stimmen, die für den zukünftigen Kurs theologischer Arbeit eine interkulturelle wie interreligiöse Ausrichtung fordern. «Die Perspektive theologischer Lehre und Forschung muss heute eine *globale* sein» schreibt Franz Gmainer-Pranzl, Leiter des Zentrums *Theologie Interkulturell und Studium der Religionen* der Universität Salzburg.[1] Nach Thomas Schreijäck, Vorsitzender von *Theologie Interkulturell* an der Universität Frankfurt a. M., ist der «interkulturelle und interreligiöse Dialog auf wissenschaftlicher wie auf lebenspraktischer Ebene [...] ein Gebot der Stunde».[2]

Angesichts der kulturellen Vielfalt kann sich eine Theologie mit universalem Horizont nur als interkulturelle Theologie vollziehen. Und angesichts der Tatsache, dass Religionen mit Kulturen verflochten sind, führt interkulturelle Theologie unvermeidlich zu einer interreligiösen Theologie. Wie eine solche interreligiöse Theologie aber zu konzipieren und zu praktizieren ist, darüber gehen die Auffassungen auseinander. In diesem Band sollen verschiedene Zugänge zu einer interreligiösen Theologie zur Darstellung kommen, wobei im ersten Teil grundlegende Fragen im Vordergrund stehen und im zweiten Teil Konkretionen vorgestellt werden.

Als Perry Schmidt-Leukel in seiner Münsteraner Antrittsvorlesung programmatisch von «interkultureller Theologie als interreligiöser Theologie» sprach[3], griff er damit auf ein Postulat zurück, das bereits 1987 Richard Friedli, einer der Pioniere der interkulturellen Theologie, aufge-

---

1 F. Gmainer-Pranzl: Welt-Theologie. Verantwortung des christlichen Glaubens in globaler Perspektive, in: Interkulturelle Theologie. Zeitschrift für Missionswissenschaft 38 (2012), 408–433, 408. Hervorhebung im Original.

2 So in seinem Geleitwort zu dem angesichts des 20-Jahre-Jubiläums von «Theologie Interkulturell» von ihm herausgegebenen Sammelband: Theologie Interkulturell. Glaubenskommunikation in einer gewandelten Welt, Paderborn 2009, 7.

3 P. Schmidt-Leukel: Interkulturelle Theologie als interreligiöse Theologie, in: EvTh 71 (2011), 4–16.

stellt hatte: «Die christliche interkulturelle Theologie öffnet sich […] auf eine wachsende *interreligiöse Theologie*».[4]

Interkulturelle und interreligiöse Theologie lässt sich nach Auffassung ihrer Befürworter nicht auf einen thematischen Teilbereich bzw. auf eine einzelne theologischen Disziplin, wie etwa die sich im Aufwind befindende «Interkulturelle Theologie», eingrenzen.[5] Vielmehr geht es hierbei, so nochmals Gmainer-Pranzl, «um eine Haltung, aus der *jegliche* Theologie getrieben wird».[6] Sehr deutlich konstatiert dies auch Hans-Martin Barth, der im deutschsprachigen Raum als Erster den Versuch unternommen hat, christliche – oder genauer: evangelische – Dogmatik «im Kontext der Weltreligionen» zu reflektieren.[7] So spricht Barth davon, dass heute «[e]in anderer Stil von dogmatischem Denken […] eingeübt werden [muss]».[8] Dabei gehe es um eine Dogmatik, die sich gleichermaßen «im ökumenischen Gespräch, im interreligiösen Dialog, in der Auseinandersetzung mit säkularem Denken» profiliert.[9] Zur weiteren Charakterisierung der globalen interreligiösen Dimension dieses neuen Stils verwendet Barth gar das «utopische» Bild von einem «Konzil der Religionen […], zu dessen Zustandekommen interreligiös orientierte Dogmatiken einzelner Religionen einen Beitrag zu leisten in der Lage wären.»[10]

Verstanden als Haltung und Stil bleibt interreligiöse theologische Arbeit rückgebunden an den konkreten Dialog. Sie wird hierdurch, so legt

---

4 R. Friedli: Art.: Interkulturelle Theologie, in: K. Müller / T. Sundermeier (Hg.): Lexikon missionstheologischer Grundbegriffe, Berlin 1987, 181–185, 182.

5 «Interkulturelle Theologie» ist als Fach inzwischen in mehreren Rahmenordnungen zum Studium Evangelischer Theologie als verbindliche Disziplin fest verankert. 2011 erschienen dementsprechend hierzu die drei ersten als Lehrbücher konzipierten Einführungen in deutscher Sprache: K. Hock: Einführung in die Interkulturelle Theologie, Darmstadt 2011; V. Küster: Einführung in die Interkulturelle Theologie, Göttingen 2011; H. Wrogemann: Interkulturelle Theologie und Hermeneutik. Grundfragen, aktuelle Beispiele, theoretische Perspektiven, Gütersloh 2012.

6 Gmainer-Pranzl: Welt-Theologie (siehe Anm.1), 423.

7 H.-M. Barth: Dogmatik. Evangelischer Glaube im Kontext der Weltreligionen, Gütersloh 2001.

8 Ders.: Dogmatik zwischen den Stühlen? Dogmatisches Denken zwischen Ökumene und interreligiösem Dialog, in: KuD 58 (2012), 198–212, 211.

9 A.a.O., 211.

10 A.a.O., 200.

es ja auch Barths Bild vom Konzils nahe, zu einer «kollaborativen Theologie», wie es Linda Hogan und John May ausgedrückt haben: Eine theologische Arbeitsweise, in deren Verlauf «Vertreter unterschiedlicher Religionen ihre ererbten Ressourcen *gemeinsam* nutzen und dabei zugleich die Methode einer solchen Vorgehensweise erarbeiten.» Der «Raum für eine solche Zusammenarbeit» – prophezeien Hogan und May – sei «beinahe grenzenlos».[11]

Konkrete Beispiele solch interreligiöser theologischer Zusammenarbeit finden sich vor allem dort, wo die interreligiöse Begegnung in ein fortgeschrittenes Stadium eingetreten ist. Beispielsweise veranstaltete die US-amerikanischen «Society for Buddhist-Christian Studies» auf ihrer Jahrestagung am 30 Oktober 2010 ein Panel zu der Frage: «Können/sollen Buddhisten und Christen gemeinsam Theologie/Buddhologie treiben?» Die Antworten der vier Panel-Teilnehmer (die beiden Buddhisten John Makransky und Grace Burford und die beiden Christen Amos Yong und Wendy Farley) fielen – wenn auch teilweise mit Vorbehalten – positiv aus.[12] «Meine Antwort lautet ja» – schreibt der pentekostale Theologe A. Yong – «aufgrund der Ermächtigung des göttlichen Geistes, der uns in die Lage versetzt, viele fremde und neue Stimmen (innerhalb wie außerhalb der christlichen Tradition) zu hören, viele unbekannte Zungen (aus nah und fern) zu verstehen und zu deuten und viele überraschende und unerwartete Formen einladender und heilshafter Praxis zu erleben.»[13]

Als weiteres Beispiel sei hier auf die unter dem Titel «Episteme der Theologie interreligiös» durchgeführte und vom Orient-Institut Beirut initiierte Reihe christlich-islamischer Tagungen verwiesen.[14] Bei diesem

---

11 L. Hogan / J. D'Arcy May: Interkulturelle, interreligiöse und öffentliche Theologie: Visionen der Ökumene, in: Concilium 47 (2011), 58–69, 64.

12 «Can/Should Buddhists and Christians Do Theology/Buddhology Together?» Vgl. hierzu die Beiträge in: Buddhist-Christian Studies 31 (2011), 103–157.

13 A. Yong: On Doing Theology and Buddhology. A spectrum of Christian Proposals, in: Buddhist-Christian Studies 31 (2011), 103–118, 114f (Übers. P. Schmidt-Leukel).

14 Für die Beiträge der ersten Tagung (2011) vgl. S. Leder (Hg.): Schrift, Tradition und Dogma, Beirut 2012, online unter: http://kw.uni-paderborn.de/fileadmin/kw/institute-einrichtungen/zekk/Episteme_der_Theologie_interreligioes/Episteme_desktop_2012_12_11.pdf (20.02.12).

Projekt, so Stefan Leder, gehe es darum, «auf der Grundlage der Unterschiedlichkeit eigene Denkweisen zu artikulieren und zu reflektieren, andere Denkweisen zu verstehen und die epistemologischen Grundlagen der Theologien zu diskutieren.» «Dabei», so Leder weiter, «mag es gelingen, eine Dynamik des gemeinsamen Denkens zu entfalten.»[15]

Besonders weit fortgeschritten ist die interreligiös angelegte theologische Arbeit in der «Komparativen Theologie».[16] Die Arbeitsgruppe «Komparative Theologie» bei der American Academy of Religion (AAR) spricht denn auch explizit von Komparativer Theologie als interreligiöser Theologie: «Wie jede andere Theologie, versteht sich auch die komparative (interreligiöse) Theologie primär als fides quaerens intellectum, als Glaube, der zum Verstehen drängt [...] Eine Theologie, die komparativ vorgeht, schenkt ihre Aufmerksamkeit parallelen theologischen Dimensionen einer oder mehrerer anderer religiöser oder theologischer Traditionen, wodurch Glaube und Glaubenspraxis untersucht und transformiert werden.»[17]

So urteilt Norbert Hintersteiner mit Blick auf die Komparative Theologie: «Eine solche Theologie ist vergleichend (komparativ), interreligiös und dialogisch. Theologen sind auf diese Weise sowohl anderen religiösen Traditionen als auch ihrer eigenen verpflichtet.»[18] Sie bewegen sich, so Hintersteiner, «in zunehmendem Maß innerhalb eines weiteren theo-

---

15 S. Leder: Vorrede zur Konferenz in Wittenberg, Stiftung Leucorea, in: a.a.O., 5–8, 6.

16 Vgl. hierzu F. X. Clooney: Comparative Theology. Deep Lerning Across Religious Borders, Chichester 2010, sowie die Beiträge in: R. Bernhardt / K. v. Stosch (Hg.): Komparative Theologie. Interreligiöse Vergleiche als Weg der Religionstheologie, Zürich 2009, und F. X. Clooney (Hg.): The New Comparative Theology. Interreligious Insights from the Next Generation, London 2010.

17 F. X. Clooney: Erklärung der Arbeitsgruppe «Komparative Theologie» der American Academy of Religion (AAR), in: SaThZ 11 (2007), 140–152, 142. Vgl. das englische Original *Statement for the Comparative Theology Group for the AAR*, Nr. II.1. unter www.aarweb.org/upfiles/PUCS2007/AARPU145/CTGroupAAR.doc.

18 N. Hintersteiner: «Found in Translation»: Von der Weltmission zum interreligiösen Zeugnis. Zukunftsperspektiven der Missionswissenschaft, in: Concilium 47 (2011), 70–79, 75.

logischen Horizonts und innerhalb einer theologischen Gemeinschaft [...], die sich über religiöse Grenzen hinweg ausdehnt».[19]

Genau damit ist jedoch die spannungsreiche Frage nach dem Verhältnis zwischen der konfessionellen bzw. religionsspezifischen Rückbindung dessen, der Theologie treibt, und der darüer hinausgehenden Orientierung interreligiöser Theologie aufgeworfen – eine Spannung, die sich auch in den Diskussionen des hier vorgelegten Bandes widerspiegelt. Klaus von Stosch hat es gar als Schlüsselfrage «Komparativer Theologie» bezeichnet, ob es sich hierbei um «einen anderen Begriff für Welt-, globale oder interreligiöse Theologie handelt oder stattdessen um eine Strömung innerhalb konfessioneller Theologie bzw. Theologien».[20] Von Stosch selbst steht der ersten Alternative skeptisch gegenüber. Er versteht darunter den «unmöglichen» Versuch, «alle Sprachspiele in ein einziges Referenzsystem zu integrieren».[21] Das ist allerdings nicht die einzige Möglichkeit, globale oder interreligiöse Theologie zu konzipieren. Die Integration anderer Perspektiven muss nicht so verstanden werden, dass dabei die wohl tatsächlich illusorische Aufhebung in einer einzigen Metaperspektive angezielt ist, sondern kann als Entfaltung und Interaktion der je eigenen religiösen Selbstverständnisse im Kontext des interreligiösen Diskurses gedacht werden. Keine Perspektive ist dabei apriori ausgeschlossen.

Wie immer das Spannungsverhältnis zwischen konfessioneller Herkunft und religionsdialogischer Orientierung im Einzelnen gelöst wird, so setzt interreligiöse Theologie in jedem Fall die Annahme voraus, dass theologisch relevante Wahrheitserkenntnis nicht auf die eigene religiöse Tradition oder Konfession begrenzt ist. Gerade die eigene konfessionelle Tradition kann diese Voraussetzung stützen.[22] Nur unter der Vorausset-

---

19 A.a.O., 76. Vgl. hierzu auch die Beiträge in N. Hintersteiner (Hg.): Thinking the Divine in Interreligious Encounter, Amsterdam / New York 2012.

20 «The key question [...] is whether comparative theology is another term for world, global or interreligious theology, or instead a movement within confessional theology / theologies?» K. von Stosch: Confessional Theology as Liberal and Confessional Theology, in: Religions 3 (2012), 983–992.

21 «The problem with this idea of a globalized theology or philosophy [...] is that it ignores the impossibility of translating all language games into onc system of reference.» A.a.O., 985f.

22 So zutreffend Rose Drew: «If one studies another tradition with a theological interest in truth, then it is presumably because one's confessional per-

zung, dass theologisch relevante Wahrheitserkenntnis nicht auf die eigene Konfession oder Religion begrenzt ist, so Reinhold Bernhardt, ist das Projekt «Komparativer Theologie» überhaupt möglich.[23] Und: «Interreligiöse Begegnungen sind das Mittel, diese Wahrheit zu entdecken.»[24]

Auf dem Hintergrund solcher theologischen Entwicklungen luden die Herausgeber dieses Bandes TheologInnen und ReligionswissenschaftlerInnen, die sich eine Expertise auf dem Gebiet der interreligiösen Thelogie erworben haben, zu einer Fachtagung im November 2012 nach Augst bei Basel ein. Es wurden keine Themen vorgegeben, sondern die folgenden sechs Thesen vorgelegt, die im Sinne einer Diskussionsgrundlage das Konzept interreligiöser Theologie zu umschreiben versuchen:

«1. *Interreligiöse Theologie* bezeichnet jene Form theologischer Arbeit, bei der theologische Fragen nicht nur auf der Basis der christlichen Tradition, sondern in Bezugnahme auf andere religiöse Traditionen gestellt und diskutiert werden. Der Begriff lässt sich auch anwenden auf analoge Formen bzw. Entwicklungen der theologischen Reflexion innerhalb anderer religiöser Traditionen.

2. *Interreligiöse Theologie* bündelt wesentliche Entwicklungen religionsbezogener Arbeit innerhalb der christlichen Theologie. In den letzten 50 Jahren haben sich verschiedene Bereiche von Theologie entwickelt, die sich mit nichtchristlichen Religionen auseinandersetzen, wie z.B. Interkulturelle/Kontextuelle Theologie, Reflexion des interreligiösen Dialogs, Theologie der Religionen, Systematische Theologie im Horizont der Religionen, Komparative Theologie, Interreligiöse Feministische Theologie. *Interreligiöse Theologie* führt die Entwicklungen innerhalb dieser Teilbereiche integrierend zusammen.

3. *Interreligiöse Theologie* ist gekennzeichnet durch die doppelte Bewegung eines «give and take»: Sie durchforstet – von wissenschaftlich-theologischer und existentieller Neugier getrieben – andere religiöse Traditio-

spective gives one reason to see that tradition as a potential source of truth and value.» R. Drew: Challenging Truths: Reflections on the Theological Dimension of Comparative Theology, in: Religions 3 (2012), 1041–1053, 1043.

23 «Only on this epistemological premise the project of CTh is possible». R. Bernhardt: Comparative Theology: Between Theology and Religious Studies, Religions 3 (2012), 964–972, 967.

24 «Interreligious encounters are means of discovering that truth.» A.a.O., 967.

nen daraufhin, inwieweit sich aus deren theologisch-philosophisch-spirituellem Reservoir neues Licht auf zentrale Fragestellungen der eigenen theologischen Tradition ergibt («take»). Sie durchforstet aber auch die eigene religiöse Tradition daraufhin, welchen Beitrag diese eventuell zu Grundfragen anderer religiöser Traditionen zu leisten vermag («give»).

4. *Interreligiöse Theologie* steht somit für einen Bewusstseinswandel im Verständnis der Modalität theologischer Arbeit: Sie reflektiert auf mehrere religiöse Traditionen als Quelle theologischer Arbeit und betreibt die Reflexion der eigenen religiösen Tradition unter dem Aspekt ihres möglichen Beitrags zu einem globalen, interreligiösen Kolloquium, aus dem sich dann wiederum Klärungen und Vertiefungen im Verstehen der je eigenen Tradition ergeben.

5. *Interreligiöse Theologie* könnte sich zu einer Grundform zukünftiger Theologie (neben anderen) entwickeln. In ihr materialisiert sich, was Wilfred Cantwell Smith, Leonard Swidler und andere einst «World Theology», «Global Theology» oder «Universal Theology» nannten oder was jüngst die Ecumenical Association of Third World Theologians (ETWOT) als «Planetary Theology» (2010) bezeichnete.

6. *Interreligiöse Theologie* vermag auf diesem Weg eventuell neuartige theologische Einsichten hervorzubringen, erhebt dabei aber den Anspruch, traditionelle religionsspezifische Theologie in erkennbarer Kontinuität fortzuführen.»

Bei der Auswahl der ReferentInnen zur o. g. Tagung, deren Beiträge in diesem Band veröffentlicht sind, haben die Herausgeber Wert auf Multidisziplinarität gelegt, so dass systematisch-theologisch, komparativ-theologisch, missionswissenschaftlich und religionswissenschaftlich angelegte Fragestellungen in die Diskussion eingebracht wurden. Der interreligiöse Horizont umfasste hierbei hinduistische, buddhistische und muslimische Traditionen ebenso wie die indigener Religionen. Zudem erschien es wichtig, verschiedenen programmatischen Positionen Raum zu geben, um so das Diskussionsfeld in seinem inneren Spannungsreichtum zu präsentieren. Thematisch führt der hier vorgelegte Band die Reihe der religionstheologischen Überlegungen der früheren Symposien zu den «Kriterien interreligiöser Urteilsbildung»[25], zur «Multiplen religiösen Identität»[26] und zur «Komparativen Theologie»[27] weiter.

Die folgenden Beiträge lassen sich zwei unterschiedlichen Schwerpunkten zuordnen: Im ersten Teil finden sich Arbeiten, die sich primär mit den systematischen und methodologischen Aspekten interreligiös arbeitender Theologie befassen, während die Beiträge des zweiten Teils eher an konkreten Beispielen orientiert sind: sei es an Beispielen bereits bestehender theologischer Arbeitsformen im interreligiösen Feld und den sich hierbei ergebenden Problemstellungen, sei es an thematischen Schwerpunkten, an denen exemplarisch systematische und methodologische Fragen verdeutlicht werden. Einen besonderen Schwerpunkt bildet dabei immer wieder die komparativ-theologische Methodik als eine Form interreligiöser Arbeitsweise, die es, nach dem Urteil einiger Autoren, deutlicher von anderen Formen und Ansätzen interreligiöser Theologie abzugrenzen gilt.

Im ersten Beitrag begründet *Perry Schmidt-Leukel*, warum er interreligiöse Theologie als die Theologie der Zukunft ansieht. Seines Erachtens hängt dies maßgeblich damit zusammen, wie Theologie – nicht nur christliche – auf den Glaubwürdigkeitsverlust von Religion insgesamt bzw. auf die dafür verantwortlichen Gründe eingeht. Einen dieser Gründe erblickt er in der Spannung zwischen dem jeglicher Theologie innewohnenden Streben nach universal gültiger Wahrheit und einer zunehmenden Zersplitterung der Theologie im Kontext ihres konfessionalistischen Verständnisses. Dem, so Schmidt-Leukel, kann interreligiöse Theologie entgegenwirken, wenn sie sich als letztlich *eine* Theologie versteht, die aus unterschiedlichen religiösen bzw. konfessionellen Perspektiven heraus betrieben wird, sich dabei aber als kollaboratives Projekt vollzieht, so dass der Adressat dieser Theologie nicht mehr nur die eigene Glaubensgemeinschaft ist.

Diesem Ansatz stellt *Reinhold Bernhardt* ein alternatives Verständnis von Interreligiöser Theologie gegenüber, das nicht auf *eine* universale

---

25 R. Bernhardt / P. Schmidt-Leukel (Hg.): Kriterien interreligiöser Urteilsbildung, Zürich 2005.

26 R. Bernhardt / P. Schmidt-Leukel (Hg.): Multiple religiöse Identität. Aus verschiedenen religiösen Traditionen schöpfen, Zürich 2008.

27 R. Bernhardt / K. v. Stosch (Hg.): Komparative Theologie. Interreligiöse Vergleiche als Weg der Religionstheologie, Zürich 2009.

bzw. globale Theologie abzielt, sondern christliche Theologie unter Bezugsrahme auf nichtchristlicher Religionstraditionen entfalten will. Er zieht daher den Begriff «transreligiöse Theologie» dem der «interreligiösen Theologie» vor. Sein Anliegen ist es dabei, die grundlegende Verschiedenheit der religiösen Traditionen stärker in Rechnung stellen, als es beim Konzept einer «global theology» der Fall ist. «Trans-religiös» bedeutet dabei nicht «meta-religiös». Christliche Theologie bleibt an die biblische Überlieferung als *noma normans*, an die theologische Tradition als deren Auslegungsgeschichte, an den christlichen Glauben und die Kirche gebunden. Sie reflektiert aber diese Bindungen im Kontext anderer Religionstraditionen – so wie die «interkulturelle Theologie» andere Kulturen in ihr Blickfeld miteinbezieht. Bernhardt versteht diesen Ansatz als Praktizieren des «Inklusivismus als Gegenseitigkeit», für den er religionstheologisch plädiert.

Die Spannung zwischen einem Verständnis von Theologie als Artikulation eines bestimmten, konfessionell verorteten Glaubensverständnisses und ihrer Ausweitung zu einem interreligiösen Geschehen reflektiert *Sigrid Rettenbacher* aus der Perspektive postkolonialer Identitätskonzepte, bei denen gerade der «Zwischenraum» kollektiver Interaktionsprozesse in seiner Bedeutung für die Konstruktion und Modifikation von Identitäten thematisiert wird. Aus dieser Perspektive heraus erscheint «interreligiöse Theologie» letztlich nicht als etwas neues, da Theologie aufgrund ihrer Kontextgebundenheit, bewusst oder unbewusst, immer schon in interreligiöse Relationen eingebunden ist. Interreligiöse Theologie ließe sich so, zumindest teilweise, als die systematische Reflexion dieser grundsätzlichen Situation verstehen. Gerade eine sich konfessionell verstehende Theologie muss sich daher der Bedeutung jener kontinuierlichen Interaktionen bewusst sein, in der die Frage nach ihrer eigenen Identität beständig neu verhandelt wird, was notwendigerweise immer auch in Differenzbestimmungen gegenüber den religiös Anderen geschieht – ein Prozess, der auf mannigfache Weise auch von Machtverhältnissen durchsetzt ist, die sich in Identitätszuschreibungen und Ausgrenzungsmechanismen dokumentieren. «Theologie interreligiös» steht somit nach Rettenbacher für eine Haltung, die Theologie aus dieser erkenntniskritischen Haltung heraus betreibt.

Die diskursive Aushandlung von Identitäten kann sich primär sowohl innerhalb religiöser Kollektive vollziehen als auch im Rahmen der Kommunikation zwischen ihnen. Auf letzteren Aspekt legt *Ulrich Dehn* den

Schwerpunkt. Ähnlich wie Rettenbacher versteht auch Dehn interreligiöse Theologie als den bewussten und reflektierten Vollzug einer ohnehin vorhandenen Dimension von Theologie. Sie kann dabei jedoch zu einer religiösen Kommunikationstheorie weiterentwickelt werden, in der die Wahrheitsthematik nicht mehr in Form auszufechtender Geltungsansprüche zum Tragen kommt, sondern in einem Prozess, der im vollen Bewusstsein religiöser Differenz und unterschiedlicher Wahrnehmungen von Wirklichkeit auf die Erarbeitung «*viabler* Wahrheiten» abzielt, wie Dehn unter Rückgriff auf konstruktivistische Ansätze formuliert.

Kommunikation – auch im interreligiösen Feld – ist keineswegs auf den verbalen Austausch oder das Studium von Texten beschränkt, auch wenn letzteres vielfach im Vordergrund steht. Mit der schwierigen und bislang eher selten thematisierten Frage nach Möglichkeit, hermeneutischem Wert und Grenzen einer interreligiösen Kommunikation, die sich als rituelle Partizipation vollzieht, befasst sich *Marianne Moyaert*. Die Spannung zwischen eigener religiöser Identität und Offenheit für den religiös Anderen wird hierbei häufig in besonderer Dichte erlebt. Zum einen verheißt die rituelle Partizipation einen Zugang zur affektiven Dimension fremden Glaubens, womit sie ganz wesentlich einen rein kognitiven Zugang ergänzt. Zum anderen ist es gerade die im Ritual erlebbare symbolische Verkörperung und Verdichtung von religiösem Sinn, die der rituellen Partizipation Grenzen setzt. Differenz und Identität werden hier zu einer besonders intensiven Erfahrung, die sich nicht selten als Loyalitätskonflikt darstellt, da sich die faktische, leibhaftige rituelle Partizipation nicht leicht von der inneren Glaubenseinstellung trennen lässt. Dies wiederum wirft die grundsätzliche Frage nach der Möglichkeit einer interreligiösen Kommunikabilität von Symbolen auf.

Den zweiten Teil eröffnet der Beitrag von *Catherine Cornille*, der Initiatorin und Herausgeberin der Serie «Christliche Kommentare zu nichtchristlichen heiligen Texten»[28]. Im sechsten Kapitel erörtert Cornille die Berechtigung des theologischen Anliegens und die Probleme, die mit dem Projekt einer christlichen Kommentierung normativer bzw. «heiligen» Schriften anderer Religionen verknüpft sind. Sie versteht dieses Projekt als einen einseitig rezeptiven Akt, bei dem Einsichten aus ande-

---

28 *Christian Commentaries on Non-Christian Sacred Texts.* Erscheint seit 2006 bei Peeters (Leuven) und W. B. Eerdmans (Grand Rapids). Bisher sechs Bände, weitere Bände in Vorbereitung.

ren Religionen für den eigenen Glauben fruchtbar gemacht werden. Entschieden plädiert sie in diesem Zusammenhang für ein Verständnis von Komparativer Theologie als partikularer, konfessioneller Aktivität, die sie scharf von einer globalen, auf Wechselseitigkeit beruhenden Theologie abgrenzt.

Im Hinblick auf die katholische Ekklesiologie des Zweiten Vatikanischen Konzils und islamische Ansätze zum Verständnis von «Umma» stellt *Anja Middelbeck-Varwick* die Frage nach dem Erkenntnisgewinn einer interrelgiös perspektivierten Ekklesiologie. Im Ergebnis bleibt ihre Antwort letztlich skeptisch. Obwohl sie nicht ausschließt, dass sich durch das interreligiöse Gespräch fruchtbare Anstöße und neue Aufschlüsse für das jeweilige Verständnis von religiöser Gemeinschaft ergeben können, erscheint ihr gerade dieser Bereich theologischen Nachdenkens zu sehr als konfessionelle Selbstreflexion bestimmt zu sein, um sich als Beitrag zu einer konfessions- und religionsübergreifenden Theologie verstehen zu lassen. Konzeptionen wie die der Interkulturellen Theologie oder der Komparativen Theologie sind für sie daher besser geeignet, die von interreligiöser Begegnung geprägte Dynamik theologischer Entwicklung zu charakterisieren als die Vorstellung einer universal orientierten interreligiösen Theologie.

Nicht nur das Phänomen «Gemeinschaft», sondern auch das der «Freundschaft» stellt unbestritten eine interkulturelle Universalie dar. Inwieweit könnte sich dieses Phänomen als fruchtbares Thema interreligiöser Theologie erweisen? Diese Frage greift *Michael Hüttenhoff* im achten Beitrag auf. Anhand eines detaillierten Vergleichs des zur ältesten Phase des Buddhismus gehörenden «Nashorn-Sutta» (*Khaggavisāṇa-Sutta*) mit der Schrift «Über die geistliche Freundschaft» (*De spiritali amicitia*) des Aelred von Rieval (1110–1167) illustriert Hüttenhoff, wie die systematische Theologie ihre Methodik durch den Einbezug religionswissenschaftlich geprägter Vergleiche erweitern, dadurch aber zugleich ihre thematische Arbeit vertiefen kann, indem sie den Vergleich bewusst in das Licht theologischer Fragen stellt. In dem konkreten Beispiel tritt dabei sowohl im buddhistischen als auch im christlichen Text der Bezug einer geistlich verstandenen Freundschaft zum jeweiligen Heils- bzw. Erlösungsverständnis zutage. Daraus erwachsen weitere Fragestellungen wie etwa die für eine Ethik der Freundschaft relevante Verhältnisbestimmung von «geistlicher» und «weltlicher» Freundschaft sowie die für die Grundlagen interreligiöser Theologie kardinale Frage nach der

Möglichkeit interreligiöser Freundschaft, die einerseits als geistliche Freundschaft zu konzipieren, andererseits aber von unterschiedlichen und eventuell interferierenden Heilsverständnissen geprägt wäre.

Während Hüttenhoff bereits am Thema der Freundschaft die Querverbindungen zwischen der geistlichen und weltlichen Dimension des Lebens thematisiert, rücken diese in dem Beitrag von *Wolfgang Gantke* in den Mittelpunkt der Betrachtung. Gantke gehört im deutschsprachigen Raum zu den namhaftesten Vertretern einer Interkulturellen Religionswissenschaft[29], die er von einem primär empirisch-kulturwissenschaftlichen Verständnis von Religionswissenschaft abhebt. In seinem Beitrag thematisiert er die Verflochtenheit Interkultureller Religionswissenschaft mit dem Anliegen interreligiöser Theologie und zwar anhand von Impulsen aus den lebensphilosophischen Entwürfen von Georg Misch (1878–1965) und Sri Aurobindo Ghose (1872–1950). Interkulturelle Religionswissenschaft, so Gantke, fragt nach einer Dimension der Wirklichkeit, die alle Religionen verbindet, und findet diese in der «Unergründlichkeit des Lebens», die zugleich dessen Transzendenzoffenheit beinhaltet. Gegenüber einem einseitigen Logozentrismus abendländischer Kultur kann gerade die Begegnung mit ganzheitlichen, non-dualen Orientierungen anderer, insbesondere östlicher Kulturen als Korrektiv wirken. Nonduale Orientierungen lassen das Partikulare immer als Teil eines unumgreifbaren und damit unergründlichen Ganzen erscheinen, das in jedem Partikularen als das dieses Transzendierende zugleich immanent gegenwärtig ist. Die konkreten und vielfältigen Ausformungen, die dieses Bewusstseins von der Gegenwart des Unendlichen im Endlichen in den Kulturen und Religionen erfahren hat, bilden den gemeinsamen Forschungsgegenstand von interkultureller Religionswissenschaft und interreligiöser Theologie – seine Förderung ihr gemeinsames Interesse.

Vom interkulturellen Kontrast und der korrektiven Funktion, die die Begegnung mit fremder Kultur und Religion haben kann, handelt auch *Werner Ustorfs* Beitrag. Er schildert darin, wie Ted Strehlow (1908–1978), der in Australien geborene Sohn eines Hermannsburger Missionars, sich aboriginales Lebens- und Transzendenzverständnis so sehr aneignete, dass er sich schließlich selbst als aboriginalen «Zeremonialchef» verstand,

---

29 Vgl. auch H. Yousefi / K. Fischer / I. Braun / W. Gantke (Hg.): Wege zur Religionswissenschaft. Eine interkulturelle Orientierung. Aspekte, Grundprobleme, ergänzende Perspektiven, Nordhausen 2007.

ohne jedoch seinem christlichen bzw. lutherischen Glauben den Rücken zu kehren. Nach Ustorf lässt sich Strehlows religiöse Identität im Sinne einer Doppelzugehörigkeit verstehen, die aber letztlich nur von der aboriginalen Grundlage her, nicht aus seiner lutherischen Prägung heraus möglich ist. Gerade die als Kontrast zu seiner Herkunft empfundene Ganzheitlichkeit aboriginaler Weltsicht und ihr nichttheistisches Verständnis des Heiligen waren es, die Strehlow bis hin zur Identifikation anzogen, ohne dass ihm dabei eine kohärente Vermittlung mit seinem christlichen Glauben gelang oder auch nur als nötig erschien. Er verband, was er als lebensdienlich erachtete. So zeigt sich an diesem persönlichen Weg beides, dass interkulturelle Theologie die interreligiöse Dimension nicht ausblenden kann sowie die Herausforderung, die sich einer interkulturellen Theologie genau damit stellt.

Zu jenen Theologen, die im deutschsprachigen Raum seit Jahrzehnten in ihrer theologischen Arbeit auf mehrere religiöse Traditionen zurückgreifen, gehört *Michael von Brück*. In seinem autobiographisch strukturierten Beitrag legt er dar, wie seine persönliche Erfahrung mit kultureller und religiöser Pluralität eine pluralistische Denkweise hervorgebracht hat, in der sich nicht nur christliche, hinduistische und buddhistische Motive verbinden, sondern die zudem dezidiert um eine Kohärenz von theologischer Konstruktion und naturwissenschaftlicher Einsicht bemüht ist. Er verdeutlicht und begründet, warum er die Redeweise von einem «inklusiven Pluralismus und einer pluralistischen Inklusivität» bevorzugt: In ihr drückt sich seine Überzeugung aus, dass Pluralität nur in «wechselseitigen Relationen» gedacht und artikuliert werden kann. Doch ist für von Brück diese Form der Inklusivität alles andere als selbstgenügsam. Vielmehr unterliegt die inkludierende Identität gerade durch den Prozess der Inklusion selbst gravierender Veränderung, ja die Veränderung wird geradezu zum Test ihrer Ernsthaftigkeit. Dies – so zeigt von Brück in seinem Beitrag – betrifft zentrale Bereiche theologischen Denkens: das Verständnis der Welt im Horizont letzter Wirklichkeit sowie die diesem korrespondierende Verortung menschlichen Lebens und Handelns.

In den folgenden Beiträgen wechselt die Schreibweise der Begriffe «Interreligiöse/interreligiöse Theologie» und «Komparative/komparative Theologie» zwischen Groß- und Kleinschreibung, je nachdem ob damit eine Titulatur gemeint ist oder ob «interreligiös» und «komparativ» adjektivisch zu verstehen sind.

Das diesem Band zugrunde liegende Symposium wurde mit Mitteln des «Schweizerischen Nationalfonds» (SNF) und der «Freiwilligen Akademischen Gesellschaft» (FAG), Basel unterstützt. Einen Beitrag zu den Publikationskosten leistete die FAG und das Exzellenzcluster «Religion und Politik in den Kulturen der Vormoderne und der Moderne» der Westfälischen Wilhelms-Universität Münster. Den genannten Institutionen sei für ihre Hilfe herzlich gedankt.

Unser ganz besonderer Dank gilt Dr. Christian Mack für die routinierte Erstellung der Druckvorlage und Frau Marianne Stauffacher für die editorische Betreuung des Bandes.

I. TEIL

SYSTEMATISCHE UND METHODOLOGISCHE ASPEKTE

Perry Schmidt-Leukel

Interreligiöse Theologie und die Theologie der Zukunft

1. Die Zukunft der Religion

Der amerikanische Ethiker und Religionssoziologe Thomas R. McFaul hat zwischen 2006 und 2012 eine dreibändige religionswissenschaftliche Futurologie vorgelegt.[1] Darin behandelt er mögliche Szenarien hinsichtlich der Weiterentwicklung der Religionen im 21. Jahrhundert unter den Bedingungen von Moderne, Postmoderne und Globalisierung. Besonders im dritten und jüngsten Band geht er auf mögliche Veränderungen der Religionen selbst ein. Dieser Band trägt den Titel «The Future of God in the Global Village»; er schlägt drei denkbare Entwicklungen vor:[2]

(1) *Gott bzw. Religion hat keine Zukunft.* Diesem Szenario entsprechend kommt es im 21. Jahrhundert zu einem starken, weltweiten Anwachsen des Atheismus. Den wesentlichen Grund hierfür erblickt McFaul in der Beförderung eines atheistisch-materialistischen Weltbildes durch die Naturwissenschaften. Es schwindet der Glaube an ein Leben nach dem Tod und damit auch die Überzeugung, sich durch ein entsprechendes Leben vor dem Tod darauf vorzubereiten. Was bleiben könnte, sind gewisse ethische bzw. humanistische Werte wie Liebe, Gerechtigkeit und Wahrheit, aber nicht die damit traditionell verbundenen Rückbezüge auf eine transzendente Wirklichkeit. Befördert werden könnte dieser Trend durch zwei weitere Entwicklungen: zum einen durch die fortschreitende Trennung von Religion und Staat mit der Abdrängung von Religion ins Private. Sie gibt dem Individuum die Freiheit zur Selbstbestimmung und entzieht den Religionen ihre Stütze durch soziale und politische Macht.

---

1 T. R. McFaul: The Future of Peace and Justice in the Global Village: The Role of the World Religions in the Twenty-First Century, Westport 2006; ders.: The Future of Truth and Freedom in the Global Village: Modernism and the Challenges of the Twenty-First Century, Santa Barbara 2010; ders.: The Future of God in the Global Village. Spirituality in an Age of Terrorism and Beyond, Bloomington 2011.

2 Vgl. McFaul: The Future of God, 159–174 (siehe Anm. 1).

Zum anderen könnte der anhaltende Streit zwischen den Religionen um den alleinigen oder doch überlegenen Wahrheitsbesitz ihre Glaubwürdigkeit insgesamt nicht nur weiter untergraben, sondern ihre Ansprüche der Lächerlichkeit und Irrelevanz ausliefern.

(2) *Gott bzw. Religion hat eine vielgestaltige Zukunft («many futures»).* Nach diesem Szenario wird eine Mehrzahl der Menschen religiösen Glauben weiterhin als einen für ihr persönliches Leben unverzichtbaren, sinnstiftenden Anker erleben, der sie entgegen den Thesen Sigmund Freuds nicht der Infantilität preisgibt, sondern sie erst dazu befähigt, mit den Herausforderungen des rapiden sozialen Wandels konstruktiv umzugehen. Naturwissenschaft wird weithin als etwas eingeschätzt, das religiösen Glauben weder beweisen noch entkräften kann. So bleibt auch der Glaube an eine postmortale Existenz in vielfältigen Formen bestehen. Die Säkularisierung bzw. Trennung von Religion und Staat erweist sich als förderlich für die weitere Zunahme religiöser Vielfalt. Zwar bleiben auch die traditionellen Religionen erhalten, zugleich aber entstehen zahlreiche neue Religionsformen, in denen sich alte Elemente mit neuen mischen. Dialog und Kooperation zwischen den Religionen nehmen zu, gleichzeitig aber auch Konkurrenz und Konflikte zwischen den Religionen. Religionen zeigen sich als ambivalent: Ein Teil der den Religionen angehörenden Menschen arbeitet für die Verringerung von Leid, während ein anderer neues Leid und Probleme verursacht. Der interreligiöse Dialog kommt über einen bestimmten Punkt nicht hinaus, nämlich jenen, an dem die Exklusivitäts- und Superioritätsansprüche der Religionen fraglich werden. So ziehen sich vor allem die Verantwortlichen der Religionen zunehmend aus einem tiefergehenden Dialog zurück.

(3) *Gott bzw. Religion hat eine gemeinsame Zukunft.* Das dritte Szenario gleicht in manchem dem zweiten. Es unterscheidet sich aber darin, dass hier die Sackgasse in den interreligiösen Beziehungen erkannt und graduell überwunden wird. Das heißt, immer mehr Menschen der verschiedenen Religionen erkennen, dass die gegeneinander erhobenen Superioritätsansprüche das größte Hindernis für einen echten Frieden zwischen den Religionen und tiefergehende Fortschritte im Dialog bilden. Sie propagieren demgegenüber eine dreigliedrige Vision: Erstens, keine Religion besitzt die ganze Wahrheit; zweitens, alle Religionen haben Anteil an der Wahrheit; drittens, alle Religionen sind gleichwertige Heilswege zur erlösenden und befreienden Wahrheit. Während die Verfechter dieser Vision zunächst an den Rand gedrängt werden, findet ihr Konzept allmählich

immer mehr Unterstützung, da es Hoffnung macht, die Blockade in den interreligiösen Beziehungen zu überwinden. Als entscheidend für den Durchbruch erweisen sich schließlich vor allem zwei Aspekte: Es gelingt den Verfechtern einer pluralistischen Vision erstens zu zeigen, dass sich die Offenheit für den religiös Anderen mit der Gewissheit, die auf dem eigenen religiösen Weg gefunden wird, vereinbaren lässt. Und es gelingt ihnen zweitens, dem Gedanken Plausibilität zu verschaffen, dass innerhalb aller großen religiösen Traditionen genuine Ansätze bestehen, die eine solche pluralistische Vision unterstützen. In dem Maß, in dem diese Bewegung an Boden gewinnt, geschieht etwas Neues in der Menschheitsgeschichte: Es zeigt sich erstmals, dass es praktisch möglich ist, Achtung vor den Unterschieden zwischen den Religionen und den Glauben an ihre spirituelle Gleichwertigkeit miteinander zu verbinden. Damit ist die Grundlage für eine universale, friedenszentrierte Spiritualität gelegt.

Nach McFaul ist das erste Szenario, wonach Gott keine Zukunft hat, das am wenigsten wahrscheinliche. Er vermutet, dass alles für das zweite Szenario spricht, dieses jedoch später und allmählich in das dritte Szenario übergehen könnte. Man wird McFaul nicht Unrecht tun, wenn man seine Szenarien für etwas grobschlächtig hält. Insbesondere kann man, gerade aus soziologischer Sicht, bezweifeln, ob sich die Trennung von Staat und Religion weiterhin so stark durchsetzen wird, wie es die Säkularisierungsthese annimmt. Dennoch, so scheint es mir, weisen diese Szenarien auf drei Punkte hin, denen für die weitere Entwicklung der Religionsgeschichte durchaus zentrale Bedeutung zukommen dürfte: die Auseinandersetzung mit den weltbildrelevanten Erkenntnissen der Naturwissenschaften, das praktische Verhältnis der Religionen zueinander und schließlich die religiöse bzw. theologische Interpretation religiöser Vielfalt. Alle drei Punkte betreffen letztlich die Glaubwürdigkeit von Religion. Daher meine *erste These: Nimmt die Glaubwürdigkeit von Religion ab, dann ist Religion vom Schwinden bedroht.* Die These mag trivial erscheinen. Ich denke, sie ist es nicht. Es ist letztlich eine rationalistische These. Denn sie beruht auf der Überzeugung, dass etwas, das sich in rationaler Hinsicht dauerhaft als unglaubwürdig erweist, keine Zukunft hat. Wer der Auffassung von einer grundsätzlich rationalen Veranlagung und Neigung des Menschen skeptisch oder gar zynisch gegenübersteht, wird diese These ablehnen. Wer meint, dass die Attraktivität von Religion gerade auf ihrer Unglaubwürdigkeit beruht, weil der Mensch nun einmal

Glaube mit Vorliebe gegenüber dem Absurden aufbringt, wird der Religion vielleicht gerade wegen ihrer eventuell zunehmenden Unglaubwürdigkeit eine große Zukunft bescheinigen. Ich selber teile diese Haltung nicht. Doch unabhängig davon, wie sich die Glaubwürdigkeit von Religion nun zu ihrer Zukunft verhält, in jedem Fall wäre ein zunehmender Schwund an rationaler Glaubwürdigkeit fatal für eine Theologie, die sich als wissenschaftliches Unternehmen versteht.

2. Die Zukunft der Theologie

Wenn ich von der Zukunft der Theologie spreche, dann beziehe ich mich nicht in erster Linie auf ihre Zukunft als institutionelle Größe, also etwa auf ein an Universitäten beheimatetes Fach – obwohl meine Überlegungen diesbezüglich durchaus konkrete Relevanz besitzen. Primär geht es mir hier um die Zukunft des *Selbstverständnisses von Theologie als einer Wissenschaft.*

Theologie an sich ist noch keine Wissenschaft. In einem weiten Sinn kann man Theologie als mehr oder weniger reflektierte Artikulation von religiösem Glauben verstehen und dann beispielsweise auch berechtigter Weise sogar von so etwas sprechen wie einer «Kindertheologie». In diesem Sinn hat fast jeder und jede in den Religionen wohl irgendwie auch so etwas wie seine oder ihre eigene «Theologie». Die Idee, Theologie als Wissenschaft zu organisieren, ist innerhalb des Christentums ein Kind des Mittelalters, genauer gesagt der Rezeption des aristotelischen Wissenschaftskonzepts. Im Kern geht es bei dieser Idee darum, die Reflexion des Glaubens anhand rationaler Kriterien und einer sachgemäßen Methodologie durchzuführen und sie damit prinzipiell auf die gleiche Art wie alle anderen Wissenschaften zu betreiben. Wenn ich hier von der Zukunft der Theologie und dann der Theologie der Zukunft spreche, dann meine ich damit also die nach wissenschaftlichen Kriterien durchgeführte Reflexion und Artikulation des Glaubens und nicht jene private Theologie, die jeder Gläubige irgendwie hat.

Seit dem Mittelalter haben sich vier Veränderungen ergeben, die das Programm von Theologie als Wissenschaft auf gravierende Weise betreffen. Bei der ersten Veränderung handelt es sich um ein *gewandeltes Welt-*

bild.[3] Dem theozentrischen Weltbild des Mittelalters entsprechend wurde die Theologie als das Zentrum aller Wissenschaften verstanden. Alle Einzelwissenschaften waren auf Teilaspekte der von Gott geschaffenen Welt bezogen. Die Theologie hatte es mit dem Schöpfer selbst und seiner grundlegenden Relation zur Schöpfung zu tun. Mit dem säkularisierten und entgöttlichten Weltbild der Moderne musste die Theologie zwangsläufig ihre zentrale Stellung unter den Wissenschaften verlieren. Heute hat sie aus der Sicht vieler Vertreter anderer Wissenschaften längst die Berechtigung verloren, überhaupt noch als eine Wissenschaft zu gelten. Dass sie sich immer noch im Kreis der Wissenschaften aufhält, wenn auch mehr oder weniger randständig, ist in den Augen der Kritiker ein Anachronismus, den es über kurz oder lang zu beseitigen gilt.[4]

Eine zweite gewichtige Veränderung betrifft das Verständnis *wissenschaftlicher Rationalität.* Innerhalb zeitgenössischer Wissenschaftstheorie hat sich weithin der Übergang von einem auf epistemische Gewissheit abzielenden Verständnis wissenschaftlicher Rationalität zu einem hypothesengeleiteten, prinzipiell fallibilistisch ausgerichteten Rationalitätskonzept vollzogen. Man ist heute wesentlich zurückhaltender hinsichtlich des Anspruchs, Wissenschaften könnten ihre Aussagen in einem für alle Zeiten unwiderleglichen Sinn beweisen. Daher gehören eine gewisse Vorsicht und Moderatheit in der Formulierung positiver Behauptungen inzwischen ebenso sehr zum Tugendkatalog der Wissenschaften wie die prinzipielle Freiheit und Ergebnisoffenheit wissenschaftlicher Forschung. Sofern sich Theologie jedoch auf absolute und vermeintlich unumstößliche Grundlagen stützt, solange sie von der Inerranz ihrer als «geoffenbart» geltenden Glaubenssätze und sogar der Inerranz gewisser Instanzen ausgeht, die diese Sätze interpretieren, fällt sie definitiv aus dem Rahmen dessen, was heute als wissenschaftlich-rationaler Standard gilt.[5]

---

3 Vgl. hierzu auch Heinrich Schmidinger: Hat Theologie Zukunft? Ein Plädoyer für ihre Notwendigkeit, Innsbruck/Wien 2000, 31–58.

4 A.a.O., 17f, 102ff. Siehe auch: H. Hoping (Hg.): Universität ohne Gott? Die Theologie im Haus der Wissenschaften, Freiburg 2007; H. Schnädelbach: Theologie an der Universität? Kritische Rückfragen aus philosophischer Perspektive, in: A. Grabner-Haider (Hg.): Theologie wohin? Plädoyer für eine freie Religionswissenschaft, Paderborn 2012, 51–58.

5 Die damit gegebene Implikation, dass Theologie sich als Wissenschaft allein mit als Hypothesen zu formulierenden Ansprüchen begnügen muss, findet

Eine dritte Veränderung, die das wissenschaftliche Selbstverständnis der Theologie betrifft, sehe ich in der *Entstehung der Religionswissenschaft.* Mit ihr ist es zu einer neuen Form der wissenschaftlichen Beschäftigung mit Religion gekommen, die im Grunde nicht darauf abzielt, Theologie zu ergänzen, sondern diese auf dem Feld der Wissenschaften zu ersetzen. Das ist zwar nicht die Position aller Religionswissenschaftler, aber doch der vielen unter ihnen, die explizit bekräftigen, dass allein die Religionswissenschaft über einen wissenschaftlich zugänglichen Gegenstand verfüge, nämlich statt Gott die religiösen Phänomene als Teil der menschlichen Kultur, und dass allein die Religionswissenschaft sich im Unterschied zur Theologie ausschließlich wissenschaftlicher, sprich empirischer Methoden bediene. Zudem sei Religionswissenschaft von jenem Dogmatismus und Absolutismus völlig frei, dem die Theologie aufgrund ihrer Bekenntnisgebundenheit nicht entkommen könne. Des Weiteren wird seitens der Religionswissenschaft seit ihrer Gründung der berühmte Satz von Friedrich Max Müller ins Feld geführt: «Wer eine [Religion] kennt, kennt keine»[6], womit ausgedrückt ist, dass auch ein rechtes Verständnis des Christentums nur aus einer Perspektive gewonnen werden kann, die weiter angelegt ist als die Binnenperspektive christlicher Theologie.[7]

Eine vierte Veränderung, die das Konzept von Theologie als Wissenschaft betrifft, besteht in der fortschreitenden *Pluralisierung von Theologie.* Der mittelalterlichen Konzeption von Theologie als Wissenschaft war der Gedanke, dass es mehr als eine Theologie gäbe, ebenso fremd wie der, dass es mehr als eine Mathematik geben könne. Nach Thomas von Aquin ist die Theologie eine *einzige* Wissenschaft, weil sie alles unter dem einen formalen Aspekt der göttlichen Offenbarung betrachtet.[8] Heute hingegen haben wir uns scheinbar längst mit dem Gedanken arrangiert, dass es nicht nur so etwas wie römisch-katholische, evangelische, ortho-

---

positive Aufnahme bei W. Pannenberg: Wissenschaftstheorie und Theologie, Frankfurt a. M. 1973, und A. Loichinger: Ist der Glaube vernünftig? Zur Frage nach der Rationalität in Philosophie und Theologie, 2 Bde., Neuried 1999.

6 F. M. Müller: Einleitung in die Vergleichende Religionswissenschaft. Vier Vorlesungen, Straßburg 1874, 14.

7 Zu dem gespannten Verhältnis von Theologie und Religionswissenschaft vgl. auch das Themenheft «Religionswissenschaft – Theologie. Erkundungen einer strittigen Zuordnung» (= Berliner Theologische Zeitschrift 29, 2012/1).

8 Summa theologica 1:1:2.

doxe, anglikanische, pentekostale usw. Theologien gibt, sondern darüber hinaus auch noch jüdische[9], islamische[10] und sogar hinduistische[11] oder buddhistische[12] Theologien.[13] Wir können dabei die Frage, wie weit und wie stark sich in diesen konfessions- und religionsspezifischen Theologien jeweils explizit Konzeptionen von Theologie als Wissenschaft entwickelt haben, zurückstellen. Die Frage, um die es mir hier geht, ist vielmehr prinzipieller Natur. Was bedeutet es für das Selbstverständnis von Theologie als einer *Wissenschaft*, dass sie nicht nur als *eine* Wissenschaft existiert? Lassen sich die konfessions- und religionsspezifischen Theolo-

---

9 Für einen kurzgefassten Überblick zu Selbstverständnis und Eigenart «jüdischer Theologie» vgl. N. S. Samuelson: Theological Issues: Survey, in: N. de Lange / M. Freud-Kandel (Hg.): Modern Judaism. An Oxford Guide, Oxford 2005, 267–277.

10 Für eine historische und systematische Übersicht vgl. L. Berger: Islamische Theologie, Wien 2010.

11 Der Sache nach ist es kein Problem, innerhalb der langen und breiten Tradition des Hinduismus «theologisches» Denken zu identifizieren. Paramil Patil hat jedoch zu Recht darauf hingewiesen, dass es heute – aus verschiedenen historischen Gründen – kaum so etwas wie eine akademisch professionalisierte «hinduistische Theologie» gibt. Hinzu kommt, dass jene Hindus, die in der Lage wären, eine solche Theologie auf wissenschaftlichem Niveau zu betreiben, akademisch oft in Disziplinen angesiedelt sind (wie Ethnologie, Indologie oder Religionsgeschichte), in denen normative theologische Arbeit verpönt ist. Vgl. hierzu P. G. Patil: A Hindu Theologian's Response: A Prolegomenon to «Christian god, Hindu God», in: F. X. Clooney: Hindu God, Christian God. How Reason Helps Break Down the Boundaries between Religions, Oxford 2001, 185–195, bes. 186–190. Siehe hierzu auch die Streitschrift einer Reihe hinduistischer Theologen gegen die Beschränkung des westlich universitären Studiums des Hinduismus auf eine von den Autoren als verzeichnend empfundene Außenperspektive: K. Ramaswamy / A. de Nicolas / A. Banerjee (Hg.): Invading the Sacred. An Analysis of Hinduism Studies in America, New Delhi 2007.

12 Zur Möglichkeit im Kontext des Buddhismus von «Theologie» zu sprechen, vgl. R. Jackson / J. Makransky (Hg.): Buddhist Theology. Critical Reflections by Contemporary Buddhist Scholars, London 2000. Nach Makransky bezeichnet «Theologie» in diesem Zusammenhang «critical reflection upon Buddhist experience in light of contemporary understanding and critical reflection upon contemporary understanding in light of Buddhist experience.» A.a.O., 19.

13 Vgl. auch G. D. Alles: Religious Studies. A Global View, London / New York 2008.

gien als Formen oder Varianten einer einzigen Disziplin begreifen? Etwa so wie Teilchenphysik, Festkörperphysik und Astrophysik alle Formen von Physik sind? Können sich die unterschiedlichen Theologien als Formen einer Wissenschaft verstehen, die letztlich auf nur einen und zwar alle auf denselben Gegenstand bezogen sind? Ist der eigentliche Gegenstand von Theologie noch wie bei Thomas die Gesamtheit der Wirklichkeit im Licht der Offenbarung bzw. ihrer Relation zu Gott oder ist der Gegenstand einer jeden Theologie der jeweilige religions- und konfessionsspezifische Glaube? Was unterscheidet die Theologien dann von der religionswissenschaftlichen Erforschung der unterschiedlichen Glaubensformen? Besteht der Unterschied darin, dass die jeweilige konfessionelle Theologie diese verschiedenen konfessionsspezifischen und religionsspezifischen Glaubensformen nicht auf gleicher Ebene betrachtet, sondern von vornherein davon ausgehen muss, dass ein und nur ein Glaube, nämlich der der eigenen Tradition, der einzig richtige ist? Muss sie dann aber nicht allen anderen Formen von Theologie den Charakter der Wissenschaft absprechen, bzw. davon ausgehen, dass diese, wenn sie denn nur wissenschaftlich korrekt vorgehen, irgendwann zur Einsicht in den defizitären Charakter ihrer eigenen Grundlage gelangen? Oder werden solche traditionsübergreifenden Ansprüche gar nicht mehr ernsthaft verfolgt? Mir scheint, dass die Implikationen, die die Pluralität von Theologien für das Verständnis von Theologie als Wissenschaft hat, bislang noch nicht wirklich bedacht worden sind.

Das wissenschaftliche Selbstverständnis zukünftiger Theologie wird – so meine *zweite These – von der Auseinandersetzung mit diesem vierfachen Wandel geprägt sein*: (1) Welche Rolle spielen die weltbildrelevanten Ergebnisse der Naturwissenschaften in ihrer eigenen Arbeit? (2) Wie konsequent kann sie im Hinblick auf ihre eigenen Grundlagen kritisch und ergebnisoffen forschen? (3) Was hat sie jenen Ansprüchen von Religionswissenschaft entgegenzusetzen, die Theologie als wissenschaftliche Beschäftigung mit Religion abzulösen? (4) Wie schließlich versteht sie in wissenschaftstheoretischer Hinsicht die Existenz einer Vielzahl von konfessions- und religionsspezifischen Theologien?

3. Die Theologie der Zukunft als Theologie im Singular

Sehr tentativ möchte ich als *dritte These* vorschlagen: *Zukünftige wissenschaftliche Theologie wird sich im Sinne eines regulativen Ideals als* eine *Wissenschaft, als Theologie im Singular, begreifen.* Das heißt nicht, dass es sich dabei um eine uniforme Theologie oder gar um die Theologie einer zukünftigen Welteinheitsreligion handelt. Worum es mir geht, ist vielmehr das Bewusstsein, mit dem wir zukünftig Theologie treiben, wer auch immer dieses «wir» ist oder sein wird. Wissenschaftliche Theologie zielt auf die Artikulation universal gültiger Einsichten. Es geht ihr um das Verständnis des Universums und des Lebens im Universum in seiner Relation zu einer letzten transzendent/immanenten Wirklichkeit. Das heißt, es geht ihr um Wahrheit, denn ein Verstehen, das keine wahre Erkenntnis enthält, wäre überhaupt kein Verstehen. Es geht der Theologie somit um das Verständnis der einen Wirklichkeit unter dem einen Aspekt ihres Transzendenzbezugs und das impliziert, dass es sich bei ihr – wenn man sie überhaupt als Wissenschaft konzipiert – auch nur um eine Wissenschaft handeln kann.

In vielen Religionen könnte das einheitsstiftende Formalobjekt theologischer Wissenschaft immer noch wie bei Thomas durch das Konzept der Offenbarung ausgedrückt werden. Das trifft zweifellos neben dem Christentum auch auf das Judentum, den Islam, mehrere Zweige des Hinduismus, den Sikhismus usw. zu. Zudem wird die Kategorie der Offenbarung auch in den nichttheistischen Schulen des Hinduismus verwendet und in einem weiteren Sinn kann selbst im Kontext des Buddhismus davon gesprochen werden, dass der Erleuchtung bzw. dem Erwachen so etwas wie Offenbarungscharakter eignet.[14] Um jedoch das Grundanliegen von Theologie von einem einseitig theistisch gefassten Transzendenzverständnis zu entkoppeln, erscheint es mir ratsam, für die Bestimmung des einheitlichen Aspekts theologischer Wissenschaft nicht den Begriff der «Offenbarung», sondern allgemeiner den des «Transzendenzbezugs» zu verwenden.[15]

---

14 Vgl. hierzu auch P. Schmidt-Leukel: Die Vorstellung einer universalen Offenbarung aus der Perspektive von Hinduismus und Buddhismus, in: W. Zager (Hg.): Universale Offenbarung? Der eine Gott und die vielen Religionen, Leipzig 2013, 45–64.

15 Wie «Transzendenz» dabei näher zu bestimmen ist, kann zunächst offen

Man könnte diesem Verständnis von Theologie als einer einzigen Wissenschaft entgegenhalten, dass Theologie – wie ich selber zuvor ausgeführt habe – primär die Artikulation religiösen Glaubens ist. Da religiöser Glaube aber immer nur in spezifischer Form auftritt, geprägt von konkreten religiösen Traditionen und Sub-Traditionen bzw. den entsprechenden Religionsgemeinschaften, könne es immer nur viele verschiedene Theologien geben – verschieden bis hin zur Heterogenität. Katholische Theologie artikuliert katholischen Glauben, reformierte Theologie reformierten Glauben, schiitische Theologie schiitischen Glauben, vishnuitische Theologie vishnuitischen Glauben, vajrayana-buddhistische Theologie vajrayana-buddhistischen Glauben usw. Gegen diesen Einwand möchte ich betonen: Erstens enthalten vermutlich all diese Formen von Glauben eine kognitive Dimension, auch wenn sich Glaube keineswegs auf kognitive Aspekte reduzieren lässt. Die kognitive Dimension der jeweiligen Glaubensformen hat es aber ihrer inneren Intention nach mit dem Verständnis der einen Wirklichkeit zu tun, an der alle teilhaben. Zweitens (und diese Entgegnung ist die gewichtigere): Spätestens bei der wissenschaftlich gestalteten Artikulation und Reflexion eines jeden Glaubens kommt unausweichlich die universale Dimension ins Spiel. Denn in dieser Reflexion gilt es, den konkret gelebten Glauben in Beziehung zu setzen zu einem umfassenderen Verständnis der Wirklichkeit und des sich in ihr orientierenden Menschen. Genau dies ist ja auch der Grund,

---

bleiben, da dies selbst Gegenstand interreligiöser Theologie ist. Ingolf U. Dalferth umreißt das Spektrum folgendermaßen: «Now most discussion of transcendence in recent years have centered on whether one should interpret it in a metaphysical, cosmological, epistemic, ethical, or religious sense. Transcendence is understood as the Beyond of beings that grounds all beings; or as that beyond space and time without which there would be no world in space and time; or that which is the incomprehensible ground of everything comprehensible; or the other who is in principle beyond the intentionality of consciousness that conditions all others; or the wholly Other who is the proper addressee of worship because he is unique and universal by being not merely different from the world in principle but also accessible in the world because of his own self-transcending self-presentation and self-communication.» Nach Dalferth lässt sich sinnvoll diskutieren, «whether transcendence may or must be understood in one, some or all of these senses». I. Dalferth: The Idea of an Axial Age. A Phenomenological Reconstruction, in: Neue Zeitschrift für Systematische Theologie und Religionsphilosophie 54 (2012), 127–146, 141.

warum wissenschaftliche Theologie nicht darum herumkommt, sich mit den weltbildrelevanten Einsichten der Naturwissenschaften auseinanderzusetzen.

Als im Mittelalter Theologie erstmals als Wissenschaft konzipiert wurde, wäre der Gedanke wohl als absurd empfunden worden, dass Theologie keine universale Wissenschaft, sondern die quasi lokale, kontextuell begrenzte Artikulation des jeweiligen Glaubens bestimmter Religionsgemeinschaften ist. Theologie war vielmehr gerade der umfassende Ort, an dem um die Wahrheit unterschiedlicher Glaubensaussagen oder ihrer Deutung gerungen werden konnte und musste. Gerade als dieser Ort oder Rahmen war sie eine – und nur eine – Wissenschaft. Ich meine, dass wir zu diesem Verständnis von wissenschaftlicher Theologie zurückfinden sollten.[16] Theologie, die – wenn auch unter einem konkreten Gesichtspunkt – auf das Ganze der Wirklichkeit, auf die *universitas*, bezogen ist[17], kann ihren Ort an der Universität beanspruchen.[18] Theologie, die auf universal geltende Wahrheit ausgerichtet ist, lässt sich nicht gegen konfessionelle Theologie ausspielen oder gar als Alternative zu ihr verstehen. Denn was konfessionellen Theologien zugrunde liegt, sind Ansprüche auf universal geltende Wahrheit. Will man angesichts des heutigen Bewusstseins einer Vielfalt von konfessionellen bzw. religionsspezifischen Theologien der traditionellen Ausrichtung auf universale Wahrheit in einer jeden von ihnen treu bleiben, dann gilt es, die Grundlagen konfessioneller/religionsspezifischer Theologien in den einen globalen theologischen Diskurs einzubringen, um auf diesem Weg zu überprüfen, was sich (und in welcher Form) an den traditionellen Universalansprüchen heute noch wissenschaftlich vertreten lässt. Wird jedoch der kon-

---

16 Vgl hierzu auch W. C. Smith: Towards a World Theology. Faith and the Comparative History of Religion, Maryknoll 1989, 107–129.

17 So formuliert – aus hinduistischer Perspektive – Ashok K. Gangadean zutreffend: «There is something redundant in the name ‹universal theology›, for theology is par excellence the articulation of Divine Form, which is the absolute universal form of all forms. So theology by its nature must be universal.» A. K. Gangadean: Universal Theology: Beyond Absolutism and Relativism, in: C. Wei-Hsun Fu / G. E. Spiegler (Hg.): Religious Issues and Interreligious Dialogues. An Analysis and Sourcebook of Developments Since 1945, New York / Westport / London 1989, 47–89, 49.

18 Gerade wegen ihres auf das Ganze abzielenden Anspruchs ist Theologie auf Interdisziplinarität angewiesen.

fessionelle Charakter von Theologie ihrer universalen Ausrichtung so entgegengesetzt, dass sich Theologie nur noch als Traditionspflege bestimmter religiöser Gemeinschaften oder Denominationen versteht, dann hat sich Theologie – gemessen an ihrem wissenschaftlichen Selbstverständnis – eigentlich selber aufgegeben. Oder – so könnte man mit Schnädelbach ironisch, aber berechtigt fragen: «[W]enn die Theologie wirklich nur die Wissenschaft vom faktisch gelebten Christentum sein will – warum versteht sie sich dann nicht als eine Teildisziplin der Ethnologie?»[19]

Für ein entkonfessionalisiertes, darin aber gerade den intrakonfessionellen universalen Grundintentionen treu bleibendes Verständnis wissenschaftlicher Theologie haben sich in den letzten Jahrzehnten besonders Wilfred Cantwell Smith und Keith Ward starkgemacht. Keith Ward begründet dies ebenfalls mit der universalen Dimension des Inhalts von Theologie. Der Theologie, so Ward, geht es um Vorstellungen von letzter Wirklichkeit, dem Ziel des menschlichen Lebens, um Gott und Offenbarung und sie könne daher nicht auf die Explikation der Glaubenslehren einer einzigen Religionsgemeinschaft eingeengt werden.[20] Wilfred Cantwell Smith hat noch zwei weitere Argumente ins Spiel gebracht: ein historisches und ein christlich-theologisches.

Nach dem *historischen Argument* laufen gegenwärtig die verschiedenen religiösen Traditionen insofern zusammen, als deren Gesamtheit im Bewusstsein einer jeden einzelnen von ihnen immer deutlicher präsent wird. Damit ist jede religiöse Tradition herausgefordert, sich um eine auf Verstehen abzielende Einschätzung aller anderen Traditionen zu bemühen, ja letztlich die Religionsgeschichte insgesamt zu ihrem Thema zu machen. Sie kann dies jedoch nicht, ohne den religiös Anderen mit seinem konkreten Selbstverständnis einzubeziehen. Hierbei vermag sich ein neues Verständnis religiöser Gruppenidentität herauszubilden, bei dem jede einzelne religiöse Gemeinschaft sich als Teil eines umgreifenden «Wir-Bewusstseins» versteht: «einige von uns sind Christen, einige von

---

19 Schnädelbach: Theologie an der Universität? (siehe Anm. 4), 56.

20 «I am suggesting that it is wrong to limit theology proper to one's own group and make it simply an exploration of what is officially believed by that group […] It seems preferable to say that theology is the discipline of reflection upon ideas of the ultimate reality and goal of human life, of God, and of revelation. It can be undertaken by people of many different beliefs.» K. Ward: Religion and Revelation, Oxford 1994, 46.

uns Muslime, andere von uns Hindus», usw.[21] Dies hat auch Implikationen für die Wahrheitsfrage, insofern hierbei gilt: «Unser aller Wahrheit ist Teil der Wahrheit eines jeden von uns.»[22] Lange bevor das Thema der religiösen Globalisierung von der Religionssoziologie[23] und der Sozial-Anthropologie[24] entdeckt wurde, hat Smith damit bereits die darin implizierten Herausforderungen und theologischen Chancen zutreffend charakterisiert.

Wenn Theologie die wissenschaftlich disziplinierte Artikulation des Glaubens ist, dann muss sie in einer solchen Bewusstseinslage zum Ausdruck des «Glaubens von uns allen» («the faith of all of us») werden und – wie Smith hinzufügt – «unserer modernen Wahrnehmung der Welt» Rechnung tragen.[25] «Theologie der Religionen» ist dann nach Smith nicht mehr länger im Sinne eines *genitivus objectivus*, sondern eines *genitivus subjectivus* zu verstehen: Es ist die von den Religionen bzw. aus den verschiedenen Religionen heraus gemeinsam zu betreibende Theologie.[26]

Aus *christlicher Perspektive* sieht Smith den eigentlichen Grund für ein solches Verständnis von Theologie in der universalen Gegebenheit von Offenbarung. Die Selbsterschließung Gottes ist nicht auf einen kleinen Teil der Menschheit begrenzt, sondern umfasst alle Menschen. «Alle menschliche Geschichte ist Heilsgeschichte.»[27] Dementsprechend muss die Basis zukünftiger Theologie nicht weniger als die gesamte Religionsgeschichte sein. Das heißt, die Daten der Theologie sind die Daten der Religionsgeschichte.[28]

Damit spricht Smith einen, wie ich meine, entscheidenden Punkt an. Thomas von Aquin sah – wie bereits erwähnt – die Grundlage der Theologie in der Offenbarung gegeben.[29] Er ging freilich davon aus, dass sich

---

21 Smith: Towards (siehe Anm. 16), 101.

22 «The truth of all of us is part of the truth of each of us.» A.a.O., 103.

23 Vgl. P. Beyer / L. Beaman (Hg.): Religion, Globalization and Culture, Leiden / Boston 2007.

24 Vgl. T. J. Csordas (Hg.): Transnational Transcendence. Essays on Religion and Globalization, Berkeley/Los Angeles/London 2009.

25 Smith: Towards (siehe Anm. 16), 101, 125.

26 A.a.O., 124.

27 «All human history is *Heilsgeschichte*.» A.a.O., 172.

28 A.a.O., 125f.

29 Summa theologica 1:1:3.

außerhalb der biblischen Schriften bestenfalls so etwas wie Schöpfungsoffenbarung oder «natürliche» Offenbarung finden lasse. Daher konnte sich die Arbeit der Theologie berechtigterweise hinsichtlich ihrer Materialbasis auf nur einen Ausschnitt der Religionsgeschichte, eben die jüdisch-christliche Tradition, stützen und alles andere lediglich hinsichtlich rein rationaler Überlegungen heranziehen. Was aber, wenn diese Prämisse aus guten theologischen Gründen hinfällig wird? Was, wenn wir allen Grund zu der Annahme haben, dass die Selbsterschließung Gottes in der Tat koextensiv mit der Menschheitsgeschichte ist?[30] Dann ist es auch und gerade nach diesem klassischen Konzept von Theologie nicht länger gerechtfertigt, Theologie allein auf der Basis der biblischen Traditionen zu betreiben.

Die Idee einer entkonfessionalisierten Theologie – einer Theologie im Singular – zielt also keineswegs auf so etwas ab wie eine «neutrale» Theologie, auf eine Theologie, deren Subjekte sich nicht mehr in einer spezifischen religiösen Tradition verorten dürften, sondern genau im Gegenteil: Sie zielt auf die interreligiöse Öffnung von Theologie. Allen postmodernen Inkommensurabilitätsthesen[31] zum Trotz möchte ich daher als meine *vierte These* behaupten: *Die* eine *Theologie der Zukunft ist eine interreligiöse Theologie.* Dies gilt es abschließend näher zu konkretisieren.[32]

---

30 Vgl. K. Rahner: Grundkurs des Glaubens, Freiburg i. Br. 1976[9], 149: «die universale Heilsgeschichte, die [...] mit der Weltgeschichte koexistiert, ist auch zugleich *Offenbarungs*geschichte».

31 Radikale Inkommensurabilität würde wechselseitige Nicht-Verstehbarkeit implizieren. Daher kann eine radikale Inkommensurabilität niemals begründet behauptet werden, weil die Begründung ja darauf basieren müsste, die vermeintlich inkommensurablen Traditionen verstanden und dadurch ihre Inkommensurabilität erkannt zu haben. Der Vertreter radikaler Inkommensurabilität könnte nur behaupten, dass er selbst keine andere Tradition außer seiner eigenen verstehe. Daraus aber lässt sich kein Urteil über ihre Kommensurabilität oder Inkommensurabilität ableiten. Inkommensurabilität, die wechselseitiges Verstehen zulässt, ist nicht wirklich konsequent, da das wechselseitige Verstehen zweier Kulturen, Traditionen, Systeme etc. immer gewisse gemeinsame Bezugs- und Vergleichspunkte impliziert. Vgl. hierzu auch die Diskussionen in N. Hintersteiner: Traditionen überschreiten, Wien 2001, bes. 155–206.

32 Vgl. zum Folgenden auch P. Schmidt-Leukel: Interkulturelle Theologie als interreligiöse Theologie, in: EvTh 71 (2011), 4–16.

4. Die Theologie der Zukunft als interreligiöse Theologie

Wenn wissenschaftliche Theologie als *eine* Disziplin verstanden wird, die aber von Menschen aus unterschiedlichen religiösen Traditionen heraus betrieben werden kann und betrieben werden sollte, wie ist dann das Verhältnis zwischen den in den religiösen Traditionen gewachsenen religions- und konfessionsspezifischen Theologien und der einen interreligiösen Theologie zu bestimmen? Im Prinzip lässt sich dieses Verhältnis als ein Prozess des «give and take» beschreiben. Das heißt, die *eine* interreligiöse Theologie vollzieht sich in Form eines interreligiösen Diskurses, in den die daran Beteiligten das einbringen, was ihnen aus ihrer jeweils eigenen religiösen Tradition heraus als universal relevant erscheint.[33] Wenn es in den verschiedenen Religionen tatsächlich Wahrheit gibt, dann – so nochmals Smith – handelt es sich dabei nicht um «christliche», «buddhistische» oder «hinduistische» usw. Wahrheiten, sondern um «Wahrheiten im Universum», die von Christen, Buddhisten oder Hindus mit Hilfe ihrer Tradition erkannt wurden.[34] In dieser objektiven Verankerung von Wahrheit liegt die Möglichkeit beschlossen, echte oder vermeintliche Wahrheitserkenntnis konstruktiv in diesen globalen theologischen Diskurs einzubringen. Zugleich fordert der interreligiöse Diskurs

---

33 In dieser Hinsicht hat interreligiöse Theologie viel mit dem Bemühen um die Konzeption von interkultureller Philosophie gemein. Auch hier geht es um die Zuordnung von in unterschiedlichen Kulturen gewachsenen philosophischen Systemen und Denktraditionen zum einheitlichen Anliegen philosophischer Fragestellungen. In diesem Sinn spricht Gregor Paul beispielsweise dezidiert nicht von «japanischer Philosophie», sondern von «Philosophie in Japan» (vgl. G. Paul: Philosophie in Japan, München 1993, 14f) und Ram Adhar Mall von Interkultureller Philosophie als einer «Philosophie im Vergleich der Kulturen» (R. A. Mall: Philosophie im Vergleich der Kulturen, Darmstadt 1995). Betrieben werden kann Interkulturelle Philosophie dann aber nur in einem wie auch immer gearteten Dialog zwischen den kulturell unterschiedlichen philosophischen Traditionen (vgl. auch F. M. Wimmer: Interkulturelle Philosophie, Bd. 1: Geschichte und Theorie, Wien 1990, 238). Siehe auch: F. M. Wimmer: Interkulturelle Philosophie. Eine Führung, Stuttgart 2003; G. Paul: Einführung in die interkulturelle Philosophie, Darmstadt 2008.

34 W. C. Smith: Faith and Belief, Princeton 1979, 137; ders.: Theology and the World's Religious History, in: L. Swidler (Hg.): Towards a Universal Theology of Religions, Maryknoll 1987, 51–72, 66.

jede religiöse Tradition heraus, zu dem Stellung zu nehmen, was aus den anderen religiösen Traditionen in den Diskurs eingebracht wird. Aus diesem doppelten «give» – das heißt aus dem Einbringen eigener Erkenntnisse und den Reaktionen auf die Erkenntnisse anderer – folgt zugleich die grundsätzliche Möglichkeit eines ebenfalls doppelten Lernens, des «take». Die Eingaben aus den anderen religiösen Traditionen könnten neue Aspekte und Fragestellungen erschließen, die auf diese Weise innerhalb der eigenen Tradition bisher nicht bedacht wurden, ebenso wie dies durch jene Reaktion zu geschehen vermag, die die eigenen Eingaben positiv oder auch negativ innerhalb des Diskurses erfahren.

Für die konkrete Arbeit des einzelnen Theologen/Theologin bedeutet dies, dass zukünftig bei der Reflexion auf bestimmte Inhalte oder Aspekte des Glaubens von vornherein mitbedacht wird, welche Bezüge hierbei zu entsprechenden Aussagen aus anderen religiösen Traditionen mit zu berücksichtigen sind. Und es bedeutet, dass die Reflexion auf die eigene religiöse Tradition unter dem vorrangigen Aspekt geschieht, was sich aus dieser Tradition für den globalen interreligiösen theologischen Diskurs gewinnen lässt. Das heißt, der Adressat von Theologie (der *einen* Theologie als interreligiöser Theologie) ist nicht mehr nur die eigene Glaubensgemeinschaft. Im Rahmen der Theologie, wie sie innerhalb des Christentums betrieben wird, hat wohl jeder der vier großen Zweige, exegetische, historische, praktische und systematische Theologie, seine spezifischen interreligiösen Bezüge. Besonders deutlich aber wird dies in der Systematischen Theologie. Wenn beispielsweise zukünftig ein christlicher Theologe über die Bedeutung und den Wahrheitsgehalt des Schöpfungsglaubens reflektiert, dann wären hierbei nicht allein die diversen jüdischen und christlichen Ausprägungen dieses Glaubens zu berücksichtigen, sondern auch analoge sowie kritische Konzeptionen innerhalb anderer Traditionen.[35] Mehrere Arbeiten liegen vor, die exemplarisch gezeigt haben, wie dies konkret geschehen kann, so etwa die interreligiös angelegten Arbeiten von Wilfred Cantwell Smith über den Glaubensbegriff[36] und das Schriftprinzip[37] und von John Hick über die Eschato-

35 Vgl. hierzu beispielsweise P. Schmidt-Leukel (Hg.): Buddhism, Christianity and the Question of Creation. Karmic or Divine?, Aldershot 2006.

36 Smith: Faith and Belief (siehe Anm. 34).

37 Ders.: What is Scripture?, London 1993.

logie[38] oder die weit ausholenden Arbeiten zur Systematischen Theologie in interreligiöser Perspektive von Ninian Smart und Steven Konstantine[39] und natürlich das mehrbändige Werk von Keith Ward.[40] Auch einzelne Arbeiten aus dem Umkreis der sogenannten Komparativen Theologie müssen hier genannt werden, wie beispielsweise die Arbeiten von Francis Clooney[41] und John Thatamanil[42] zum Gottesbegriff und bereits die Arbeiten von Raimon Panikkar[43], Michael von Brück[44] und Francis D'Sa[45], die allesamt in ihrer Reflexion des Gottesbegriffs auf christliche und hinduistische Traditionen zurückgreifen. Angesichts meiner These, dass sich interreligiöse Theologie grundsätzlich im interreligiösen Diskurs vollzieht, steht es zu hoffen, dass wir – um bei dem genannten Beispiel des Gott-Denkens in Hinduismus und Christentum zu bleiben – in Zukunft auch Arbeiten erhalten werden, die sich dieser Thematik von einer hinduistischen Tradition her nähern. Es ist ein gutes und wichtiges Zeichen, dass Francis Clooney in sein Buch eine «Response» des hinduistischen Theologen Parimal G. Patil[46] mit aufgenommen hat. Natürlich gibt es inzwischen bereits zahlreiche Publikationen, in denen bestimmte theologische Themen aus der Sicht verschiedener religiöser Traditionen behandelt werden.[47] Das ist eine willkommene und hilfreiche Entwick-

38 J. Hick: Death and Eternal Life, Basingstoke 1976.

39 N. Smart / S. Konstantine: Christian Systematic Theology in a World Context, London 1991.

40 K. Ward: Images of Eternity. Concepts of God in Five Religious Traditions, London 1987; ders.: Religion and Revelation. A Theology of Revelation in the World's Religions, Oxford 1994; ders.: Religion and Creation, Oxford 1996; ders.: Religion and Human Nature, Oxford 1998; ders.: Religion and Community, Oxford 2000; ders.: Religion and Human Fulfilment, London 2008.

41 Clooney: Hindu God, Christian God (siehe Anm. 11).

42 J. J. Thatamanil: The Immanent Divine. God, Creation, and the Human Predicament. An East-West Conversation. Minneapolis 2006.

43 Am deutlichsten in den erst kürzlich erschienen Gifford-Lectures von 1989/90: R. Panikkar: The Rhythm of Being, Maryknoll 2010.

44 M. v. Brück: Einheit der Wirklichkeit. Gott, Gotteserfahrung und Meditation im hinduistisch-christlichen Dialog, München 1986².

45 F. X. D'Sa: Gott der Dreieine und der All-Ganze. Vorwort zur Begegnung zwischen Christentum und Hinduismus, Düsseldorf 1987.

46 Patil: A Hindu Theologian's Response (siehe Anm. 11).

47 Als ein besonders eindrucksvolles Beispiel seien hier die drei Bände des «Comparative Religious Ideas Projekt» genannt: R. C. Neville (Hg.): The Human

lung. Doch der nächste wichtige Schritt besteht darin, dass aus dem bloßen Nebeneinander solch multireligiöser Pespektiven eine konstruktive multireligiös ausgreifende theologische Arbeit erwächst.

Das wirft die Frage nach der Bereitschaft zu und dem Interesse an interreligiöser Theologie in den verschiedenen religiösen Traditionen auf. Die Antwort hierauf basiert meines Erachtens vor allem auf drei Aspekten:

Erstens auf der Wahrnehmung von Herausforderungen der modernen Welt als *gemeinsamen Herausforderungen* an die Religionen. Herausforderungen durch bestimmte Erkenntnisse der Naturwissenschaften können das Welt- oder Menschenbild aller oder doch mehrerer Religionen betreffen. Oder, um ein anderes Beispiel zu nennen, die Herausforderung durch eine strikt historische Betrachtungsweise der Religionen kann massiv das traditionelle Verständnis der Religionen hinsichtlich ihrer eigenen Geschichte in Frage stellen. Hinzu kommen zahlreiche Herausforderungen der modernen Welt auf der praktischen bzw. ethischen Ebene. Das Verständnis solcher Herausforderungen als gemeinsame Herausforderungen kann in jeder Religion das Interesse daran wecken und stärken, wie Menschen der jeweils anderen religiösen Tradition mit diesen Herausforderungen umgehen und den Gedanken befördern, sich diesen Herausforderungen gemeinsam statt in wechselseitig polemisierender Konkurrenz zu stellen.

Zweitens korrespondiert das Interesse an interreligiöser Theologie der Ausbildung *pluralistischer Ansätze* in den einzelnen Religionen. Interreligiöse Theologie lebt von der Bereitschaft, ja dem Wunsch, von anderen religiösen Traditionen in theologischer Hinsicht zu lernen. Wie Catherine Cornille eindrucksvoll gezeigt hat, ist eine solche interreligiöse Lernbereitschaft eine der essentiellen Kerntugenden und Bedingungen eines fruchtbaren interreligiösen Dialogs.[48] Gleichzeitig zeigt sie aber auch, dass sich Religionen traditionell mit einer solchen Lernoffenheit und Lernbereitschaft schwer tun.[49] Dies hängt – wie Cornille deutlich betont – konstitutiv mit ihren traditionell exklusivistischen oder inklusi-

Condition, Albany 2001; ders. (Hg.): Ultimate Realities, Albany 2001; ders. (Hg.): Religious Truth, Albany 2001.

48 Vgl. C. Cornille: The im-Possibility of Interreligious Dialogue, New York 2008, bes. 9–58, 177–210.

49 A.a.O., 10f, 178.

vistischen Geltungsansprüchen zusammen: «Es ist dieser Glaube an die absolute und letztgültige Wahrheit der eigenen Lehren und Praktiken, die einen daran hindern, auf andere religiöse Traditionen zu hören oder gar von ihnen zu lernen. Wenn die Fülle der Wahrheit bereits in den eigenen Lehren und Praktiken ausgedrückt ist, dann können andere Traditionen nur als defizitär und falsch betrachtet werden oder im günstigsten Fall als eine partielle und schwache Widerspiegelung dessen, was man bereits weiß.»[50]

Meines Erachtens bedeutet dies, dass erst dann, wenn andere Religionen als verschieden und doch essentiell gleichwertig verstanden werden, eine ideale Basis dafür gegeben ist, von anderen auch in zentralen theologischen Fragen lernen zu wollen.[51]

Drittens setzt interreligiöse Lernbereitschaft und damit interreligiöse Theologie auch so etwas wie *Revisionsbereitschaft* voraus. Lernprozesse sind Erkenntnisfortschritte und Erkenntnisfortschritte implizieren immer auch eine gewisse Revision des Früheren. Mit Recht schreibt Keith Ward, dass Komparative Theologie, was bei ihm weitgehend deckungsgleich ist mit interreligiöser Theologie, folgende drei Eigenschaften benötigt: Sie «muss *eine selbst-kritische Disziplin* sein, die sich der historischen Wurzeln ihrer eigenen Glaubensvorstellungen bewusst ist; *eine pluralistische Disziplin*, dazu bereit, sich im Gespräch mit einer Vielzahl lebender Traditionen zu engagieren; und *eine ergebnisoffene Disziplin*, die bereit ist, Glaubensvorstellungen zu revidieren, wenn und wo sich dies als notwendig zu erweisen scheint».[52]

Gerade diese Revisionsbereitschaft dürfte einerseits innerhalb der Religionen auf die größten Widerstände stoßen, ist aber andererseits für eine Konzeption von Theologie als Wissenschaft im Sinne zeitgenössischer Wissenschaftstheorie unabdinglich.

Wenn interreligiöse Theologie auf diesem so skizzierten Weg voranschreitet, dann stellt sie keine Konkurrenz zur modernen Religionswis-

50 A.a.O., 10f. Meine Übersetzung.

51 Die These, dass pluralistische Religionstheologie nicht allein die beste Grundlage für interreligiöse Theologie bildet, sondern darin ihre natürliche Verlängerung findet, habe ich näher begründet in: P. Schmidt-Leukel: Religious Pluralism and the Need for an Interreligious Theology, in: S. Sugirtharajah (Hg.): Religious Pluralism and the Modern World. An Ongoing Engagement with John Hick (FS John Hick), Basingstoke 2012, 19–33.

52 Ward: Religion and Revelation (siehe Anm. 20), 48. Meine Übersetzung.

senschaft dar, sondern kann vielmehr als eine Form von Religionswissenschaft betrachtet werden. In Konkurrenz tritt sie nur zu jenen Konzeptionen von Religionswissenschaft, die dieser eine atheistische Interpretation von Religion – und sei es auch nur im Sinne eines methodologischen Atheismus – als den allein wissenschaftlich vertretbaren Ansatz vorschreiben wollen. Doch dies wäre ein Dogmatismus, der ebenfalls dem Geist ergebnisoffener Forschung widerspricht und somit den Impetus von Wissenschaft nicht minder verfehlt als die von der Religionswissenschaft zu Recht kritisierten Formen des religiösen Dogmatismus.[53]

53 Vgl. hierzu auch P. Schmidt-Leukel: Die theologischen Wissenschaften als Vermittler im Dialog der Kulturen?, in: W. Berka, H. Schmidinger (Hg.): Vom Nutzen der Wissenschaften, Wien / Köln / Weimar 2007, 75–94; ders.: Der methodologische Agnostizismus und das Verhältnis der Religionswissenschaft zur wissenschaftlichen Theologie, in: Berliner Theologische Zeitschrift 29 (2012), 48–72.

Reinhold Bernhardt

Theologie zwischen Bekenntnisbindung und universalem Horizont
Überlegungen zum Format einer «interreligiösen Theologie»

1. «Theologie auf Rollensuche»

Am 8.10.2012 erschien in der NZZ ein Artikel unter dem Titel: «Die Theologie auf Rollensuche». Untertitel: «Von der schweren Last der christlichen Tradition in einer säkularisierten Welt». Die selbst gestellte Frage «Was machen eigentlich die Theologinnen und Theologen an den Universitäten?» beantwortet der Autor des Artikels mit unüberhörbarer Ironie: «Sie beschäftigen sich als Angehörige einer Konfession mit ihrer Glaubensgemeinschaft, mit Gott und der Welt; sie interpretieren die seit rund zweitausend Jahren ausgelegte Bibel und erkunden die Geschichte der kirchlichen Institutionen, der Glaubenslehre und Glaubenspraxis.»[1] Diese Konfessionsgebundenheit führt er dann als entscheidendes Argument gegen die Wissenschaftlichkeit der Theologie und damit auch gegen ihre Daseinsberechtigung in der Universität als dem Haus der Wissenschaften ins Feld.

Der Religionswissenschaftler Christoph Bochinger wird in diesem Artikel mit den Worten zitiert: «Viele theologische Institute sind Nischen konfessioneller Binnenreflexion, welche die neue Heterogenität der religiösen Landschaften nicht abbilden.» Weil sie konfessionell und in eigenen Fakultäten organisiert seien, blieben die Theologen unter sich. Es fehle ihnen oft der Dialog nicht nur mit Andersgläubigen, sondern auch mit anderen wissenschaftlichen Disziplinen.

Zumindest der Religionswissenschaftler hätte wissen können und sollen, dass die Theologie im deutschsprachigen Raum vielerorts nicht

1 U. Hafner: Die Theologie auf Rollensuche. Von der schweren Last der christlichen Tradition in einer säkularisierten Welt, in: NZZ vom 08.10.2012, 40. Abrufbar unter: http://www.nzz.ch/wissen/bildung/die-theologie-auf-rollensuche-1.17669222 (19.04.2013).

einseitig als zentripetales, auf das immer neue Umkreisen der je eigenen konfessionellen Tradition ausgerichtetes Unternehmen betrieben wird. Sicher nicht alle, aber doch viele ihrer Fachvertreter theologisieren mindestens ebenso sehr in einer zentrifugalen Perspektive, also in Auseinandersetzung mit außertheologischen Wissenschaften, mit den Erscheinungsformen der Religionsgeschichte und mit den Religionskulturen der gegenwärtigen religiös-pluralistischen Gesellschaft.

Einige – nicht alle – Konzepte einer interreligiösen Theologie gehen über solche Öffnungsbewegungen noch einmal hinaus, indem sie die Theologie aus der exklusiven Bindung an eine bestimmte – die christliche – Religionstradition lösen und sie auf die gesamte Religionsgeschichte hin ausrichten wollen. Sie laufen auf eine Theologie der Religionen bzw. der Religionsgeschichte im Sinne eines *genetivus subjectivus* hinaus, welche die religiösen Traditionen der Welt zu eigenständigen Quellen der Theologie erhebt.

Die in der NZZ vorgetragene Kritik zeigt die universitätspolitische Dimension des Themas, das in diesem Band verhandelt wird. Bei der Debatte um eine interreligiöse Theologie geht es jedoch nicht nur um den Status der Theologie als universitärer Disziplin, sondern grundlegender um das Selbstverständnis der Theologie als Wissenschaft.

2. Interreligiöse Theologie als «gobal theology»?

In den Beiträgen dieses Bandes werden Chancen und Probleme einer interreligiösen Theologie erörtert und exemplarisch durchgespielt. Die Chancen scheinen mir auf der Hand zu liegen. Sie bestehen in einer enormen Erweiterung der Materialgrundlage für die Rede vom «Heiligen» (Rudolf Otto), das damit multiperspektivisch erfasst wird. Sofern dabei allerdings unterstellt wird, dass sich die *eine* göttliche Wirklichkeit in den Überlieferungsquellen und -strömen der unterschiedlichen Religionstraditionen gleichermaßen authentisch erschließt, brechen Probleme auf. Denn eine solche Unterstellung ist aus diesen Quellen und Strömen selbst nicht ohne weiteres ableitbar. Jede ist auf ihr eigenes Erschließungszentrum bezogen: auf die Offenbarung der Tora, die Inkarnation des Gotteswortes in Jesus Christus, die Herabsendung des Koran, die Lehre des Buddha usw. Im zuletzt genannten Fall ist sogar die Rede von einer göttlichen Wirklichkeit prekär.

Damit stehen wir vor dem Grundproblem einer interreligiösen Theologie: Wie können derart verschiedene Traditionen als Erkenntnisquellen einer von ihnen jeweils auf verschiedene Weise anvisierten Letztwirklichkeit epistemologisch zusammengeführt werden? Sollen und können zwei oder mehrere von ihnen von dem oder der «interreligiöse Theologie» Treibenden gleichzeitig und möglichst gänzlich ‹bewohnt› werden? Oder soll dies als eine zeitliche Aufeinanderfolge im Sinne des von John Dunne beschriebenen «passing over and coming back» geschehen[2], wie es von einigen Hauptvertretern der Komparativen Theologie praktiziert wird? Oder sollen die verschiedenen Traditionen asymmetrisch zueinander in Beziehung gesetzt werden, etwa indem aus der einen Elemente ausgewählt werden, die sich in die andere integrieren lassen? Es würde sich dabei um ein inklusivistisches Zuordnungsschema handeln, wie es durch die ganze Christentumsgeschichte hindurch – von Justin dem Märtyrer aus dem zweiten Jahrhundert im Blick auf die Philosophie bis hin zur Erklärung «Nostra Aetate» des Zweiten Vatikanischen Konzils – angewendet wurde.

Gegenüber einem solchen Vereinnahmungsmodell auf der einen Seite und gegenüber den im Folgenden zu diskutierenden Ansätzen einer religionsübergreifenden «Transzendentologie»[3], für die Perry Schmidt-Leukel im Anschluss an Wilfred C. Smith in seinem Beitrag zu diesem Band und in anderen Publikationen plädiert, auf der anderen Seite votiere ich für ein Konzept interreligiöser Theologie, das von der Verwurzelung der Theologin bzw. des Theologen in der je eigenen Tradition ausgeht, sich der grundlegenden und unaufhebbaren Alterität der anderen Religionstraditionen bewusst ist und doch die hermeneutische Kunst einübt, sich mit Empathie und Wertschätzung in sie einzudenken, sie möglichst von innen heraus zu verstehen und kreative Inspirationen für den eigenen christlichen Glauben von ihnen zu empfangen. Meine These lautet: Interreligiöse Theologie ist ein Projekt der auf die außerchristlichen Religionen hin geöffneten *christlichen* Theologie, nicht aber der Versuch, die Religionstraditionen zu *einer* über sie hinaus führenden Globaltheologie

---

2 J. Dunne: The Way of All the Earth, Notre Dame 1978, ix: «Passing over and coming back, it seems is the spiritual adventure of our time.»

3 Zur Bezeichnung dieser Position verwende ich im Folgenden die Begriffe «Tranzendentologie», «global theology», «world theology», «planetary theology» in sinngleicher Weise.

zusammenzubinden. Ich verstehe sie als Praktizierungsform des «Inklusivismus als Gegenseitigkeit», für den ich religionstheologisch plädiere.

Die Konstitution der interreligiösen Theologie entscheidet sich vor allem an der Frage nach dem Verhältnis zwischen interreligiöser Theologie und konfessioneller (d. h. an die christliche Bekenntnistradition gebundener) Theologie. Manche Vertreter der interreligiösen Theologie – vor allem die Komparativen TheologInnen katholischer Provenienz – wollen konfessionelle Theologie *als* interreligiöse Theologie betreiben; so etwa Francis Clooney, der seine komparative Methode als «interreligious theology» versteht[4], aber keinen Zweifel daran lässt, dass er vom Standpunkt der römisch-katholischen Theologie aus religionsvergleichend arbeitet. Gleiches gilt für Catherine Cornille[5], James Fredericks[6], und Klaus von Stosch[7].

Andere VertreterInnen einer interreligiösen Theologie plädieren dafür, die interreligiöse Theologie der konfessionellen Theologie *an die Seite* zu stellen. Dazu gehört Keith Ward[8]. Unter Berufung auf Schleiermacher spricht er sich dafür aus, den eigenen konfessionellen Standpunkt einschließlich des damit verbundenen Wahrheitsanspruches im Prinzip beizubehalten, ihn aber zeitweilig zu suspendieren, um ein möglichst wertungsfreies Verstehen anderer religiöser Perspektiven nach Maßgabe ihres eigenen Selbstverständnisses zu ermöglichen. Eine ähnliche Posi-

---

4 F. X. Clooney: Comparative Theology. Deep Learning across Religious Borders, Malden 2010, 19.

5 Siehe dazu ihren Beitrag zu diesem Band.

6 Besonders deutlich in: J. L. Fredericks: Faith Among Faiths. Christian Theology and Non-Christian Religions, Mahwah 1999.

7 K. v. Stosch: Komparative Theologie als Wegweiser in der Welt der Religionen (Beiträge zur Komparativen Theologie 6), Paderborn 2012, 157f u. ö.

8 K. Ward: The Idea of ‹God› in Global Theology, in: N. Hintersteiner (Hg.): Naming and Thinking God in Europe Today. Theology in Global Dialogue, Amsterdam / New York 2007, 377–388; ders.: Programm, Perspektiven und Ziele Komparativer Theologie, in: R. Bernhardt / K. v. Stosch (Hg.): Komparative Theologie. Interreligiöse Vergleiche als Weg der Religionstheologie (Beiträge zu einer Theologie der Religionen 7), Zürich 2009, Pkt. 4, 61–63. – Siehe dazu: U. Winkler: Grundlegungen Komparativer Theologie(n) – Keith Ward und Robert C. Neville, in: Bernhardt / v. Stosch (Hg.): Komparative Theologie (a.a.O.), 70–86.

tion vertritt Peter C. Phan, auf dessen Ansatz ich noch zu sprechen kommen werde.

Robert C. Neville[9] und Perry Schmidt-Leukel[10] gehen über eine solche Zuordnung noch einmal hinaus, indem sie die konfessionellen Theologien der interreligiösen Theologie – als deren Materialgrundlage – ein- und unterordnen. Die Funktion der konfessionellen Theologien besteht darin, Beiträge zum interreligiösen theologischen Kolloquium zu leisten. Für Rose Drew, eine Schülerin Schmidt-Leukels, stellt diese Ausrichtung der konfessionellen auf die interreligiöse Theologie geradezu eine Überlebensbedingung der ersteren dar: «The alternative is that confessional theology increasingly assumes the role of a reliquary for a faith that is incapable of integrating the understanding that contemporary knowledge of other religious traditions has brought.»[11]

In dieser schematischen Unterscheidung steht mein Verständnis von interreligiöser Theologie der ersten der drei Positionen am nächsten. Gegenüber einem Nebeneinander von konfessioneller und interreligiöser Theologie und gegenüber der Aufhebung der konfessionellen in eine interreligiöse Theologie plädiere ich dafür, die konfessionellen Theologien in interreligiöser Perspektive zu entwickeln. Mein Ansatz zielt auf eine christlich-interreligiöse Theologie, der im Idealfall muslimisch-interreligiöse, jüdisch-interreligiöse, buddhistisch-interreligiöse usw. Theologien zur Seite treten werden, die aber nicht überwölbt ist von einer «global theology»[12] bzw. «universal theology»[13], bzw. «world theo-

---

9 R. C. Neville (Hg.): The Human Condition, Albany 2001; ders.: Ultimate Realities. Albany 2001; ders.: Religious Truth. Albany 2001; ders.: Ritual and Deference. Extending Chinese Philosophy in a Comparative Context. Albany 2008. – Siehe dazu auch: A. Yong (Hg.): Theology in Global Context. Essays in Honor of Robert Cummings Neville, New York 2004. – Siehe dazu: Winkler: Grundlegungen Komparativer Theologie(n) – Keith Ward und Robert C. Neville (siehe Anm. 8), 87–98.

10 Vor allem in: P. Schmidt-Leukel: Interkulturelle Theologie als interreligiöse Theologie, in: Evangelische Theologie 71 (2011), 4–16, und in seinem Beitrag zu diesem Band.

11 R. Drew: Challenging Truths: Reflections on the Theological Dimension of Comparative Theology, in: Religions 3 (2012), 1051.

12 So J. Hick: Death and Eternal Life, New York 1976, 29; D. J. Krieger: The New Universalism. Foundations for a Global Theology, Maryknoll 1991.

logy»[14] bzw. «transcendentology»[15] bzw. «planetary theology»[16]. Interreligiöse Theologie ist nicht jenseits, über oder anstelle der christlichen Theologie zu betreiben. Stattdessen gilt es, interreligiöse Perspektiven in die christliche Theologie als deren Horizonterweiterung einzubauen. Eine solche Integration der interreligiösen in die konfessionelle Theologie kann dabei immer auch zu Transformationen der tradierten Lehrformen christlicher Theologie führen.

Die Zuordnung von konfessionsgebundener und interreligiöser Theologie im Sinne einer Nebeneinanderordnung oder der Unterordnung der konfessionellen unter die interreligiöse verengt das Verständnis der konfessionellen Theologie, so als sei sie allein auf sich selbst bezogen und lasse nur gelten, was die normativen Grundlagen des eigenen religiösen Bekenntnisses vorgeben. Demgegenüber teile ich die Überzeugung, dass die Wahrheitsgewissheit des christlichen Glaubens zu einer Wertschätzung anderer Glaubensweisen zu führen vermag. Ohne apriorische Abwertung können diese Glaubensweisen zu Inhalten und Erscheinungsformen der christlichen Glaubenstradition in Beziehung gesetzt werden.

Konfessionelle und interreligiöse Theologie lassen sich nach dem Schema von Zentrum und Horizont miteinander verbinden. Beides – die Verwurzelung in der eigenen Glaubensgewissheit und der offene Blick in die Weite der anderen Religionskulturen – schließt sich gegenseitig nicht aus, sondern verhält sich komplementär (wenn auch keineswegs spannungsfrei) zueinander. Konfessionsgebundene und interreligiöse Theologie sind daher nicht als zwei distinkte Unternehmungen aufzufassen, sondern als zwei Dimensionen der theologischen Reflexion. Die eine ist dem Identitätszentrum zugewandt, die andere den ‹provozierenden› (hervorrufenden, herausfordernden) Verstehenskontexten.

---

13 L. Swidler (Hg.): Toward a Universal Theology of Religion, Maryknoll 1987.

14 W. C. Smith: Towards a World Theology. Faith and the Comparative History of Religion, Philadelphia 1981.

15 Schon in «The Meaning and the End of Religion. A New Approach to the Great Religious Traditions of Mankind» (New York 1963), hatte W. C. Smith von einer ‹transcendentology› (183) gesprochen.

16 J. M. Vigil (Hg.): Toward a Planetary Theology (Along the Many Paths of God 5), Montreal 2010.

Für das Verständnis der interreligiösen Theologie sind aber – über deren Zuordnung zur konfessionsgebundenen Theologie hinaus – auch andere Näherbestimmungen von Bedeutung, die ich in Frageform nur andeute: Ist interreligiöse Theologie zu verstehen als *Resultat* interreligiöser theologischer Reflexion oder als *Methode* des Theologietreibens in interreligiösem Bezug? Bezieht sie sich primär auf *Texte*[17] oder weitet sie ihre Materialgrundlage auch auf *andere Manifestationen* der religiösen Traditionen aus? Entsteht sie in einsamer *Schreibtischarbeit* oder aus dem praktizierten *Dialog* mit Angehörigen anderer Religionen heraus?

3. Interreligiöse Theologie als Ausrichtung der *christlichen* Theologie

Überschaut man die 2000-jährige Geschichte der christlichen Theologie aus großer Flughöhe, dann wird sofort deutlich, wie radikal – an die Wurzel gehend – der Paradigmenwechsel wäre, der mit dem Projekt einer religionsübergreifenden «global theology» gegenüber der traditionellen christlichen Theologie vollzogen würde; so radikal, dass man mit guten Gründen fragen müsste, ob es sich hierbei nicht um einen Traditionsabbruch handelt, bei dem Theologie durch eine spekulative Religionsphilosophie ersetzt wird, oder durch das Hybrid einer theologischen Religionswissenschaft bzw. einer religionswissenschaftlichen Theologie.

Diesem Verständnis der interreligiösen Theologie als einer universalen «Menschheitstheologie»[18] stelle ich das Verständnis von interreligiö-

17 A. C. C. Lees «cross-textual hermeneutics» bietet einen Ansatz für interkulturelle und interreligiöse Theologie, sofern sich diese auf das religionsvergleichende Studium Heiliger Schriften bezieht. In jenem Zweig der Komparativen Theologie, der stärker textorientiert arbeitet, wie Francis X. Clooney und Catherine Cornille, findet dieser Ansatz Anwendung. – Siehe dazu: A. C. C. Lee: Cross-textual Hermeneutics and Identity in multi-scriptural Asia, in: S. C. H. Kim (Hg.): Christian Theology in Asia, Cambridge u. a. 2008, 179–204; R. S. Sugirtharajah: Asian Bible Hermeneutics and Postcolonialism. Contesting the Interpretations, Maryknoll 1998; J. Kuan: «Asian Biblical Interpretation», in: J. H. Hayes (Hg.): Dictionary of Biblical Interpretation, 2 Bde., Nashville 1999, Bd. 1, 70–77.

18 Diesen Begriff hatte Friedrich Heiler u. a. im letzten Kapitel seines 1959 erschienenen Buches «Die Religionen der Menschheit in Vergangenheit und Ge-

ser Theologie als interreligiös offener *christlicher* Theologie gegenüber. Interreligiöse Theologie ist demnach keine Theologie neben oder über der konfessionsgebundenen Theologie, sondern deren Öffnung auf die Auseinandersetzung mit anderen religiösen Traditionen hin. Ich verstehe sie als Exegese, Historiographie, Dogmatik und Ethik im Kontext außerchristlicher Religionstraditionen; strukturanalog zur Ökumenischen Theologie, die sich im Blick auf andere christliche Konfessionstraditionen entfaltet. Dass zwischen beiden Kontextualisierungen – der ökumenischen und der interreligiösen – ein tiefgreifender Unterschied besteht, versteht sich dabei von selbst.

Wenn aber interreligiöse Theologie als *christlich*-interreligiöse Theologie aufgefasst und praktiziert wird, dann muss sie sich an den grundlegenden normativen Bezugsgrößen und Geltungsmaßstäben der christlichen Theologie orientieren. Ich skizziere diese Größen nach (meinem) evangelischen Verständnis:

(a) Theologie ist formal und inhaltlich primär auf die biblischen Quellen und sekundär auf die Geschichte der christlichen Überlieferung bezogen: auf die *Bibel*, die *Bekenntnisse* und die *theologische Tradition*. Ihr *Material*prinzip ist die Rechtfertigungsbotschaft, die besagt, dass der Gott entfremdete Mensch nicht durch eigene Anstrengung, sondern allein durch Gottes unverfügbare und unbedingt gewährte Gnade («sola gratia») in eine heilshafte Beziehung zu Gott gelangen kann, dass diese Beziehung allein in Christus («solus Christus») vermittelt ist und allein im Glauben («sola fide») realisiert wird. Das *Formal*prinzip des christlichen Glaubens nach evangelischem Verständnis ist in der Formel «sola scriptura» zusammengefasst, durch welche die Hl. Schrift zur höchsten Autorität in Glaubenssachen und zur alleinigen Quelle und Norm aller theologischen Lehre erklärt wird. Besonders das Formalprinzip, also der Schriftbezug, steht bei der Projektierung einer interreligiösen Theologie zur Diskussion.

Nun könnte man argumentieren, dass dieses Formalprinzip gerade um des (in einem weiteren Sinne verstandenen) Materialprinzips, also um

---

genwart» gebraucht: «Versuch einer Synthese der Religionen und einer neuen Menschheitsreligion». Im Unterschied zu Heiler geht es Schmidt-Leukel allerdings nicht um eine Synthese der *Religionen*, sondern um eine Synthese der *Theologien* zu *einer* Theologie, die «auf die Artikulation universal gültiger Einsichten» zielt (s. oben, 31).

der tieferen Einsicht in die Unumschränktheit und Unbedingtheit der Gnade Gottes willen, in Frage gestellt werden müsste; denn – so das Argument – das Schriftprinzip führe zu einer Blickfeldverengung: Die Bezeugung der universalen Gnade Gottes in anderen Heiligen Schriften und religiösen Inspirationsquellen komme dabei nicht in den Blick. Dieser Weg wird aber dadurch abgeschnitten, dass das «sola gratia» nach den Bekenntnisgrundlagen und nach der Lehrtradition der evangelischen Kirchen strikt an das «solus Christus» gebunden ist. Es handelt sich nicht um eine abstrakte, sondern um die in Christus ereignete Gnade. Und diese Ereignung ist im Neuen Testament normativ bezeugt.

Müsste interreligiöse Theologie mit einer Preisgabe des «sola scriptura»-Prinzips erkauft werden, so würde sie einen Pfeiler abbrechen, der die evangelische Theologie von ihren Anfängen an getragen hat. Nach Gerhard Ebeling ist es schlicht «ausgeschlossen [...], daß in Sachen des Glaubens ein anderes Zeugnis verbindlich sein könnte als das sich auf die Schrift berufende und somit auch der Prüfung an ihr sich unterwerfende»[19].

In den Debatten um die – durch die historische Bibelkritik und die neuere literarische Hermeneutik ausgelöste – «Krise des Schriftprinzips», die in den letzten Jahrzehnten geführt wurden, ist denn auch nicht die Forderung nach einer Eliminierung, sondern nach Revision dieses Prinzips erhoben worden[20]. Dabei wurde «die Notwendigkeit des hermeneutischen Prozesses» betont[21] und die Ausbildung eines «hermeneutischen Pluralismus»[22] als Konsequenz aus dieser Krise vorgeschlagen.

---

19 G. Ebeling: Das Wesen des christlichen Glaubens, München / Hamburg 1967³, 31.

20 Siehe dazu: R. Bernhardt: Die Krise des protestantischen Schriftprinzips, in: K. Kollmar-Paulenz / N. Linder / M. Luminati / W. Müller / E. Rudolph (Hg.): Kanon und Kanonisierung. Ein Schlüsselbegriff der Kulturwissenschaften im interdisziplinären Dialog (Tenor – Text und Normativität 2), Basel 2011, 212–237.

21 A. Wenz: Das Wort Gottes – Gericht und Rettung. Untersuchungen zur Autorität der Heiligen Schrift in Bekenntnis und Lehre der Kirche, Göttingen 1996, 147ff.

22 R. Leonhardt: Skeptizismus und Protestantismus. Der philosophische Ansatz Odo Marquards als Herausforderung an die evangelische Theologie, Tübingen 2003, 280ff.

Im Lichte solcher Überlegungen ist das «sola-scriptura»-Prinzip durchaus mit einer christlich-interreligiösen Theologie vereinbar, denn dieses Prinzip verbietet nicht, biblische Überlieferungen in Bezug auf außerbiblische Quellen und Traditionen zu interpretieren und sie damit neu und anders zum Sprechen zu bringen. So kann das neutestamentlichen Gleichnis vom verlorenen Sohn (Lk 15,11–32) in einer neuen und erhellenden Interpretationsperspektive erscheinen, wenn es in Bezug auf die vergleichbare Erzählung aus dem vierten Kapitel des Lotos-Sūtra ausgelegt wird, wobei gerade auch die Differenzen von Bedeutung sind.[23] Das «sola-scriptura»-Prinzip bestimmt das Normativitätszentrum, beschränkt aber nicht den Verstehenshorizont.

Die Unterscheidung von Normativitätszentrum und Verstehenshorizont ist nicht so zu verstehen, als sei dieser Horizont dabei lediglich eine Kontrastfolie ohne eigene Stimme. Die biblisch bezeugte Universalität der Selbstmitteilung Gottes lässt demgegenüber erwarten, dass diese Offenbarung (‹Wort›), die nach biblischer Bezeugung in Jesus Christus repräsentiert ist, und die von Gott, dem Vater (und dem Sohn – filioque) ausgehende schöpferische Erschließungs- und Heilungskraft (‹Geist›), auch aus anderen Quellen wahrzunehmen ist. Die Mitte der ‹norma normans› bleibt für den christlichen Glauben aber das Christusgeschehen in seiner universalen Bedeutsamkeit. Dieses Geschehen in interkulturellen und interreligiösen Perspektiven zu verstehen, trägt dazu bei, Sinndimensionen seines unerschöpflichen Bedeutungsreichtums ans Licht zu heben, die über die ausgetretenen Interpretationspfade der westlichen Standardtheologie hinausgehen. Solche Auslegungen können außerdem dazu beitragen, die Christusbotschaft für Menschen in anderen Kulturen und Religionen zu erschließen. Umgekehrt können daraus – im Sinne des in der Einleitung zu diesem Band vorgeschlagenen ‹give and take›[24] – auch Impulse für die Selbstauslegungen anderer religiöser Traditionen erwachsen.

Aus der Sicht der katholischen Theologie formuliert Gregor Maria Hoff unter Bezugnahme auf Melchior Canos Lehre von den *loci alieni:* «Es gibt Orte der Erkenntnis, die im Innenraum der Kirche alle theologische Erkenntnis regeln: die Heilige Schrift, die Tradition, das Lehramt

---

23 Siehe dazu den Beitrag von Ulrich Dehn zu diesem Band (Abschnitt 3.1. Der zurückkehrende Sohn).

24 Siehe oben, 12.

etc. Aber es gibt auch fremde Bezüge, externe Quellen theologischer Erkenntnis.»[25]

(b) Theologie ist zweitens bezogen auf *Glauben* als existentiellen Vollzug, den sie einer rationalen Durchdringung unterzieht. «Glauben» ist geradezu der Inbegriff christlicher Religiosität.

Nach Schleiermacher bezieht sich die Theologie «auf eine bestimmte Glaubensweise»[26], die christliche, und in dieser Glaubensweise ist wiederum alles bezogen «auf die durch Jesum von Nazareth vollbrachte Erlösung»[27]. Diese Aussage ist nicht nur deskriptiv, sondern auch normativ zu verstehen. Der Christusglaube stellt die Ermöglichungsbedingung der Theologie selbst dar.

Paul Tillich charakterisiert die Theologie im Gegenüber zur Religionsphilosophie dadurch, dass sie sich zu einer bestimmten Symbolisierung des Neuen Seins – zu Jesus als dem Christus – bekennt und in diesem Sinne konfessionell ist, wohingegen die religionsphilosophische Betrachtung von solchen spezifischen normativen Festlegungen absieht. Die Religionsphilosophie arbeitet einen allgemeinen Normbegriff von Religion heraus, untersucht die Struktur und die Funktionen der Religion und weist formale Kriterien zur Urteilsbildung aus. Die theologische Perspektive hingegen entfaltet die Bedeutung Jesu Christi als des entscheidenden und maßgeblichen, weil für den christlichen Glauben letztgültigen Kriterium des «Neuen Seins». Theologische Aussagen sind demnach aus der Partizipation am «Neuen Sein» in Christus heraus gesprochen. Sie gründen in der Erfahrung des «ultimate concern» (Tillich)[28] und sind damit Aussagen in einer reflexiven Ersten-Person-Perspektive. Religionsphilosophische Aussagen beziehen dagegen die Perspektive der dritten Person.

---

25 G. M. Hoff: Stichproben: Theologische Inversionen. Salzburger Aufsätze (Salzburger theologische Studien 40), Innsbruck / Wien 2010, 63.

26 F. D. E. Schleiermacher: Kurze Darstellung des theologischen Studiums zum Behuf einleitender Vorlesungen, hg. v. H. Scholz, Darmstadt 1993^3, 1.

27 Ders.: Der christliche Glaube. Nach den Grundsätzen der evangelischen Kirche im Zusammenhange dargestellt (1830/31), hg. v. R. Schäfer, Berlin 2008, 93.

28 Dieser Begriff ist aktivisch und passivisch zugleich zu verstehen: das, was mich unbedingt angeht, d. h. mich passiv trifft, und das, was mir (aktiv) unbedingt bedeutsam ist.

Auch hinsichtlich der Bezugsgröße des Glaubens ist es möglich und sogar geboten, die christliche Theologie interreligiös zu öffnen. Wenn man – wie Tillich – zwischen dem «Neuen Sein» und Christus als dem Symbol des «Neuen Seins» unterscheidet, dann öffnet sich die Denkmöglichkeit, dass sich das «Neue Sein» auch in anderen (nichtchristlichen) Formen des unbedingten Angegangenseins vom «Sein-Selbst» repräsentiert haben könnte. Diese anderen Formen können die Nachfolge auf dem Christusweg vor Übersteigerungen und Verfestigungen schützen, sie können den christlichen Glauben weiten und vertiefen, seine charakteristische Eigenart deutlicher heraustreten lassen und seine Anschlussfähigkeit für andere spirituelle Wege entdecken helfen. Aber es bleiben *andere* Wege, die sich der Christ nicht zu eigen machen muss, auch dort nicht, wo er seine Glaubensreflexion in eine interreligiöse Perspektive stellt.

Die Unterscheidung also zwischen der göttlichen «Macht des Seins», der Offenbarung des «Neuen Seins» in Christus und der Aneignung dieses «Neuen Seins» im Glauben, oder anders: zwischen Glaubensgrund und Glaubensgewissheit, sprengen jede Selbstgenügsamkeit des Glaubens.

(c) Theologie ist drittens bezogen auf die Gemeinschaft des Glaubens bzw. der Glaubenden, d. h. auf die *Kirche* als Sozialgestalt des Glaubens und Bewährungsraum der Theologie. In seinen «Empfehlungen zur Weiterentwicklung von Theologien und religionsbezogenen Wissenschaften an deutschen Hochschulen» spricht der Wissenschaftsrat von den «Kirchen als Resonanzraum für theologische Forschung».[29]

Während auf römisch-katholischer Seite die Bindung der Theologie an die Kirche im Grundsatz stets anerkannt war[30], hat es unter evangelischen Theologen seit dem Ende des 19. Jahrhunderts immer wieder heftige Auseinandersetzungen um diese Frage gegeben.[31] So plädierte etwa Carl Albrecht Bernoulli aus Basel dezidiert für eine Trennung der

---

29 http://www.wissenschaftsrat.de/download/archiv/9678-10.pdf (19.04.13), 66.

30 Siehe dazu: A. Franz (Hg.): Bindung an die Kirche oder Autonomie? Theologie im gesellschaftlichen Diskurs (QD 173), Freiburg i. Br. u. a. 1999.

31 Siehe dazu – wie zur Beziehungsbestimmung zwischen Theologie und Kirche generell: H.-M. Rieger: Theologie als Funktion der Kirche. Eine systematisch-theologische Untersuchung zum Verhältnis von Theologie und Kirche in der Moderne, Berlin 2007.

wissenschaftlichen von der kirchlichen Theologie.[32] Die wissenschaftliche Theologie solle der religionsgeschichtlichen Methode verpflichtet sein, während die kirchliche Theologie an der Brauchbarkeit für die christliche Religionspraxis orientiert sei. Die Disziplinen der Systematischen und der Praktischen Theologie werden von Bernoulli dabei der kirchlichen Theologie zugeschlagen. Er verbindet mit dem Programm einer rein wissenschaftlichen – und das heißt für ihn: einer der unvoreingenommenen empirisch-historischen Wahrheitssuche verpflichteten – Theologie die Hoffnung, den modernen Menschen für die Religion gewinnen zu können. Seine Vision besteht in der Gründung einer neuen geistigen Kirche. Zur Debatte stand also zentral die Frage, ob das praktische Interesse der Theologie mit ihrem Wissenschaftsanspruch vereinbar sei.[33] Schleiermacher hatte die Theologie – wie die Jurisprudenz und die Medizin – als eine praktische, d. h. auf ein Praxisfeld ausgerichtete Wissenschaft qualifiziert. Sie habe der «Kirchenleitung» in dem weiteren Sinn des Wortes zu dienen, den Schleiermacher diesem Begriff gibt.

Auch diesen dritten Bezug muss eine interreligiöse Theologie in dem hier propagierten Sinn keineswegs aufgeben: Eine Theologie, die das Selbstverständnis des christlichen Glaubens in Beziehung auf nichtchristliche Traditionen entfaltet, kann den Kirchen ebenso – vielleicht sogar in besonderer Weise – von Nutzen sein, denn sie hilft ihnen, das interreligiöse Begegnungsgeschehen in den Religionskulturen der Spätmoderne konstruktiv zu bearbeiten und selbst von dieser Bearbeitung zu profitieren; nicht zuletzt deshalb, weil ihre eigenen Mitglieder in beachtlicher Zahl bereits interreligiöse Identitäten ausbilden.[34]

Theologie braucht die Anerkennungsgemeinschaft der Kirchen. Und sie kann hoffen, diese Anerkennung auch zu bekommen, wenn sie erkennen lässt, dass sie die Bekenntnisgrundlagen der Kirchen respektiert, was eine kritische Arbeit an diesen Grundlagen ja nicht aus-, sondern

---

32 C. A. Bernoulli: Die wissenschaftliche und die kirchliche Methode in der Theologie. Ein encyklopädischer Versuch, 1897 (ND 2010).

33 Zu diesem Diskurs siehe: G. Krüger, Die unkirchliche Theologie, in: Die Christliche Welt 34 (1900), 804–807; F. Traub: Kirchliche und unkirchliche Theologie, in: ZThK 13 (1903), 39–76; J. F. Gottschick, Die Entstehung der Losung der Unkirchlichkeit der Theologie, in: ZThK 13 (1903), 77–94.

34 Siehe dazu: R. Bernhardt / P. Schmidt-Leukel (Hg.): Multiple religiöse Identität. Aus verschiedenen religiösen Traditionen schöpfen (Beiträge zu einer Theologie der Religionen 5), Zürich 2008.

einschließt. Eine interreligiös ausgerichtete Theologie, die sich dagegen aus dem Normativitätsgefüge löst, das für die christliche Theologie verbindlich war und ist, wird kaum Aussicht haben, sich in der Anerkennungsgemeinschaft der Glaubenden zu etablieren.

Aus den vorgetragenen drei Überlegungen zur Rückbindung der interreligiösen Theologie an die Geltungsgrundlagen der christlichen Tradition, an die Vollzugsformen des gelebten christlichen Glaubens und an die Anerkennungsgemeinschaft der Kirchen ergeben sich die folgenden drei Rückfragen an eine «gobal theology»:

(a) Worin besteht deren normativer Bezugspunkt? Doch offensichtlich in den subjektiven Präferenzen dessen, der/die interreligiöse Theologie treibt und dazu Kompositionen aus verschiedenen religiösen Traditionen herstellt. Interreligiöse Theologie wird damit zu einem selbstbezüglichen avantgardistischen Projekt freischwebender theologischer Kreativität einzelner Religionsintellektueller, die nicht auf die Anerkennung der akademischen Theologie und der Kirchen angewiesen sind.

(b) In welchen Formationen von Religiosität vollzieht sie sich? Worin besteht ihre ‹Leiblichkeit› d. h. ihr Glaubens*leben*? Oder bleibt sie ein theologisches Abstraktum, rein geistig und blutleer? Wo ist ihr Sitz im Leben, wo ihr Bewährungszusammenhang in der Religions- mehr noch: in der Lebens*praxis*?

(c) Sucht sie Anschluss an mehrere der bestehenden monoreligiösen Religionsgemeinschaften oder bringt sie neue eigene Gemeinschaftsbildungen hervor? Gilt für sie also, was Norbert Hintersteiner für die Komparative Theologie konstatiert hat: dass sie «nach einer neuen religiösen Gemeinschaft mit einer ‹interreligiösen Überzeugung› [verlangt], die ihren Glauben nicht mehr länger an nur eine bestimmte Glaubensgemeinschaft und ihren theologischen Diskurs bindet»[35]? Oder verzichtet sie auf die Einbindung in Gemeinschaften und pflegt eine individuelle religiöse Virtuosität?

Interreligiöse Theologie ist nach meinem Verständnis nicht als überreligiöse Global-Theologie zu entfalten, sondern als christliche Theologie in interreligiöser Perspektive. Sie bleibt maßgeblich bezogen auf die Geltungsgrundlagen der christlichen Theologie, und das heißt: erstens auf

---

35 N. Hintersteiner: Wie den Religionen der Welt begegnen? Das Projekt der Komparativen Theologie, in: Salzburger Theologische Zeitschrift 11 (2007), 174.

Schrift und Tradition, zweitens auf den Vollzug des christlichen Glaubens und drittens auf die Kirche. Diese Bezüge bringt sie aber in einem interreligiösen Horizont zur Geltung. Sie *pluralisiert* also nicht ihre Geltungsgrundlagen, sondern *kontextualisiert* sie interreligiös. Andere Religionstraditionen werden zum Auslegungskontext der christlichen Inhalte. Oder mit Hans Reichenbachs Unterscheidung[36] gesprochen: Andere Religionstraditionen werden zu einem bedeutsamen *Entdeckungszusammenhang* theologischer Aussagen, die christliche Tradition aber bleibt deren *Begründungszusammenhang*, ihr normativer Bezugspunkt.

4. Vergleich mit Karl Jaspers «Weltgeschichte der Philosophie»

Das Projekt der «world theology» erinnert an den von Karl Jaspers im Jahr 1937 gefassten Plan, eine Weltgeschichte der Philosophie zu erarbeiten.[37] Am Ende seines philosophischen Lebensweges in Basel versuchte er, dieses großangelegte Programm zu realisieren. Es zielt darauf, die Philosophie in allen ihren Gestalten aufzusuchen, um sie so aus ihrer historischen Kontingenz herauszulösen. Deshalb will Jaspers nicht die Philosophiegeschichten der Welt chronologisch nachzeichnen, sondern sie auf das Wesentliche hin durchdringen, das sich in den historischen Entwürfen zur Sprache bringt. Es geht ihm um die eine *philosophia perennis,* die auf «die *eine* Gegenwart des Wahren […], das Offenbarwerden des Seins im Menschen»[38] ausgerichtet ist. Dieses Sein ist immer schon gegenwärtig. Nur deshalb kann es in seinen historischen Gestalten aufge-

---

36 H. Reichenbach: Experience and Prediction. An Analysis of the Foundations and the Structure of Knowledge, Chicago 1938, 5ff: «context of discovery» – «context of justification».

37 K. Jaspers: Philosophische Autobiographie (erweiterte Neuausgabe), München 1977, 119–122, bes. 121.

38 Dieses Zitat entnehme ich G. Teoharova: Karl Jaspers' Philosophie auf dem Weg zur Weltphilosophie, Würzburg 2005, 77. Es ist dem Nachlass Jaspers' entnommen, der im Schiller Nationalmuseum / Deutsches Literaturarchiv aufbewahrt wird. Die Nachlasskästen 30 und 31 enthalten das Buch VI «Die philosophischen Ursprünge im Kampf oder: Die Ursprünge im philosophischen Kampf». Auf einem unpaginierten Blatt aus dem Kasten 30 findet sich das Zitat. (Hervorhebung R.B.). Siehe auch: K. Jaspers: Weltgeschichte der Philosophie: Einleitung; aus dem Nachlass hg. v. H. Saner, München / Zürich 1982, 25.

sucht werden. Und indem es in diesen uns fernen Denkformen aufgesucht wird, vergegenwärtigt es sich und wird gleichzeitig mit dem in der Gegenwart nach Wahrheit Suchenden.

In diesem Sinne ist es zu verstehen, wenn Jaspers schreibt: «Philosophiegeschichte muss universal sein», weil der «Denker» notwendig interessiert ist «an allem wesentlich Gedachten auf der Erde. […] ihm sind alle wesentlichen Denker Helfende, die noch im geistigen Kampf ihn finden, dass er zu sich selbst komme. Ganz zu Hause ist erst, wer in aller Welt sich geprüft, erweitert und bewährt hat.»[39] Genoveva Teoharova paraphrasiert Jaspers' Position: «Durch die Führung der Vernunft lösen wir uns von jedem Standpunkt, um in unendlicher Bewegung an jedem teilzunehmen.»[40] Und nun wieder Jaspers selbst: «Aber wir tun es, um aus dem weiten Raum her, ihn mit unserer Seele durchdringend die eigene geschichtliche Einsenkung nunmehr frei, entschieden und bewusst zu übernehmen und zu vollziehen, erst im Tode sie verlassend, vor der Ewigkeit sie relativierend, den Gehorsam suchen gegen das eine Wahre.»[41]

Dieses Wahre begegnet in der Philosophiegeschichte in verschiedenen, heterogenen, kulturell geprägten Weisen der Seinsoffenbarkeit. Diese philosophischen Ursprachen können und müssen auf die in ihnen liegende Seinswahrheit hin, wie sie sich im Vollzug menschlicher Existenz als Existenzerhellung erschließt, durchdrungen werden. Sie gehen auf den gleichen Ursprung zurück und können daher bei aller Verschiedenheit der Erscheinungsformen miteinander kommunizieren.

Die Philosophie, die nach existentieller Wahrheit in den Philosophien der Welt sucht, hat es nun allerdings leichter mit der interreligiösen Philosophie als die Theologie mit der interreligiösen Theologie. Denn sie fragt nach dem Universalen im Kontingent-Geschichtlichen, das dabei überstiegen werden kann und soll. Aber gerade auf dieses Kontingent-Geschichtliche kommt es den Offenbarungsreligionen an: auf die von Jaspers verabscheute Leiblichkeit der Wahrheit. Diese hat für ihn den Beigeschmack der Dogmatisierung und Institutionalisierung. Unter dieses Verdikt fällt für ihn eine Theologie, für welche die im vorigen Ab-

39 Jaspers: Weltgeschichte der Philosophie (siehe Anm. 38), 69.

40 Teoharova: Karl Jaspers' Philosophie auf dem Weg zur Weltphilosophie (siehe Anm. 38), 80.

41 Jaspers: Weltgeschichte der Philosophie (siehe Anm. 38), 70.

schnitt dieses Beitrags ausgewiesenen drei Bezüge konstitutiv und normativ sind. Sofern sich die Theologie von ihnen nicht dispensieren kann, bleibt sie eine «esoterische» Wissenschaft.[42]

Viele der Aussagen Jaspers' sind allerdings durchaus anwendbar auf eine interreligiöse Theologie im Sinne eines christlich-theologischen Projekts, so etwa, wenn er fordert, es gelte, den Boden zu finden, «auf dem Menschen aus allen Glaubensherkünften sich über die Welt hin sinnvoll begegnen könnten, bereit, ihre je eigene geschichtliche Überlieferung neu anzueignen, zu reinigen, zu verwandeln, aber nicht preiszugeben».[43]

5. Erwägungen zur theologischen Erkenntnistheorie

Im Hintergrund meines Plädoyers für eine christlich-interreligiöse Theologie stehen Erwägungen zur theologischen Erkenntnistheorie. Eine holistische interreligiöse Theologie, die davon ausgeht, dass sich die *eine* Gotteswahrheit in verschiedenen Offenbarungen zu erkennen gegeben habe, so dass die verschiedenen Religionstraditionen, die sich auf diese Offenbarungen gründen, gleichberechtige Erkenntnisquellen für *eine* interreligiös operierende Universaltheologie darstellen, macht sich von einem metaphysischen Einheitspostulat abhängig, das die Verschiedenheit der Religionstraditionen zu einer bloß vorletzten Erscheinungsform der letztlichen Einheit der Wirklichkeit erklärt.

Dabei ist weniger das Postulat der im *einen* göttlichen Grund konstituierten Einheit der Wirklichkeit fragwürdig. In dieser Grundüberzeugung stimmen die monotheistischen Religionen überein. Problematisch ist die Annahme, aus der Vielfalt der religiösen Bezeugungen heraus und über sie (und die zwischen ihnen bestehenden Differenzen) hinaus, *die* Wahrheit dieses transzendenten Grundes erkennen zu können. So schreibt Perry Schmidt-Leukel: «Alle Wahrheit – wo immer und in welcher Form sie sich auch findet – muss letztendlich kompatibel sein. Dies folgt aus der Grundintuition einer Einheit der Wirklichkeit.»[44] – Dabei

42 ders.: Der philosophische Glaube angesichts der Offenbarung, München 1962, 1984³, 490.

43 A.a.O., 7.

44 P. Schmidt-Leukel: Interkulturelle Theologie als interreligiöse Theologie, in: EvTh 71 (2011), 4–16, Zitat: 10.

ist offensichtlich vorausgesetzt, dass sich «Wahrheit» religionsübergreifend ermitteln lässt, was aber doch vorausgesetzt, dass sie als zu Suchende schon bekannt ist. Wie sollte man sie sonst als Wahrheit ‹finden›?

Eine solche Menschheitstheologie geht zwar von den Religionstraditionen aus und bezieht sie in ein Kolloquium der Religionen ein. Doch in diesem Kolloquium werden sie mit dem von ihnen erhobenen Anspruch, die göttliche Wirklichkeit nicht nur authentisch, sondern auch letztgültig zur Sprache zu bringen, als Materialgrundlage für eine universalere Gotteserkenntnis gebraucht. Dabei widerfährt den jeweiligen Theologien der verschiedenen Religionstraditionen eine Zurückstufung zu Partikulartheologien, die über ihr jeweils nur begrenztes Transzendenzverständnis aufzuklären sind, gerade angesichts der Tatsache, dass sie doch eigentlich um die Universalität und Einheit der Wahrheit wissen müssten. Dieses Programm setzt auf diese Weise religions*pluralistisch* an, zielt aber auf *eine* pluri- und transreligiöse Globaltheologie, folgt also einem programmatischen metaphysischen Monismus, der sich mit einem erkenntnistheoretischen Realismus verbindet und den Geist des scholastischen Rationalismus atmet.

Damit stellt sich die Frage nach dem Gegenstand der Theologie. Nach der seit Schleiermacher vollzogenen hermeneutischen Wende der Theologie ist deren Gegenstand nicht die Gotteswahrheit an sich und als solche, sondern die *Auffassung* dieser Wahrheit in den Anschauungs- und Denkformen der spezifischen religiösen Traditionen, also nicht Gott, sondern der Gottesglaube. Deshalb gibt es nach Schleiermacher die Religion nur in den Religionen. Hinter diese Einsicht scheint mir kein Weg zurückzuführen. Der mit dem Verständnis der interreligiösen Theologie als religionsübergreifende «world-theology» verbundene metaphysische Monismus mit seiner korrespondenztheoretischen Wahrheitstheorie, seinem Vernunftoptimismus, stellt diese unhintergehbare Bindung aller theologischen Aussagen an den Referenzrahmen einer bestimmten Religionstradition nicht ausreichend in Rechnung.

Wo sich Theologie nicht als eine hermeneutische Wissenschaft, sondern als metaphysische Wirklichkeitswissenschaft versteht, die auf die transzendente Wirklichkeit meint zugreifen zu können, wo sie ihre Aussagen in einem korrespondenztheoretischen Sinne für wahr erklärt, ist die Respektierung entgegenstehender theologischer Wahrheitsansprüche kaum möglich. Es muss zu deren Abwertung und zu Exklusionen kommen. Die Religionsgeschichte bietet Anschauungsunterricht für die möglichen Folgen eines solchen metaphysischen Realismus.

Demgegenüber gilt: Nur *innerhalb* der von den Auslegungsströmen der Religionen zur Verfügung gestellten hermeneutischer Referenzrahmen lässt sich Theologie betreiben. Anders als empirische Wahrheit gibt es religiöse Wahrheit nur in Form von Wahrheitserschließungen bzw. -gewissheiten. Diese wiederum sind immer in Diskursfelder eingebunden und diese wiederum sind mit Machtstrukturen durchsetzt. Der zuletzt genannte Aspekt bleibt in den Ansätzen zu einer «Transzendentologie» zumeist unberücksichtigt. Dass Theologie – wie jede Geistestätigkeit – an bestimmte kulturell und religiös geprägte Referenzrahmen gebunden ist, schließt nun aber Seitenblicke in andere Traditionen keineswegs aus. Im Gegenteil: durch solche vergleichenden Auseinandersetzungen mit *topoi* anderer ‹konfessioneller› Theologien bereichert und vertieft sich das Verständnis der eigenen wie der anderen Tradition. Zumindest stellt eine solche Auseinandersetzung eine permanente Erinnerung an die Andersheit Gottes dar, dessen Selbstmitteilung immer nur in «irdenen Gefäßen» (2Kor 4,7) gegeben ist.

Die Erwartung, an den vermeintlichen Überschneidungsbereichen der Traditionen in Korrespondenz zur *einen* Wahrheit Gottes zu kommen, stellt eine epistemische Hybris dar, wie sie schon von Paulus und dann von Luther kritisiert wurde, der dem *theologus gloriae* den *theologus crucis* gegenübergestellt hatte. So wichtig es ist, daran zu erinnern, dass die Wahrheit Gottes der Wahrheit der Religion vorausliegt und diese auf jene verweist, so notwendig ist andererseits eine intellektuelle Selbstbeschränkung, die es sich nicht erlaubt, nach göttlicher Erkenntniswahrheit über den widerstreitenden Wahrheitsansprüchen der Religionen zu suchen. Diese Spannung muss ausgehalten werden. Die Pluralität der Theologien innerhalb der christlichen Religion wie auch darüber hinaus lässt sich nicht (im dreifachen Sinne Hegels) ‹aufheben›.

Aufgabe einer interreligiösen Theologie kann es daher nur sein, sich mit den Denk- und Praxisformen der eigenen Religionstradition im Lichte anderer Traditionen auseinanderzusetzen, ohne dieses Unternehmen mit der Erwartung zu überfrachten, sich dabei zu einer Universaltheologie aufzuschwingen. In diesem Sinne halte ich das Bild vom interreligiösen Kolloquium für sinnvoll. Was Werner Ustorf einmal für die interkulturelle Theologie formuliert hat, scheint mir auch für die interreligiöse Theologie zu gelten: «Intercultural theology does not think on behalf of others, but reflects its own premises in the presence of these others and, if things go well, together with them.»[45]

Meine Auffassung von interreligiöser Theologie geht vom Grundmodell der dialogischen Vermittlung grundlegend verschieden bleibender Traditionen aus. Vermittlung meint dabei nicht Aufhebung der jeweiligen Differenz, sondern gerade deren Herausarbeitung, um auf diese Weise dem Selbstverständnis der jeweiligen Traditionsinhalte möglichst authentisch gerecht zu werden. Insofern ist interreligiöse Theologie nicht – wie es die Präposition «inter» insinuiert – in einem «third space» zwischen den Religionen angesiedelt, sondern innerhalb einer ‹konfessionellen› Theologie, von wo aus sie aber offen und lernbereit zu Exkursionen in die Denk- und Lebenswelten anderer religiöser Traditionen aufbricht, um die gewonnenen Einsichten dann in die Re-Vision des je eigenen Selbstverständnisses einzubringen. Es ist dies methodisch der dialektische Dreischritt, der sich in der Kommunikationsform des Dialogs vollzieht. Genau genommen wäre also eher von einer *trans*religiösen statt von einer *inter*religiösen Theologie zu sprechen – in Analogie zur trans*kulturellen* Theologie. «Trans» meint dabei nicht «meta». Die Bewegungsrichtung ist – bildlich gesprochen – nicht vertikal, sondern horizontal. Wie es in der trans*kulturellen* Theologe um die Wahrnehmung anderer *christlicher* Religionskulturen geht, so in der trans*religiösen* Theologie um die Wahrnehmung und Einbeziehung *außerchristlicher* Religionskulturen.

6. Themen interreligiöser Theologie(n)

Ein charakteristischer Unterschied zwischen den beiden Modellen interreligiöser Theologie – dem der «global theology» und dem der christlich-transreligiösen – besteht in der Wahl ihrer Themen. Die «global theology» wird dazu tendieren, Gemeinsamkeiten, Anschlussmöglichkeiten und Vermittlungen zwischen den Religionstraditionen in den Vordergrund der Betrachtung zu stellen, auch und gerade da, wo sie bei Differenzen ansetzt. So will Paul F. Knitter «family characteristics» in den Religionen ausweisen, die dann das Material der interreligiösen Theologie als einer

45 W. Ustorf: The Cultural Origins of «Intercultural Theology», in: Mission Studies 25 (2008), 229–251, Zitat: 244f.

«multifaith, world theology» bilden.[46] Oft werden Gemeinsamkeiten auch auf der Ebene der (praktizierten) Sozialethik gesucht. So ruft Knitter in seiner «Befreiungstheologie der Religionen» alle Religion dazu auf, sich zu engagieren «for the well-being of all sentient beings, and of the planet itself».[47] Aloysius Pieris zieht diese Linie in Richtung einer befreienden kosmischen Spiritualität aus, die er als Grundlage einer interreligiösen Theologie proklamiert.[48] Auch Edmund Kee-Fook Chia plädiert für eine interreligiöse Theologie, die weniger auf der Ebene der Glaubensüberzeugungen operiert und sich mehr dem gemeinsamen Kampf gegen Armut, Unterdrückung, Ungerechtigkeit und Marginalisierung zuwendet.[49] Interreligiöse Theologie entwickelt sich hier zur interreligiösen Sozialethik.[50] Doch auch dort, wo spezifische Inhalte der Lehre traktiert werden, orientiert sich deren Auswahl am Kriterium der religionsübergreifenden Gemeinsamkeit oder zumindest an der Erwartung, Differenzen überwinden zu können. So verhandelt etwa Keith Ward folgende Themenkomplexe in seinen interreligiös-theologischen Studien: Gottesvorstellungen, Offenbarung, Anthropologie und Gemeinschaft und Eschatologie.[51] Perry Schmidt-Leukel hat eine «Buddhist-Christian Theology of Creation» entfaltet.[52]

---

46 P. F. Knitter: Foundations for a Multifaith Pluralistic Theology, in: J. M. Vigil (Hg.): Toward a Planetary Theology (Along the Many Paths of God V), Montreal 2010, 76–80. Zitate: 76.

47 A.a.O., 76. Ders.: Horizonte der Befreiung. Auf dem Weg zu einer pluralistischen Theologie der Religionen, hg. v. B. Jaspert, Frankfurt a. M. 1997.

48 A. Pieris: God's Reign for God's Poor: A Return to the Jesus Formula, Kelaniya 1999; ders: Toward a Theology of Religious Pluralism. Fidelity and Fairness in Inter-faith Fellowship, in: Vigil (Hg.): Toward a Planetary Theology (siehe Anm. 46), 124–130.

49 E. Kee-Fook Chia: Is Interfaith Theology Possible?, in: Vigil (Hg.): Toward a Planetary Theology (siehe Anm. 46), 63–68. «Following hermeneutical keys developed by liberation theologians Interfaith Theology will do well to espouse a preferential option for the poor and suffering.» (a.a.O., 68.)

50 Siehe etwa: H. Schmid: Islam im europäischen Haus. Wege zu einer interreligiösen Sozialethik, Freiburg i. Br. 2012.

51 K. Ward: Images of Eternity. Concepts of God in Five Religious Traditions, London 1987; ders.: Religion and Revelation. A Theology of Revelation in the World's Religions, Oxford 1994; ders.: Religion and Creation, Oxford 1996; ders.: Religion and Human Nature, Oxford 1998; ders.: Religion and Community, Oxford 2000; ders.: Religion and Human Fulfilment, London 2008.

Besonders interessant ist Peter C. Phans Projektskizze einer interreligiösen Christologie.53 Denn hier wird ein spezifisch christliches Thema aufgegriffen. Phan, der an der Georgetown University in Washington lehrt, unterscheidet «interreligiöse Christologie» von «dialogischer Christologie». Unter «dialogischer Christologie» versteht er eine von christlichen TheologInnen betriebene Reflexion auf die Bedeutsamkeit Jesu Christi auf der Grundlage des christlichen Glaubens im Dialog mit anderen religiösen Traditionen. «Interreligiöse Christologie» entsteht nach seiner Auffassung demgegenüber aus einer Kooperation christlicher mit nichtchristlichen TheologInnen auf der Grundlage von Glaubensauffassungen und Praxisformen, die den beteiligten Religionstraditionen gemeinsam sind. Um eine Verständigung mit Juden und Muslimen über Jesus Christus zu erzielen, können und müssen die Behauptungen der Göttlichkeit Jesu Christi, seiner Auferstehung und seiner einzigartigen und universalen Heilsbedeutung zurückgestellt werden. Sie bleiben für den christlichen Gesprächspartner gültig, ohne dass von Juden und Muslimen gefordert würde, sie anzuerkennen, weil die Bedeutsamkeit Jesu Christi nur *so* erfasst werden könne. Der für diese Bedeutungszuschreibungen erhobene Wahrheitsanspruch wird ausgesetzt bzw. eingeklammert, aber nicht aufgegeben. Vor allem ein Superioritätsanspruch für Christus gegenüber anderen religiösen Zentralfiguren soll dabei vermieden werden, weil er eine interreligiöse Verständigung blockieren würde.

Der Gewinn, der durch diese Zurücknahme des mit der Christusbotschaft verbundenen Wahrheitsanspruchs erzielte wird, besteht nach Phan in einem interreligiös erweiterten Christusverständnis. Diese Erweiterung ergibt sich aus dem Vergleich der verschiedenen Gottesmittlerschaften in den Religionen. Von der Vergöttlichung menschlicher Wesen in anderen Religionen (etwa Siddhartha Gautama) her, lässt sich die Erhebung Jesu zum Vermittler göttlicher Heilswahrheit als religionsgeschichtliches Phänomen besser verstehen. Phan sieht die Grenzen dieses Zugangs, der weder zu einer von Glaubensannahmen getragenen «dogmatischen Christologie» «von oben», noch zu einer auf die Jesus Erzählungen der neutestamentlichen Evangelien gestützten «historischen Christologie»

---

52 P. Schmidt-Leukel (Hg.): Buddhism, Christianity and the Question of Creation. Karmic or Divine?, Aldershot / Burlington 2006, 109–178.

53 Siehe: P. C. Phan: An Interfaith Christology: A Possibility and Desideratum?, in: Vigil (Hg.): Toward a Planetary Theology (siehe Anm. 46), 117–123.

«von unten» führen kann, sondern in einer religionsphänomenologischen Betrachtung der Figur Jesu im Blick auf die Transzendenzmittler anderer Religionen besteht.

Phan will diese interreligiöse Christologie, die eine metareligiöse Christologie ist, nicht an die Stelle der dogmatischen und der historischen Christologie setzen, sondern sie diesen zur Seite stellen.[54] Damit aber stellt sich die Frage der Vermittlung beider Ansätze. Es besteht die Gefahr, dass sie nicht nur unvermittelt nebeneinander, sondern sogar in Spannung zueinander stehen bleiben. Dabei wird die Chance vertan, die von Phan so genannte «dogmatische Christologie» in einer Weise zu reformulieren, die ihr einen Plausibilitätsgewinn einbringt.

Das traditionshermeneutische Verständnis von transreligiöser Theologie, für das ich plädiere, rekurriert demgegenüber nicht auf die Ermittlung von phänomenologischen interreligiösen Gemeinsamkeiten, sondern wendet sich gerade den *Propria* der christlichen Religion zu, in diesem Fall also der «dogmatischen Christologie», und nutzt die im Blick auf nichtchristliche Transzendenzvermittlungen gewonnenen Erkenntnisse, um diese Propria neu zur Entfaltung zu bringen. Christologie ist demnach als «dialogische Christologie» (im Sinne Phans) zu entfalten in Auseinandersetzung mit außerchristlichen Vorstellungen von der Selbstvermittlung des Göttlichen an die Menschen, wie sie etwa der Islam dem Koran zuschreibt (die Differenzierung zwischen einer Willens- und einer Wesensmitteilung wäre in diesem Zusammenhang zu diskutieren). Dabei werden durchaus strukturelle Analogien und funktionale Äquivalente sichtbar. Es treten aber auch die Differenzen heraus. Ziel ist es nicht, diese auf einer höheren Ebene aufzuheben, indem sie als eine «invitation to synthesis»[55] verstanden werden. Sie bleiben stehen. Das schließt nicht aus, sie zu hinterfragen (wie etwa die koranische Kritik an der Trinitätslehre). Das primäre Ziel ist es aber, Einsichten zu gewinnen, aus denen sich eine Profilierung der Christologie in überzeugenden Denkformen ergibt.

---

54 Informativ ist Phans Zusammenstellung der Vorläufer einer interreligiösen Christologie (a.a.O., 122f). Sie besteht allerdings aus vielen Entwürfen, die eher als «Kontextuelle Christologie» zu bezeichnen wären und nicht seinem Programm einer interreligiösen Christologie folgen.

55 W. C. Smith: Conflicting Truth Claims. A Rejoinder, in: J. Hick (Hg.): Truth and Dialogue. The Relationship between World Religions, London 1975, 160.

Die transreligiöse Theologie, wie ich sie anvisiere, strebt nicht einseitig nach positiv-affirmativen Beziehungsbestimmungen von christlichen und nichtchristlichen Traditionen. Sie erlaubt, ja fordert auch kritische Bezugnahmen, schließt also das Moment der theologischen Religionskritik an anderen, wie auch an der eigenen religiösen Tradition mit ein. So richtet sich das Interesse der Dalit-Theologie in Indien nicht primär auf eine dialogische Vermittlung zwischen christlichem Glauben und Hindu-Traditionen, sondern stellt den christlichen Glauben jenen Hindu-Traditionen konfrontativ gegenüber, die sie für die Diskriminierung der Kastenlosen mitverantwortlich macht. Befreiungstheologische Ansätze tun sich oft schwerer mit interreligiöser Theologie als religionsdialogische Ansätze. Eine transreligiöse Theologie sollte beiden Ansätzen Raum geben, und das heißt: auch kritische Bezugnahmen auf Inhalte und Praxisformen anderer Religionen zulassen.

Dass die christlich-transreligiöse Theologie stärker als das Projekt einer «world theology» die grundlegende und unaufhebbare Differenz zwischen den Religionstraditionen betont – grundlegend, weil sie nicht nur einzelne *topoi* betrifft, sondern den gesamten Bezugsrahmen, in denen diese *topoi* eingebunden sind –, bedeutet nicht, dass damit deren Inkommensurabilität behauptet wäre. Transreligiöses Verstehen ist trotz dieser Verschiedenheit möglich – so wie transkulturelles Verstehen über Sprachgrenzen hinweg möglich ist. Doch braucht es dafür eine ‹pfingstliche› Hermeneutik der disparaten religiösen Weltsichten, eine religiöse Intertextualität zwischen den Sprachspielgemeinschaften.

Sigrid Rettenbacher

Interreligiöse Theologie – postkolonial gelesen

Die Bezeichnung «interreligiöse Theologie» setzt mit einer Differenz ein: Der Plural religiöser Traditionen und der sich in ihren Interrelationen eröffnende Zwischenraum wird zum Ort, von dem aus Theologie betrieben wird. Zugleich markiert «Theologie» jedoch einen Identitätsdiskurs. Theologie steht für die Sprachspiele und Sprechweisen, die sich innerhalb einer Tradition zur Reflexion der göttlichen Wirklichkeit und ihrer Mitteilung an die Welt herausgebildet haben. Der theologische Zugriff auf die Wirklichkeit ist somit untrennbar mit einer bestimmten Glaubensperspektive verbunden.[1] Die Bezeichnung «interreligiöse Theologie» mag auf den ersten Blick also irritieren und verstören. Sie versucht, zwei Spannungspole zusammenzuhalten, die sich lange Zeit diametral gegenüberstanden. Denn mit der Reflexion der einzigartigen und unüberbietbaren Selbstmitteilung Gottes in der Person Jesu Christi innerhalb der christlichen Theologie verband sich – ob ausgesprochen oder nicht – ein implizites Urteil über nichtchristliche religiöse Traditionen: «Das Nichtchristliche ist ‹falsch›, weil es nicht christlich ist. Mit der Markierung der Differenz vom eigenen Glauben ist zugleich das Urteil gesprochen.»[2] Gegenüber dieser Einstellung verweist die Bezeichnung «interreligiöse Theologie» auf eine theologische Inversion. Die religiöse Pluralität wird nun in den Innenraum der Theologie selbst verlagert. Sie ist nicht mehr bloß eine Außengröße, für die es theologische Reflexions- und Sprachformen zu finden gilt. Nein, die Vielfalt der Religionen selbst steht nun für die Perspektive, von der aus theologische Erkenntnisse zu gewinnen sind.[3] Wie immer auch das Konzept einer interreligiösen

1 K. Rahner: Grundkurs des Glaubens. Einführung in den Begriff des Christentums, Freiburg i. Br. / Basel / Wien 2004[10], 26–28.

2 R. Bernhardt / P. Schmidt-Leukel: Zur Einführung, in: R. Bernhardt / P. Schmidt-Leukel (Hg.): Kriterien interreligiöser Urteilsbildung (Beiträge zu einer Theologie der Religionen 1), Zürich 2005, 7–17, hier: 8.

3 Damit macht interreligiöse Theologie mit dem Strukturprinzip ernst, das die Pastoralkonstitution *Gaudium et spes* auf dem Zweiten Vatikanischen Konzil prominent ins Selbstverständnis der Kirche eingetragen hat: Die Kirche kann ihrem theologischen Selbstverständnis nur dann gerecht werden, wenn sie sich

Theologie näherhin bestimmt werden mag, schon die – beinahe paradoxe – Bezeichnung «interreligiöse Theologie» weist darauf hin, dass dahinter theologische Reflexionsformen zu vermuten sind, die über die bereits etablierten Disziplinen der Religionstheologie und Komparativen Theologie, die ebenfalls religiöse Pluralität auf ihre je spezifische Wiese verhandeln, hinausgehen. Nimmt das «inter» im Konzept der interreligiösen Theologie und somit in einem theologischen Kontext eine auf den ersten Blick vielleicht befremdliche Zuordnung von Religionen und Theologie vor, so markiert dieses «inter» in einem anderen Zusammenhang eine zentrale Einsicht: Im Bereich der Kulturwissenschaften ist der Zwischenraum eine wesentliche Kategorie zur Verhandlung von Identitäten. Insbesondere poststrukturalistische und postkoloniale Identitätstheorien weisen darauf hin, dass Identitäten nie als reine Entitäten vorliegen. Identitätszuschreibungen sind vielmehr das Produkt diskursiver Aushandlungsprozesse, die sich an den Grenzen zwischen Kulturen, Nationen, Religionen, Geschlechtern, etc. abspielen.[4] Da gerade die Frage

---

auch von ihren konstitutiven Außenbezügen her begreift. Vgl. dazu H.-J. Sander: Theologischer Kommentar zur Pastoralkonstitution über die Kirche in der Welt von heute *Gaudium et spes*, in: P. Hünermann / B. J. Hilberath (Hg.): Herders Theologischer Kommentar zum Zweiten Vatikanischen Konzil 4, Freiburg 2009, 581–886, und speziell im Hinblick auf religiöse Pluralität S. Rettenbacher: WeltReligionen – Die Kirche in der Welt der Religionen von heute, in: F. Gmainer-Pranzl / M. Holztrattner (Hg.): Partnerin der Menschen – Zeugin der Hoffnung. Die Kirche im Licht der Pastoralkonstitution *Gaudium et spes* (Salzburger Theologische Studien 41), Innsbruck / Wien 2010, 323–348.

4 Die dahinterstehenden Phänomene von Exklusion und Inklusion werden auch in der Soziologie, insbesondere der Systemtheorie, kritisch analysiert (vgl. etwa A. Nassehi: Gesellschaft der Gegenwarten. Studien zur Theorie der modernen Gesellschaft II, Berlin 2011, 161–190). Die Intersektionalitätsforschung macht darauf aufmerksam, dass die Grenzen nicht eindimensional verlaufen. Vielmehr gibt es verschiedene identitätskonstituierende Grenzlinien, an denen jeweils Exklusions- und Inklusionsprozesse ablaufen (vgl. etwa V. Kallenberg / J. Meyer / J. M. Müller [Hg.]: Intersectionality und Kritik. Neue Perspektiven für alte Fragen, Wiesbaden 2013). Im Kontext theologischer Forschung wäre es durchaus interessant, diese Phänomene von Exklusion, Inklusion und Identitätskonstruktion durch Grenzziehungen in die theologische Reflexion einzubeziehen. Gerade im Kontext der komparativen Theologie könnten die behandelten Einzelfragen in einem neuen Licht erscheinen, wenn man den diskursiven Grenzziehungen Rechnung trägt, die Differenz etablieren. Die trotz

nach dem «inter» eine zentrale Weichenstellung für die weitere inhaltliche Bestimmung des Konzepts «interreligiöse Theologie» ist, scheint es im Folgenden angebracht, einen Dialog zwischen der theologischen und der kulturwissenschaftlichen Bestimmung des Interreligiösen zu initiieren. In einem ersten Schritt soll ein Blick auf die theologische Bestimmung des «inter» im Kontext religiöser Pluralität vorgenommen werden. Dies soll mit Hilfe einer begrifflichen Standortbestimmung geschehen, die die drei Komponenten einer interreligiösen Theologie – Theologie, Religionen, «inter» – präziser fasst. Aus dieser Standortbestimmung wird ein Problemaufriss entwickelt werden, der die Herausforderung des «inter» im Kontext der theologischen Reflexion auf religiöse Pluralität konkreter bestimmt. Nach dieser theologischen Standortbestimmung wird ein kulturwissenschaftlicher Blick auf die Frage des «inter» geworfen werden, indem postkoloniale Identitätskozepte – insbesondere Homi Bhabhas Konzept des *third space* – im Hinblick auf die Frage nach der diskursiven Konstruktion einzelner religiöser Traditionen sowie des Religionskonzepts als solchen vorgestellt werden. Diese theologische wie kulturwissenschaftliche Beleuchtung des Konzepts des «inter» dient dazu, theologische Anschlussstellen an die postkolonialen Debatten zu markieren, mit Hilfe derer das Konzept einer interreligiösen Theologie präziser gefasst und in seinen Stärken und Schwächen beleuchtet werden kann.

1. Begriffliche Standortbestimmung

Das Konzept einer interreligiösen Theologie stellt eine relativ neue Entwicklung innerhalb der Theologie dar und man kann noch nicht von einer gängigen Etablierung dieses Konzepts innerhalb des theologischen Fächerkanons sprechen. Zugleich irritiert die Bezeichnung «interreligiöse Theologie», wie in den Eingangsbemerkungen deutlich wurde. Um herauszuarbeiten, welche verschiedenen theologischen Verstehensmöglichkeiten hinter der Bezeichnung «interreligiöse Theologie» stehen können

Unterschieden zu entdeckenden Familienähnlichkeiten zwischen verschiedenen religiösen Traditionen können gerade die Brüche markieren, die in den diskursiven Aushandlungen der Grenzen immer wieder auftreten. Eine postkoloniale Lektüre des religionstheologischen Unterfangens ist einer der Forschungsschwerpunkte der Verfasserin dieses Artikels.

und was diese jeweils (nicht) leisten können, scheint es zu Beginn hilfreich, die einzelnen Begriffskomponenten der Bezeichnung «interreligiöse Theologie» näher zu beleuchten und in ihrer Wechselwirkung zu bestimmen. Diese begriffliche Standortbestimmung ist nicht nur nötig, um zu klären, was im Folgenden mit dem Begriff «interreligiöse Theologie» gemeint ist. Sie dient zugleich auch einer historischen Verortung des Projekts «interreligiöse Theologie» innerhalb des weiten Spektrums theologischer Reflexion religiöser Pluralität und religiöser Differenz.

Da es sich beim Konzept der interreligiösen Theologie zweifelsohne um ein theologisches Unterfangen handelt, soll mit dem Begriff der (christlichen) «*Theologie*» eingesetzt werden. Wie schon die wörtliche Übersetzung des griechischen Begriffs «Theologie» – «Rede von Gott» – zeigt, hat es die Theologie mit einem Mitteilungsgeschehen zu tun, in dem sowohl Gott als auch die Menschen als handelnde Subjekte hervortreten.[5] Am Anfang steht eine Selbstmitteilung Gottes an den Menschen, die in Jesus Christus – dem Zentralereignis christlicher Theologie – personal gefasst ist. Diese «Rede Gottes» provoziert die gläubige Antwort des Menschen, wie sie in Gebet und Liturgie zum Ausdruck kommt («Rede zu Gott») und die von Anfang an auch gläubig reflektiert wurde, um das Geschehen der Selbstmitteilung Gottes an die Menschen nach innen – innerhalb der eigenen Glaubensgemeinschaft – wie auch nach außen verantworten zu können. Diese «Rede über Gott» ist denn auch das Kerngeschäft der Theologie, die in ihrer rationalen Verantwortung des christlichen Glaubens nach innen und nach außen bemüht ist, die «Botschaft [des Christentums] allgemein verständlich vorzutragen und immer neu nach der rechten Sprache und Ausdrucksform zu suchen».[6] Theologie steht damit auch im Dienst der gläubigen Bezeugung und Vermittlung des Christusereignisses über Räume und Zeiten hinweg und ist somit rückgebunden an eine bestimmte Kirchengemeinschaft, d. h.

---

5 H. Waldenfels: Kontextuelle Fundamentaltheologie, Paderborn / München / Wien / Zürich 2000[3], 31–42. Schon der im Wort «Theologie» selbst enthaltene Logosbegriff verweist in seinen verschiedenen Bedeutungsdimensionen auf zentrale theologische Elemente: Theologie gibt als vernunftgeleitete Reflexion des christlichen Glaubens Zeugnis von Gottes Selbstmitteilung in Wort und Tat, wobei der personalen Selbstmitteilung Gottes im menschgewordenen Wort Jesus Christus, dem inkarnierten Logos, besondere Aufmerksamkeit zukommt.

6 A.a.O., 34.

ekklesiologisch fundiert und konfessionell geprägt.[7] Der Plural der Kirchen und die Differenzen in der Interpretation des gemeinsamen Erbes weisen dabei auf ein wesentliches Strukturmoment jeder theologischen Reflexion hin: Die göttliche Wirklichkeit kann letztlich nie abschließend bestimmt und umfassend definiert werden.[8] Auch gibt es keinen direkten Zugriff auf die göttliche Selbstmitteilung in Jesus Christus. Denn die christologischen Reflexionen setzten erst nachösterlich ein, also zu einem Zeitpunkt, als die historische Person Jesus von Nazaret der irdischen Sphäre entzogen ist.[9] Erst in dem Versuch, die Ostererfahrungen zu deuten und in Sprache zu kleiden, entsteht Kirche, die also wesentlich als Sprach- und Interpretationsgemeinschaft verfasst ist.[10] Denn zur Gegenwärtigsetzung des heilvollen Offenbarungsgeschehens in Jesus Christus über Räume und Zeiten hinweg, bedarf es eines komplexen Vermittlungsgeschehens, das in den Kirchen sprachlich und sakramental verankert, also diskursiv und performativ codiert ist. An diesem diskursiven Vermittlungsgeschehen der Kirchen hat die Theologie teil. Die Sprache

7 Theologie ist somit ein dynamisch-dialogisches Geschehen. Das Christusmysterium wird gerade dadurch glaubwürdig bezeugt, dass es in unterschiedlichen Kontexten zur Sprache gebracht und verstehbar gemacht wird. Das entspricht auch der inkarnatorischen Qualität des Christentums (vgl. dazu M. Heimbach-Steins: «Erschütterung durch das Ereignis» (M.-D. Chenu). Die Entdeckung der Geschichte als Ort des Glaubens und der Theologie, in: G. Fuchs / A. Lienkamp (Hg.): Visionen des Konzils. 30 Jahre Pastoralkonstitution «Die Kirche in der Welt von heute» (Schriften des Instituts für Christliche Sozialwissenschaften 36), Münster 1997, 103–121, hier: 109).

8 Daran erinnert auch der bekannte Satz von Augustinus: «Si enim comprehendis, non est Deus.» («Wenn du es begriffen hast, ist es nicht Gott.», Augustinus: Sermones 117, 3.5) Zur Bedeutung von Differenzen und zum Ort der Negation in der Gottesrede vgl. H.-J. Sander: Einführung in die Gotteslehre, Darmstadt 2006, 12ff.

9 Zur Entzogenheit als theologische Erkenntniskategorie vgl. G. M. Hoff: Eine Theologie des Vermissens. Skizze einer topologischen Erkenntnistheorie, in: ders. / M. Delgado / G. Riße (Hg.): Das Christentum in der Religionsgeschichte. Perspektiven für das 21. Jahrhundert, Stuttgart 2011, 257–275.

10 Damit tritt auch Offenbarung als Interpretationsgröße in Erscheinung, was die Frage nach zuverlässigen Offenbarungsansprüchen sowie den Kriterien der Beurteilung aufwirft (vgl. G. M. Hoff: Offenbarungen Gottes? Eine theologische Problemgeschichte, Regensburg 2007; ders.: Stichproben: Theologische Inversionen. Salzburger Aufsätze, Innsbruck 2010, 291–306).

ist ihr wichtigstes Werkzeug, um auf ihr Materialobjekt zuzugreifen. Anders als im Modus der Sprache wird sie ihren Untersuchungsgegenstand – die göttliche Wirklichkeit in ihren vielfältigen Relationen zur Welt – nie fassen und ausweisen können. Dabei markiert die sprachliche Verfasstheit der Theologie bereits ihre Tendenz auf Pluralität hin – Theologien –, die jedoch ihre Einheit als christliche Theologie letztlich nicht gefährden wird.[11]

Im Umfeld dieses theologischen Sprachfindungsversuchs sind andere *religiöse* Traditionen von Anfang an faktisch immer präsent. Allerdings finden sie nur bedingt oder gar nicht Eingang in die theologische Reflexionen über das Christusmysterium, wobei man hier verschiedene Etappen in der Kirchengeschichte – die im Hinblick auf den Umgang mit religiöser Pluralität aus heutiger Perspektive und aus heutigem Erkenntnisstand trotz ihres identitätsprägenden Charakters vielfach auch als Problemgeschichte zu lesen ist – unterscheiden kann.[12] Während man in der Anfangszeit noch eine intensive Auseinandersetzung mit dem jüdischen Umfeld[13] und der hellenistischen Kultur – sowohl apologetisch abwertend, wie auch produktiv aufnehmend – erkennen kann, ändert sich die Situation spätestens mit der konstantinischen Wende.[14] Unter

---

11 Hoff: Stichproben (siehe Anm. 10), 225–233. Auch die Rede von der «‹Hierarchie› der Wahrheiten» (UR 11), die sich bezeichnenderweise gerade im Ökumenismusdekret des Zweiten Vatikanischen Konzils findet, verweist auf den notwendig pluralen Charakter der Theologie, der jedoch ihre Einheit als christliche Theologie nicht gefährdet.

12 Vgl. dazu ausführlich J. Dupuis: Unterwegs zu einer christlichen Theologie des religiösen Pluralismus, Innsbruck / Wien 2010, 57–289 sowie F. A. Sullivan: Salvation Outside the Church? Tracing the history of the Catholic Response, New York 1992.

13 Hier gibt es gravierende Unterschiede inwieweit der historische Jesus in seinem jüdischen Selbstverständnis zur Geltung gebracht wird oder nicht, was insbesondere große Auswirkungen auf die Bestimmung des jüdisch-christlichen Verhältnisses hat. Vgl. A. Y. Reed / A. H. Becker: Introduction. Traditional Models and New Directions, in: A. H. Becker / A. Y. Reed (Hg.): The Ways that Never Parted. Jews and Christians in Late Antiquity and the Early Middle Ages (Texts and Studies in Ancient Judaism 98), Tübingen 2003, 1–33.

14 S. Rettenbacher: Endlich endlich? Vom Überleben der Kirche im Anerkennen ihrer eigenen Endlichkeit, in: G. M. Hoff (Hg.): Endlich! Leben und Überleben, Innsbruck / Wien 2010, 160–192, hier: 163ff.

geänderten Vorannahmen – von einer verfolgten Minderheit zu einer machtvollen Mehrheitsreligion, die das Evangelium vermeintlich dem gesamten Erdkreis bekannt gemacht hat – kann man abweichende religiöse Positionen aus der eigenen theologischen Positionsbestimmung ausblenden.[15] Durch verschiedene gesellschaftliche Anstöße von außen kommt es im Laufe der Jahrhunderte jedoch wieder zu einer Ausweitung der Perspektive, in der die religiöse Pluralität vermehrt ins theologische Bewusstsein tritt.[16] Dabei war der einzelne Andersgläubige stets ein wichtiger Topos theologischer Reflexion, auch wenn er zu Beginn in einem rein ekklesiozentrischen und christozentrischen Rahmen verhandelt wurde ohne Interesse an der dahinterstehenden Frage nach der religiösen Pluralität. Unter der Vorannahme, dass das Evangelium nach der Konstantinischen Wende allen Menschen verkündet worden sei, stellten Andersgläubige kein theologisches Problem für den allgemeinen Heilswillen Gottes dar. Sie hatten ihr Heil selbst schuldhaft verwirkt, indem sie sich nicht der Kirche angeschlossen hatten.[17] Theologisch prekär wurde die Frage nach einzelnen Andersgläubigen erst, als die Entdeckung der Neuen Welt drastisch vor Augen führte, dass es Massen von Menschen gab, die noch nie etwas von Jesus Christus gehört hatten und denen man deshalb keine schuldhafte Nichtzugehörigkeit zur Kirche anlasten konnte.[18] Die Tatsache einer religiös pluralen Welt konnte in

15 Ein zentrales Anliegen von Dupuis: Unterwegs (siehe Anm. 12), ist es gerade, auch jene Stimmen in der theologischen Tradition hörbar zu machen, die sich produktiv mit anderen religiösen Traditionen und dem Faktum religiöser Pluralität auseinandersetzten. Solche Stimmen waren von Anfang an durch die gesamte Christentumsgeschichte hindurch präsent, wurden von der Mehrheitstheologie jedoch vielfach nicht vernommen.

16 S. Rettenbacher: Christologie und Religionstheologie. Zum gegenwärtigen Stand einer wechselseitigen Herausforderung, in: ET Studies 2 (2011), 41–70, hier: 49–57.

17 Dupuis: Unterwegs (siehe Anm. 12), 132–165.

18 «Bis in die Zeit der großen Entdeckungen des 15. Jahrhundert stellte man sich die Welt nach Raum und Zeit ziemlich klein vor; zudem war das Interesse weitgehend auf die eigene Umwelt beschränkt, deren Grenzen sich mit denen der Institution Kirche praktisch deckten. Die ‹Ökumene›, die bekannte und bewohnte Welt, erstreckte sich von Gibraltar bis zum Schwarzen Meer, von den Nordrändern der Sahara bis nach Skandinavien. Sie bestand auch, glaubte man, noch nicht sehr lange, maximal vielleicht 6000 Jahre. So war die exklusive Inter-

der Reflexion des allgemeinen Heilswillens Gottes nicht mehr ausgeblendet werden, wobei es lange dauern sollte bis die Frage nach der Heilsbedeutung anderer religiöser Traditionen theologisch brisant wurde.[19] Denn zunächst verhandelte man die Frage nach religiöser Pluralität auch weiterhin nur anhand einzelner Andersgläubiger. Für deren Heilsmöglichkeit war ihre eigene religiöse Tradition irrelevant. Nur eine wie auch immer gedachte implizite oder anonyme Beziehung zu Jesus Christus konnte als heilseröffnend gedacht werden.[20] In ihrer Heilsbedeutung traten andere religiöse Traditionen erst sehr spät ins allgemeine theologische Bewusstsein, nämlich im 20. Jahrhundert. In der katholischen Tradition ist das Zweite Vatikanische Konzil hier ein wichtiger Meilenstein. In der Aufarbeitung der eigenen Schuldgeschichte einer Ausblendung religiöser Pluralität, die kirchlich einem Antijudaismus Vorschub leistete

---

pretation des Extra-[ecclesiam-nulla-salus-est]-Satzes nicht sehr aufregend: Sie betraf im Grund nur ganz wenige Menschen, zumal man für die Zeit vor Ostern immer ziemlich großzügig war. Obschon man wußte, daß es Heiden gab, unternahm die Kirche denn bis ins 15. Jahrhundert hinein kaum missionarische Anstrengungen zu deren Christianisierung. Im übrigen fand man sich im Schatten der augustinischen Lehre von der ‹massa damnata› wohl auch einfach damit ab, daß viele Menschen in die Hölle kommen mußten.» (W. Beinert: Die alleinseligmachende Kirche. Oder: Wer kann gerettet werden?, in: StZ 208 [1990], 75–85, hier: 82.) Diese Situation änderte sich durch die Entdeckungen schlagartig. Nun wird den «Theologen […] mehr und mehr bewußt, wie gewaltig alt die Menschheit und wie groß die Erde ist. Waren für den mittelalterlichen Menschen die Christen die Majorität und die Nichtchristen Randexistenzen, sieht es nun genau umgekehrt aus: Millionen und Abermillionen Erdenbürger hatten und haben nie Gelegenheit, die Botschaft Christi zu vernehmen. Sollten sie tatsächlich alle verdammt sein?» (a.a.O.)

19 Das führen nicht zuletzt die Aussagen der ersten Weltmissionskonferenz 1910 in Edinburgh drastisch vor Augen. 50 Jahre vor den revolutionären Aussagen des Zweiten Vatikanischen Konzils war man auf dieser Weltmissionskonferenz noch «der festen Überzeugung, daß innerhalb *einer* Generation die Welt christlich sein würde.» (R. Bernhardt: Die Herausforderung. Motive für die Ausbildung der «pluralistischen Religionstheologie», in: H.-G. Schwandt [Hg.]: Pluralistische Theologie der Religionen. Eine kritische Sichtung, Frankfurt 1998, 19–38, hier: 24) Auch wenn die katholische Kirche nicht auf der Weltmissionskonferenz vertreten war, wird man ihr dennoch eine ähnliche Hoffnung unterstellen dürfen.

20 Dupuis: Unterwegs (siehe Anm. 12), 165–228.

und gesellschaftlich in der Katastrophe des Holocaust ihren negativen Höhepunkt erreichte, findet die Kirche auf diesem wegweisenden Konzil höchstlehramtlich zur einer positiven Würdigung und Anerkennung des Heils- und Wahrheitswertes anderer religiöser Traditionen.[21] Mit einer solchen Würdigung ist die Frage nach der Würde sowie der offenbarungstheologischen und heilsgeschichtlichen Valenz anderer religiöser Traditionen nicht mehr aus der theologischen Reflexion wegzudenken. Diese Anerkennung musste im Laufe der Zeit dann fast zwangsläufig zur Frage nach der theologischen Qualität religiöser Pluralität als solcher und ihrer Stellung im Heilsplan Gottes führen, wie sie etwa der belgische Jesuit Jacques Dupuis prominent vorgetragen hat.[22]

Erst mit der Anerkennung des Wahrheits- und Heilswertes anderer religiöser Traditionen sowie der damit einhergehenden theologischen Würdigung religiöser Pluralität als solcher, wird die Frage nach dem «*inter*», also die Verhältnisbestimmung von Christentum und anderen religiösen Traditionen, theologisch relevant. Es ist daher nicht verwunderlich, dass sich im 20. Jahrhundert verschiedene theologische Ansätze herausbilden, die die komplexen Interrelationen von Christentum und anderen religiösen Traditionen methodisch differenziert aus unterschiedlichen Blickwinkeln beleuchten. Auch wenn die verschiedenen Perspektiven vielfach miteinander verbunden sind und einander ergänzen, ist es doch hilfreich, drei Ansätze zu unterscheiden, die religiöse Vielfalt auf je eigene Weise theologisch reflektieren. Die stark dialogisch ausgerichtete komparative Theologie richtet ihre Aufmerksamkeit auf den konkreten Vergleich bestimmter Einzelaspekte verschiedener Traditionen.[23] Sie versucht sprachliche Grenzen zu überwinden, indem sie mit Hilfe von Übersetzung und Vermittlung zwischen den offensichtlichen Weltbildern

21 A.a.O., 228–244.

22 Dupuis spricht in diesem Zusammenhang von einem prinzipiellen religiösen Pluralismus bzw. einem Pluralismus *de jure* (a.a.O., 39f, 527ff).

23 Vgl. dazu R. Bernhardt / K. von Stosch (Hg.): Komparative Theologie. Interreligiöse Vergleiche als Weg der Religionstheologie (Beiträge zu einer Theologie der Religionen 7), Zürich 2009; F. X. Clooney: Comparative Theology. Deep Learning Across Religious Borders, Malden 2010; K. v. Stosch: Komparative Theologie als Wegweiser in der Welt der Religionen, Paderborn 2012; U. Winkler: Zum Projekt einer Komparativen Theologie, in: G. Ritzer (Hg.): Mit euch bin ich Mensch (Salzburger Theologische Studien 34), Innsbruck / Wien 2008, 115–147.

potentielle gemeinsame Anliegen hinter den augenscheinlichen Differenzen freilegt. Ihr Zugang zur religiösen Pluralität ist ein mikrologischer, der auf bestimmte Einzelfragen – die selektiv gewählt werden oder sich während eines kreativen Prozesses aufdrängen – beschränkt bleibt. Eine potentielle Änderung der eigenen theologischen Perspektive ist dabei nicht ausgeschlossen, auch wenn sie in ihrer religionstheologischen Qualität nicht nochmals eigens reflektiert wird.[24] Die Metaebene mit der Frage, wie sich religiöse Traditionen nun in ihrer Gesamtheit zueinander verhalten, bleibt also ausgespart. Diese Frage wird von der Religionstheologie in das interreligiöse Gespräch eingebracht.[25] Die Theologie der Religionen dient somit der binnentheologischen Reflexion[26] auf den interreligiösen Dialog. Sie versucht die Frage der religiösen Pluralität theologisch zu verantworten, indem sie einerseits den eigenen Offenbarungsanspruch im Licht der religiösen Vielfalt liest und anderseits die religiöse Vielfalt im Licht des eigenen Offenbarungsanspruchs beleuchtet. Ihr Zugang ist ein systematischer, der die eigene Tradition in ihrer Gesamtheit in den Blick nimmt und sie innerhalb der religiösen Pluralität verortet. Komparative Theologie und Religionstheologie werden also beide aus der eigenen Glaubensperspektive betrieben. Die eine nimmt konkrete Einzelaspekte in den Blick, während die andere systematisch-theologische Antworten auf einer Metaebene versucht. Gerade in diesen unterschiedlichen Zugängen können sich die beiden jedoch befruchten

24 Zum Verhältnis von komparativer Theologie und Religionstheologie vgl. S. Rettenbacher: Theologie der Religionen und komparative Theologie – Alternative oder Ergänzung? Die Auseinandersetzung zwischen Perry Schmidt-Leukel und Klaus von Stosch um die Religionstheologie, in: ZMR 89 (2005), 181–194.

25 Vgl. dazu Dupuis: Unterwegs (siehe Anm. 12); P. Schmidt-Leukel: Theologie der Religionen. Probleme, Optionen, Argumente, Neuried 1997; ders.: Gott ohne Grenzen. Eine christliche und pluralistische Theologie der Religionen, Gütersloh 2005; R. Bernhardt: Horizontüberschreitung. Die pluralistische Theologie der Religionen, Gütersloh 1991; ders.: Ende des Dialogs? Die Begegnung der Religionen und ihre theologische Reflexion, Zürich 2005; H.-G. Schwandt (Hg.): Pluralistische Theologie der Religionen. Eine kritische Sichtung, Frankfurt 1998.

26 Insofern arbeitet die Religionstheologie gerade mit Konzepten aus der eigenen theologischen Tradition. Diese werden aber im Licht der religiösen Pluralität gelesen, um den gottgewollte Charakter religiöser Pluralität innerhalb der eigenen theologischen Sprachspiele und Traditionen benennen zu können.

und einander ergänzen. Im Gegensatz zu diesen konfessionellen Zugängen zur religiösen Pluralität versuchen Ansätze, die unter den Stichwörtern «world theology», «global theology», «universal theology» oder auch «planetary theology» bekannt sind, eine überkonfessionelle Perspektive einzunehmen, indem sie Theologie aus der Perspektive mehrer religiöser Traditionen betreiben.[27]

Die Frage lautet nun, wo eine interreligiöse Theologie innerhalb dieses Spektrums einzuordnen ist. Laut den in der Einleitung dieses Buches vorgelegten Thesen[28] versucht interreligiöse Theologie, die unterschiedlichen theologischen Herangehensweisen an religiöse Pluralität integrierend zusammenzuführen.[29] Sie wirft einen Metablick auf die verschiedenen hier vorgestellten Ansätze, ohne jedoch auf einer Metaebene zu bleiben. Vielmehr möchte sie auch inhaltlich konkret arbeiten.[30] Die Zielperspektive scheint die einer Welttheologie zu sein,[31] auch wenn sich das in den Thesen nicht konsequent durchzieht.[32] Dazu ist anzumerken, dass ein spezifisches Verständnis interreligiöser Theologie als Welttheologie nicht von vornherein ausgemacht ist. Eher scheint es angebracht, sich heuristisch zunächst darauf zu verständigen, dass eine interreligiöse Theologie Theologie konsequent aus der Vorannahme heraus betreibt, dass die religiöse Pluralität an sich gottgewollt ist und deshalb nicht mehr länger ausgeblendet werden kann, sondern vielmehr verantwortet in die eigene theologische Reflexion einbezogen werden muss.

---

27 W. C. Smith: Towards a World Theology. Faith and the Comparative History of Religion, New York 1989; L. J. Swidler: Toward a Universal Theology of Religion, New York 1987. Zu einer Kritik dazu und zur Betonung des konfessionellen Charakters von Theologie vgl. Dupuis: Unterwegs (siehe Anm. 12), 32f. Konfessionalität meint dabei weder eine apologetische Abwertung anderer Glaubenstraditionen noch eine Bestreitung des theologischen Bezugs auf die Gesamtheit der Wirklichkeit.

28 Siehe oben, 12f.

29 These 2.

30 These 3.

31 These 5.

32 Außer These 5 scheinen alle anderen Thesen explizit oder tendenziell auf ein konfessionelles Verständnis von Theologie zu zielen.

2. Problemaufriss: Die theologische Frage nach dem «inter» im Horizont religiöser Pluralität

Was ist nun näherhin mit dem Begriff «interreligiöse Theologie» gemeint? Man könnte eine Parallele zum Konzept der interkulturellen Theologie ziehen, die sich schon lange als eigenständige theologische Disziplin etabliert hat.[33] So wie Theologie vom Plural der Kulturen nicht unberührt bleibt, kann sie sich auch dem Plural der Religionen nicht entziehen. Bei näherem Hinsehen erweist sich die Situation jedoch als komplexer. Interkulturelle Theologie ist eine rein binnenchristliche Angelegenheit. Sie reflektiert darauf, wie der christliche Glaube vor dem Hintergrund verschiedener kultureller Kontexte zur Sprache gebracht wird.[34] Zwar können auch hier andere religiöse Traditionen als Bestandteil der jeweiligen Kultur von Bedeutung sein, doch das eigentliche Materialobjekt bleibt die Frage nach der Kultur und wie diese die theologische Rede von Gott beeinflusst. Die Frage nach der Interreligiosität funktioniert jedoch grundlegend anders. Theologie setzt ja *per defintionem* eine glaubensgebundene, konfessionelle Perspektive voraus, wie kann sie dann interreligiös sein? Wie ist das «inter» und der durch es eröffnete Zwischenraum im Kontext religiöser Pluralität zu fassen? Hier bieten sich zwei Positionsbestimmungen an, die sich jeweils durch spezifische Anfragen herausfordern lassen müssen. (1) Meint interreligiöse Theologie, den Standpunkt verschiedener religiöser Traditionen einzunehmen und diese dann integrierend in eine theologische Reflexion zusammenzuführen – geht sie also in Richtung eines *double belonging*[35] oder einer Welttheologie? Ist sie dann allerdings noch mit dem landläufigen Verständnis

---

33 K. Hock: Einführung in die Interkulturelle Theologie, Darmstadt 2010; V. Küster: Einführung in die Interkulturelle Theologie, Stuttgart 2011.

34 Auch hier gibt es in der Missionsgeschichte eine lange Tradition des Ausblendens des Eigenwertes anderer Kulturen; vgl. P. Hünermann: Theologischer Kommentar zum Dekret über die Missionstätigkeit der Kirche *Ad gentes*, in: Hünermann / Hilberath (Hg.): Kommentar zum Zweiten Vatikanischen Konzil 4 (siehe Anm. 3), 219–336, hier: 223, 226f, 229.

35 Vgl. dazu C. Cornille: Many Mansions? Multiple Religious Belonging and Christian Identity, New York 2002.

von konfessioneller Theologie vereinbar?[36] (2) Oder meint interreligiöse Theologie einfach, dass (konfessionelle) Theologie vor dem Hintergrund und im Bewusstsein der unüberwindlichen religiösen Pluralität[37] betrieben wird? Geht sie also in Richtung einer Pluralismusfähigkeit und Differenzkompetenz der Religionen? Was ist aber dann das spezifisch Unterscheidende dieser Form der Theologie im Unterschied zu anderen religiöse Pluralität reflektierenden Formen der Theologie, etwa komparativer Theologie oder Religionstheologie?

Wie immer das Konzept einer interreligiösen Theologie auch näher bestimmt werden mag, es geht darum, den eigenen konfessionellen Glaubensstandpunkt mit einem Bewusstsein für religiöse Pluralität zusammenzudenken, insofern stellt sich eine interreligiöse Theologie in die Tradition eines neu erwachten theologischen Problembewusstsein, wie es in den letzten 50 Jahren aktuell geworden ist. Egal ob nun der verschiedene religiöse Traditionen integrierende Blick oder der konfessionelle Glaubensstandpunkt stärker betont werden, immer steht eine interreligiös ansetzende Theologie in einem spezifischen Spannungsverhältnis, das von grundlegenden Ambivalenzen gekennzeichnet ist. Der Versuch, die eigene Konfessionalität starkzumachen, zugleich aber interreligiös offen zu sein – d. h. den konfessionellen Standpunkt also gewissermaßen zu transzendieren –, ist immer von der Spannung zwischen Partikularität und Universalität gekennzeichnet. Die Frage nach dem Verhältnis der eigenen universalen Ansprüche und der faktischen historischen und kulturellen Partikularität der in Jesus Christus ergangenen Offenbarung ist eine Herausforderung, die das gesamte theologische Unterfangen grundlegend durchzieht. Im Kontext einer interreligiösen Theologie wird diese Frage jedoch nochmals präzisiert und spezifisch zugespitzt. Denn im Kontext einer interreligiösen Offenheit stellt sich nicht nur die Frage, wie eine historisch partikular ergangene Offenbarung universale Gültigkeit erlangen kann, sondern diese Fragestellung erfährt eine Ausweitung und Universalisierung, indem die eigene Konfessionalität in einem interreligiösen Raum verantwortet werden muss. Nicht nur das Ergangensein der Offenbarung trägt also den Stempel der Partikularität, auch die ekkle-

---

36 Auch die erkenntnistheoretische Möglichkeit eines solchen perspektivenübergreifenden Theologieverständnisses müsste noch eigens ausgewiesen werden.

37 Vgl. dazu die Anm. 19 und 22.

siologischen Erkenntnisperspektiven auf diese Offenbarung und die komplexen Vermittlungsversuche über Räume und Zeiten hinweg, die ja gerade auf Universalisierung zielen, werden nun mit ihrer eigenen bleibenden Bedingtheit konfrontiert. Dieses offenbarungstheologische und ekklesiologische Spannungsfeld zwischen Universalität und Partikularität kann man unter Zuhilfenahme kulturwissenschaftlich-postkolonialer Kategorien noch einmal unter anderen Vorzeichen fassen. Der Einsicht in die Perspektivität der eigenen kulturell und religiös bedingten Erkenntnis steht das Bewusstsein für die Verwobenheit dieser partikularen Identitäten in komplexen *entangled histories* gegenüber.[38] Der Versuch, die eigene partikulare, konfessionell-theologische Reflexion in einen universaleren interreligiösen Zusammenhang zu stellen, muss sich also zwei Ambivalenzen stellen. Das neu erwachte Bewusstsein für die Unausweichlichkeit der religiösen Pluralität und die theologische wie gesellschaftliche Notwendigkeit,[39] sich dieser Pluralität auszusetzen, strebt eine Universalisierung der eigenen Perspektive an, die der Einsicht der Perspektivität und Bedingtheit jeglicher Erkenntnis – auch der theologischen – in einer pluralen und globalisierten Welt zunächst scheinbar entgegensteht. Zugleich entzieht sich aber die epistemologische Einsicht, dass die Perspektivität der eigenen Erkenntnis unumgänglich ist, einer Partikularisierung, da die verschiedenen partikularen Perspektiven durch komplexe Wechselwirkungen und unendliche Verweisungszusammenhängen so miteinander in Beziehung stehen, dass sie über vielfältige *entangled histories* untertrennbar miteinander verknüpft sind.

Angesichts dieser unausweichlichen vielfältigen Interrelationen, die sich in einem dekonstruktiven und genealogischen Blickwinkel erschließen, drängt sich die Einsicht auf, dass die Verweisungszusammenhänge, die eine interreligiöse Theologie markiert, gar nicht so neu sind. Denn, so kann man sagen, Theologie ist immer schon interreligiös. Wie die Theologie immer schon kontextuell aufgestellt ist, also durch kulturelle Kon-

38 S. Conrad / S. Randeria: Einleitung. Geteilte Geschichten – Europa in einer postkolonialen Welt, in: S. Conrad / S. Randeria / B. Sutterlüty (Hg.): Jenseits des Eurozentrismus. Postkoloniale Perspektiven in den Geschichts- und Kulturwissenschaften, Frankfurt a. M. / New York 2002, 9–49, hier: 17; M. d. M. Castro Varela / N. Dhawan: Postkoloniale Theorie. Eine kritische Einführung, Bielefeld 2005, 24.

39 Zum unausweichlichen Zusammenhang von Kirche und Welt vgl. Anm. 3.

texte bedingt, so ist sie auch von Anfang an in einem Netz von interreligiösen Relationen verflochten – egal ob sie sich dies bewusst macht oder nicht. Während die Ausblendungsprozesse in Bezug auf die kulturelle und kontextuelle Verfasstheit der Theologie heute vielfach aufgearbeitet und überwunden sind,[40] indem die interkulturelle Theologie diese kulturelle Kontextualität systematisch reflektiert, steht ein ähnlicher Prozess im Blick auf die interreligiöse Verfasstheit der Theologie noch aus. Der zu Beginn dieses Abschnitts bemühte Vergleich zwischen interkultureller und interreligiöser Theologie besteht also in einem analogen Bewusstmachungsprozess. Wie die interkulturelle Theologie die unausweichliche kulturelle Bedingtheit der Theologie reflektiert, so stellt sich die interreligiöse Theologie den interreligiösen Bezugspunkten der eigenen theologischen Reflexion. Da das Ausmaß der Interreligiosität der eigenen theologischen Tradition jedoch nicht immer explizit benannt und bewusst gemacht wurde – ja vielfach dem Verschweigen und Vergessen anheim gelegt wurde – und religiöse Pluralität, wie bereits oben aufgezeigt, theologisch unter verschiedenen hermeneutischen Verstehensvoraussetzungen verhandelt wurde, scheint es nun angebracht, die Perspektive zu wechseln und mit dem Blick der postkolonialen Identitätstheorien auf die Thematik des Interreligiösen zu blicken. Ein solcher dekonstruktiver Blickwinkel kann deutlich machen, wie einzelne religiöse Traditionen ihre eigene Identität in Abgrenzung zu anderen Traditionen konstruier(t)en und wie die Wechselwirkungen zwischen den Traditionen – trotz gegenteiliger Ausblendungsprozesse – die Herausbildung distinkter Identitäten dennoch beeinfluss(t)en. Der postkoloniale Seitenblick kann also klären, inwiefern Theologie immer schon interreligiös war – wenn auch hermeneutisch unterschiedliche codiert – und was das für ein heutiges Konzept einer interreligiösen Theologie bedeutet.

---

40 Wobei die Reflexion der kulturellen und kontextuellen Verfasstheit der Theologie ein unabschließbarer Prozess ist, der immer von neuem angemahnt werden muss. In diesem Prozess muss auch die interreligiöse Dimension der Theologie stärker miteinbezogen werden, was darauf verweist, dass die Frage nach der Vielfalt der Kulturen und der Vielfalt der Religionen – wenn sie theologisch auch unter unterschiedlichen Fragestellungen reflektiert werden – nicht voneinander zu trennen sind.

3. *Third space*: Postkoloniale Identitätstheorien und die Frage des «inter»

Wie wohl kaum ein anderer Ansatz bieten sich postkoloniale Theorien an, will man kritischer und methodisch differenzierter auf die Frage nach dem «inter» und seine impliziten wie expliziten identitätskonstituierenden Momenten zugreifen. Postkoloniale Theorien haben sich nach den Unabhängigkeitsbewegungen der ehemaligen Kolonien im Gefolge des Zweiten Weltkriegs als interdisziplinäres Unterfangen innerhalb der Kulturwissenschaften etabliert und finden heute in einem breiten Spektrum von Disziplinen Anwendung.[41] Sie sind dementsprechend methodisch wie inhaltlich sehr breit aufgestellt und zeigen unterschiedliche thematische Akzentsetzungen. Im Mittelpunkt des postkolonialen Interesses stehen die komplexen Beziehungen zwischen den früheren Kolonialmächten und ehemals Kolonisierten – eine Netzwerk, das durch komplexe Strukturen der Herrschaft und Unterordnung bestimmt war und oftmals noch ist.[42] Diese verwobenen Beziehungen bzw. *entangled histories* nehmen

41 In die Theologie (vgl. C. Keller / M. Nausner / M. Rivera [Hg.]: Postcolonial Theologies. Divinity and Empire, St. Louis 2004; S. D. Moore / M. Rivera [Hg.]: Planetary Loves. Spivak, Postcoloniality, and Theology, New York 2011) haben postkoloniale Ansätze vor allem über die biblische und feministische Theologie Eingang in die theologischen Reflexionen gefunden (S. D. Moore / M. Rivera: A Tentative Topography of Postcolonial Theology, in: S. D. Moore / M. Rivera (Hg.): Planetary Loves. Spivak, Postcoloniality, and Theology, New York 2011, 3–14, hier: 4ff). Im deutschsprachigen Bereich, insbesondere auch in der systematischen Theologie, steht aber eine Rezeption postkolonialer Ansätze weitgehend noch aus (Andreas Nehring und Simon Tielesch haben allerdings jüngst ein bedeutendes Werk herausgegeben, das postkolonialen Theorien vielleicht auch in der deutschsprachigen Theologie zu einer breiteren Bekanntheit verhelfen wird, vgl. A. Nehring / S. Tielesch: Postkoloniale Theologien. Bibelhermeneutische und kulturwissenschaftliche Beiträge [ReligionsKulturen 11], Stuttgart 2013).

42 Wobei in der Bezeichnung «postkolonial» sowohl der Aspekt des «post» als auch der Aspekt des «kolonial» einer kritischen Perspektive unterzogen werden müssen: «Die Bezeichnung Postkolonialismus als Begriff für die kulturelle Emanzipation der ehemaligen Kolonien ist in mehrfacher Hinsicht problematisch. Zum einen kommt darin die historische Situation der ehemals besetzten Länder, die politisch unabhängig geworden sind, immer nur im Bezug auf ihre koloniale, also fremd dominierte Vorgeschichte zum Ausdruck, so dass die Zeit-

postkoloniale Theorien einerseits in ihrer konkreten, materiellen Dimension in den Blick, indem sie Strukturen der politischen wie wirtschaftlichen Abhängigkeit, Ausbeutung und Unterdrückung analysieren. Andererseits richtet die postkoloniale Theorie ihren Fokus aber auch sehr stark auf die zunächst weniger greifbare Frage nach den abstrakten Identitätskonstruktionen, die den politischen und wirtschaftlichen Abhängigkeitsverhältnissen zugrunde liegen und zugleich ein Ergebnis derselben sind.[43] Denn gerade die Frage der Identität wird nach den Unabhängigkeitsbewegungen virulent, da bisher selbstverständliche Identitätszuschreibungen auf beiden Seiten – sowohl der ehemals Kolonisierten wie der ehemaligen Kolonialmächte – brüchig werden und zugleich die wechselseitige Bedingtheit dieser Identitätszuschreibungen offensichtlich

geschichte ausschließlich als Verarbeitungsphase des nachwirkenden Kolonialismus erscheint. Zum anderen erfasst der Terminus einander überlagernde Zustände, historisch, funktional oder geographisch, wenn man bedenkt, dass Emanzipationstendenzen schon während der Kolonialzeit vorhanden waren oder aber zahlreiche Probleme der ehemals Kolonialisierten entweder durch neokoloniale Strategien fortgeschrieben oder durch die verstärkten Migrationsbewegungen in die westlichen Staaten reimportiert werden.» (M. Fauser: Einführung in die Kulturwissenschaft, Darmstadt 2003, 35f)

43 «Neben den offenkundigen materiellen Seiten kolonialer Herrschaft wird [in den postkolonialen Theorien] die gewaltvolle Macht der Repräsentation untersucht.» (Castro Varela / Dhawan: Postkoloniale Theorie [siehe Anm. 38], 24.) Es ist daher notwendig zu sehen, «dass der Begriff der ‹Kolonisierung› wie auch des ‹Postkolonialen› auf ein Kräftefeld verweisen, welches von Macht und Wissen regiert wird. Eine Unterscheidung in ‹Kolonisierung als einem Herrschafts-, Macht- und Ausbeutungssystem und Kolonisierung als einem Erkenntnis- und Repräsentationssystem› sei deswegen hinderlich und zurückzuweisen. Tatsächlich beruht der koloniale Diskurs essentiell auf einer Bedeutungsfixierung, die in der Konstruktion und Fixierung des ausnahmslosen *Anderen* zum Ausdruck kommt. Die gewaltvolle Repräsentation der *Anderen* als unverrückbar different war notwendiger Bestandteil der Konstruktion eines souveränen, überlegenen europäischen Selbst.» (a.a.O., 16.) Der Zusammenhang zwischen Wissen und Macht bzw. zwischen Wissen und der von diesem Wissen produzierten Wirklichkeit ist dabei höchst komplex und bleibend ambivalent, denn «knowledge both participates in the construction of reality and is itself not simply natural (in the sense of necessary and given), but, in large part, constructed.» (R. Inden: Orientalist Constructions of India, in: Modern Asian Studies 20 [1986], 401–446, hier: 445.)

wird.[44] Auf der Suche nach einem neuen Selbstverständnis grenzen sich ehemals Kolonisierte von den ihnen durch die Kolonialmächte zugeschriebenen Identitäten ab. Zugleich können sie nicht einfach auf ein vorkoloniales Selbstverständnis zurückgreifen, da die Brüche, die der Kolonialismus im Hinblick auf die eigene Vergangenheit und Traditionen mit sich gebracht hat, einfach zu groß sind. Doch auch die ehemaligen Kolonialherren müssen nach dem Verlust ihrer Kolonien ihre Identität neu definieren. So bricht die Selbstverständlichkeit der Identitätszuschreibungen, die sich in der kolonialen Begegnung auf beiden Seiten gewandelt haben, nun nach den Unabhängigkeitsbewegungen auf und wird zu einer brisanten Thematik. Diese wechselseitige Bedingtheit von Identitäten und ihre Verwobenheit in komplexen *entangled histories*

---

44 Postkoloniale Theorien gehen nicht von «reinen Identitäten» aus in der Annahme, dass sich das eigentliche Wesen einer Kultur erst im Kontakt mit dem kulturell Anderen verändert hat. Vielmehr nehmen sie in einer relationalen Perspektive die *entangled histories* in den Blick, die «die moderne Geschichte als ein Ensemble von Verflechtungen» (Conrad / Randeria: Einleitung [siehe Anm. 38], 17) ausweisen, was «die Unmöglichkeit aufzeigt, eine Geschichte des ‹Westens› ohne die Geschichte der Kolonialländer zu schreiben und *vice versa*» (Castro Varela / Dhawan: Postkoloniale Theorie [siehe Anm. 38], 24). Postkoloniale Theorien zielen also darauf ab, «die Geschichte des *entanglement* – oder präziser: die Geschichte als *entanglement*, denn die miteinander in Beziehung stehenden Entitäten sind selbst zum Teil ein Produkt ihrer Verflechtung – in den Vordergrund zu rücken. Die zahlreichen Abhängigkeiten und Interferenzen, die Verflechtungen und Interdependenzen bilden so den Ausgangspunkt eines transnationalen Geschichtebildes. Die Verwobenheit und Zusammengehörigkeit der modernen Welt soll […], mit einem Konzept Shalini Randerias, als komplexes Geflecht von ‹geteilten Geschichten› beschrieben werden. Der Begriff oszilliert zwischen den Konnotationen, die im Englischen als *shared* und *divided* wiedergegeben werden, und bringt so die Ambivalenzen einer Geschichte des Austausches und der Interaktion zum Ausdruck. Einerseits kann man die Entstehung und Entwicklung der modernen Welt als ‹gemeinsame Geschichte› lesen, in der verschiedene Kulturen und Gesellschaften eine Reihe zentraler Erfahrungen teilten und durch ihre Interaktion und Interdependenz die moderne Welt gemeinsam konstituierten. Andererseits brachte die zunehmende Zirkulation von Gütern, Menschen und Ideen nicht nur Gemeinsamkeiten, sondern zugleich Abgrenzungen hervor, das Bedürfnis nach Partikularität und die Hypostasierung dichotomischer Strukturen, die das verbreitete Geschichtsbild nach wie vor dominieren.» (Conrad / Randeria: Einleitung [siehe Anm. 38], 17)

legen postkoloniale Theorien mit Hilfe poststrukturalistischer Theoriewerkzeuge frei,[45] indem sie den Blick gezielt auf die den Identitätskonstruktionen zugrunde liegenden hegemonialen Machtverhältnisse und Repräsentationshoheiten lenken und somit gängige *master narratives* dekonstruieren. Die Einsichten, die sich aus postkolonialen Identitätstheorien ergeben, sind auch jenseits von unmittelbar kolonialen Zusammenhängen interessant und können auf ein weites Spektrum an Kontexten angewendet werden. Eine Auseinandersetzung mit der Identitätsthematik aus postkolonialer Sicht kann dementsprechend auch einen Beitrag zur Klärung des Verständnisses einer interreligiösen Theologie leisten.

Postkoloniale Theorien verstehen Identitäten als diskursive Konstruktionen und verwehren sich somit gegen ein essentialistisches Konzept von Identität. Identitäten sind keine fix vorgegebenen Entitäten, die man ein für alle Mal festschreiben könnte. Vielmehr sind Identitäten etwas Dynamisches – sie werden im jeweiligen Kontext diskursiv hervorgebracht, wobei die eigene Identität unter Abgrenzung von konkurrierenden Identitäten konstruiert wird.[46] Die Definitionsmacht und Repräsentationshoheit sind dabei meist nicht gleichwertig verteilt, wie gerade ein Blick auf den lange Zeit vorherrschenden Eurozentrismus zeigt, so dass aus westlicher Perspektive selbstkritisch anzumerken ist, dass der eurozentrische Diskurs «innerhalb eines performativen Aktes das hervorbringt, was er benennt – die ‹Anderen›.»[47] «Die europäische, ‹westliche›

45 Castro Varela / Dhawan: Postkoloniale Theorie (siehe Anm. 38), 8, 25.

46 «Es wird deutlich, dass Nationen als Gemeinschaften nicht nur über die Bildung von Zugehörigkeiten und den passenden Zugehörigkeitsmythen geschaffen werden, sondern wesentlich auch über die Aberkennung von Zugehörigkeiten. Hierfür werden bestimmte Erzählungen weiter gegeben und rhetorisch Nachdruck verliehen, während andere Geschichten absichtvoll in die Vergessenheit gedrängt werden.» (a.a.O., 20.)

47 A. Babka: Einleitung, in: A. Babka (Hg.): Trinh-Thi-Minh-Ha – Woman, Native, Other. Postkolonialität und Feminismus schreiben, Wien / Berlin 2010, 9–24, hier: 22. Indem die Frage nach Identität als Paradigma einer westlichen binären Herrschaftslogik wahrgenommen wird, zeigt sich, dass «Identität auf der Grundlage einer Essentialisierung von Differenz gebildet» wird (E. Gutiérrez Rodríguez: Repräsentation, Subalternität und postkoloniale Kritik, in: H. Steyerl / E. Gutiérrez Rodríguez / N. H. Kien [Hg.]: Spricht die Subalterne deutsch? Migration und postkoloniale Kritik, Münster 2003, 17–37, hier: 27). Diese «Differenz wird oft […] zur Angelegenheit […] der ‹Dritten Welt›, zur Angelegenheit

Identität wird durch diesen Prozess überhaupt erst erzeugt und hervorgebracht, und zwar gerade indem dem so genannten ‹Anderen› vor der Folie des weißen, männlichen, heterosexuellen [und vielfach christlichen, SR] Subjekts jede Identität abgesprochen wird.»[48] Im Wissen um dieses wechselseitige, binär codierte Bedingungsverhältnis des eigenen Selbstverständnisses und der Wahrnehmung des Anderen entlarven postkoloniale Theorien, wie andere Kulturräume in einem eurozentrischen Blickwinkel als das Andere Europas hervorgebracht wurden und werden – entweder in einer romantisierenden Überhöhung oder in einer geringschätzenden Abwertung.[49] Gerade im Blick darauf, dass diese eurozentrische Sichtweise der Anderen vielfach im Dienst kolonialer Interessen stand, gilt es, ein Problembewusstsein dafür zu entwickeln, «wie das europäische Wissen von anderen Kulturen beeinflusst ist von dem Willen zur Macht».[50]

---

der ‹Anderen›, die das konstitutive Außen bilden zur sogenannten ‹Ersten Welt›. ‹Differenz meint für einige Ohren nicht Differenz sondern Unbeholfenheit oder Unvollständigkeit. Aphasie. Nicht fähig oder nicht willens?› Differenz wird ins Feld der ‹Anderen›, das in mehrfach codierter Sprachlosigkeit, Sprachunfähigkeit aufgeht, verschoben. Differenz wird in ‹specialness› verortet» (Babka: Einleitung [siehe Anm. 47], 17f).

48 A.a.O., 22.

49 A.a.O., 18f. Vgl. auch N. Kermani: Statt eines Nachwortes: Orientialistik als Kulturwissenschaft, in: C. Leggewie / D. Zifonun / A. Lang u. a. (Hg.): Schlüsselwerke der Kulturwissenschaften (Edition Kulturwissenschaft 7), Bielefeld 2011, 321–327, hier: 326f.

50 A. Nehring: Orientalismus und Mission. Die Repräsentation der tamilischen Gesellschaft und Religion durch Leipziger Missionare 1840–1940, Wiesbaden 2003, 29. Diese Einsicht wird gerne mit Edward Saids grundlegendem Werk *Orientalism* (E. W. Said: Orientalismus, Frankfurt 2009) verknüpft. Doch bereits lange vor Said – nämlich in der Phase der Dekolonisation unmittelbar nach dem Zweiten Weltkrieg – beschäftigte sich der französische Schriftsteller und Ethnologe Michel Leiris mit dem Zusammenhang zwischen Ethnographie und Kolonialismus. In seinem 1950 erschienen Aufsatz *Ethnographie und Kolonialismus* (M. Leiris: Die eigene und die fremde Kultur. Ethnologische Schriften, Frankfurt 1977, 53–71) hat er sich nicht nur mit der Frage beschäftigt, wie europäische Autoren in kolonialen Strukturen eingebunden waren, sondern auch wie das von ihnen produzierte Wissen eingebunden war in den «Willen zur Macht». Laut James Clifford (J. Clifford: The Predicament of Culture. Twentieth-Century Ethnography, Literature and Art, Cambridge 1988, 255f) ist Leiris

Das postkoloniale Identitätskonzept verdankt sich einem poststrukturalistischen Diskursbegriff im Anschluss an Michel Foucault. Der Poststrukturalismus – eine Bewegung in den Geistes- und Sozialwissenschaften, die in den 1960er Jahren ihren Ausgang von Frankreich nahm – setzt sich kritisch mit dem Verhältnis von sprachlicher Praxis und sozialer Wirklichkeit auseinander, wobei die zentrale Einsicht darin besteht, dass Sprache Wirklichkeit nicht bloß abbildet, sondern diese erst hervorbringt.[51] Michel Foucault geht davon aus, dass die Wirklichkeit, wie wir

---

somit der erste, der explizit die Frage nach dem Zusammenhang zwischen der europäischen Wahrnehmung anderer Kulturen und kolonialem Machtwillen stellt – wenn auch noch ohne den poststrukturalistischen Hintergrund der französischen Theorietradition, die den Zusammenhang von Wissen und Macht eingehend beleuchtet. Diese Fragestellung nach der wechselseitigen Verquickung von Wissen und Macht wurde in den Jahrzehnten nach Leiris in den Kulturwissenschaften wiederholt diskutiert, doch erst mit den Diskussionen um Saids *Orientalism* entwickelten sich die Orientalismusfrage und damit einhergehend postkoloniale Fragestellungen zu einem grundlegenden Rezeptionsfokus in den Kulturwissenschaften (Nehring: Orientalismus, a.a.O., 29). Neben Said prägten Gayatri Chakravotry Spivak und Homi Bhabha die postkoloniale Debatte und erweiterten sie um wesentliche Aspekte, etwa die Frage nach der Stimme der Subalternen sowie das Konzepte der Hybridität. Spätestens seit Robert Youngs 1990 erstmals erschienenem Einführungswerk in postkoloniale Theorien, *White Mythologies* (R. Young: White Mythologies, London 2003[2]), stellen diese drei Namen das Dreigestirn der Bildung postkolonialer Theorie dar. Vgl. etwa auch die Einführung in die postkolonialen Theorien von Castro Varela und Dhawan (Castro Varela / Dhawan: Postkoloniale Theorie [siehe Anm. 38]), die sich an diesem Dreigestirn orientiert, obwohl es natürlich eine Vielzahl weiterer Autoren aus den unterschiedlichsten Disziplinen in diesem Bereich gibt (vgl. A. Quayson: Postcolonialism. Theory, practice or process?, Cambridge 2000, 2ff). Aus postkolonialer Perspektive könnte die dominante Rezeption dieses Dreigestirns noch einmal machtanalytisch hinterfragt werden, da dadurch eine Vielzahl anderer AutorInnen in diesem Feld ausgeblendet und zum Verstummen gebracht werden.

51 Im Bereich der Gender und Queer Studies hat dies Judith Butler wiederholt theoretisch entfaltet: J. Butler: Das Unbehagen der Geschlechter, Frankfurt 2003[40]; dies.: Körper von Gewicht. Die diskursiven Grenzen des Geschlechts, Frankfurt 1997.

sie wahrnehmen, erst von der Ordnung der Diskurse geschaffen wird.[52] Die Macht der Diskurse funktioniert über Ein- und Ausschließungsmechanismen, wobei hinter dem Diskurs keine einzelnen Subjekte festgemacht werden können, die ihn verursachen. Vielmehr handelt es sich beim Diskurs um eine anonyme Macht.[53] Deshalb kann man auch keinen reinen Ursprung des Diskurses festmachen, der die Vorstellung eines reinen Wesens der Dinge nahelegen würde. Über eine genealogische Annäherung kann man nur nach der Herkunft des Diskurses fragen, wobei die Genealogie vor allem die Brüche und Diskontinuitäten, die kontingenten Anfänge und das kategorisch Ausgeschlossene und Verschwiegene in den Blick nimmt.[54] Auf der Basis dieses Foucault'schen Diskursbegriffes arbeitet auch Edward Said, der mit seinem Werk *Orientalism* eines der Gründungsdokumente des postkolonialen Diskurses vorgelegt hat.[55] Said nimmt die zu seiner Zeit positiv besetzte Disziplin des Orientalismus, die untrennbar mit den Aufkommen des Kolonialismus verbunden ist,[56] in den Blick und entlarvt dieses Disziplin als Diskurs:[57] Im orientalistischen Diskurs des Westens wurde der Orient erst als Wirklichkeit hervorgebracht, wobei der westliche Diskurs über den Orient und das von ihm produzierte Herrschaftswissen kolonialisierenden Tendenzen Vorschub leistete und immer noch leistet. Der eurozentrische Blickwinkel, der in der Definition des Eigenen das Andere seiner selbst erst

52 Diskurse sind «als Praktiken zu behandeln, die systematisch die Gegenstände bilden, von denen sie sprechen». (M. Foucault: Archäologie des Wissens, Frankfurt 1981, 74).

53 M. Foucault: Die Ordnung der Dinge. Eine Archäologie der Humanwissenschaften, Frankfurt 1971, 14f.

54 Zur Genealogie und der damit zusammenhängenden Geschichtskonzeption Foucaults vgl. M. Ruoff: Foucault-Lexikon. Entwicklung, Kernbegriffe, Zusammenhänge, Paderborn 2007, 127f. Vgl. auch M. Saar: Genealogie als Kritik. Geschichte und Theorie des Subjekts nach Nietzsche und Foucault, Frankfurt a. M. / New York 2007.

55 Said: Orientialismus (siehe Anm. 50), 11. Wobei es bei Said auch Abweichungen zu Foucaults Diskursverständnis gibt, insbesondere was das autonome Subjekt betrifft, das Said entgegen Foucaults Annahme von der anonymen Macht des Diskurses in seine moralische Verantwortung nimmt (vgl. Nehring: Orientalismus [siehe Anm. 50], 39f).

56 A.a.O., 30f.

57 Said: Orientialismus (siehe Anm. 50), 11.

schafft – Gayatri Spivak, eine weitere Gründerfigur postkolonialer Theorien, spricht in diesem Zusammenhang vom Prozess des *othering*[58] –, ist bis heute dominant. Said sieht nicht zuletzt die bis in die Gegenwart bestehende Feindseligkeit gegenüber dem Islam als ein gegenwärtiges Zeugnis dieser orientalistischen Vereinnahmung[59] – wodurch sich schon ein erster Blick auf den Zusammenhang von postkolonialen Identitätstheorien und der Frage nach religiöser Pluralität eröffnet.

Auch wenn es auf den ersten Blick diesen Anschein erwecken mag, so vertreten postkoloniale TheoretikerInnen mit diesem Identitäts- und Diskurskonzept doch keinen reinen Konstruktivismus.[60] Es geht nicht darum zu bestreiten, dass es eine Wirklichkeit außerhalb des Diskurses gibt. Vielmehr möchten postkoloniale TheoretikerInnen darauf aufmerksam machen, dass man außerhalb des machtbesetzten Diskurses nicht auf diese Wirklichkeit zugreifen kann.[61] «Auf ein solches außer-diskursives Objekt naiv oder direkt ‹zu referieren›, wird [...] immer die vorausgegangene Abgrenzung des Außer-Diskursiven erfordern. Und insoweit das Außer-Diskursive abgegrenzt wird, wird es von dem gleichen Diskurs gebildet, von dem es sich frei zu machen sucht.»[62] Auch wenn man versucht, eine außerdiskursive Wirklichkeit festmachen zu wollen, bewegt man sich gerade in diesem Versuch der Definition des Außerdis-

---

58 G. C. Spivak: The Rani of Sirmur. An Essay in Reading the Archives, in: History and Theory 24, 1985, 247–272; Babka: Einleitung (siehe Anm. 47), 22f.

59 Said: Orientalismus (siehe Anm. 50), 327–376. Vgl. dazu auch T. Bauer: Die Kultur der Ambiguität. Eine andere Geschichte des Islams, Berlin 2011.

60 «Die Behauptung, jener Diskurs sei formierend, ist nicht gleichbedeutend mit der Behauptung, er erschaffe, verursache oder mache erschöpfend aus, was er einräumt; wohl aber wird damit behauptet, daß es keine Bezugnahme auf einen reinen Körper gibt, die nicht zugleich eine weitere Formierung dieses Körpers wäre.» (Butler: Körper [siehe Anm. 51], 33.)

61 Damit treffen postkoloniale TheoretikerInnen auch eine genuin theologische Einsicht. Denn wie oben aufgezeigt wurde, macht bereits der Begriff «Theo-logie» deutlich, dass auf die göttliche Wirklichkeit nur sprachlich – also im Diskurs, in einer Glaubensperspektive – Bezug genommen werden kann, was der Existenz Gottes und ihrer zuverlässigen Bezeugung in den verschiedenen Religionsgemeinschaften zwar keinen Abbruch tut, aber zu einer kritischen Überprüfung der eigenen Gottesrede und damit verbundener impliziter Machtansprüche nötigt.

62 Butler: Körper (siehe Anm. 51), 34.

kursiven bereits wieder im Diskurs. Kann man also nur im Diskurs auf die Wirklichkeit des Anderen zugreifen, dann muss ein Bewusstsein dafür entwickelt werden, welche (Erkenntnis-)Perspektiven leitend sind und welche (Macht-)Interessen hinter dem Diskurs stehen. Darüber hinaus ist ein etwaiges Ungleichgewicht zwischen jenen, die gehört werden, und jenen, die nicht gehört werden – den Subalternen –, kritisch in den Blick zu nehmen. Man muss also die Frage nach den (und damit zusammenhängend dem) Verschwiegenen und im Diskurs nicht Repräsentierten und nicht Gehörten stellen.[63]

Mit Blick auf das Konzept einer *inter*religiösen Theologie scheint der Ort von Bedeutung zu sein, an dem sich die gerade skizzierten Identitätskonstruktionen abspielen. «Die Bedeutung von Kultur lastet gerade auf dem ‹inter› – den scharfen Rändern der Übersetzung und Ausverhandlung, dem Zwischenraum, dem Raum des *entre*, den Derrida im Schreiben eröffnet hat.»[64] Gerade das «inter», der Grenz- oder Zwischenraum, wird also zur zentralen erkenntnistheoretischen Kategorie, ohne die Identitäten in ihrer wechselseitigen Verwiesenheit und Bedingtheit nicht adäquat erfasst werden können. Diese Ausverhandlungsprozesse an den Grenzen finden jedoch nicht in einem Gleichgewicht der Kräfte statt, gerade an der Schwelle, in den Kontaktzonen an den Grenzen, zeigt sich nochmals, dass «disparate Kulturen oftmals in höchst asymmetrischen Beziehungen der Herrschaft und Unterordnung aufeinandertreffen, zusammenprallen, miteinander ringen.»[65] Die Bedeutung des «inter» in der diskursiven Konstruktion von Identitäten hat der bedeutende postkoloniale Theoretiker Homi Bhabha in seinem Konzept des

63 Wird diese erkenntniskritische Perspektive ernst genommen, führt sie zwangsläufig zu praktischen Konsequenzen, womit sich einmal mehr der von den postkolonialen Theorien aufgezeigte unausweichliche Zusammenhang zwischen Sprache und Wirklichkeit bzw. zwischen Theorie und Praxis zeigt.

64 H. Bhabha: Cultural Diversity and Cultural Differences, in: B. Ashcroft / G. Griffiths / H. Tiffin (Hg.): The post-colonial studies reader, Oxford / New York 2006, 155–157, hier: 157 (Übersetzung der Verfasserin).

65 D. Boyarin: Semantic Differences; or, «Judaism» / «Christianity», in: A. H. Becker / A. Y. Reed (Hg.): The Ways that Never Parted. Jews and Christians in Late Antiquity and the Early Middle Ages (Texts and Studies in Ancient Judaism 98), Tübingen 2003, 65–85, hier: 74 (Übersetzung der Verfasserin).

third space theoretisch entfaltet.[66] Das theoretische Konzept des *third space*, ein zentrales Konzept innerhalb postkolonialer Theorien, steht für das Denken an der Grenze. Es ist eine epistemologische Kategorie, die mit Hilfe der Raummetapher deutlich zu machen sucht, wie Identitätsverhandlungen in den Zwischenräumen, an der Schwelle, in den Grenzbereichen stattfinden. Dabei markiert der dritte Raum eine zentrale sprachphilosophische und erkenntnistheoretische Einsicht: Es gibt keine unveränderliche Bedeutung und keine fixe Form der Repräsentation. Identitätszuschreibungen sind vielmehr ein liminales Geschehen, ein Grenzereignis, das von Hybridität und Ambivalenz gekennzeichnet ist. Denn der dritte Raum dekonstruiert die Vorstellung eines ein für alle Mal feststehenden, einheitlichen Wesens einer spezifischen Kultur und trägt damit macht-, autoritäts- und traditionskritische Züge: «Das Dazwischentreten des Dritten Raums, das die Struktur von Sinn und Bedeutung zu einem ambivalenten Prozess macht, zerstört den Spiegel der Repräsentation, durch den kulturelles Wissen ständig als ganzheitlicher, offener, sich erweiternder Code in Erscheinung tritt. Genau genommen hinterfragt dieses Dazwischentreten unser Verständnis der geschichtlichen Identität von Kultur als homogenisierende und vereinheitlichende Macht, die von der ursprünglichen Vergangenheit verbürgt und in der nationalen Tradition eines Volkes am Leben gehalten wird [...] Nur wenn wir verstehen, dass alle kulturellen Aussagen und Systeme in diesem widersprüchlichen und ambivalenten Raum der Artikulation hervorgebracht werden, können wir zu begreifen beginnen, warum alle hierarchischen Ansprüche auf Ursprünglichkeit oder ‹Reinheit›, die Kulturen innewohnen, nicht haltbar sind, selbst bevor man den empirischen Beweis durch historische Beispiele antritt, die die Hybridität von Kulturen belegen [...] Dieser Dritte Raum, wenn auch selbst nicht fassbar, legt

66 H. Bhabha: The Location of Culture, London / New York 1994; ders.: Der dritte Ort. Anerkennung Und Fremdheit in paradoxen Gemeinschaften, in: Blätter für deutsche und internationale Politk 55, 2010, 85–94; ders.: Diversity (siehe Anm. 64); ders.: The Third Space. Interview with Homi Bhabha, in: J. Rutherford (Hg.): Identity. Community, Culture, Difference, London 1998, 207–221. Vgl. auch A. Babka / J. Malle / M. Schmidt (Hg.): Dritte Räume. Homi K. Bhabhas Kulturtheorie. Kritik. Anwendung. Reflexion, Wien 2011; J. Bonz / K. Struve: Homi K. Bhabha: Auf der Innenseite kultureller Differenz: «in the middle of differences», in: S. Moebius / D. Quadflieg (Hg.): Kultur. Theorien der Gegenwart, Wiesbaden 2006, 140–153.

die diskursiven Bedingungen der Artikulation fest, die einer ursprünglichen Einheit oder Festgelegtheit des Sinns und der Symbole von Kultur zuwiderlaufen. Er begründet, dass selbst die gleichen Zeichen angeeignet, übersetzt, neu in die Geschichte eingeschrieben und neu gelesen werden können.»[67]

Der *third space* steht also für ein dynamisches und relationales Identitätskonzept, das hegemoniale Strukturen entlarvt: Identitäten werden diskursiv hervorgebracht, wobei das Bild von sich selbst und das Bild von den Anderen sich wechselseitig bedingen. Als hybrider Raum übersteigt der dritte Raum allerdings die binäre Opposition von «wir» und den «Anderen», indem er die vermeintlich einheitlichen und geschlossenen Identitäten dekonstruiert. Vorgeblich fixe Identitäten werden erst durch Wiederholung – sowohl nicht intentional als auch bewusst inszeniert – performativ hervorgebracht.[68] Ein dekonstruktiver Zugriff auf solche Identitätskonstruktionen kann ihre Brüche und Ambivalenzen sichtbar machen und so das Widerstandspotential gegen diese asymmetrischen, binär codierten und hierarchisch geprägten Identitätszuschrei-

---

67 Bhabha: Diversity (siehe Anm. 64), 156f (Übersetzung der Verfasserin). Vgl. D. Bachmann-Medick: Cultural Turns. Neuorientierungen in den Kulturwissenschaften, Reinbeck 2010^4, 203, die das «Dazwischentreten des Dritten Raums» als eine Interpretationsmethode beschreibt, «die gegen Dichotomien, gegen binäre Kategorisierungen einschreitet. Keine Synthetisierung zwischen zwei bestehenden, festen Räumen, Polen oder Positionen ist damit gemeint, sondern die Forderung, immer schon unreine, gemischte Ausgangslagen vorauszusetzen – Hybridität als immer schon ‹Dritter Raum› einer Gleichzeitigkeit von Ungleichzeitigkeitem […] Dies bedeutet, dass ein und dieselben Zeichen immer wieder neu interpretiert, überlagert, gegenläufig angeeignet und umgedeutet werden.» Der englische Begriff für dieses Dazwischentreten, «intervention», markiert auch sprachlich das «inter» als jenen Raum, in dem die kreativ-dynamischen Prozesse der Identitätskonstruktion ablaufen.

68 Nehring: Orientalismus (siehe Anm. 50), 40. Durch die diskursive und performative Wiederholung von Normen wird die Wirklichkeit, auch wenn sie uns als natürlich gegeben erscheint, «sowohl hervorgebracht als auch destabilisiert. […] und doch tun sich in diesen ständigen Wiederholung auch Brüche und feine Risse auf als die konstitutiven Instabilitäten in solchen Konstruktionen, dasjenige was der Norm entgeht oder über sie hinausschießt, was von der wiederholenden Bearbeitung durch die Norm nicht vollständig definiert und festgelegt werden kann» (Butler: Körper [siehe Anm. 51], 32f).

bungen freilegen.[69] Diese postkolonialen Einsichten zur Frage der Konstruktion von Identitäten im *third space* machen deutlich, dass postkoloniale Theorien nicht nur für ein historisches Projekt stehen, sondern ein epistemologisches Unterfangen sind. Sie haben einerseits eine historisch-kontextuelle Dimension, sind aber andererseits auch systematisch ausgerichtet, indem sie erkenntnistheoretische und erkenntniskritische Perspektiven einbringen, die auf eine Vielzahl an Kontexten angewendet werden können, die nicht in unmittelbaren Zusammenhang mit einer kolonialen Vergangenheit stehen. Entscheidend ist immer der Blick von den Rändern aus, der gängige *master narratives* dekonstruiert[70] und alternative Formen der Geschichtsbetrachtung und -interpretation freigibt.[71]

Für die theologische Auseinandersetzung mit dem Projekt einer interreligiösen Theologie sind postkoloniale Theorien nicht nur deshalb von Belang, weil sie eine hochdifferenzierte Auseinandersetzung mit dem Konzept des «inter» und den damit zusammenhängenden diskursiven Identitätskonstruktionen darstellen. Vielmehr sind religiöse Identitäten selbst immer schon diskursiv verfasst und somit Teil dieser komplexen Ausverhandlungsprozesse. Auch wenn die Religionsthematik in kulturwissenschatlichen und postkolonialen Ansätzen über einen langen Zeitraum ausgeblendet oder bestenfalls unter die Kulturthematik subsumiert wurde, so gibt es in neuerer Zeit Tendenzen, die diskursive Konstruktion von religiösen Identitäten und ihre komplexe Verwobenheit explizit in den Blick zu nehmen.[72] Denn auch religiöse Identitätszuschreibungen

---

69 «Gerade die ‹Brüche und feinen Risse›, die die Instabilität des Diskurses aufzeigen, sind es [jedoch], die […] die Möglichkeit der Dekonstruktion bieten, indem sie die Konsolidierung der Norm in eine ‹potentielle produktive Krise› versetzen.» (Nehring: Orientalismus [siehe Anm. 50], 40.)

70 Zum Ende der großen Erzählungen vgl. J.-F. Lyotard: Das postmoderne Wissen. Ein Bericht, Wien 2012[7].

71 Oft ist von einer alternativen Geschichtsschreibung zu lesen, die die kolonialistischen Vereinnahmungen aufsprengen soll. Gayatri Spivak weist darauf hin, dass es nicht darum gehen kann, die Geschichte neu zu schreiben, sondern das Ziel muss sein, sie anders zu lesen (vgl. Nehring: Orientalismus [siehe Anm. 50], 50).

72 Zu einem postkolonialen Ansatz in der Religionswissenschaft vgl. A. Nehring: Postkoloniale Religionswissenschaft. Geschichte – Diskurse – Alteritäten, in: J. Reuter / A. Karentzos: Schlüsselwerke der Postcolonial Studies, Wiesbaden 2012, 327–341.

sind nicht frei von Prozessen des *othering*, wie etwa die oft bemühte Rede vom christlichen Abendland aufzeigt, die systematisch die Wechselwirkungen von Judentum, Christentum und Islam als Bestandteil und Konstitutionsgrund des heutigen Europas ausblendet.[73] So sind in den letzten Jahren interessante Forschungsprojekte verfolgt worden, die die Bedeutung von wechselseitigen Identitätskonstruktionen in religiösen und theologischen Zusammenhängen beleuchten. Dabei stehen nicht nur koloniale Zusammenhänge im Zentrum der Aufmerksamkeit, bereits die Entstehungskontexte einzelner religiöser Traditionen bieten ein interessantes Forschungsfeld zur diskursiven Formatierung religiöser Identitäten. Gerade im Blick auf die drei abrahamitischen Traditionen lässt sich gut herausarbeiten, dass in den Prozessen, die zur Herausbildung von Judentum, Christentum und Islam als distinkte Identitäten führten, «ihre Identitäten kaum so eindeutig festgelegt [waren], wie es uns heute erscheint.»[74] In Bezug auf jüdisch-christliche Verhältnisbestimmungen zeigen etwa AutorInnen wie Daniel Boyarin[75], Judith Lieu[76] oder Israel Jacob Yuval[77] die komplexen Interrelationen auf, die es unmöglich machen, eine fixe Trennlinie zwischen Judentum und Christentum vor dem vierten bzw. frühen fünften Jahrhundert zu ziehen.[78] Damit stellen sie die

---

73 Vgl. dazu Kermani: Orientalistik (siehe Anm. 49), aber auch die Forschung von Angelika Neuwirth zum geteilten spätantiken Erbe von Judentum, Christentum und Islam und der Rekontextualisierung des Islams im europäischen Kontext (A. Neuwirth: Der Koran als Text der Spätantike. Ein europäischer Zugang, Berlin 2010).

74 Kermani: Orientalistik (siehe Anm. 49), 325.

75 D. Boyarin: Border Lines. The Partition of Judaeo-Christianity, Philadelphia 2004; D. Boyarin: Dying for God. Martyrdom and the Making of Christianity and Judaism, Stanford 1999; D. Boyarin: Als die Christen noch Juden waren. Überlegungen zu den jüdisch-christlichen Ursprüngen, in: Kils 16 (2001), 112–129.

76 J. Lieu: Christian Identity in the Jewish and Graeco-Roman World, Oxford 2006; ders.: Image and Reality. The Jews in the World of the Christians in the Second Century, Edinburgh 1996; ders.: «The Parting of the Ways». Theological Construct or Historical Reality?, in: JSNT 17 (1995), 101–119.

77 I. J. Yuval: Zwei Völker in deinem Leib. Gegenseitige Wahrnehmung von Juden und Christen in Spätantike und Mittelalter, Göttingen 2007.

78 Vgl. dazu auch S. Rettenbacher: Religion und die (De)Konstruktion von Identitäten, in: F. Gmainer-Pranzl / S. Rettenbacher (Hg.): Religion in postsäku-

gängige These von der Trennung der beiden Wege im ersten bzw. frühen zweiten Jahrhundert massiv in Frage, indem sie durch intensives Studium des Quellenmaterials aufzeigen, dass es in den ersten vier Jahrhunderten ein großes jüdisches Spektrum gab, in dem Christinnen und Christen, die ihr Leben an der Tora ausrichteten, genauso ihren Platz hatten wie Jüdinnen und Juden, die an eine zweite göttliche Macht[79] im Himmel glaubten.[80] Erst im vierten Jahrhundert eliminieren elitäre, machtbewusste Gruppen auf beiden Seiten die Grauzonen an den Grenzen, indem sie eindeutig festlegen was christlich / nichtchristlich bzw. jüdisch / nichtjüdisch ist.[81] Mit dieser Institutionalisierung von Differenzen werden Judentum und Christentum erst als unabhängige Glaubenssysteme geschaffen.[82] Fortan weisen diese institutionalisierten Grenzziehungen die hybriden Identitäten, die bisher sozial akzeptiert waren, als heterodox aus, indem sie jede Grenzüberschreitung als häretisch oder synkretistisch markieren. Es ist daher kein Zufall, dass die Trennung bzw. Schaffung von Judentum und Christentum eng mit der Entstehung des Häresiediskurses – der binär codierten Konstruktion von Häresie und Orthodoxie – zusammenhängt.[83] Die Genese des Korans und die damit zu-

larer Gesellschaft. Intersdisziplinäre Perspektiven (Salzburger interdisziplinäre Diskurse 3), Frankfurt (erscheint 2013), Abschnitt 1.1.

79 D. Boyarin: Justin Martyr Invents Judaism, in: Church History 70 (2001), 427–461, hier: 438; vgl. auch D. Boyarin: The Gospel of the *Memra*. Jewish Bintarianism and the Prologue to John, in: Harvard Theological Review 94 (2001), 243–284.

80 Zwar gab es innerhalb dieses breiten jüdischen Spektrums «recognizable separate identities» (Boyarin: Differences [siehe Anm. 65], 78), doch keine Möglichkeit «to articulate the borders between them» (ebd). Dass eine solche hybride Situation heute schwer vorstellbar ist, bestätigt gerade den Erfolg der später diskursiv eingezogenen Trennlinien.

81 Hier spielen die Kirchenväter auf christlicher Seite sowie die Rabbiner auf jüdischer Seite eine bedeutende Rolle (Boyarin: Justin [siehe Anm. 79], 447f, 461).

82 «[I]n notably significant ways, *there was no difference between Christians* and *Jews*, and the difference had to be maintained via virtual discursive force» (D. Boyarin: Martyrdom and the Making of Christianity and Judaism, in: Journal of Early Christian Studies 6 [1998], 577–627, hier: 591.)

83 Vgl. ders.: Justin [siehe Anm. 79), 438. Auch der Martyriumsdiskurs spielt in der Einziehung der Trennlinien zwischen Judentum und Christentum

sammenhängende Entstehung des Islams[84] in Auseinandersetzung mit rabbinischen und christlichen Gruppierungen in einem spätantiken Kontext nimmt eine ForscherInnengruppe um Angelika Neuwirth in den Blick.[85] Auch wenn die Forschungsperspektive des *Corpus Coranicum* nicht postkolonial ist, so lassen sich die gewonnenen Erkenntnisse zur Korangenese doch in einem postkolonialen Theorierahmen interpretieren. Postkolonial gesprochen entlarvt Angelika Neuwirth die westliche Lektüre des Korans als defizitäres, der Bibel nachgeordnetes Schriftstück als orientalistische Vereinnahmung. Aus westlich-europäischer Sicht kristallisiert sich im Koran – und in der sich um ihn und mit ihm herausbildende islamischen Gemeinschaft – das Andere seiner selbst, ein durch und durch außereuropäisches Produkt, das nichts mit dem europäischen Selbstverständnis gemein hat.[86] Zugleich wird der Koran jedoch an europäischen Maßstäben gemessen, was sich etwa an seiner Wahrnehmung im Modus der Schriftlichkeit – als Buch, in Entsprechung zur Bibel, allerdings nicht auf qualitativ gleichwertiger Ebene – manifestiert. Seine pluralen und multimedialen ästhetischen Erscheinungsformen – akustisch im Modus der Rezitation, visuell im Modus der Kalligraphie – und die damit verbundenen theologischen Dimensionen werden in der westlichen Koranforschung gerne ausgeblendet oder auf Sonderbereiche reduziert.[87] Dieser westlichen Perspektive auf den Koran stehen innerislamische Konstruktionen des Korans gegenüber, die ebenfalls im Dienst von diskursiven Identitätskonstruktionen stehen. Während aus westli-

---

eine bedeutende Rolle (vgl. ders.: Justin [siehe Anm. 79]; ders.: Martyrdom, a.a.O.).

84 Im Kontext der Korangenese sind Textentwicklung und Gemeindebildung als zwei parallele Entwicklungen des Verkündigungsprozesses zu sehen (Neuwirth: Koran [siehe Anm. 73], 28, 44f).

85 Vgl. dazu insbesondere das grundlegende Werk von Angelika Neuwirth (siehe Anm. 73). Hier wäre auch spannend, die oben skizzierte Ausdifferenzierung zwischen Judentum und Christentum in Zusammenhang mit der Korangenese zu betrachten. Wie schreiben sich die diskursiven Trennlinien zwischen rabbinischem Judentum und Christentum in den Text des Korans ein? Und wie wirkt sich die neu entstehende muslimische Gemeinschaft auf jüdische und christliche Identitätsdiskurse in ihrem Umfeld aus?

86 A.a.O., 31ff, 37, 42–44.

87 A.a.O., 34f.

cher Perspektive vor allem die Annahme der Epigonalität des Korans,[88] also seine Nach- und Unterordnung in Bezug auf die qualitativ höherstehende Bibel der Christenheit, das zentrale Zerrbild des Korans liefert, so steht aus muslimischer Perspektive vor allem eine teleologische Lektüre des Korans[89] einer unvoreingenommen Auseinandersetzung mit einer historischen Korangenese entgegen. Der Koran «wird dabei als auktorialer Text vorgestellt, etwas zugespitzt: als fertiger theologischer Entwurf, als ein *fait accompli*, das einen geschichtlichen Neuanfang markiert».[90] Diese telelogische Sichtweise, die den Koran nicht als historisch gewachsenen Text ernst nimmt, arbeitet mit zwei Exklusionsfiguren: Nach außen dient die Hypostasierung und «transzendente Überhöhung [...] des im ‹Buch› materialisierten Koran»[91] einer apologetischen Abgrenzung, insbesondere auch gegenüber der westlichen Moderne. Nach innen leistet die Ausblendung der historischen Genese des Korans einer Sichtweise Vorschub, wonach die «relevante arabische Geschichte erst mit der koranischen Offenbarung»[92] beginnt. Die besondere Bedeutung Muhammads und des Korans wird also dadurch begründet, dass die koranische Offenbarung der dunklen Kontrastfolie einer vorislamischen Zeit der Unwissenheit und Barbarei, der sogenannten *djâhilîya*, gegenübergestellt wird.[93] Die muslimische Konstruktion der barbarischen und unzivilisierten *djâhilîya* und deren gleichzeitiges Ausschließen aus dem eigenen Selbstverständnis weisen dabei Parallelen zur europäischen Konstruktion der Spätantike und der mit ihr einhergehenden Exklusionen auf. Während die Korangenese als außereuropäisches Phänomen bislang unabhängig von der Spätantike «als formative Epoche für das spätere Europa»[94] betrachtet wurde, so zielt Angelika Neuwirth mit ihrer Forschung gerade auf eine Relokalisierung der Genese des Korans in eben diesem für das europäische Selbstverständnis so prägenden spätantiken Zeitraum. Denn der Koran als Dokument einer Gemeindebildung verdankt sich spätantiken Diskursen, in denen sich das neue muslimische Selbstverständnis in Auseinandersetzung – sowohl apologetisch abgren-

88 A.a.O., 42–45.
89 A.a.O., 37–42.
90 A.a.O., 38.
91 A.a.O., 39.
92 A.a.O., 40.
93 Ebd.
94 A.a.O., 15.

zend als auch kreativ aufnehmend – mit der jüdischen, christlichen und paganen Umwelt entwickelt.[95] Die Korangenese war also «nicht nur grundlegend für die islamische Religion, sondern – in anderer Akzentsetzung – auch prägend für die Formation Europas»[96], was eine «Herauslösung des Koran aus dem Kontext des essentiell ‹anderen› und daher beliebig Deutbaren»[97] zur Folge haben muss. Die wechselseitigen Identitätszuschreibungen von Europa und «dem Islam» müssen demnach also überdacht werden. «Der Koran wird […] zu einem für Europäer signifikanten Text, einem Text, der nichtmuslimische Europäer und Muslime verbindet.»[98] Umgekehrt sind auch Muslime auf die Spätantike als Teil ihrer eigenen Geistesgeschichte verwiesen.[99] Schon aus diesen kurzen Anmerkungen zur Herausbildung von Judentum, Christentum und Islam als diskursiven Identitäten wird deutlich, dass eine dekonstruktive Lektüre der Entstehungskontexte einzelner religiöser Traditionen nicht ein rein historisches Unterfangen bleiben kann. Die Dynamiken, die zur Herausbildung der verschiedenen religiösen Identitäten geführt haben, prägen auch heutige Identitätskonstruktionen, können also auch vom Versuch einer interreligiös arbeitenden Theologie nicht ausgeblendet werden. Dieser Eindruck verschärft sich, wenn man auch Begegnungen zwischen verschiedenen religiösen Traditionen in einem kolonialen Umfeld in den Blick nimmt, die oft in Zusammenhang mit Missionsbestrebungen standen, also einer theologischen Konfrontation mit anderen religiösen Traditionen. Auch in diesem Bereich gibt es einschlägige Arbeiten zur diskursiven Konstruktion von religiösen Identitäten. So haben Autoren wie Andreas Nehring[100] und Richard King[101] wesentliche Beiträge zur Analyse der westlichen Konstruktion des Hinduismus geleistet, wobei gerade die Missionskontexte, die Andreas Nehring untersucht, schon den unmittelbaren Zusammenhang mit jedwedem theologischen Blick auf andere religiöse Traditionen aufzeigen. Mit Blick auf die christ-

95 A.a.O., 24.

96 Ebd.

97 A.a.O., 23.

98 A.a.O., 15.

99 A.a.O., 24.

100 Nehring: Orientalismus (siehe Anm. 50).

101 R. King: Orientalism and Religion. Post-colonial Theory, India and «the Mystic East», London / New York 1999.

lich-muslimische koloniale Begegnung hat Thomas Bauer[102] herausgearbeitet, wie sich die westliche Gesellschaft in der Problematik des fundamentalistischen Islams gerade mit einer «Fratze» der eigenen kolonialen Vergangenheit konfrontiert sieht: Die koloniale Begegnung mit dem christlichen Westen hat eine Entwicklung eingeleitet, die von einer ambiguitätstoleranten Haltung zu einer ambigutiätsintoleranten, auf eine einzige und eindeutige Wahrheit fixierte Haltung innerhalb vieler muslimischen Gruppierungen führte. Aber nicht nur die Interrelationen zwischen einzelnen religiösen Traditionen und die sich wechselseitig bedingenden Identitätskonstruktionen wurden untersucht. Auch das Religionskonzept als solches wurde postkolonialen Analysen unterzogen, in denen verschiedenen AutorInnen den abstrakten Religionsbegriff als westlich-hegemoniales diskursives Produkt entlarvt haben.[103] All dies zeigt, dass auch die Thematik des Religiösen und Interreligiösen nicht frei von diskursiven Identitätspolitiken, Machtfragen und hegemonialen Repräsentationshoheiten ist, so dass nach den verschwiegenen kolonialen Anteilen und theologischen Ausschließungpolitiken in heutigen Religionsbegegnungen und Religionsdialogen gefragt werden muss.

4. Theologische Anschlussstellen

Eine theologische Beschäftigung mit anderen religiösen Traditionen wird sich auf Dauer den hier in aller Kürze dargelegten postkolonialen Erkenntnissen zur Identitätsthematik nicht entziehen können, auch wenn dies eine Revision bisher vermeintlich unumkehrbarer Annahmen bedeutet. Denn egal innerhalb welchen theologischen Rahmens – komparative Theologie, Religionstheologie, Welttheologie oder einer wie auch immer definierten interreligösen Theologie – man sich der Thematik des Interreligiösen nähert, eine Erkenntnis ist auf dem Hintergrund postkolonialer Identitätstheorien unausweichlich: Theologische Repräsentationen anderer religiöser Traditionen sind nicht unschuldig. Sie basieren

102 Bauer: Kultur (siehe Anm. 59).

103 Vgl. dazu u. a. W. C. Smith: The Meaning and End of Religion, Minneapolis 1991; T. Asad: Genealogies of Religion. Discipline and Reasons of Power in Christianity and Islam, Baltimore 1993; Boyarin: Differences (siehe Anm. 65), 71.

nicht auf essentialistisch vorgegebenen Entitäten, vielmehr sind sie das Produkt komplexer diskursiver Ausverhandlungsprozesse, in der die Sichtweise des Eigenen nicht von der Sichtweise des Anderen getrennt werden kann. Radikalisiert man diese Einsichten zur diskursiven Konstruktion von religiösen Identitäten, so muss man sich selbst die Frage gefallen lassen, inwiefern eine theologische Beschäftigung mit anderen religiösen Traditionen überhaupt möglich ist. Denn ein theologischer Zugriff auf andere religiöse Traditionen muss aus historischen, identitätspolitischen und erkenntnistheoretischen Gründen einer Hermeneutik des Verdachts ausgesetzt werden.[104] Nicht nur das Materialobjekt einer theologischen Beschäftigung mit dem Interreligiösen wird vor der Hintergrundfolie postkolonialer Erkenntnisse fragwürdig: Welchen Machtinteressen verdankt sich das Konzept «Religion» und welche Repräsentationshoheiten prägen die eigene Sicht anderer religiöser Traditionen? Vor allem das Formalobjekt, also der theologische Zugriff auf andere religiöse Traditionen, wird massiv in Frage gestellt, zeichnet die theologische Voreingenommenheit doch für die hegemonialen Repräsentationsverhältnisse verantwortlich. Denn, so könnte man vermuten, wenn der theologische Zugriff auf die Wirklichkeit eine konfessionelle Glaubensperspektive voraussetzt, also ein existentielles Fürwahrhalten bestimmter religiöser Überzeugungen, so wird man konkurrierende Glaubensüberzeugungen nicht ebenbürtig zur Kenntnis nehmen und alles daran setzen, dies auch in den Repräsentationen der Anderen zu markieren – ein Blick in die Geschichte der wechselseitigen Identitätszuschreibungen und die daraus erwachsenden praktischen Konsequenzen sind beredtes Zeugnis davon. Der religionskritische Impetus postkolonialer Einsichten ist also unübersehbar.[105] Dass diese Anfragen bisher ein blinder Fleck in der theologischen Beschäftigung mit anderen religiösen Traditionen sind und es ein mangelndes theologisches Problembewusstsein hinsichtlich der Frage nach Identitätskonstruktionen, Machtinteressen und Repräsentationshoheiten gibt, hat der evangelische Theologe und Religionswissen-

104 Vgl. zum Folgenden Rettenbacher: WeltReligionen (siehe Anm. 3), 336–341.

105 Postkoloniale Theorien sind nicht explizit religionsfeindlich aufgestellt. Wie jede andere Form der Erkenntnis muss sich aber auch eine Glaubensperspektive mit der eigenen Perspektivität auseinandersetzen und sich den Fragen nach den Machtinteressen in der diskursiven Konstruktion der eigenen Identität verantwortlich stellen.

schaftler Andreas Nehring pointiert auf den Punkt gebracht: «Zwar wurden in binnenchristlichen Reflexionen auf den interreligiösen Dialog die theologischen Voraussetzungen der Wahrnehmung der anderen Religion kritisch analysiert, und eine in den Kulturwissenschaften entworfenen interkulturelle Hermeneutik zum Verstehen des Fremden wurde auch theologisch reflektiert; dass aber die Bedingungen des Verstehens eingebunden sind in einen hegemonialen Diskurs, durch den in der Repräsentation des Fremden zugleich Macht über das Fremde ausgeübt wird, wurde bisher für den interreligiösen Dialog kaum beachtet.»[106]

Trotz dieser religionskritischen Impulse und der blinden Flecke in der eigenen Tradition muss eine theologische Beschäftigung mit anderen religiösen Traditionen dennoch nicht vor den postkolonialen Anfragen kapitulieren. Vielmehr gilt es, sich auf Potentiale in der eigenen Tradition zu besinnen, mit denen man sich – wenn sie im interreligiösen Bereich auch oft in Vergessenheit geraten und nicht genügend beachtet worden sind – den Einsichten postkolonialer Identitätstheorien stellen kann. Denn gerade was die wirklichkeitsschaffende Macht der Sprache angeht, gibt es eine Vielzahl an theologischen Ressourcen, die eben diese Einsicht starkmachen. Ähnliches gilt auch für den Umgang mit Verfehlungen und schuldhaften Zusammenhängen: Auch hier kann man sich auf theologische Potentiale berufen, die gerade im Aspekt der Vergebung und Versöhnung eine selbstkritische Auseinandersetzung mit der eigenen Vergangenheit ermöglichen, die weit über kulturwissenschaftliche Zusammenhänge hinausgeht. Einige dieser theologischen Anschlussstellen sollen im Folgenden kurz benannt werden.

Die zentrale theologische Einsicht, die eine furchtlose und produktive Auseinandersetzung mit postkolonialen Identitätstheorien auch im Rahmen der christlichen Theologie ermöglicht[107], liegt im Offenbarungsbegriff selbst begründet, von dem weiter oben schon die Rede war. Wenn das christlich-inkarnatorische Offenbarungsverständnis davon ausgeht, dass sich Gott als transzendente Wirklichkeit den Menschen in der Imma-

---

106 Nehring: Orientalismus (siehe Anm. 50), 18.

107 Dieser Artikel ist aus einer christlichen, näherhin katholischen Perspektive geschrieben. Inwieweit auch in anderen religiösen Traditionen Ressourcen zu einer produktiven Auseinandersetzung mit postkolonialen Identitätstheorien verborgen liegen, muss dem Urteil von VertreterInnen dieser Traditionen selbst überlassen bleiben.

nenz der Geschichte mitteilt, so ist in diesem Offenbarungsverständnis selbst schon ein grundlegender Bruch in der Erkenntnis angelegt, der durch eine komplexe sprachliche und sakramentale Vermittlungsstruktur markiert wird.[108] Gott ist immer größer als das menschliche Erkennen.[109] Das bedeutet einerseits, dass Offenbarung nur in einer Grammatik des offenbar *und* verborgen funktioniert, was einen totalitären Zugriff auf Offenbarung mit umfassenden Besitzansprüchen verwehrt. Es ist auch mit fremden und unbekannten Erkenntnisorten Gottes innerhalb und außerhalb der eigenen Tradition zu rechnen.[110] Andererseits verweist der angesprochene Bruch in der Erkenntnis auf die grundlegende sprachliche Verfasstheit von Theo-logie selbst: Auf die göttliche Wirklichkeit kann nur sprachlich und interpretatorisch zugegriffen werden. Im Offenbarungsbegriff selbst steckt also schon der Hinweis auf die Macht der Sprache und die diskursive Verfasstheit der eigenen Identität. Das bedeutet nicht, dass das theologische Unterfangen aufgrund des Verdachts eines bloßen Konstruktivismus aufzugeben ist.[111] Auch ein religionskritischer – atheistischer oder agnostischer – Zugriff auf die Wirklichkeit ist ein diskursiv vermittelter und bietet keinen neutraleren Zugriff auf die Wirklichkeit. Die Stärke der Theologie besteht allerdings darin, dass sie im Bewusstsein, aus einer bestimmten Glaubensperspektive heraus zu sprechen, ihren diskursiven Zugriff auf die Wirklichkeit noch einmal reflexiv einholen kann – und zwar aus genuin theologischen Einsichten heraus. Neben den gerade genannten offenbarungstheologischen Einsichten gibt es vor allem eine theologische Disziplin, die sich für diese reflexiven Bewusstmachungsprozesse besonders anbietet: Die Ekklesiologie als sprachliche und sakramentale Vermittlung des Chris-

---

108 Wenn Kirche und Heilige Schrift das Zeugnis von Jesus Christus als zentraler Mittlergestalt zwischen Gott und den Menschen weitergeben und bleibend präsent halten, so besteht doch keine Identität zwischen diesen Instanzen und Jesus Christus. Diese bleibende Differenz und der damit einhergehende erkenntnistheoretische Bruch machen das Zeugnis von Kirche und Heiliger Schrift nicht weniger zuverlässig. Sie markieren aber eine komplexe Vermittlungsstruktur, innerhalb derer Kirche und Heilige Schrift als «Vermittlung der Vermittlung» auf das Christusmysterium verweisen.

109 Vgl. Anm. 8.

110 Hoff: Stichproben (siehe Anm. 10), 64.

111 Vgl. dazu Rettenbacher: (De)Konstruktion (siehe Anm. 78). Vgl. auch die Anm. 59–61 oben.

tusmysteriums über Räume und Zeiten hinweg operiert gerade mit diskursiven Identitätskonstruktionen, auch wenn dies bislang noch nicht in einem postkolonialen Problembewusstsein explizit gemacht wurde.

In der Ekklesiologie wird die diskursive und performative Konstruktion von Identitäten durch die Wiederholung von Normen[112] besonders greifbar, was gerade in der sakramentalen Funktion der Kirche als Heilszeichen zum Ausdruck kommt. Denn im Sakrament als sichtbares Zeichen einer unsichtbaren Gnade[113] verdichtet sich die wirklichkeitsschaffende Macht der Sprache, wie schon Augustinus bemerkte: «accedit verbum ad elementum et fit sacramentum»[114] Dies gilt nicht nur für die einzelnen Sakramente, sondern insbesondere auch für die Kirche als Ursakrament, d. h. «Zeichen und Werkzeug für die innigste Vereinigung mit Gott wie für die Einheit der ganzen Menschheit» (LG 1). Die Kirche verweist zeichenhaft, also diskursiv und performativ vermittelt, auf die göttliche Heilswirklichkeit. Um die darin implizierte – unter eschatologischer Perspektive – Vorläufigkeit der Kirche und ihre der göttlichen Wirklichkeit Nachgeordnetheit[115] theologisch angemessen zu verstehen, braucht es einen differenzierten Zeichenbegriff. Der in der Offenbarung angelegte erkenntnistheologische Bruch, der auch durch die – dennoch zuverlässige – diskursive Vermittlung der Kirche nicht aufgehoben wird, kann in einem zweistelligen Zeichenbegriff – als direkte Relation zwischen Zeichen und Bezeichnetem – nicht adäquat wiedergegeben werden.[116] Vielmehr ist die ekklesiologisch codierte Identität des Christlichen in einer dreistelligen Relation zwischen Zeichen, Bezeichneten und Interpretationskontext zu begreifen. Ein solcher dreistelliger Zeichenbegriff, der von Charles Sanders Peirce in der Semiotik eingeführt wurde, kann ein Dreifaches in Bezug auf die diskursive Formatierung von Iden-

112 Vgl. Anm. 68.

113 Vgl. Augustinus: De civitate Dei, 10,5, sowie ders.: Quaestiones in Heptateuchum 3, 84.

114 Ders.: In evangelium Ionnais tractatus, 80,3 («Das Wort tritt zum Element und wird Sakrament»).

115 Dupuis: Unterwegs (siehe Anm. 12), 397, 489f; Rettenbacher: Endlich (siehe Anm. 14), 173ff.

116 Ein solcher zweistelliger Zeichenbegriff hebt den Sakramentsbegriff letztlich auf, da das Sakrament – trotz der bleibenden wechselseitigen Verwiesenheit – von der Differenz zwischen Zeichen und Bezeichnetem lebt.

titäten im Raum der Kirche(n) deutlich machen:[117] (1) Jedes Zeichen muss, um verstanden zu werden, auf andere Zeichen verweisen, es steht also in einem unendlichen und prinzipiell unabschließbaren Verweisungszusammenhang. Für die Kirche als Heilszeichen bedeutet das, dass auch sie in einem solchen unendlichen Verweisungszusammenhag steht, sie findet sich also inmitten der *entangled histories*, innerhalb derer sie ihre Identität diskursiv ausweist – nicht ohne Wechselwirkung mit anderen religiösen und konfessionellen Identitäten. Die kirchlichen Identitätspolitiken stehen also immer schon im Raum des «inter», Theologie ist immer schon interrelational. (2) Diese Interrelationen verweisen auf das kontingente Moment in der Etablierung von verbindlichen Traditionen und Normen. Dies bricht an den Stellen auf, an denen sich Widerstand gegen die durch Wiederholung etablierten Normen regt. Gerade an diesen Brüchen werden die Identitätsverhandlungen an der Grenze deutlich, die zu Neucodierungen der Identität oder zum Einzug neuer Trennlinien veranlassen können. (3) Schließlich kann ein dreistelliger ekklesiologischer Zeichenbegriff auch Schuldverstrickungen und Verfehlungen zur Sprache bringen, die sich unweigerlich in der diskursiven Etablierung von Identitäten in *entangled histories* einschreiben. Diese Schuldgeschichten können innerhalb des unendlichen Verweisungszusammenhangs durch andere Zeichenzusammenhänge korrigiert und theologisch im Zusammenhang von Schuld und Vergebung – hier auch auf die Kirche(n) selbst gewendet – reflektiert werden.

Diese knappen ekklesiologischen Ausführungen machen deutlich, dass ein differenzierter Umgang mit der eigenen kirchlichen Identität eine unausweichliche theologische Anschlussstelle an postkoloniale Diskurse darstellt. Gerade das Wissen um sich wechselseitig bedingende Identitätszuschreibungen ruft dabei nach einer neuen Zuordnung von Identität und Differenz. Im Rahmen des oben dargelegten dynamischen und relationalen Zeichenverständnisses wird ein angemessener Umgang mit Differenzen und Andersheit innerhalb der Theologie möglich, ja unausweichlich. Differenz darf – gerade auch im interreligiösen Bereich – nicht mehr in einem platonischen Einheitsmodell als Defizit aufgefasst werden.[118] Vielmehr ist ein differenzbewusster und differenzoffener

117 Vgl. a.a.O., 180–184.

118 Ein solches Einheitsmodell steht letztlich oft auch hinter pluralistischen Positionen in der Religionstheologie, auch wenn es auf den ersten Blick einen

Umgang mit Andersheit einzufordern, der im Rahmen einer theologischen Differenzhermeneutik reflexiv eingeholt wird.[119] Differenzhermeneutik meint dabei einerseits eine Differenz in der Hermeneutik, also einen gewandelten hermeneutischen Zugriff auf die Wirklichkeit. Auch in der Theologie muss sich ein postkoloniales – und letztlich auch genuin theologisches – Problembewusstsein durchsetzen, dass jedem menschlichen Verstehen der Wirklichkeit ein Moment der Konstruktion innewohnt. Im Bewusstsein dafür, dass jede Konstruktion der Wirklichkeit auf Inklusionen und Exklusionen beruht,[120] meint Differenzhermeneutik aber auch eine Hermeneutik der Differenz, also einen positiven und produktiven Umgang mit den Differenzen, die dem Verstehen zugrunde liegen. Das der Theologie innewohnende differenzhermeneutische Potential kann sich gerade dann entfalten, wenn grundlegende Differenzen, die der Theologie selbst eingeschrieben sind, nicht ausgeblendet werden. Christologie – Inkarnation, Kenosis, Jesu Zugang auf Ausgeschlossene – und Trinität – Einheit in der Vielheit – sind hier zwei zentrale Anknüpfungspunkte. Wenn der Zugang auf Ausgeschlossene(s) und ein produktiver Umgang mit Differenzen Teil der heilseröffnenden göttlichen Wirklichkeit sind, dann kann der darin enthaltene kritische Impuls nicht dadurch übergangen werden, dass der Ausschluss von Differenzen zur Basis der eigenen theologischen Identitätskonstruktion wird. Gerade Differenzen im interreligiösen Bereich dürfen deshalb nicht einfach als defizitär abgetan werden, da ein einseitiger Umgang mit Differenzen im Außen auch den Differenzen im eigenen Innenraum, die elementarer Teil der christlichen Offenbarungstheologie sind, nicht gerecht werden kann.[121]

---

anderen Anschein erwecken mag (vgl. Rettenbacher: Christologie [siehe Anm. 16], 64).

119 Zur Differenzhermeneutik allgemein vgl. Hoff: Stichproben (siehe Anm. 10), 33–57. Zur Differenzhermeneutik in der Religionstheologie vgl. Rettenbacher: Christologie (siehe Anm. 16), 63ff sowie – in einem anderen als dem hier skizzierten Verständnis – C. Danz: Die Deutung der Religion in der Kultur. Aufgaben und Probleme der Theologie im Zeitalter des religiösen Pluralismus, Neukirchen-Vluyn 2008.

120 Vgl. Nassehi: Gesellschaft (siehe Anm. 4), 161–190.

121 Rettenbacher: Endlich (siehe Anm. 14), 173ff.

5. Theologie interreligiös

Nachdem im vorhergehenden Abschnitt mögliche theologische Anschlussstellen an ein postkoloniales Identitätskonzept markiert wurden, sollen diese Überlegungen nun abschließend auf das Konzept einer interreligiösen Theologie enggeführt werden. Ausgangspunkt der Auseinandersetzung mit postkolonialen Theorien innerhalb der Frage nach einer interreligiösen Theologie war die Einsicht, dass Theologie ihre Identität immer schon in der Spannung von Universalität und Partikularität in einem komplexen Netz von Interrelationen – auch interreligiösen – verantworten muss. Insofern ist die Frage einer interreligiösen Theologie nicht neu, sie macht nur Dimensionen explizit, die theologische Identitätskonstruktionen immer schon prägen, aber oftmals ausgeblendet wurden. Die theologische Auseinandersetzung mit anderen religiösen Traditionen hat in den letzten Jahrzehnten reiche Früchte getragen und es hat sich ein breites methodisches Spektrum an theologischen Zugriffsweisen auf religiöse Pluralität herausgebildet. Was im Hinblick auf das Verhältnis von Theologie und Kultur interkulturelle Theologie und kontextuelle Theologien leisten, das decken im Hinblick auf die Verhältnisbestimmung von Theologie und religiöser Pluralität Religionstheologie und komparative Theologie ab. Wie unterschiedlich die verschiedenen Zugänge zu den beiden letztgenannten Disziplinen auch aufgestellt sein mögen, sie markieren die zwei grundlegenden Perspektiven, die es im Kontext religiöser Pluralität theologisch zu beleuchten gilt: die systematische Fragestellung nach dem Ort anderer religiöser Traditionen und religiöser Pluralität im Heilsplan Gottes wie die konkret-praktische Dimension der interreligiösen Begegnung und des Dialogs über Einzelfragen. Darüber hinaus gibt es Versuche, eine Welttheologie auf überkonfessioneller Basis zu konzipieren. Angesichts des breiten Spektrums an theologischen Zugängen zur religiösen Pluralität scheint es nicht zielführend zu sein, eine interreligiöse Theologie als eigenständige Disziplin neben den bislang bestehenden einzuführen, da der Ausweis der spezifischen Eigenheiten, die eine interreligiöse Theologie als eigenständige Disziplin rechtfertigen würden, schwierig sein dürfte. Auch scheint der Versuch, interreligiöse Theologie als Metaperspektive zu etablieren, die die bereits bestehenden Disziplinen integrierend zusammenführt, wenig praktikabel zu sein. Denn auch wenn sich Religionstheologie und komparative Theologie gegenseitig ergänzen, so sind sie doch zu unterschiedlich aufgestellt, um sie unter einen Zugang zu vereinen, was die Debatten zwischen VertreterInnen beider Disziplinen deutlich belegen.[122] Ganz zu schweigen vom Unterfangen einer Welttheologie, das noch schwieriger unter das Dach einer konfessionellen Theologie integriert werden könnte.

Wie kann man interreligiöse Theologie dann aber verstehen und was macht das Spezifische dieser Art des Theologietreibens aus? Die spezifische Eigenart einer interreligiösen Theologie liegt darin, dass sie versucht, Theologie auf interreligiöse Art und Weise zu betreiben. Das ist letztlich auch das Anliegen von komparativer Theologie und Religionstheologie, doch muss dieses Anliegen noch viel weiter gefasst werden. Im Bewusstsein der Tatsache, dass die interreligiöse Dimension der Theologie keine Entwicklung des 20. oder 21. Jahrhunderts ist, sondern Theologie auch als konfessionelles Unterfangen immer schon interreligiös ist, kann das Bemühen einer interreligiöse Theologie durch eine sprachliche Umstellung präziser und pointierter zum Ausdruck gebracht werden. Es gilt, «interreligiös» nicht als adjektivische Zuordnung zu verstehen, so dass interreligiöse Theologie letztlich eine theologische Disziplin neben vielen anderen ist. Vielmehr ist der adverbiale Charakter des «interreligiös» zu betonen:[123] Da Theologie immer schon interreligiös ist, kann sie nur auf interreligiöse Weise betrieben werden – im Bewusstsein für die Herausforderungen religiöser Pluralität sowie für Fragen der machtbesetzten Identitätskonstruktionen, wie sie postkoloniale Theorien vor Augen führen. Theologie interreligiös betrieben, ist dann nicht ein Sonderprojekt, das von einzelnen TheologInnen verfolgt wird, denen die theologische Auseinandersetzung mit religiöser Pluralität besonders am

---

122 K. von Stosch: Komparative Theologie – ein Ausweg aus dem Grunddilemma jeder Theologie der Religionen?, in: ZKTh 124 (2002), 294–311; P. Schmidt-Leukel: Limits and Prospects of Comparative Theology, in: N. Hintersteiner (Hg.): Naming and thinking God in Europe today. Theology in global dialogue (Currents of encounter 32), Amsterdam / New York 2007, 493–505. Vgl. zu dieser Debatte auch Rettenbacher: Theologie (siehe Anm. 24).

123 In Parallele zum adverbialen Verständnis einer Theologie Interkulturell, wie sie an der Theologischen Fakultät in Salzburg konzipiert wird. Vgl. U. Winkler: «Wer nur das Christentum kennt, kennt das Christentum nicht». Theologie Interkulturell und Religionen studieren in Salzburg, in: K. Huber / G. M. Prüller-Jagenteufel / U. Winkler (Hg.): Zukunft der Theologie, Theologie der Zukunft. Zu Selbstverständnis und Relevanz der Theologie (Theologische Trends 10), Thaur 2001, 62–102, hier: 96f.

Herzen liegt. Vielmehr ist Theologie als solche immer schon Theologie interreligiös.[124] Da Identitäten immer in Wechselwirkung mit anderen Identitäten verhandelt werden – postkolonial gesprochen in *entangled histories* bzw. semiotisch gefasst im Prozess einer unendlichen Semiose – steht Theologie interreligiös für einen dynamischen und relationalen differenzoffenen Prozess, der prinzipiell unabschließbar ist.

In diesem Sinn verstanden, nämlich als Theologie, die in einem interreligiösen Bewusstsein betrieben wird, ist Theologie interreligiös dann keine Konkurrenzveranstaltung zu anderen Formen der Theologie, insbesondere solchen, die auf religiöse Pluralität reflektieren wie komparative Theologie oder Religionstheologie. Theologie interreligiös markiert vielmehr den Ort des «inter» als den unausweichlichen Erkenntnisort, von dem theologische Identitätsverhandlungen immer schon ihren Ausgang nehmen. So steht sie für ein Problembewusstsein, dass jeder Theologie als solcher inhärent sein sollte: Die Identität des Christlichen ist nicht denkbar ohne die vielfältigen Wechselbeziehung zu den konstruierten Anderen, wie etwa die im dritten Abschnitt gezeigten Fallbeispiele belegen. Ein Bewusstsein für die diskursive Codierung der eigenen Identität ist dann jedoch für jede Theologie verpflichtend, unabhängig davon, ob sie sich explizit mit Fragen der religiösen Pluralität befasst oder nicht. Vor diesem Hintergrund bekommt dann auch die Zuordnung von konfessioneller Glaubensperspektive und religiöser Pluralität eine ganz neue Dynamik. Mit ihrer Markierung des «inter» als unausweichlichen theologischen Erkenntnisort verleiht Theologie interreligiös der Einsicht der von Gott gewollten, d. h. positiven und nicht überwindbaren religiösen Pluralität – ein religiöser Pluralismus *de jure*[125] – eine bisher nicht gekannte theologische Qualität.[126]

Doch geht ein postkoloniales Problembewusstsein in der Theologie, für das gerade eine Theologie interreligiös mit ihrer Aufmerksamkeit auf die diskursive Dimension von Identitätskonstruktionen steht, noch viel

---

124 Denn wie in Abschnitt 3 aufgezeigt wurde, gibt es keine Identität die nicht über Einschließungen und Ausschließen von Differenz konstituiert wird. Identitäten entstehen immer im Raum des «inter», wobei für die Theologie hier der Raum der religiösen Pluralität unausweichlich ist.

125 Zur Unterscheidung eines religiösen Pluralismus *de facto* und eines religiösen Pluralismus *de jure* vgl. Dupuis: Unterwegs (siehe Anm. 12), 39f, 527ff.

126 Was noch einmal die Frage nach den unbekannten Erkenntnisorten Gottes stärkt (vgl. Anm. 109).

weiter. Das Bewusstsein für die diskursive Verfasstheit von Identitäten lässt nach der Verortung der Theologie fragen. Dem erkenntnistheoretischen Raum des «inter» stehen ganz konkrete Orte und Kontexte gegenüber, von denen aus Theologie betrieben wird. Theologie interreligiös kann es also wie Theologie im Allgemeinen[127] nur im Plural geben,[128] als Zusammenklang vieler – idealtypisch gleichberechtigter – Stimmen.[129] Dieser Plural an Theologien markiert die weltkirchliche Qualität von Theologie und steht für das Prinzip des Katholischen als umfassende, inkarnatorisch grundgelegte Sprachfähigkeit von Kirche(n) an prinzipiell allen Orten. Doch zugleich erinnert das postkoloniale Problembewusstsein daran, dass es auch – oder gerade – in der Theologie kein Gleichgewicht der Stimmen gibt. Deshalb ist die selbstkritische Frage zu stellen, von wem Theologie betrieben wird. Wer sind die Subjekte der Theologie? Wer sind die *silenced voices*?[130] Theologie interreligiös markiert also nicht nur Ausschließungsprozesse im Außen der Kirche(n), an Stellen wo das Moment des «inter» in der eigenen Identitätskonstruktion ausgeblendet wird. Sie wirft die gleiche kritische Frage auch für den kirchlichen Innenraum auf.

---

127 Die ja laut der These dieses Artikels immer schon interreligiös ist.

128 Zur Pluralität der Theologie vgl. Hoff: Stichproben (siehe Anm. 10), 231f. Die Rede von Theologie im Singular muss diesen pluralen Gehalt von Theologie stets mitbedenken.

129 Diese – mit Habermas gesprochen – ideale Sprechsituation und der dadurch angestrebte herrschaftsfreie Diskurs werden in der Praxis nicht erreicht werden, da Fragen nach Macht und Repräsentation den Diskurs immer mitbestimmen. Umso wichtiger ist ein dekonstruktiver Blick, der diese Machtfragen bewusst macht und Ausschließungsmechanismen kritisch freilegt. So können das hegemoniale Potential entschärft und die Stimmen der Subalternen hörbar gemacht werden.

130 Die kritische Frage nach dem (Un-)Gleichgewicht der Stimmen zielt nicht auf eine relativistische Gleichsetzung aller theologischen Positionen, die jedwede Kritik ausschließt. Natürlich muss in der Theologie die Frage nach der Angemessenheit theologischer Positionen gestellt werden und eine an der in Jesus Christus ergangenen Offenbarung orientierte Unterscheidungskriteriologie möglich sein. Ausschlusskriterium darf aber nicht einfach eine Nichtzugehörigkeit zu einer machtförmigen, eurozentrischen, männlich-dominierten Mehrheitstheologie sein, worauf u. a. Befreiungstheologien sowie kontextuelle und feministische Theologien aufmerksam machen.

Theologie interreligiös steht also nicht für eine eigene Disziplin innerhalb der Theologie. Vielmehr markiert sie eine bestimmte erkenntnistheologische und erkenntniskritische Haltung,[131] die ein spezifisches unausweichliches Problembewusstsein in die Theologie einbringt. Theologie interreligiös erinnert also an eine pluralitätsoffene und identitätssensible Haltung in der Theologie, womit gerade die beiden Spannungspole Partikularität und Universalität bzw. Konfessionalität und religiöse Pluralität markiert werden, die der Ausgangspunkt dieses Artikels waren. Als dekonstruktiver Ansatz kann Theologie interreligiös nicht positiv festschreiben, wie diese Spannungspole einander ein für alle Mal positiv zugeordnet werden können. Aber sie kann eine Sensibilität und ein kritisches Bewusstsein dafür entwickeln, wo die notwendige theologische Differenzkompetenz und der produktive Umgang mit Alteritäten brechen. Die theologische Tradition stellt dafür eine Formel bereit, wie Identität und Differenz einander zugeordnet werden können: ungetrennt und unvermischt.[132] Die eigene Identität muss also nicht in einer diffusen Vermischung von Identitäten aufgegeben werden. Inklusion und Exklusion sind notwendiger Bestandteil jeder Identitätsbildung. Zugleich unterliegen aber die inhaltlichen Trennlinien einer gewissen Kontingenz, normative Grenzziehungen sind erst geschichtlich zu solchen geworden, wobei die Macht der Diskurse in einem Moment der Naturalisierung und Essentialisierung dieses geschichtlich und kulturell bedingte Gewordensein oft ausblendet.[133] Der machtvolle und hegemoniale Gehalt von Ausschließungsmechanismen in der eigenen Identitätsbildung muss also stets kritisch hinterfragt werden. Das Metakriterium für die Einhaltung

---

131 Auch der Begriff «habitudo» aus dem Titel der Konzilserklärung *Nostra Aetate* verweist ja auf eine bestimmte Haltung der Kirche gegenüber nichtchristlichen religiösen Traditionen. Vgl. R. A. Siebenrock: Das Senfkorn des Konzils. Vorläufige Überlegungen auf dem Weg zu einem erneuerten Verständnis der Konzilserklärung «Nostra Aetate», in: G. Wassilowsky (Hg.): Zweites Vatikanum. Vergessene Anstösse, gegenwärtige Fortschreibungen, Freiburg i. Br. 2004, 154–184, hier: 168f.

132 Zu dieser Grammatik, die das Symbolon von Chalcedon markiert, vgl. Hoff: Stichproben (siehe Anm. 10), 187–200.

133 «Am historischen Anfang der Dinge findet man nicht die immer noch bewahrte Identität ihres Ursprungs sondern die Unstimmigkeit des Anderen. So lehrt uns die Historie, über die Feierlichkeiten des Ursprungs zu lachen.» (M. Foucault: Von der Subversion des Wissens, Frankfurt a. M. 2000^5, 71.)

eines postkolonialen und identitätspolitischen Problembewusstseins in einer Theologie interreligiös – und somit in der Theologie als solcher – ist, inwiefern es gelingt, sich als TheologIn bzw. als Kirche zu sich selbst ins Verhältnis zu setzen, indem man sich zu Anderen ins Verhältnis setzt. Haben Andere, hat religiöse Pluralität einen positiven Ort in der Theologie, treten sie als unbekannte Erkenntnisorte Gottes in Erscheinung? Und bleibt auch Raum für eine Selbstrelativierung der eigenen Identität, indem eigene Schwächen mutig benannt werden, auch oder gerade angesichts der Stärken der Anderen?[134] Die Grundspannung zwischen Universalität und Partikularität von Theologie als Theologie interreligiös bleibt dabei erhalten. Der Versuch, der eigenen Konfessionalität treu zu bleiben[135] und gleichzeitig einen produktiven Umgang mit Pluralität und Differenzen einzuüben, ist ein unabschließbarer Prozess.[136] Doch bietet das christliche Offenbarungsverständnis die beste Ressource und Begründung, diesen Weg mutig zu beschreiten. Zugleich kann der Offenbarungsbegriff im Prozess dieses Unterwegssein eine Weitung erfahren, indem verborgene Offenbarungen Gottes an unerwarteten Orten die eigene Perspektive bereichern.

---

134 Das Zweite Vatikanische Konzil – nicht zufällig das erste Konzil der Kirche über die Kirche selbst – führt eine solche Selbstrelativierung der Kirche beispielhaft vor Augen. Es scheut sich nicht, in der Bestimmung von Kirche auch jene Schwächen zu benennen, die es nun zu korrigieren gilt. Auch das Schuldbekenntnis und die Vergebungsbitte, die im Jahr 2000 in der Liturgie zum ersten Fastensonntag unter Johannes Paul II. in St. Peter in Rom vorgetragen wurden, stehen in dieser Haltung (vgl. Rettenbacher: WeltReligionen [siehe Anm. 3], 342).

135 Das Bewusstsein der eigenen Konfessionalität ist eine wichtige theologische Errungenschaft. Eine konfessionelle Perspektive gibt die auf das Ganze der Wirklichkeit bezogenen Offenbarungsansprüche der eigenen Tradition nicht auf, sie bewahrt sie aber vor einer apologetischen Abschottung, die das unweigerliche Ergebnis einer Ausblendung der eigenen Konfessionalität ist.

136 Diese Differenzkompetenz bei gleichzeitigem Bewusstsein für die Perspektivität der eigenen Erkenntnis wird nicht nur von den christlichen GesprächspartnerInnen gefordert, sondern ist ein wechselseitiger Prozess, von dem sich im Idealfall alle DialogpartnerInnen – sowohl solche, die sich anderen Konfessionen oder Religionen zugehörig fühlen, als auch solche, die säkulare, agnostische oder atheistische Positionen vertreten – herausgefordert fühlen.

Ulrich Dehn

Interreligiöse Theologie als religiöse Kommunikationstheorie

Theologie treiben heißt, in immer neuer Weise den Glauben zu durchdenken und zu leben unter den Bedingungen zahlreicher Einflüsse kultureller, religiöser und sozialer Art. Sie ist kein System, sondern ein Vorgang, der sich unter den Bedingungen einer bewusst berücksichtigten Interreligiosität beschleunigt. Genauer gesagt: Da Theologie schon immer als Resultat von Interaktionen religiöser Strömungen und von immer neuen Aushandlungen und Spiegelungs- und Kommunikationsprozessen von Werten und Glaubenselementen in Sicht gekommen ist – ein Vorgang, dem Paulus auf dem Areopag in Apg 17 ausdrücklich Rechnung trägt, während er sonst in der Bibel überwiegend implizit vorkommt –, tut sie dies unter den Bedingungen der gegenwärtigen dichteren Nachbarschaft von Religionen in fast allen Lebenswelten nun in schnellerer Form. In diesem Sinne haben wir es mit den Terminologien, die in den letzten Jahrzehnten geprägt wurden – Kontextuelle Theologie, Interkulturelle Theologie[1], interreligiöse Theologie, Thematik der (multiplen) religiösen Identitäten[2] – nicht mit neuen Sachverhalten, sondern mit der Benennung von Entdeckungen des ohnehin Vorhandenen zu tun, mit der Verständigung auf die Existenz vieler Verstehensweisen. Im oben genannten

---

1 Zu diesem derzeit unzulänglich und unzureichend geklärten Begriff vgl. folgende Einführungswerke: K. Hock: Einführung in die Interkulturelle Theologie, Darmstadt 2011; V. Küster: Einführung in die Interkulturelle Theologie, Göttingen 2011; H. Wrogemann: Interkulturelle Theologie und Hermeneutik, Gütersloh 2012, sowie die Aufsätze C. Jahnel: Vernakulare Ökumene in transkultureller Einheit – Ökumenische Theologie nach dem Cultural Turn, in: Interkulturelle Theologie 34 (2008), 10–34; K. Hock: Interkulturelle Theologie – programmatische Assoziationen, in: Interkulturelle Theologie 37 (2011), 53–69; F. Gmainer-Pranzl: Welt-Theologie – Verantwortung des christlichen Glaubens in globaler Perspektive, in: Interkulturelle Theologie 38 (2012), 408–433.

2 U. Dehn: Religiöse Identität und soziale und weltanschauliche Pluralität, in: Interkulturelle Theologie 34 (2008), 419–434; R. Bernhardt / P. Schmidt-Leukel (Hg.): Multiple religiöse Identität – aus verschiedenen religiösen Traditionen schöpfen, Zürich 2008.

Sinne könnte man problemlos den Terminus Interreligiöse Theologie als Theologie überhaupt verstehen. Es scheint klar, dass zum einen inhaltlich orientierte Themen zur Behandlung anstehen, d. h. die übergeordnete Frage der Wahrheit, die Frage des Aushandelns von Kompatibilitäten und des Gegen- und Weiterlesens von Geschichten, von Mythen und kleinen und großen Narrativen, zum anderen methodische Fragen der Interaktion, der Art und Weise, wie die Kommunikation überhaupt zu denken ist, und welche Geschichte sie hat. Es könnte sein, dass interreligiöse Theologie weniger ein System spezifischer neuer Prägung ist, sondern vielmehr eine Verständigung über eine neue Art der Aushandlung, eine Prozessgebrauchsanleitung und Methodenlehre. Unter diesen vage beschriebenen Bedingungen möchte ich auf folgende Themen eingehen – und damit erläutern, was ich mit einer religiösen Kommunikationstheorie meine: die Wahrheitsfrage, einige kommunikative Rahmenbedingungen und das Thema der Komparation[3].

1. Was ist Wahrheit in der Narration der religiösen Traditionen?

Die Wahrheitsfrage in den Religionen und zumal im Christentum gilt als zentral und ist normalerweise nicht mit einem der philosophischen Wahrheitskonzepte verrechenbar, sondern wird gerne mit dem Sonderstatus der Existenzwahrheit (Jaspers[4]) oder Gewissheitserfahrung / Glaubensgewissheit (Habermas) bedacht, es sei denn, man versuchte orientiert an einem der philosophischen Wahrheitskonzepte, etwa dem korrespondenztheoretischen, dem konsensustheoretischen oder dem kohärenztheoretischen, Zitate aus dem Palikanon, aus Bibel und Koran etc. in einer dieser Richtungen zu interpretieren. Um das kurz an Beispielen durchzuexerzieren:

---

3 R. Bernhardt / K. v. Stosch (Hg.): Komparative Theologie. Interreligiöse Vergleiche als Weg der Religionstheologie, Zürich 2009; K. v. Stosch: Komparative Theologie als Wegweiser in der Welt der Religionen, Paderborn u. a. 2012; F. X. Clooney: Comparative Theology: Deep Learning Across Religious Borders, Hoboken 2011.

4 K. Jaspers: Der philosophische Glaube angesichts der Offenbarung, München 1992.

1.1. Der Buddha zum Thema der Wahrheit

«Geht, Kālāmer, nicht nach Hörensagen, nicht nach Überlieferungen, nicht nach Tagesmeinungen, nicht nach der Autorität heiliger Schriften, nicht nach bloßen Vernunftgründen und logischen Schlüssen, nicht nach erdachten Theorien und bevorzugten Meinungen, nicht nach dem Eindruck persönlicher Vorzüge, nicht nach der Autorität eines Meisters! Wenn ihr aber, Kālāmer, selber erkennt: ‹Diese Dinge sind unheilsam, sind verwerflich, werden von Verständigen getadelt, und, wenn ausgeführt und unternommen, führen sie zu Unheil und Leiden›, dann, o Kālāmer, möget ihr sie aufgeben. […] Wenn ihr aber, Kālāmer, selber erkennt: ‹Diese Dinge sind heilsam, sind untadelig, werden von den Verständigen gepriesen, und, wenn ausgeführt und unternommen, führen sie zu Segen und Wohl›, dann, o Kālāmer, möget ihr sie euch zu eigen machen.»[5]

Hier haben wir es nicht mit einem an klassischen Modellen orientierten Hinweis zu tun, sondern mit einem individuell-empirischen lebensweltlichen Wahrheitsbegriff, der sich kontrastiv ergänzen lässt durch das berühmte Gleichnis von den Blinden und dem Elefanten aus dem Udāna 6,4, das nicht auf inhaltliche Aspekte der Wahrheit, sondern auf die Kognition des Wahrheitsbesitzes als solche eingeht.

1.2. Die Blinden und der Elefant

Der Kontext wird geschildert als eine Vielzahl von konkurrierenden Wahrheitsansprüchen, denen die Mönche des Buddha in der Stadt Savatthi begegnen. Diese durchaus realistische, aber möglicherweise auch fiktive Disposition veranlasst die Mönche, den Buddha um Hilfe in dieser verwirrenden Situation zu bitten. Die Vielzahl der Lehren erklärt der Buddha mit der Blindheit der Mönche, die selbst die Wege und Irrwege nicht sähen, die sie beschreiten und lehren. Das Stichwort der Blindheit benutzt er nun vollständig metaphorisch in dem anschließenden Gleichnis des Königs aus mutmaßlich alter Zeit in derselben Stadt, der einen Diener blind geborene Menschen zusammenrufen lässt. Sie betasten

5 Kālāma Sutta Aṅguttara-Nikāya III 66. Die Lehrreden des Buddha aus der Angereihten Sammlung Anguttara-Nikāya. Übers. v. Nyanatiloka. Überarb. und hg. v. Nyanaponika. Bd. I, Freiburg i. Br. 1984, 168f.

einen Elefanten an einem jeweils anderen Körperteil und geben dem König gegenüber ihren Eindruck wieder. Es entsteht Streit, als die Eindrücke artikuliert werden, da naturgemäß jeder einzelne Berührungseindruck als der maßgebliche empfunden wird. Die wahre Gesamtsicht hat nur der sehende König, der sich über die streitenden Blinden amüsiert. In seiner Rolle ist es der jetzt diese Geschichte erzählende Buddha, der, so die Pointe aus dem Udāna, über die «Gesamtsicht», d. h. die richtige Erkenntnis und Lehre verfügt.[6] Es liegt ein klassischer universaler Geltungs- und absoluter und exklusiver Wahrheitsanspruch vor, der aufgrund des Anspruchs der aufgeklärten Wirklichkeitserkenntnis mit Recht ein korrespondenztheoretisches Wahrheitskalkül für sich beansprucht. Dies wäre sicherlich anders, wenn die Thematik der wahren Erkenntnis (Aufwachen, «erleuchtet» werden) mit religiösen Elementen im engeren Sinne befrachtet würde. In der (möglicherweise älteren) jainistischen Version[7] erklärt der sehende Weise den tastenden Blinden, dass sie alle ein Stück Wahrheit ertastet haben und deshalb alle Recht haben. Eine starke Position des über die Gesamtsicht verfügenden sehenden Weisen wird hier nicht betont, auch der Kontext des Buddha, der seinen Mönchen die beschränkten Perspektiven der diversen Prediger vor Augen halten will, kommt hier nicht vor.

Die Rezeptionsgeschichte dieses Gleichnisses ist stärker an die jainistische Version angelehnt. In den meisten Fälle wird es als Beispiel für religiöse Toleranz herangezogen, so auch bei dem sufischen Denker Sana'i von Ghazna (gest. 1131) und bei Jalal ad-Din ar-Rumi (1207–1273). Im Falle von Sana'i ist es das theologische Anliegen, zu zeigen, dass die menschliche Erkenntnisfähigkeit Gott nicht völlig, sondern immer nur in Teilen begreifen kann. Rumi wandelt das Gleichnis geringfügig um und lässt sehende Männer in der Dunkelheit einen Elefanten betasten. Seine Botschaft, ist, dass es zu jeder partiellen Wahrnehmung

6 Eine vergleichbare Botschaft hat die Jātaka-Geschichte vom Kimsuka-Baum (Kimsukopama-Jātaka), in der vier Königssöhne je einzeln den Kimsuka-Baum zu einer anderen Jahreszeit in je anderem Zustand sehen. Die alle Jahreszeiten zusammenfassende Gesamtsicht haben der König bzw. der Wagenlenker. Jedoch, so der König in seinen kommentierenden Worten gegenüber den Söhnen, hätte diesen die Gesamtsicht zur Verfügung gestanden, wenn sie nur den Wagenlenker danach gefragt hätten (vgl. J. Mehlig [Hg.]: Buddhistische Märchen, Leipzig 1982, 455f.).

7 www.jainworld.com/education/stories25.asp (10.11.2012).

der Wirklichkeit eine andere partielle Wahrnehmung gibt, die wichtiger sein kann. Eine wissende Gesamtsicht kommt nicht vor, vielleicht, weil es ja für alle dunkel ist.[8]

Der Bostoner Religionswissenschaftler Stephen Prothero benutzt die Geschichte ebenfalls herausgelöst aus dem Zusammenhang der Rahmenhandlung: Blinde betasten einen Elefanten an einem jeweils anderen Körperteil und streiten sich, weil jeder seine Tastwahrnehmung für die einzig richtige hält.[9] Auch hier gibt es – außer der des Autors Prothero – keine über den Blinden stehende Gesamtsicht. Er wendet sich zunächst gegen eine Interpretation im Sinne einer *philosophia perennis*, die davon ausginge, dass es den einen Elefanten als die Gottheit jenseits der menschlichen Vorstellungskraft gebe sowie die (tastenden) Juden, Christen, Muslime etc., die ihre jeweils eigene Sicht mit der (unvorstellbaren) Gesamtheit verwechseln. Von dieser Interpretation, die dicht an das Hicksche Modell eines *Real*[10] herankäme, das an sich selbst, in seiner Unbegrenztheit, nicht zugänglich ist, aber in jeweils kontextbedingten religiösen Erfahrungen die einzelnen religiösen Traditionen auslöst und verursacht, distanziert Prothero sich und liest das «Volksmärchen» nur als einen Hinweis auf die «prinzipielle Begrenztheit des menschlichen Wissens».[11]

Eine Gleichnisgeschichte als Traditionssteinbruch: Je nach Art des Umgangs mit einem narrativen Komplex gelangt man zu unterschiedlichen Wahrnehmungsdimensionen, und nicht in jedem Falle zu Aussagen über den Wahrheits- und Geltungsanspruch, abhängig davon, ob die Geschichte in einen spezifischen Kontext eingebettet wird und ob sie überhaupt einen bereits in der Narration vorkommenden Kontext hat (Udāna über die jaininistische Version hinaus) und welche Rolle sie dem «Moderator» zuspricht. Da der sufische Islam nicht von der Grundlage einer philosophisch richtigen Wirklichkeitserkenntnis ausgeht, geht die

---

8 Vgl. A. Schimmel: Sufismus: Eine Einführung in die islamische Mystik, München 2003, 52f; dies.: Mystische Dimensionen des Islam, Frankfurt a. M. 1995, 16.

9 S. Prothero: Die neun Weltreligionen – Was sie eint, was sie trennt, München 2011, 389. Mit ähnlicher Botschaft s. auch das Gedicht «The Blind Men and the Elephant» von John Godfrey Saxe (1816–1887).

10 J. Hick: Religion – Die menschlichen Antworten auf die Frage nach Leben und Tod, München 1996; ders.: Gott und seine vielen Namen (völlig neubearbeitete Ausgabe), Frankfurt a. M. 2001.

11 Prothero: Die neun Weltreligionen (siehe Anm. 9), 390.

sufische Aneignung des Gleichnisses nur mittelbar auf die Wahrheitsfrage ein. Mit dem Erzählen der sufischen Variationen ist kein umfassender Geltungsanspruch verbunden, sondern das Mitteilen einer Teilerkenntnis.

2. Wahrheitsdiskurse

Die Aufnahme des Gesprächs über solche Erzähltraditionen und die Verhandlung darüber, wieweit ein Vergleich dieser Art trägt, sollte begleitet sein von einer Verständigung darüber, was mit Wahrheit gemeint ist. Der buddhistische Dharma meint eine andere Wahrheit als die, nach der Pilatus Jesus fragt (Joh 18,38) und die Jesus für sich in Anspruch nimmt und bezeugt (Joh 14,6 und 18,37), und sie ist auch nur in Teilen mit einem gängigen philosophischen Wahrheitsbegriff verrechenbar.[12] Gerne wird der Geltungsanspruch einer Religion im Sinne eines Absolutheitsanspruchs verstanden, der auch kommunikative und kognitive Exklusivität mit sich führt und in Gestalt von Existenzwahrheit mindestens partiell jenseits von rationalen Diskursen anzusiedeln ist. Diese Dimension des Geltungs- und Wahrheitsanspruchs ist in neueren Interpretationen von Joh 14,6 in Frage gestellt worden zugunsten eines existenz- und beziehungsbezogenen Wahrheitsbegriffs, der im Dienste einer Affirmation der Zuversichtlichkeit und Zuverlässigkeit des eigenen Glaubens steht, nicht im Dienste einer Exklusion, und sich nicht gegen andere Glaubensformen richtet, sondern sie (stillschweigend) als legitim voraussetzt und auf eine Klärung innerhalb der Anhängerschaft Jesu abzielt.[13] In der Interpretation von Joh 14,6 sind die Akten nicht geschlossen, und ich will versuchen, im Felde von wahrheitstheoretischen Diskussionen über die biblischen Grundlagen hinaus zu sehen, was hilfreich sein könnte im Blick auf interreligiöse Methodik.

---

12 Vgl. zu einer Auseinandersetzung mit dem Wahrheitsbegriff ausgehend von Joh 14,6 H. Balz: Johanneischer Wahrheitsbegriff und Begegnung der Religionen, in: Interkulturelle Theologie 38 (2012), 398–407; R. Bernhardt: «Niemand kommt zum Vater, denn durch mich» – Eine religionstheologische Annäherung an Johannes 14,6, in: K. Kusmierz u. a. (Hg.): Grenzen erkunden zwischen Kulturen, Kirchen, Religionen (FS Chr. Lienemann-Perrin), Frankfurt a. M. 2007, 157–168.

13 Vgl. Bernhardt: a.a.O., 166.

Im Umfeld des Nachdenkens über gängige Wahrheitstheorien wie etwa den korrespondenz- oder konsensustheoretischen Begriff hat Jürgen Habermas einen an der kommunikativen Situation orientierten Wahrheitsbegriff als Konsensustheorie der Wahrheit vorgeschlagen, der sich auf die Komponenten der «Wahrheit von Aussagen» und die «Richtigkeit von Geboten oder Bewertungen» erstreckt, d. h. auch einen normativen Bestandteil hat.[14] Für Habermas ist diese Theorie eine solche des Handelns in einer kommunikativen Situation, d. h. des kommunikativen Handelns. Angestrebt wird ein «funktionierendes Sprachspiel, in dem koordinierte Sprechakte ausgetauscht werden».[15] Habermas differenziert zwischen vier Geltungsansprüchen: «Eine Kommunikation [verlaufe] dann und nur dann […] ungestört, wenn die sprechenden/handelnden Subjekte a) den pragmatischen Sinn der interpersonalen Beziehung […] sowie des propositionalen Gehaltes ihrer Äußerung verständlich machen», «b) die Wahrheit der mit dem Sprechakt gemachten Aussage […] anerkennen», «c) die Richtigkeit der Norm, als deren Erfüllung der ausgeführte Sprechakt jeweils gelten darf, anerkennen» und «d) die Wahrhaftigkeit der beteiligten Subjekte nicht in Zweifel ziehen».[16] Es geht kurz gesagt um *Verständlichkeit*, *Wahrhaftigkeit*, *Wahrheit* und *Richtigkeit* in der kommunikativen Situation, zunächst der Frage vorausliegend, welche Themen mit welchen unterschiedlich gearteten Wahrheits- und Geltungsansprüchen verhandelt werden. Mit Wahrheitsbegriffen, die jenseits von sinnlich wahrnehmbaren Verifikationen bzw. im metaphysischen Bereich liegen, setzt Habermas sich am Rande unter den Begrifflichkeiten der Gewissheitserfahrung oder der Glaubensgewissheit auseinander. Bei letzteren scheint ihm ein «irreführendes Modell der Wahrheit» bzw. eine «Verwechslung von Geltungsansprüchen mit Gewißheitserlebnissen» vorzuliegen.[17] Das bedeutet, dass die Aushandlung dessen, wie der Habermas'sche Ansatz einer Konsensustheorie der Wahrheit mit interreligiöser Theologie vermittelt werden kann, anderweitig geleistet werden muss.

Wenn diese sich als interreligiöses Diskursfeld auch bewähren muss in der Kommunikation mit Religionen oder religionsähnlichen philoso-

---

14 J. Habermas: Wahrheitstheorien, in: Helmut Fahrenbach (Hg.): Wirklichkeit und Reflexion (= FS W. Schulz), Pfullingen 1973, 211–265, 220.

15 Ebd.

16 A.a.O., 220f.

17 Vgl. a.a.O., 230, 236.

phischen Systemen wie dem Buddhismus, die sich mit ihrem Wahrheitsbewusstsein am Rande philosophischer Theorien bewegen, wird sie sinnvoller Weise bereit sein müssen, sich der Theorie einer kommunikativen Situation auszusetzen, die sich nicht weit von dem Habermas'schen Vorschlag aufhalten würde bzw. eine Vermittlung von Elementen aus Existenz- bzw. Beziehungswahrheitselementen und konsensustheoretischen Elementen ermöglichen sollte.

Es geht also zum einen darum, die Existenzwahrheit und Gewissheit der Glaubenserfahrung zu würdigen auch unter Berücksichtigung dessen, dass sie Elemente der Absolutheit im Sinne eines mindestens partiellen Losgelöstseins von üblichen rationalen Aushandlungen von Geltungsansprüchen enthalten, zum anderen der Tatsache Rechnung zu tragen, dass das prozessuale Ermitteln interreligiöser Theologie einen kommunikativen Prozess darstellt, der sich auch den Regeln der Kommunikation zu unterwerfen hat[18], die ich hier exemplarisch, was ihren Wahrheitsaspekt betrifft, in Gestalt der Konsensustheorie von Habermas im Zusammenhang seines Denkens über das kommunikative Handeln aufgegriffen habe. Hierbei ist jedoch zu berücksichtigen, dass im Rahmen interreligiöser Kommunikation in vielen Fällen Geltungsansprüche so nachhaltig nicht miteinander vermittelt werden können, dass ein Konsensualdiskurs notwendigerweise um eines pragmatischen Wahrheitsverständnisses willen ausgesetzt werden müsste, wie es von Charles Sanders Peirce und William James und im Gefolge des amerikanischen Pragmatismus vom frühen Konstruktivismus entwickelt wurde. Es kann dann um *viable* Wahrheiten gehen, die sich als gemeinschaftsdienlich und lebensförderlich erweisen, d. h. um «Handlungs- oder Denkweisen, die an allen Hindernissen vorbei (den ontischen wie den aus der Handlung selbst erwachsenden) zum erwünschten Ziel führen».[19] Wahrheit ist dann allererst als Weg zu einem von den Kommunizierenden verabredeten wünschenswerten Ziel zu verstehen, das aber nicht die Qualität einer «Kompromisstheologie» geschweige denn einer zum Konzept geronne-

18 Vgl. zu den kommunikativen Aspekten des interreligiösen Dialogs U. Dehn: In die Sichtbarkeit treten – Phasen und Koordinaten des interreligiösen Dialogs, in: Interkulturelle Theologie 37 (2011), 40–52.

19 E. v. Glasersfeld: Konstruktion der Wirklichkeit und des Begriffs der Objektivität, in: H. v. Foerster u. a.: Einführung in den Konstruktivismus, München 1992, 9–39, 30.

nen interreligiösen Theologie haben soll.[20] Diese Art von Wahrheitszuschreibung geht davon aus, dass die je eigenen Wahrheits- und Geltungsansprüche damit nicht relativiert oder desavouiert sind, sondern das Geltendmachen ihres Anspruchs in der Zuversicht, dass er sich in Eigenkraft erweisen wird, theologisch aus der Hand geben; die *viable* Wahrheit ist *wegfähig*, *beziehungsfähig* und *entwicklungsfähig* und macht sich auch außerhalb ihres Verständigungszirkels kommunikabel.

3. Narrationen der Religionen im Gespräch

Im Rahmen dieser Doppelaufhängung möchte ich nun exemplarische Vergleiche vornehmen, die veranschaulichen, an welchen Stellen Interreligiosität zu einer vertieften und verschärften Wahrnehmung von Themen führen kann. Einige traditionelle Vergleiche und Vergleichsmöglichkeiten, die auch Bausteine einer interreligiösen Theologie werden können, seien hier erwähnt: Beliebt und gut erforscht sind die gemeinsamen Themen der «monotheistischen» Religionen, die aus dem biblischen Traditionsgut schöpfen, so die Abrahamstradition[21], Prophetie, andere biblische Gestalten mit ihrer jeweiligen Gewichtung, Gerechtigkeitskonzepte, Prophetieverständnisse, Zeitkonzepte und Erwartungen etc.[22] Ferner bietet sich die mutmaßliche Glaubensreligiosität des Bud-

---

20 Als treffliche Zusammenfassung der Wahrheitsthematik im Rahmen einer Theologie der Religionen vgl. C. Danz: Einführung in die Theologie der Religionen, Wien 2005, 176–192.

21 Vgl. K.-J. Kuschel: Streit um Abraham, München 1994; M. Bauschke: Der Spiegel des Propheten – Abraham im Koran und im Islam, Frankfurt a. M. 2008; U. Bechmann: Abraham – Beschwörungsformel oder Präzisierungsquelle. Bibeltheologische und religionswissenschaftliche Untersuchungen zum Abrahamparadigma im interreligiösen Dialog, Habilitationsschrift, Bayreuth 2004 (Abraham und die Anderen. Kritische Untersuchung zu der Abraham-Chiffre im interreligiösen Dialog, Münster 2006).

22 Vgl. hierzu die Veröffentlichungen aus dem Theologischen Forum Christentum – Islam an der Akademie der Diözese Rottenburg-Stuttgart, u. a. H. Schmid u. a. (Hg.): «Im Namen Gottes …». Theologie und Praxis des Gebets in Christentum und Islam, Regensburg 2006; H. Schmid u. a. (Hg.): «Nahe ist dir das Wort …». Schriftauslegung in Christentum und Islam, Regensburg 2010; H. Schmid u. a. (Hg.): Zeugnis, Einladung, Bekehrung. Mission in Christentum und

dhismus des Reinen Landes an, die nach gängiger Interpretation die mantrische Anrufung des Buddha Amithaba/Amida zur Erlangung von Gnade in den Mittelpunkt stellt und sich damit dem Augenschein nach in die Nähe christlicher Gnaden- und Rechtfertigungstheologie begibt.[23]

3.1. Der zurückkehrende Sohn

Eine exemplarische Möglichkeit interreligiöser Aushandlung bietet das Motiv des zum Vater zurückkehrenden Sohnes, das in mehreren religiösen Traditionen auftaucht. Das Lotos-Sutra, die wichtigste Schrift des Mahāyāna-Buddhismus, in ihrer schriftlichen Form (Sanskrit) vermutlich aus dem 2. Jahrhundert n. Chr., aber auf frühen mündlichen Überlieferungen fußend, enthält einige für den ostasiatischen Buddhismus zentrale philosophische Themen wie etwa die Abgrenzung gegenüber dem theravādischen Gedankengut und die Möglichkeit der Buddhawerdung eines jeden Menschen sowie die Gabe der geschickten Mittel (*upāya*)[24], die dem Buddha zur Verfügung stehen, um den Menschen zur Entdeckung seiner Buddhanatur, d. h. seiner Befreiung zu führen. Die sieben Gleichnisse des Sutra veranschaulichen diese Idee, sind aber in ihrer Gestaltung literarisch und inhaltlich sehr unterschiedlich, von kurzen metaphorischen Wendungen bis hin zu sehr ausführlichen Gleichniserzählungen wie der Geschichte vom Arzt und seinen Söhnen (Kap. 16)

Islam, Regensburg 2011; H. Schmid u. a. (Hg.): Die Boten Gottes. Prophetie in Christentum und Islam, Regensburg 2013.

23 H. Butschkus: Luthers Religion und ihre Entsprechung im japanischen Amida-Buddhismus, Emsdetten 1940; Christiane Langer-Kaneko, Das reine Land – Zur Begegnung von Amida-Buddhismus und Christentum, Leiden 1986; J. van Bragt: Buddhismus, Jōdo Shinshū, Christentum. Schlägt Jōdo Shinshū eine Brücke zwischen Buddhismus und Christentum?, in: E. Gössmann / G. Zobel (Hg.): Das Gold im Wachs (FS Thomas Immoos), München 1988, 453–463. Allerdings ist auch die Interpretation nicht von der Hand zu weisen, nach der es sich bei der mantrischen Anrufung um die Aktualisierung eigener Selbstreinigungskräfte und die Findung des Ich handelt und bei Amida um eine tatsächlich personalisiert extern vorstellbare Größe, die in Wirklichkeit im Innern des Menschen anzusiedeln ist (so u. a. V. Zotz: Der Buddha im Reinen Land – Shin-Buddhismus in Japan, München 1991).

24 M. Pye: Skilful Means: A Concept in Mahayana Buddhism, London 1978.

und der vom zurückkehrenden Sohn in Kap. 4, die wegen der Strukturparallele zu Lk 15 zu zahlreichen Vergleichen und Spekulationen über literarische Abhängigkeit geführt hat.[25] In allen Gleichnissen geht es um die Sperrigkeit des Menschen gegenüber der erleuchtenden Erkenntnis, um zahlreiche Hindernisse, denen er sich ausgesetzt sieht oder die er selbst als Bestandteil seines Alltagslebens perpetuiert und aufgrund derer er nicht zum Ziel kommt, für das in den Gleichnissen unterschiedliche Metaphern eingesetzt werden. Im Gleichnis vom wiederkehrenden Sohn besteht die Erkenntnis im Nahekommen und Wiedererkennen des Vaters durch den Sohn, der «fünfzig Jahre lang» getrennt vom väterlichen Gut gelebt hat. Er kommt zufällig wieder in die Nähe des Gutes des Vaters, der ihn bald erkennt und auf seine Rückkehr hofft, der Sohn jedoch erkennt ihn nicht, ängstigt sich vor der Pracht des Gutes seines Vaters und sträubt sich gegen eine Annäherung, er versucht sich wieder zu entfernen: Mit dem aktiven Sträuben gegen die Annäherung wird die Geschicktheit der Mittel, die der Vater um der Annäherung des Sohnes willen anzuwenden weiß, umso stärker hervorgehoben. Noch stärkere Mittel werden angewendet, wenn im anderen berühmten Gleichnis, der Geschichte vom guten Arzt und den unvernünftigen Söhnen (Kap. 16) der Vater gar bis zu Vortäuschung seines Todes geht, um die Söhne zur Vernunft bzw. heilsamen Einsicht zu bringen. Außer dem personellen Setting Vater-Sohn und dem Vorgang der Heimkehr haben die Parabel aus dem Lotos-Sutra und Lk. 15 nichts gemeinsam, zumal in der buddhistischen Geschichte der eifersüchtige andere Sohn fehlt. Die (unverdiente) Liebe und Freude des Vaters und die Wiederaufnahme in Verhältnisse, die er eigentlich freiwillig verlassen hatte, sind gemeinsame Elemente, die identifiziert werden können. Das wäre die Pointe des bisherigen Dialogs über diese Geschichten[26], der zu punktuellen interreli-

---

25 Vgl. H. Kruse: The Return of the Prodigal. Fortunes of a Parable on its Way to the Far East, in: Orientalia NS 47 (1978), 163–214; M. v. Borsig: Das Buddha-Bild des Lotos-Sutra, in: P. Schmidt-Leukel (Hg.): Wer ist Buddha?, München 1998, 75–92; H.-J. Klimkeit: Buddha als Vater, in: H. Waldenfels / Th. Immoos (Hg.): Fernöstliche Weisheit und christlicher Glaube (FS H. Dumoulin), Mainz 1985, 235–259; H Dumoulin: Spiritualität des Buddhismus, Mainz 1995, 225f.

26 Hierzu verdienstvoll unter den vorgenannten Titeln insbesondere v. Borsig 1998, die auch an anderen Stellen die theologische Bedeutung der Parabeln des Lotos-Sutra heraushebt, so in: Juwel des Lebens – Buddhas erleuchtetes

giösen Konsensualerlebnissen führen kann, jedoch gerade eine wichtige Komponente unterbetont, nämlich die theologisch weiterführende Bearbeitung der *Differenzen* und der Gründe, warum Narrativstrukturen sich unterscheiden, welche unterschiedlichen Rollen sie den Akteuren zuweisen, warum sie dies tun und was dies für die in den Geschichten vorgesehene Beantwortung der Fragen bedeutet, die in den Geschichten bearbeitet werden. Diese kommunikativen Vorgänge beziehen sich auf Traditionsspiegelungen, d. h. sie werden befruchtet durch die Kontinuität von unterschiedlich verwendeten Traditionselementen, dies muss aber nicht der Fall sein, wenn der Prozess der interreligiös-theologischen Kommunikation sich nicht nur an Motiven orientiert, sondern auch an der Kontinuität von Fragestellungen arbeiten kann.

Die Motivgeschichte des Gleichnisses lässt sich auf das Perlenlied in den Thomasakten beziehen[27], dieses wiederum möglicherweise auf parthischen Ursprung. Das Perlenlied[28] enthält einen Bericht darüber, wie der von seinem Vaterhaus, dem Hof des parthischen «Königs der Könige» ausgesandte Prinz nach Ägypten zieht – hier eine Chiffre für die «weite Welt» –, um dort eine Perle zu bergen und nach Hause zu bringen, die sich in der Gewalt eines Drachen befindet. Der Prinz vergisst, sobald er nach Ägypten gelangt ist, die Perle und seinen Auftrag und wird erst durch einen Brief des heimatlichen Hofstaats wieder daran erinnert, der ihn aus dem «Schlaf» reißt. Er erfüllt seinen Auftrag, birgt die Perle und kehrt in die Heimat zurück. Auf den ersten Blick sind hier von den äußeren Umständen abgesehen kaum Parallelen zu den anderen Sohn-Vater-Geschichten erkennbar, auch ist der Fokus – mal der Vater, mal der Sohn – nicht einheitlich. In mehreren Fällen scheint die Rückkehr des Sohnes (und das Finden der Perle) für das Finden seiner selbst und der eigenen Bestimmung zu stehen, im Lotos-Sutra als Findung, die

---

Erbarmen. Gleichnisse aus dem Lotos-Sutra, St. Ottilien 2008³. Klimkeit (a.a.O.) weist zurecht darauf hin, dass die Darstellung des Buddha als gütiger und verantwortungsbewusster Vater vermutlich auf spätere außerbuddhistische Einflüsse zurückgeht, da sein eigenes Verhalten gegenüber seiner Familie (Verlassen des Hauses nach der Geburt des Sohnes) nicht gerade zu einem positiven Vaterbild angeregt hat (235f).

27 So u. a. Klimkeit: Buddha als Vater (siehe Anm. 25).

28 G. Bornkamm: Thomasakten, in: E. Hennecke (Hg.): Neutestamentliche Apokryphen in deutscher Übersetzung, Tübingen 1973⁴, 297–372, Perlenlied 349–353.

durch den Vater auf geschickte Weise angeleitet wird. Während die Perle im Perlenlied der Thomasakten implizit für dieses Motiv steht, ist sie im Lotos-Sutra in einer anderen Parabel, der Geschichte von der kostbaren Perle (Kap. 8), ausdrücklich in dieser Funktion benannt. In der Vater-orientierten Variante von Lk 15 könnte diese Interpretation (Rückkehr als Selbstfindung) höchstens in einer multiperspektivischen Lesung zum Zuge kommen, die auch narrative Seitenaspekte entfalten kann.

4. Versuch eines Fazits

Die interreligiöse Komparation ist nicht darauf angewiesen, in stringenter Form Gemeinsamkeiten von Narrativen zu eruieren und diese als belastbare Elemente einer interreligiösen Theologie zu betrachten – die Diastase von Aussagen hat sich im ersten und im zweiten Argumentationsgang bei dem Motiv vom Betasten des Elefanten wie auch beim zurückkehrenden Sohn gezeigt. Im Gegenteil besteht der Erkenntnisgewinn gerade im sperrigen Aushandlungsprozess. Das Wahrnehmen und Verhandeln der Geschichte einer Geschichte bzw. ihrer Motive und der neuen Verwendungen ist ein ergebnisoffener und Vielfalt respektierender unbeendbarer Vorgang. Im Elefanten-Bild gesprochen kann interreligiöse Theologie nur als multiperspektivische Tast- und Verständigungsgemeinschaft[29] vorgestellt werden, mit dem Unterschied zur Version im Palikanon, dass es den sehenden Buddha, der über die Summe aller Perspektiven verfügt, nicht gibt, sondern Perspektivität bis zuletzt bedeutet, von der Verständigung über unterschiedlich bleibende Sicht- und Wahrnehmungsweisen zu leben.

Das bedeutet, dass zusätzlich zu der Diskussion um Universalität und Partikularität innerhalb des Christlichen, die das Thema der kontextuellen Theologie einstmals bewegte[30], nun das von religiöser Partikularität und interreligiöser Universalität hinzutritt, das in Anbetracht der innerreligiösen Heterogenität und Vielfalt dem einstigen Diskurspaar nur wenig

29 Vgl. die Verwendung dieses Gedankens und Begriffs bei K. Reich: Die Ordnung der Blicke, Neuwied 2009² (pdf-Datei, http://konstruktivismus.uni-koeln.de/reich_works/buecher/ordnung/index.html), passim.

30 K. Blaser: Christliche Theologie vor der Vielfalt der Kontexte, Zeitschrift für Mission 10 (1984), 5–20.

an Spannweite hinzufügt. Nachdem allerdings einstmals die mutmaßliche «Richtigkeit» christlicher Universalität sich gegen die neuerstarkte Partikularität zu verteidigen versuchte, ist es nun umgekehrt die «Richtigkeit» religiöser Partikularität, die sich für den Horizont der interreligiösen Universalität öffnen muss. Unter der Vorgabe dessen, dass Universalität sich immer in Partikularität abbildet und in ihr konkret wird – ohne dass ich damit eine bestimmte religionstheologische Struktur zur Voraussetzung machen will – und entsprechend umgekehrt die Öffnung zur Universalität bedeutet, dass ich nur gegenseitige religionsgeschichtliche Kommunikations- und Spiegelungsprozesse rekapituliere, ist hier ein mögliches heuristisches Begriffspaar für interreligiöse Theologie vorhanden. Der genannte Aushandlungsprozess sollte sich als kommunikatives Handeln religiös orientierter Menschen den Spielregeln einer Wahrheitsfindung unterwerfen, wie sie den Kommunikationsregeln nach in dem Modell von Habermas skizziert wird, allerdings unter Berücksichtigung dessen, dass die Dimension von Existenzwahrheit ein Bestandteil der kommunikativen Redlichkeit sein soll, zugleich aber auch erwirkt, dass es in der Kommunikation nicht um das Ausfechten von Geltungsansprüchen gehen kann, sondern im Rahmen einer nie an ihr Verhandlungsende kommenden Verständigungsgemeinschaft um das Erarbeiten von viablen Erkenntnissen/Wahrheiten, die ein gemeinsames gedeihliches Voranschreiten ermöglichen und dabei die unterschiedlichen Wahrnehmungen zulassen. Das Arbeiten im Sinne einer interreligiösen Theologie soll ohne den Argwohn unterwegs sein können, dass bekennende religiöse Identitäten nicht mehr am Platz seien.

Ein letztes Wort zum Thema der *interreligiösen Theologie*. Ich verstehe sie, wie hier entwickelt, als Bezeichnung für einen ohnehin immer schon stattfindenden multireligiösen Kommunikations- und Aushandlungsprozess mit offenem Ende und ggf. ohne Ende. Entsprechend erscheint es mir problematisch, mit dem Begriff eine neue übergeordnete Kategorie zu schaffen und Aktivitäten wie «Interkulturelle/Kontextuelle Theologie, Reflexion des interreligiösen Dialogs, Theologie der Religionen, Systematische Theologie im Horizont der Religionen, Komparative Theologie, Interreligiöse Feministische Theologie»[31] integrativ in dieser Benennung zusammenzuführen, während gleichzeitig eine Terminologie wie

31 2. These zur Interreligiösen Theologie, siehe oben: Einleitung, 12.

Interkulturelle Theologie[32] in keiner Weise Klärung, sondern im Zusammenhang ihrer erneuten prominenten Benutzung seit 2005 im Gegenteil stetige begriffliche Zerfaserung erfahren hat. Die Anliegen, allen zuvorderst das Geben und Nehmen als stetige Dynamik des interreligiösen Spiegelungs- und religionsgeschichtlichen Entwicklungsprozesses (Thesen 3 und 4), sind allerdings wichtige Bestandteile der Fortentwicklung theologischen Denkens und Handelns und sollten den Ausdruck *Interreligiöse Theologie* fast als Tautologie erscheinen lassen. Ansonsten sollte er seine Gültigkeit und zugleich Beschränkung im oben genannten Sinne haben.

32 Vgl. dazu neben der in Anm. 1 genannten Literatur: Missionswissenschaft als Interkulturelle Theologie und ihr Verhältnis zur Religionswissenschaft, hg. v. der Fachgruppe Missions- und Religionswissenschaft der Wissenschaftliche Gesellschaft für Theologie und der Deutschen Gesellschaft für Missionswissenschaft, in: Zeitschrift für Mission 31 (2005), 376–382.

Marianne Moyaert

Unangemessenes Verhalten? Über den rituellen Kern von Religion und die Grenzen interreligiöser Gastfreundschaft

In unserer Zeit des Dialogs und der Religionsbegegnung stellen Menschen die Frage, ob es möglich ist, gemeinsam mit Gläubigen anderer Religionen zu beten und an religiösen Feiern teilzunehmen. In den USA und besonders in Europa ist dies ein neues und rapide zunehmendes Phänomen. Die steigende Zahl an interreligiösen Gebeten, multireligiösen Feiern und ritueller Partizipation lässt sich nicht ignorieren. Immer mehr Menschen erfahren religiöse Vielfalt in ihrer nächsten Umgebung, sind berührt von der Lebendigkeit wie auch von der spirituellen und moralischen Weisheit anderer Religionen. Dementsprechend finden sich auch zunehmend Versuche, im rituellen Bereich Möglichkeiten interreligiöser Partizipation zu erkunden. Früher wurde der heilige Raum einer anderen religiösen Gemeinschaft schlichtweg nicht betreten, wohingegen heute rituelle Partizipation alltäglich wird. In diesem Kontext ist gelegentlich sogar davon die Rede, dass eine ‹liturgische Revolution› der interreligiösen Begegnung bevorstehe.[1]

Rituelle Partizipation liegt in verschiedenen Formen vor.[2] Das Dokument *Respectful Presence* («*Respektvolle Anwesenheit*») unterscheidet drei For-

---

1 S. Rozs-Nagy: Liturgical Revolution of Interreligious Encounters, in: Mozaik 2 (2004), 11–12.

2 Auch im öffentlichen Bereich kann sich die Forderung nach interreligiösen Zeremonien erheben, etwa um auf eine Krise im kommunalen Bereich zu reagieren, zur Begehung nationaler Jahrestage oder bei der Erinnerung an ein dramatisches Ereignis in der Geschichte. (Inter)nationale Tage gegen Diskriminierung und Rassismus, nationale Unabhängigkeitstage und der (inter)nationale Tag der Frauen können ebenfalls Anlässe für interreligiöse Zeremonien verschiedenster Art sein. Interreligiöse Feiern nehmen außerdem eine wichtige Rolle ein bei der Verbesserung der Beziehungen zwischen verschiedenen religiösen Gemeinschaften, was dem friedlichen Zusammenleben in pluralistischen Gesellschaften dient. Auch Gefängnisse und Krankenhäuser können zu Orten werden, in denen interreligiöse Meditationsräume eingerichtet werden. Insassen

men interreligiöser Gebete und Zeremonien: «1. wenn Angehörige anderen Glaubens in christlichen Gottesdiensten anwesend sind; 2. wenn Christen bei gottesdienstlichen Aktivitäten anderer Glaubensgemeinschaften anwesend sind; 3. wenn Angehörige verschiedener Religionen in interreligiösen Gebeten, Feiern und Gottesdiensten zusammenkommen.»[3]

Der Fokus meines Beitrags liegt auf jener spezifischen Form ritueller Partizipation, bei der *Anhänger anderer Religionen* einer konfessionellen und demzufolge monoreligiösen Liturgie *beiwohnen und eventuell an dieser partizipieren dürfen.*[4] Es geht also um «eine Form liturgischer Gastfreundschaft»[5], die aus dem Teilen der eigenen Rituale mit Mitgliedern anderer Religionen besteht. Laut Douglas Pratt, der eine phänomenologische Beschreibung interreligiöser Feiern vorgelegt hat, handelt es sich bei diesem «Typus um interne Veranstaltungen, die aber zu bestimmten Anlässen für Menschen verschiedener Religionen offen sind. Die Interaktion vollzieht sich

---

und Patienten kommen dort regelmäßig zusammen, manchmal je für sich, doch manchmal auch als Teilnehmer an gottesdienstlichen Veranstaltungen, die von Angehörigen verschiedener Religionen geleitet werden. Das gleiche gilt für Schulen und Universitäten, in denen Feiern, wie etwa die Eröffnung des akademischen Jahres oder Abschlussfeiern, zunehmend interreligiös gestaltet werden. In diesem Kontext liegt der Schwerpunkt nicht auf der Vermittlung von Glauben, sondern auf der Vermittlung von Kenntnissen über verschiedene Religionen sowie auf der Förderung von Sensibilität und Kompetenz im Umgang mit religiösen Unterschieden. Und natürlich kennen wir Formen interreligiösen Betens, die von religiösen Führern auf lokaler, nationaler und weltweiter Ebene initiiert werden, wie etwa das Weltgebetstreffen für den Frieden in Assisi.

3 Respectful Presence. An Understanding of Interfaith Prayer and Celebration from a Reformed Christian Perspective., Document commended to Congregations and Governing Bodies of the Presbyterian Church (USA) by the 209th General Assembly, 1997, 8; URL: http://www.pcusa.org/media/uploads/interfaithrelations/pdf/presencesans.pdf. Wie immer bei der Bildung von ‹Typen› sind die Abgrenzungen dieser Typen in der Realität weniger klar.

4 Der Begriff ‹Liturgie› wird hier in einem weiten Sinne verstanden und umfasst das Symbolsystem, wie auch Riten, Rituale, Gesten, Strukturen, Gestalt und Formen der Andacht, die jede religiöse Gemeinschaft im Zuge der Übersetzung ihres Glaubens in eine beständige rituelle Praxis entwickelt hat. W. Ariarajah: Not Without My Neighbour: Issues in Interfaith Relations, Geneva 1999; A. Chupungco: What, Then, Is Liturgy? Musings and Memoir, Collegeville 2010.

5 R. Langer / S. Perdew VanSlyke: Interreligious Prayer: Introduction, in: Liturgies 26 (2011), 1–10, 3.

in der Rollenverteilung von Gastgeber und Gast. Dies bildet den Kontext für gegenseitigen Respekt.»[6]

In meinem Beitrag schreibe ich aus der Perspektive eines christlichen Gastes, der eingeladen ist, den sakralen Raum einer anderen religiösen Gemeinschaft zu betreten, einer *fremden* religiösen Zeremonie beizuwohnen und an ihr teilzunehmen.

1. Die Fragestellung

Obgleich sich für Christen viele Möglichkeiten bieten, muslimische oder jüdische Gemeinschaften während ihrer offiziellen Gottesdienste oder einen buddhistischen Sangha während der Meditationszeiten zu besuchen,[7] so nehmen die meisten Christen vermutlich nur dann an den religiösen Veranstaltungen einer anderen religiösen Gruppe teil, wenn sie dazu von Familienmitgliedern, Freunden oder Kollegen eingeladen werden. Für gewöhnlich werden solche Einladungen im Kontext der großen Übergangsriten zwischen Lebensabschnitten ausgesprochen, wie etwa Geburt, Hochzeit und Beerdigung.[8] Eine solche Einladung anzunehmen, kann ein Weg sein, Familienbande zu stärken, Freundschaften zu würdigen oder gegenseitigen Respekt auszudrücken. Einige Christen betrachten ihre Teilnahme an anderen religiösen Zeremonien bewusst als Antwort auf das Gebot des Evangeliums, den Nächsten zu lieben. Für sie stellt die ‹respektvolle Anwesenheit› einen Ausdruck der Solidarität und vielleicht auch der (eschatologischen) Hoffnung auf die Aussöhnung zwischen religiösen Gemeinschaften dar. Manche Christen sehen ihre Anwesenheit und Partizipation an den Zeremonien in den sakralen Orten anderer Religionen auch als Ausdruck einer beständigen spirituellen Reise an.[9] Nach Janiszewski nehmen viele Christen an, dass Gläubige anderer religiöser Traditionen denselben Gott unter verschiedenen Namen

6 D. Pratt: Faith to Faith. Issues in Interreligious Engagement, Oxford 2008, 94.

7 B. Heckman: Dialogue through Observation and Participation, in: B. Heckman (Hg.): Interactive Faith. The Essential Interreligious Community Building Handbook Woodstock 2008, 77.

8 Langer / Perdew VanSlyke: Interreligious Prayer (siehe Anm. 5), 2.

9 F. Wijsen / C. Nicolay: Interreligious Worship in Friesland, in: Studies in Interreligious Dialogue 20 (2010), 58–78.

anbeten und verehren.[10] Die Beteiligung an der religiösen Praxis einer anderen Tradition wird dadurch zum *Mittel*, dem Göttlichen neu zu begegnen. Es gibt auch die Einstellung, dass dialogische Offenheit oder interreligiöse Gastfreundschaft nicht zur vollständigen Entfaltung gelangen können, wenn man nicht bereit ist, ‹den Anderen› im eigenen Gotteshaus zu empfangen. Rituelle Gestaltung der Gastfreundschaft ist demzufolge ein deutliches Zeichen dafür, dass trotz wirklicher Unterschiede, Missverständnisse und möglicher Verletzungen eine Grundentscheidung für interreligiöse Solidarität getroffen wird.[11] Die Ausweitung der Gastfreundschaft auf Fremde, sie einzuladen zum Besuch, zur Mitfeier oder sogar zur Partizipation am rituellen Leben der eigenen Gemeinschaft, bringt das Verlangen zum Ausdruck, konfessionelle Schranken zu überschreiten.

Auch unter christlichen Theologen, die im interreligiösen Dialog engagiert sind, findet sich ein Interesse an ritueller Partizipation.[12] Obgleich sich die meisten interreligiösen Dialoge auf einen komparativen Austausch über Lehren, ethische Richtlinien und religiöse Texte konzentrieren, fragen einige, ob interreligiöse (komparative) Theologie nicht auch in einem rituellen oder liturgischen Modus möglich sei. Es besteht zunehmende Einigkeit darüber, dass interreligiöse Begegnungen, die sich auf der Ebene des diskursiven Austausches bewegen, nur eine begrenzte Reichweite haben, da sie das religiösen Lebens nicht in seinem Innersten erreichen. Dieses sei vielmehr inmitten jener konkreten Symbole, Rituale und Andachtsfeiern zu finden, wie sie zumeist, wenn auch nicht immer, im sakralen Raum einer religiösen Gemeinschaft ausgeführt werden. Es gibt also die Auffassung, dass ein diskursiver interreligiöser Dialog nicht an alles herankommt, was sich in religiösen Traditionen finden lässt.[13] Rituelle Partizipation, so das Argumentat, ermögliche ein tieferes Verständnis des religiös Anderen und seiner Tradition. Diese Möglichkeit

---

10 T. Janiszewski: The Spirit and the Trinity. A Christian Perspective of Interreligious Worship, in: Theology Matters 6 (2002), 1–9.

11 M. Hensman: The Dialogue of Life, in: East Asian Pastoral Review 36 (1999), 323–337.

12 Vgl. M. Moyaert / J. Geldhof: Inappropriate Behavior? On Ritual Participation and its Challenge to Interreligious Dialogue (in Planung).

13 J. Maraldo: A Call for an Alternative Notion of Understanding in Interreligious Hermeneutics, in: C. Cornille / C. Conway (Hg.): Interreligious Hermeneutics (Interreligious Dialogue Series 2), Eugene 2010, 89–115, 106.

und ihre transformative Kraft bezeugt beispielsweise der komparative Theologe Francis Clooney, wenn er über einen Besuch in einem kleinen, der Hindu-Göttin Laksmi geweihten Tempel in Süd Chennai berichtet: «Diesen Tempel zu besuchen und vor der Göttin Laksmi zu stehen, eröffnete mir neue mögliche Sichtweisen jenseits dessen, was ich bereits gesehen oder gedacht hatte. Ich befand mich Auge in Auge mit einer Wirklichkeit – einer Art Realpräsenz – innerhalb einer lebendigen religiösen Tradition, die nicht meine eigene ist. Ich wusste, dass ich gemäß der Hindu-Tradition auch von Ihr gesehen wurde. Mir fehlen damals wie heute die Worte, um diesen konkreten und irgendwie sehr fremden Augenblick einer Begegnung leicht zu erklären.»[14]

Rituelle Partizipation ist jedoch nicht selbstverständlich, auch nicht für Christen, die sich im interreligiösen Dialog engagieren und sich dafür einsetzen, die Beziehungen zwischen den religiösen Gemeinschaften zu stärken. Sogar jemand wie Clooney, der von der katholischen Tradition zu(r) ‹Hindu-Tradition(en)› ‹hinübergegangen› ist und sich um die Aneignung von Einsichten bestimmter Hindu-Texte bemüht, verweist auf die Grenzen ritueller Partizipation: «Da ist kein Raum für Lakshmi in der christlichen Theologie, keine leicht verfügbare Theorie, die Ihre Präsenz erklären kann. Sehen und Nachsinnen müssten zu einer angemessenen Reaktion führen. Vermutlich habe ich Sie sogar verehrt, einfach weil ich dort war, sozusagen sah und gesehen wurde. Aber: Christen verehren keine Göttinnen, also habe ich das auch nicht getan. Ich stand einfach nur da und schaute.»[15]

Christen verehren keine Göttinnen. Clooneys Zeugnis verdeutlicht, dass es Grenzen interreligiöser ritueller Teilhabe gibt. Doch *was* genau dabei auf dem Spiel steht und *woher* diese Einschränkungen kommen – eine Antwort auf diese Fragen bleibt in theoretischer Hinsicht unterentwickelt. In diesem Beitrag möchte ich den komplexen Sachverhalt ritueller Partizipation etwas mehr erhellen. Ich untersuche rituelle Teilhabe (sowie ihre Grenzen) als eine spezifische Form des interreligiösen Dialogs, die eine besondere Herausforderung mit sehr spezifischen Fragen

---

14 F. X. Clooney: Comparative Theology. Deep Learning Across Religious Borders, Malden 2010, 88.

15 Ebd.

darstellt. In der einschlägigen Literatur taucht immer wieder die Frage auf, ob rituelle Partizipation ein *angemessenes Verhalten* darstelle.[16]

Einerseits gilt: Ist man als Gast bei der Zeremonie einer anderen Religion zugegen, so will man sich an die vorgeschriebenen Verhaltensregeln halten. Nehmen Menschen an einer fremden religiösen Zeremonie teil, dann stellen sie Fragen wie: «Welches Verhalten wird von uns erwartet? Sollen wir lediglich stillsitzen? Sollen wir die Gebete mitsprechen? Die Lieder mitsingen? An dem gemeinschaftlichen rituellen Verhalten der Anderen teilnehmen?» Sich korrekt verhalten wollen, der Versuch ein *perfekter Fremder* zu sein, ist ein Ausdruck von Respekt und Anstand. Die Sorge um rituelle Etikette spiegelt sich auch in zahlreichen detaillierten praxisorientierten Leitfäden wider, die ausführlich die Verhaltensregeln beim Betreten eines fremden Gotteshauses erläutern.[17] Solche Leitfäden statten uns mit allen möglichen konkreten Informationen aus, etwa darüber, was wir mitbringen oder nicht mitbringen sollten, wie wir uns zu kleiden haben, wo wir uns hinsetzen, wann wir aufstehen und uns verneigen sollen, welche Gesten zu vermeiden sind usw.

Interessanterweise stellen diese Leitfäden nicht die großen metaphysischen Fragen, die für gewöhnlich in den meisten diskursiven Dialogen an erster Stelle stehen; sie wollen vielmehr dazu anleiten, den Sensibilitäten der Gastgemeinschaft gerecht zu werden. Hinsichtlich ritueller Partizipation scheinen sich diese Sensibilitäten vorrangig um Symbole und rituelle Praktiken zu drehen, denen religiöse Gemeinschaften einen hohen Stellenwert beimessen. Die Empfindung, es sei besonders wichtig, dass Besucher *sich entsprechend der Vorschriften einer Gemeinschaft verhalten* und dass es sogar beleidigend gegenüber der Gastgemeinschaft und ihrem Gott oder Göttern sein kann, einige der Verhaltensregeln zu missachten, verweist auf eine fundamentale Empfindlichkeit, die die Macht, Bedeutung und Tragweite symbolischer Praktiken anzeigt. Hier berühren wir eine religiöse Dimension, die im interreligiösen Dialog selten explizit behandelt wird.

---

16 Langer / Perdew VanSlyke: Interreligious Prayer (siehe Anm. 5), 1–10.

17 S. M. Matlons / A. J. Magida (Hg.): How To Be a Perfect Stranger. The Essential Religious Etiquette Handbook, Woodstock 2006; M. Cox: New Family Traditions. Creating Rituals (Interfaith of Otherwise), Philadelphia 2003, 2012²; Respectful Presence (siehe Anm. 3), 4.

Auf der anderen Seite ist rituelle Etikette nicht allein eine Frage des Respekts gegenüber der Gastgemeinschaft, sondern auch verbunden mit der Sorge um die eigene religiöse Zugehörigkeit. Rituelle Partizipation kann Gläubige in eine Situation versetzen, in der sie sich fragen, ob sie ihrem eigenen religiösen Bekenntnis untreu werden. Leitfäden für rituelle Partizipation greifen auch diese Möglichkeit auf und drängen die Partizipierenden dazu, darüber nachzudenken, ob ihre Anwesenheit, ihre Einstellung und ihre Gesten aus der Perspektive ihrer eigenen religiösen Tradition ‹angemessen› sind. Für gewöhnlich werden Teilnehmer angehalten, sensibel zu sein für «die Bedenken des Gewissens und die angemessenen Grenzen der Partizipation».[18] Die Leitfäden verweisen auf die hohe Bedeutungsaufladung religiöser Symbole und ritueller Gesten. Was man im sakralen Raum einer anderen religiösen Gemeinschaft tut und *wie* man es macht, spielt eine wichtige Rolle. Das Ausführen von bestimmten rituellen Gesten in einer fremden religiösen Zeremonie kann als das Überschreiten religiöser Grenzen erlebt werden.[19] Während sich also Gläubige einerseits zur rituellen Partizipation als einer ausdrucksstarken Vertiefung des interreligiösen Dialogs hingezogen fühlen können, ringen sie andererseits möglicherweise auch mit der Frage, ob ihre Anwesenheit und Teilnahme wirklich angemessen ist.

Einige werden argumentieren, die Gefühle des Unbehagens, die rituelle Partizipation begleiten können, seien darauf zurückzuführen, dass es sich hierbei um eine neue und noch recht ungewöhnliche Praxis handelt, die noch nicht zum normalen Bestand religiösen Lebens gehört. Den Menschen fehlt eine Karte, mit deren Hilfe sie sich in diesem fremden Land orientieren können.[20] Wird die wechselseitige Teilnahme an den jeweiligen religiösen Zeremonien erst einmal zur Gewohnheit, so werden Menschen auch das angemessene Verhalten erlernen. Mit zunehmender Akzeptanz und Verbreitung dieser Praxis interreligiöser Observanz werden auch diese Gefühle des Unbehagens auf ganz natürliche Weise verschwinden.[21]

---

18 Respectful Presence (siehe Anm. 3).

19 C. Cornille: The (im-)possibility of Interreligious Dialogue, Maryknoll 2008, 155–156.

20 D. Grambell: Finding a Faithful Way. Respectful Presence in Interfaith Celebration and Prayer, in: Liturgies 26 (2011), 46–52, 46.

21 Dieses Argument ist zweifellos nachvollziehbar und wird von einer kleinen empirischen Studie bestätigt, die Frans Wijsen und Corry Nicolay in Fries-

Manche behaupten, dass solche Gefühle in einer konservativen religiösen Einstellung gründen, die eine echte Offenheit gegenüber religiöser Andersartigkeit verhindert. Die Herausforderung bestehe gerade darin, solchen Konservatismus durch den Hinweis auf den moralischen und spirituellen Reichtum anderer religiöser Traditionen oder durch die Betonung der Übereinstimmungen zwischen den verschiedenen Religionen zu überwinden. Auf diesem Weg könne man eine Haltung der Sympathie fördern, was wiederum eine Bedingung für authentische interreligiöse Begegnungen sei.[22]

Ich stelle nicht in Frage, dass es Gläubige gibt, die wirklich durch die Praxis ritueller Partizipation bereichert und sogar verändert werden. Ebenso wenig stelle ich in Frage, dass es Menschen gibt, die von vornherein die Möglichkeit ritueller Partizipation ablehnen, sei es aus Angst vor dem Unbekannten, wegen religiöser Vorurteile oder gar wegen ideologischer Stereotypen. Ich bezweifle auch nicht, dass es Menschen gibt,

---

land durchgeführt haben. Die Aussagen von Gläubigen, die an interreligiösen gottesdienstlichen Zeremonien teilgenommen haben, belegen ein anfängliches Zögern und Zweifeln und beschreiben ein Dilemma, eine Unentschiedenheit, innere Konflikte, inneres Ringen. Bei einigen Teilnehmern schienen sich diese Spannungen jedoch im Laufe der Zeit aufzulösen. Ein Jude sagte beispielsweise, dass ihn interreligiöser Gottesdienst verwirrte. «Es ist etwas Gutes», fuhr er fort, «obwohl ich zunächst dachte, dass es falsch ist.» Ein evangelischer Pfarrer drückte seine Zweifel so aus: «Für mich ist Jesus der Weg zu Gott. […] Ist das, was ich tue richtig?» Doch wie der jüdische Teilnehmer lernte er aus seiner Erfahrung und kam schließlich zu der Überzeugung: Ich «kann ein gläubiger Christ und gleichzeitig für andere offen sein». Derselbe ‹offene› Jude bestand allerdings darauf, dass interreligiöser Gottesdienst etwas anderes ist als Gebet: denn ein Jude betet nur mit Juden. Andere Teilnehmer artikulierten jedoch auch andere Empfindungen. Einige Muslime und Juden wehrten sich sowohl gegen christliche als auch hinduistische Formen von Gottesdienst. Ein Muslim drückte es so aus: «Ich glaube, dass man Lebewesen, Tiere oder Menschen, nicht zu Gott machen kann. Daher fällt es mir schwer zu akzeptieren, dass Christen aus Jesus einen Gott machen», und dass «Hindus Kühe als heilig, als einen Gott ansehen. […] Gott ist Gott und man kann Menschen nicht zu Gott machen.» Wijssen / Nicolay: Interreligious Worship in Friesland (siehe Anm. 9).

22 Unter Sympathie verstehe ich «nicht nur die persönliche Haltung der Wärme und Zuneigung gegenüber einer anderen Person, sondern auch der Offenheit für die Sinnhaftigkeit und den Wert ihres religiösen Lebens.» Vgl. Cornille: The (im-)possibility of Interreligious Dialogue (siehe Anm. 19), 153.

deren Unbehagen hinsichtlich ritueller Partizipation geringer wird und sogar verschwindet, sobald sie tatsächlich diese Schwelle überschreiten. Doch ich bin der Meinung, dass all diese Überlegungen nicht die gesamte Komplexität ritueller Partizipation abdecken. Sie übergehen jene Sensibilität, die mit der rituellen Partizipation verbunden ist.[23] Ich bin davon überzeugt, dass der Dialog von einer Untersuchung der spezifischen Eigenart religiöser Partizipation profitieren kann: Bevor nach den Bedingungen gefragt wird, unter denen rituelle Partizipation möglich wird, müssen die komplexen Dynamiken hinter dieser spezifischen Form interreligiöser Begegnung verstanden und ihre wirklichen Hindernisse und Grenzen durchdacht werden.

In diesem Artikel untersuche ich rituelle Partizipation daher zunächst als einen speziellen Fall von interreligiösem Dialog – ein Fall, der sowohl seine eigene Attraktivität besitzt als auch abzuschrecken vermag. Im ersten Teil untersuche ich, warum sich Gläubige, die im interreligiösen Dialog engagiert sind, zur rituellen Partizipation hingezogen fühlen können. Ich beginne dabei mit der Frage, wie sich rituelle Partizipation qualitativ von diskursiven interreligiösen Begegnungen unterscheidet. Rituelle Partizipation verspricht ein tieferes Verstehen, das in diskursiven Dialogen nicht erlangt werden kann. Um diesen qualitativen Unterschied voll zu erfassen, analysiere ich zunächst die religiös bedeutsame Unterscheidung zwischen explizitem und implizitem Wissen.

Erst im zweiten Teil dieses Artikels werde ich dann untersuchen, wieso rituelle Partizipation auch als prekär erfahren werden und Widerstand hervorrufen kann. Wie lässt es sich erklären, dass Gläubige rituelle Partizipation als unangemessenes Verhalten erleben können? Was besagt dies hinsichtlich der Möglichkeiten interreligiösen Austausches?

2. Die Anziehungskraft ritueller Partizipation

Zumeist wird interreligiöser Dialog auf diskursive Weise betrieben, indem man ein bestimmtes theologisches Thema behandelt, z.B. Monotheismus und Trinität, Inkarnation und Avataras, die Messianität Jesu,

---

23 M. Moyaert: Interreligious Dialogue and the Value of Openness, in: The Heythrop Journal. A Quarterly Review of Philosophy and Theology 51 (2010), 730–740.

die Rolle Heiliger Schriften, das Problem der Erlösung und so fort.[24] Der Schwerpunkt liegt bei der Formulierung dessen, *was* geglaubt wird, und auf Fragen der Lehre. Das Ziel besteht dann primär darin, sich gegenseitig zu verstehen, in der Hoffnung, vorurteilsbehaftete Missverständnisse nach Möglichkeit zu überwinden und somit auch Fehlurteile übereinander aufzulösen.[25] Man sucht nach Ähnlichkeiten und Unterschieden, um auf diesem Weg die genaue Bedeutung bestimmter Begriffe und Ideen besser zu erfassen. Doch ist diese Form des Dialogs zugleich mehr als nur der Versuch, den anderen zu verstehen. Auch die Frage nach der Wahrheit selbst steht zur Debatte; in diesem Sinne stellt der theologische interreligiöse Dialog einen *Wahrheit suchenden Dialog* dar, «in dem Sinne, dass jeder Teilnehmer bereit ist, die Wahrheit zu suchen, wo auch immer sie sich finden lässt, ob innerhalb oder außerhalb der Tradition mit der er oder sie sich identifiziert.»[26]

Der diskursive interreligiöse Dialog neigt zu einer Fokussierung auf die ‹hohe Tradition›, die kognitiv, propositional und lehrhaft ist. Diese ist schriftlich fixiert in offiziellen Dokumenten, in Kommentaren zu religiösen Texten und in theologischen wie philosophischen Reflektionen über Fragen der Doktrin. Mit diesem Fokus auf der kognitiven Dimension von Religion kann sich leicht die Annahme verbinden, dass sich der Glaube einer Tradition unabhängig von der zugehörigen religiösen Praxis thematisieren, verstehen und rational diskutieren lässt. Nach diesem Verständnis von Religion ist religiöse Praxis von der Theorie abhängig, die

---

24 Siehe dies.: Interreligious Dialogue, in: D. Cheetham / D. Thomas / D. Pratt: Understanding Interreligious Relations, Oxford 2013.

25 Während ich dem zustimme, dass es im interreligiöser Dialog *letzten Endes* um das Lernen vom religiös Anderen geht und dies folgerichtig zumindest die Möglichkeit religiöser Transformation einschließt (P. Schmidt-Leukel: Transformation by Integration. How Inter-Faith Encounter Changes Christianity, London 2009), stellt der interreligiöse Dialog zunächst und vorrangig die hermeneutische Herausforderung dar, den religiös Anderen und die Tradition, der er oder sie angehört, zu verstehen. Das Gelingen interreligiöser Begegnungen hängt an der hermeneutischen Fähigkeit, die Bedeutung von Symbolen, Lehren und Praktiken einer anderen Tradition zu erfassen. Eine der größten Herausforderungen im interreligiösen Dialog bleibt dabei die Schwierigkeit, jede Form des *Hineininterpretierens* zu vermeiden, wie wir von hermeneutischen Philosophen wie Gadamer und Ricœur gelernt haben.

26 C. Gillis: Pluralism. A New Paradigm for Theology, Louvain 1993, 43.

der religiösen Praxis erst ihre *raison d'être* verleiht. John Maraldo, der diesem ‹kognitiven› Zugang zum interreligiösen Dialog sehr kritisch gegenübersteht, formuliert es so: «[Dieses] in weiten Teilen des interreligiösen Dialogs verbreitete Standardverständnis versteht Religion primär als eine Sache des Lehrens und des Glaubens an Lehren. Es setzt voraus, dass Lehren in Texten formuliert und überliefert werden, oder zumindest, dass sie sich so formulieren lassen [...]. Gewöhnlich liegt der Schwerpunkt bei dem, was Anhänger einer Religion glauben, das heißt, bei ausdrückbaren Inhalten.»[27]

Man hat diesen kognitiven Zugang zur Religion und seine Übertragung auf den interreligiösen Dialog wegen seiner Abkoppelung von *gelebter, ausgeübter Religion, alltäglichem Ritual und der Praxis* kritisiert.[28] Religion ist nicht vornehmlich eine Theorie oder eine Weltanschauung; sie ist zunächst und in erster Linie eine symbolische Praxis. Der diskursive Dialog befasst sich nicht mit den imaginativen, praktischen, erfahrungsmäßigen und poetischen Dimensionen religiösen Lebens, und bringt dementsprechend ein abstraktes Wissen hervor. Man lernt sehr viel *über den religiös Anderen und seine* Tradition, *aber man erlangt keinen wirklichen Zugang zu dem, was den Andern bewegt und berührt.* Diskursiver Dialog erreicht nicht das Herz religiöser Traditionen. Was man als *liturgische Revolution* im interreligiösen Dialog bezeichnet hat, wurzelt zum Teil in dieser Kritik und ist mit dem wachsenden Interesse an ‹gelebter Religion› verbunden.[29]

Wenn man dem diskursiven Dialog vorwirft, dass er zu theoretisch sei (und daher auch zu elitär), dann könnte rituelle Partizipation die Möglichkeit eines erfahrungsbasierten Lernens eröffnen. Das Eintreten in den sakralen Raum einer anderen Tradition ermöglicht es, die Schönheit und Weisheit einer anderen Tradition *zu erfahren.* Auch ein tieferge-

---

27 Maraldo: A Call (siehe Anm. 13), 90.

28 Vgl. G. Arbuckle: Culture, Inculturation and Theologians. A Postmodern Critique, Collegeville 2010; K. Tanner: Theories of Cultures. A New Agenda for Theology, Minneapolis 1997; K. Tanner u. a. (Hg.): Converging on Culture. Theologians in Dialogue with Cultural Analysis and Social Criticism, Oxford 2001.

29 Dieses Interesse ist nicht auf den interreligiösen Dialog begrenzt. Auch in der praktischen Theologie findet sich ein zunehmendes Interesse an ‹gelebter Religion› und ein entsprechend kritisches Verhältnis zur Arbeitsweise der systematischen Theologie, der ein verzerrtes Verständnis von Religion im Allgemeinen und speziell des Christentums vorgehalten wird.

hendes Verständnis der anderen Tradition wird möglich, indem man die Verbindung sieht zwischen dem, was geglaubt wird, und der Art, wie es symbolisch und rituell zum Ausdruck kommt. Im Bereich von Gebet, Meditation und Ritual gibt es kein größeres Aha-Erlebnis, als Menschen einer anderen religiösen Tradition bei der konkreten Umsetzung ihres Glaubens zu sehen. Catherine Cornille, die Autorin von *The im-Possibility of Interreligious Dialogue,* erläutert dies folgendermaßen: «Während textbasierte Studien anderer Religionen ein solides historisches und intellektuelles Verständnis vermitteln können, kann durch die Partizipation am rituellen Leben ein unmittelbareres Begreifen der affektiven und inneren Dimension einer Religion und jener Art erworben werden, wie religiöse Lehren innerhalb einer bestimmten Tradition verkörpert werden.»[30]

Rituelle Partizipation führt zu einem Verständnis des religiösen Lebens; dies kommt dadurch zustande, dass ein Teil dieses Lebens selbst *ausgeführt* und *nachgeahmt* wird. Der Sinn erschließt sich hier nicht durch Erklärungen, sondern durch Praxis, und dies entspricht denn auch genau der Art, wie religiöses Wissen *innerhalb religiöser Gemeinschaften* erworben wird.[31]

2.1 Über explizites und implizites Wissen

Gegenüber einem rein intellektualistischen Verständnis von interreligiösem Dialog, wie es aus einem kognitiven Zugang zur Religion erwächst, stellt das Interesse an ritueller Partizipation ein deutliches Korrektiv dar. Die qualitative Unterscheidung des verbalen Austausches von *Ideen* einerseits und der Praxis ritueller Partizipation andererseits lässt sich in Verbindung bringen mit der Unterscheidung zwischen einer expliziten und einer impliziten Dimension von Religionen (und Kulturen), wie sie von Religionswissenschaftlern und Kulturanthropologen vorgenommen wurde.

Religiöses Wissen ist zum Teil ein explizites, das heißt ein kodifiziertes Wissens, wie es sich in Heiligen Schriften und den dazugehörigen Kommentaren, Lehren oder Richtlinien findet. Diese Art des Wissens besteht aus religiösen Ideen, Ausdrucksformen und Empfindungen, die

30 C. Cornille: Interreligious Hospitality and its Limits, in: R. Kearney / J. Taylor: Hosting the Stranger between Religions, New York 2011, 35–44, 38.

31 Maraldo: A Call (siehe Anm. 13), 109–110.

sich leicht umschreiben und sowohl Insidern wie Außenstehenden gegenüber ausdrücken und erklären lassen. Es ist dieser Teil des Wissens, der sich vergleichsweise leicht mitteilen lässt.

Wie wichtig auch immer dieses explizite Wissen in der Verteidigung, Vermittlung und Erläuterung einer religiösen Tradition sein mag, so ist es dennoch ein abgeleitetes Wissen. Es ist nicht der Ort, an dem Religion und religiöser Glaube ihren Anfang nehmen und gedeihen.[32] Dieses explizite Wissen ist sekundär gegenüber jener primären religiösen Sprache, wie sie durch Praxis und Erfahrung erworben wird. Dem Religionsphilosophen Walter van Herck zufolge «betrifft primäre religiöse Sprache jene Formen von Religion, in denen sie sich auf die anschaulichste Weise manifestiert. Diese Sprache repräsentiert ein symbolisches Universum, in dem der Körper zentral ist: Menschen verneigen sich und knien, durchschreiten das Kirchenschiff, riechen den Weihrauch, singen die Psalmen im Chor, betreten den heiligen Ort. Intelektuelle, spekulative Begriffe wie Gnade, Erlösung, Prädestination und Eschatologie gehören nicht zu dieser primären Sprache, sondern zur (sekundären) *theologischen* Sprache.»[33]

Die primäre religiöse Sprache wird durch einen langen Sozialisationsprozess erworben. Ihre Beherrschung erlernen die Gläubigen durch Praxis; so werden sie eingeführt in ein «raumzeitliches Kontinuum» von konkreten religiösen Objekten, Festen, rituellen Gesten, religiösen Formeln, Bräuchen und Werten, wie sie für die jeweilige Tradition zentral sind. Angeleitet werden sie bei diesem Lernprozess von Meistern, die als Vorbild und Beispiel dienen. Religiöse «Alphabetisierung» beruht auf Illustration, Imitation, Wiederholung und Einübung. Es ist ein Prozess der Einschärfung, bei dem *bestimmte Wege des Denkens, Fühlens und Verhaltens* verinnerlicht und verkörpert werden. Es ist kein explizites, sondern ein implizites (*tacit*) Wissen, das in diesem Sozialisationsprozess vermittelt wird.

Implizites Wissen ist also ein nicht kodifiziertes, auf Erfahrung basierendes und verkörpertes Wissen, wie es aus religiöser Praxis hervorgeht. Es ist mehr ein *Wissen wie* als ein *Wissen dass* (vgl. Ryle) oder ein Wissen

32 A. Greeley: The Catholic Imagination, Berkeley 2001, 4.

33 W. Van Herck: Een primaire religieuze taal? Over tabernakels en brooddozen, in: P. Courtois u. a.: Godsdienst/filosofisch bekeken, Kapellen 2003, 167–178, 171–172.

aus *Vertrautheit* anstelle eines Wissens aus *Beschreibung* (vgl. Russell).[34] Es enthält jene Aspekte der Religion, die für gewöhnlich in einer religiösen Gemeinschaft unausgesprochen bleiben und die niemals vollständig expliziert werden können.[35] Das heißt nicht, dass man es überhaupt nicht erklären könnte, und auch nicht, dass die Erklärung unwichtig wäre. Viele religiöse Gemeinschaften – und dies trifft mit Sicherheit auch auf das Christentum zu – sind nicht nur an einem begrifflichen Wissen interessiert, sondern auch in der Lage, religiöse Ideen theologisch zu erklären und sie rational zu rechtfertigen.[36] Auch im Verlauf der religiösen Sozialisation und Verinnerlichung selbst sind solche Erklärungen notwendig, beispielsweise in der Katechese.

Allerdings gibt es hinsichtlich der Versprachlichung und Erläuterung von implizitem Wissen *Grenzen*. Implizites Wissen lässt sich nicht vollständig explizieren. Eine Erklärung vermag die spezifisch religiöse Färbung niemals ganz zu erfassen.

2.2. Hin zu einem tieferen Verstehen des religiös Anderen

Die primäre religiöse Sprache ist eng verbunden mit narrativen Traditionen, mit konkreten Symbolen, devotionalen Praktiken sowie mit kleinen und großen Ritualen. Diese bilden den Herzschlag einer religiösen Tradition, und fehlten sie, dann würden auch ihre Lehren bedeutungslos. Ein tieferes Verständnis einer anderen Tradition, ihrer Lehren, Rituale und Narrative kann über einen ausschließlich diskursiv orientierten Dialog nicht erlangt werden, da dieser eben jene primäre religiöse Sprache, das implizite und verkörperte Wissen, nicht erschließt. Hierzu bedarf es nicht allein des Dialogs und des Studiums, sondern der Partizipation am Leben einer Gemeinschaft und ihrer religiösen Haltung. Gläubige können von der rituellen Partizipation etwas lernen, was sie in einem rein diskursiven interreligiösen Austausch nicht finden werden. Jeanine Hill

---

34 G. Ryle: Knowing How and Knowing That, in: Proceedings of the Aristotelian Society 46 (1946), 1–16; B. Russel: Knowledge by Acquaintance and Knowledge by Description, in: Proceedings of the Aristotelian Society XI/NS (1910/1911), 108–128.

35 K. M. Dewalt / B. R. Dewalt: Participant Observation. A Guide for Fieldworkers, Lanham 2002, 4.

36 W. Van Herck: The role of tacit knowledge in Religion, in: Tradition and Discovery: The Polanyi Society periodical 26 (1999/2000), 21–31.

Fletcher, die sich mit interreligiöser Theologie befasst, erklärt diese Erwartungshaltung folgendermaßen: «Während beispielsweise ein Christ mit den hebräischen Schriften seines jüdischen Dialogpartners vertraut sein mag, ist er dennoch kein praktizierendes Mitglied der jüdischen Gemeinschaft; daher wird er das reichhaltige jüdische Verständnis, das nicht allein aus dem Lesen der Thora hervorgeht, sondern aus ihrer Verkörperung in ritueller Praxis, nicht erreichen können. [...] Die in der Bibel niedergelegten entscheidenden Momente jüdischer Religionsgeschichte sind nicht allein alte Aufzeichnungen oder eine Quelle der Information, sondern sie prägen die jüdische Erinnerung und Wahrnehmung. Und diese Prägung vollzieht sich durch ‹die liturgische Wiederholung und Feier der prägenden Begebenheiten.›»[37]

Um eine tiefere Vertrautheit mit dem gelebten, verkörperten Wissen einer anderen religiösen Tradition zu erlangen, sind offensichtlich einige Formen der (teilnehmenden) Beobachtung unabdingbar. Daher werden in der Ethnologie Studierende, die sich mit anderen Religionen befassen, ermutigt, diese vor Ort aufzusuchen und wo immer möglich an ihrem rituellen Leben teilzunehmen.[38]

Das Verständnis, das aus ritueller Partizipation hervorgeht, ist ein Verständnis des religiösen *Lebens* des Anderen und seiner bzw. ihrer religiösen Gemeinschaft. Man erhält Zugang zum Herzschlag einer Religion – Ritual ist gelebte Religion. Dieses Verständnis entwickelt sich indem man (vorübergehend) an diesem Leben teilnimmt, durch Imitation dessen, was die anderen machen. Häufig ähnelt die Einführung von Gästen in die richtigen Verhaltensweisen der Unterweisung von Gläubigen der eigenen Gemeinschaft. Der Schwerpunkt liegt mehr bei der Praxis als bei der Theorie. Dadurch, dass der Körper stärker einbezogen wird als der Verstand, stellt das Lernen durch rituelle Partizipation eine *besondere* Form dar. Verstehen ist hier nicht das Resultat von Lesen, Analysieren oder Erklärungen, sondern ergibt sich aus dem körperlichen Nachvollzug ritueller Praktiken, dem Tun und Erleben. Oder in den Worten von John Maraldo: «Das religiöse Leben des Anderen ist nichts, was sich intellektuell oder empathisch begreifen ließe. Vielmehr eignet man es sich als eine [...] Praxis an. Verstehen gewinnt hier die Gestalt

---

37 J. Hill Fletcher: As Long as We Wonder. Possibilities in the Impossibility of Interreligious Dialogue, in: Theological Studies 68 (2007), 531–554, 539.

38 Cornille: Interreligious Hospitality and its Limits (siehe Anm. 30), 38.

des Praktizierens. Den Inhalt des Austausches bildet in dieser Art des ‹Dialogs› nicht die Interpretation von Lehren sondern eine Reihe von Praktiken […] Man könnte sagen, dass die Dialogpartner in einer solchen Praxis lernen, die Worte des Anderen *als die jeweils eigenen* zu sprechen.»[39]

Rituelle Partizipation kann einen Zugang zu jenen Geheimnissen einer fremden religiösen Tradition eröffnen, die ansonsten unzugänglich blieben. Der Herzschlag des religiösen Lebens besteht aus etwas Ungesagtem, aus etwas, das sich außerhalb des rituellen Vollzugs nicht erfassen, beschreiben oder gar erklären lässt. Es geht nicht um ein *zusätzliches* Wissen im Sinne von mehr Wissen über die Lehren einer Tradition. Es geht vielmehr darum, dass rituelle Partizipation unser Verständnis vertiefen kann, oder besser noch, dass sie die Art verändert, wie wir den Anderen und seine bzw. ihre Tradition verstehen.

3. Unangemessenes Verhalten?

Die Ritualforscher Humphrey and Laidlaw beginnen ihr Buch *The Archetypal Actions of Ritual. A Theory of Ritual Illustrated by the Jain Rite of Worship* mit der Feststellung: «Religiöse Rituale können bei jenen, die sie ausüben, zutiefst ambivalente Reaktionen auslösen.»[40] Die rituelle Erfahrung kann innere Teilnahme, aber auch inneren Widerstand herbeiführen. Dies trifft auch auf die interreligiöse rituelle Partizipation zu, die gleichfalls sowohl anziehend wirken, als auch Widerwillen oder sogar deutliche Ablehnung hervorrufen kann. Angehörige einer anderen Religion können sich unbehaglich fühlen in einem sakralen Raum, in dem die religiösen Symbole der gastgebenden Tradition so prominent hervorgehoben sind.[41] Rituelle Partizipation kann in Konflikt stehen zur Wertschätzung und Achtung der eigenen Tradition und zur eigenen religiösen Bindung. Für einige Menschen wird hier eine Grenze überschritten, die für sie unbedingt zu respektieren ist. Es dennoch zu tun, ist unangemessenes Verhalten. Rituale können also verbinden und Gemeinschaft bewirken,

---

39 Maraldo: A Call (siehe Anm. 13), 110.

40 C. Humphrey / J. Laidlaw: The Archetypal Actions of Ritual. A Theory of Ritual Illustrated by the Jain Rite of Worship, Oxford 1994, 1.

41 P. Brodeur: Description of the Guidelines for Interfaith Celebrations, in: Journal of Ecumenical Studies 34 (1997), 551–572.

sogar über Religionsgrenzen hinweg, sie können aber auch trennen, bis hin zu einer Verschärfung der Distanz zwischen den Religionen.[42] Grenzen bestehen besonders bezüglich dessen, was sich auf der symbolischen Ebene teilen lässt, vor allem bei der Ausübung ritueller Verehrungsgesten, wie etwa Niederwerfungen, Knien, Verneigungen, Umarmungen, Berührungen, Küssen, das Sprenkeln von Wasser, die Annahme von Speisen, Salbungen, das Kleiden anderer ‹Gottheiten›, die Darbringung von Gaben usw.[43]

In diesem Teil meines Artikels werde ich nun der Frage nachgehen, wieso Menschen interreligiöse rituelle Partizipation als ein unangebrachtes, grenzüberschreitendes Verhalten erachten *können*, das irgendwie mit Illoyalität, Untreue und Verrat verwandt zu sein scheint. Vermutlich ist genau das, was die Kraft des Symbolischen ausmacht, auch verantwortlich dafür, dass es sowohl anziehend als auch problematisch wirken kann. Um dieser Vermutung nachzugehen, ist es nötig, sich noch eingehender mit der Macht von Symbolen und symbolischen Praktiken sowie mit ihrer zentralen Stellung in den Religionen zu beschäftigen. Ich werde diese Überlegungen mit meinen vorangegangenen Reflexionen zur Internalisierung primärer religiöser Sprache und zur impliziten Dimension religiösen Wissens verknüpfen. Meinen Überlegungen liegt letztlich ein spezifischer Ansatz im Verständnis von Religion zugrunde, der sich vor allem auf die leibhafte Dimension von religiösem Leben und symbolischer Praxis konzentriert.[44]

Nach diesem Ansatz stellt der Internalisierungsprozess eine Bedingung für die volle Entfaltung des religiösen Lebens dar. Er impliziert eine Bewegung vom ‹Materiellen› zum ‹Spirituellen›, vom ‹Externen› zum ‹Internen›, vom ‹Äußeren› zum ‹Inneren›.[45] Dabei ist die Beziehung zwischen dem Materiellen und dem Spirituellen nicht extrinsisch, sondern intrinsisch gedacht, das heißt, die ‹äußeren› Elemente sind konstitutiv für die Bedeutung des ‹Inneren›. Anders ausgedrückt, das ‹Äußere› bezeichnet das ‹Innere› auf eine konkrete Weise, woraus sich deren enge Ver-

---

42 Cornille: Interreligious Hospitality and its Limits (siehe Anm. 30), 39.

43 M. Halbertal / A. Margalit: Idolatry, Cambridge 1992.

44 N. Boivin: Grasping the Elusive and the Unknowable. Material Culture in Ritual Practice, in: Material Religion 5 (2009), Nr. 3 N, 266–287.

45 W. Van Herck: Een primaire religieuze taal? Over tabernakels en brooddozen, in P. Courtois u. a.: Godsdienst/filosofisch bekeken, Kapellen 2003, 176–178, 168.

knüpfung ergibt. Mit dem Worten der Löwener Philosophen Arnold Burms und Herman De Dijn (inspiriert durch Wittgenstein und Polanyi) lässt sich diesbezüglich von ‹verleiblichten Bedeutungen› («embodiment of meanings») oder inkarnierten Bedeutungen sprechen. Im Sinne des Konzepts inkarnierter Bedeutungen werde ich mich nun nicht allein mit dem Gewicht religiöser Symbole und symbolischer Praktiken befassen, sondern eben auch mit deren konkreter, objektiver Dimension.

3.1. Stark inkarnierte Bedeutungen

Einer Religion anzugehören ist meines Erachtens etwas Ähnliches wie das Sprechen einer bestimmten Sprache oder die Zugehörigkeit zu einer bestimmten Kultur und Lebensform.[46] Religionszugehörigkeit ist das Ergebnis eines langen Sozialisations- und Internalisierungsprozesses, in dessen Verlauf eine Person eine bestimmte religiöse Sprache erlernt. Durch die religiöse Praxis erlernt man, wie sich die Rituale, Praktiken und Gebräuche richtig und in einem sich ständig wandelnden Kontext ausführen lassen: «Ein Christ zu werden, beinhaltet unter anderem, die Geschichte Israels und die Geschichte Jesu gut genug zu kennen, um sich selbst und die eigene Welt in ihrem Licht interpretieren und erfahren zu können. Eine Religion ist nicht so sehr der Ausdruck oder die Thematisierung eines hinter ihr liegenden Selbstbewusstseins oder einer vorbegrifflichen Erfarhung. Sie ist vor allem ein externes Wort, ein *verbum externum*, durch das das Selbst und seine Welt geprägt und geformt werden.»[47]

---

46 Dieser Ansatz weist klare Affinitäten zu Lindbecks kulturell-linguistischem Modell auf, auch wenn sich meine Position (wie an anderer Stelle gezeigt) in einigen wichtigen Punkten von derjenigen Lindbecks unterscheidet. Vgl. hierzu M. Moyaert: Lindbeck and Ricœur on Meaning, Truth and the Translation of Religions, in: F. Depoortere / M. Lambkin: The Question of Theological Truth, Amsterdam / New York, 2012, 157–179; dies.: Absorption or Hospitality? Two Approaches to the Tension between Identity and Alterity, in: C. Cornille (Hg.): Interreligious Hermeneutics (Interreligious Dialogue Series 2), Eugene 2010, 61–88; dies.: The (Un-)Translatability of Religions? Ricœur's Linguistic Hospitality as Model for Interreligious Dialogue, in: Exchange. Journal of Missiological and Ecumenical Research 37 (2008), 337–364.

47 G. Lindbeck: The Nature of Doctrine. Religion and Theology in a Postliberal Age, Philadelphia 1984, 34.

Gläubige lernen, wie man betet und singt, wie man feiert oder um Vergebung bittet. Sie lernen, wie sie mit den Grenzen ihrer Existenz, mit Konflikten und mit ihrer eigenen Endlichkeit umgehen können, indem sie sich und ihr eigenes Leben in dem größeren Ganzen jener Tradition verorten, der sie angehören. Dieser Prozess der Internalisierung, in dem Gläubige die primäre religiöse Sprache erwerben, impliziert eine Bewegung von außen nach innen. Im religiösen Leben sind es die Worte von Gebet und Schuldbekenntnis, die rituellen Gesten, die Symbole, das Glaubensbekenntnis und die Predigt mit deren Hilfe der gläubige Mensch auf Gottes Weg geführt wird. Diese «sind nicht [...] nur äußerliche Verzierungen, dazu bestimmt den harten Kern explizit festgelegter Glaubenssätze und Regeln für die Massen ansprechender zu machen. Vielmehr werden durch diese die Grundstrukturen der Religion internalisiert, dargestellt und vermittelt.»[48] Das gläubige spirituelle Leben wurzelt in konkreten, nur scheinbar beliebigen und unwesentlichen Praktiken. In diesem Sinn ist der Internalisierungsprozess eine Bewegung von ‹außen› nach ‹innen›, von den ‹äußeren› religiösen Elementen zu den ‹inneren› spirituellen Erfahrungen. Der Erwerb dieser religiösen Sprache stellt die Bedingung für die Entwicklung eines reichen inneren spirituellen Lebens dar. Es verpflichtet den Gläubigen auf das, was von unbedingter Bedeutsamkeit ist.

Die konkreten devotionalen Praktiken und rituellen Gesten sowie Musik, Poesie und Kunst sind also keineswegs sekundär, sondern bilden vielmehr das Herz des religiösen Lebens. Anders formuliert, in Religionen ist das, was von höchster Bedeutung ist, stark mit den spezifischen und konkreten Formen verknüpft, in denen es in Erscheinung tritt. Dies verweist auf einen hohen Grad der Verleiblichung oder Inkarnation von Bedeutung.[49] Stark inkarnierte Bedeutungen sind somit Bedeutungen, die auf profunde Weise mit bestimmten Worten, mit Standardformeln in Verbindung mit besonderen Rhythmen und Reimen, oder auch mit Objekten, speziellen Orten oder Momenten, spezifischen Klängen, Akkor-

---

48 A.a.O., 36.

49 P. Courtois: Singularity and Degrees of Embodiment, in: Ideas y valores 109 (1999), 3–28. Bei schwach verleiblichten Bedeutungen ist die Verbindung zwischen Zeichen und Bezeichnetem nur lose. Hier sind die Bedeutungsgehalte nicht an die Verkörperung in einem spezifischen, unwandelbaren Zeichen gebunden. Ein Beispiel hierfür wäre etwa die Mathematik.

den usw. verflochten sind.[50] Durch das Konzept der inkarnierten Bedeutung lässt sich das besondere Gewicht erklären, das bestimmten Worten, Objekten und Plätzen usw. zukommt. Diese ‹Symbole› bringen eben nicht einfach nur eine religiöse Bedeutung zum Ausdruck, die sich letztlich auch andernorts findet und auf andere Weise ausgedrückt werden könnte. Vielmehr verleiblichen (inkarnieren) sie religiöse Bedeutung so, dass das Geheimnisvolle und Unerkennbare auf nicht beschreibbare Weise präsent wird. Anders gesagt, das Symbol partizipiert an der Realität, auf die es verweist, beziehungsweise diese Realität hat sich dem symbolischen Objekt so eingeprägt, dass sich dabei eine *partielle* Identifikation von Signifikant und Signifikat ereignet. Es besteht eine intrinsische Beziehung zwischen dem Symbol und seiner Bedeutung. Leonardo Boff zufolge sollten wir so den Ausdruck *sym-ballein* (wörtl.: zusammen werfen) verstehen. Durch sich selbst (Immanenz) und über sich hinaus (Transparenz) macht das Symbol etwas präsent, wovon es selbst transzendiert wird (Transzendenz): «Die Welt ist nicht bloß in Immanenz und Transzendenz aufgeteilt. Darüber hinaus gibt es noch eine intermediäre Kategorie, die der Transparenz, die sowohl den Bereich der Immanenz als auch den der Transzendenz in sich birgt. […] Transparenz heißt, scharf formuliert, folgendes: Transzendentes wird gegenwärtig im Immanenten, so daß letzteres durchsichtig wird für ersteres. Indem die Wirklichkeit des Transzendenten in den Bereich des Immanenten eindringt, transfiguriert es diesen und macht ihn transparent.»[51]

Aus diesem Grund ist das Symbol so mächtig. Es verweist nicht auf das, was es repräsentiert – es ist davon besessen. Oder wie es Paul Tillich ausdrückt, das Symbol «partizipiert» an der Realität, auf die es verweist.[52] In diesem Sinn sind Symbole *voller Bedeutung* oder *bedeutungsvoll*. Vor diesem Hintergrund wird auch verständlich, wieso ein körperlicher Kontakt mit bestimmten Symbolen so wichtig ist, etwa das Essen der Hostie, die Berührung eines Sarges, Sand auf ein Grab zu werfen, ein Bild zu küssen, der Segen eines Priesters usw.

---

50 H. De Dijn: The Scandal of Particularity. Meaning, Incarnation, and Sacred Places, in: T. Coomans u. a.: Loci Sacrae. Understanding Sacred Places, Leuven 2012, 39–47.

51 L. Boff: Kleine Sakramentenlehre, Düsseldorf 1976, 39.

52 P. Tillich: Dynamics of Faith, New York 1957, 42. Siehe auch: P. Tillich: Theology of Culture, New York 1959, 57.

Es ist diese Verleiblichung, die der Bedeutung ihren bewegenden und kraftvollen Charakter verleiht. Je stärker der evokative Charakter ist, desto schwieriger wird es, die Bedeutung von ihrer konkreten Verleiblichung zu trennen, von ihrer Inkarnation in materiellen Elementen.[53] So gesehen ähnelt Religion der Poesie – auch hier droht die Erklärung zum Verrat zu werden. Der verleiblichte Zugang zur religiösen Bedeutung kann nicht auf andere Weise umschrieben werden. Jedenfalls hätte eine solche Umschreibung nicht dasselbe (symbolische) Gewicht, nicht die gleiche evokative und poetische Kraft. Die konkreten symbolischen Entitäten inkarnieren und drücken etwas aus, was ansonsten unausgesprochen bliebe und ohne sie nicht gegenwärtig sein könnte. Dieses Problem ist nicht auf den Bereich der Religion begrenzt; der Übersetzer von Poesie ist damit wohl vertraut. «Es ist wohl wegen dieser starken Inkarnation, dass Poesie anscheinend in der Lage ist, das Geheimnisvolle auszudrücken, das Unsagbare paradoxerweise dennoch in Worte zu fassen. Wenn man versucht, den Sinn des Gesagten klar zu formulieren, so verschwindet das ‹Geheimnis›.»[54] Wie Poesie besitzen Symbole eine Bedeutungsdichte, die Worte niemals erfassen und einfangen können.[55]

3.2. Die objektive Dimension symbolischer Praxis

Das Konzept der inkarnierten Bedeutung verweist zugleich auf die sogenannte objektive Dimension des Symbolischen. Diese impliziert, dass symbolische Bedeutung nicht von Glauben, Emotionen oder Interpretationen des Subjektes abhängt. Es ist nicht das Subjekt, das dem symbolischen Objekt Bedeutung zuschreibt, noch drückt das Symbol die innersten Gefühle des Subjektes aus. Im Sinne stark verleiblichter Bedeutung transzendieren Symbole das Subjekt: Sie sind Träger einer Bedeutung, die das Persönliche überschreitet.

«Symbolische Objekte sind dadurch charakterisiert, dass ihre kennzeichnende Kraft an das *incarnans* gebunden ist und dass ihr Mehrwert hinsichtlich weiterer Zeichen nicht von mir abhängt, d. h. nicht von mir hinzugefügt wurde. Ihr Mehrwert ist keine Sache subjektiver Projektion und nicht das Ergebnis eines vom ‹Ich› gesetzten intentionalen Akts.

53 De Dijn: The scandal of particularity (siehe Anm. 50), 41.

54 A.a.O., 40.

55 Arbuckle: Culture, Inculturation and Theologians (siehe Anm. 28), 28.

Vielmehr geht diese Kraft vom Objekt selbst aus […] Mit anderen Worten, ein Symbol besitzt einen objektiven Mehrwert, da seine Bedeutung nicht von mir in es hineingelegt wurde.»[56]

Ähnliches gilt auch für Rituale, von denen ebenfalls gesagt werden kann, dass die Form der Handlung ihre Bedeutung festlegt. Ritualisierte Handlungen liturgischer Traditionen sind sozial vorgeschrieben und stellen sich Individuen gegenüber als von außen ‹vorgegeben› dar. Ihre Bedeutung hängt an der Form genau festgelegter Handlungen.[57]

Eine rituelle Handlung repräsentiert auch nicht die subjektiven Belange des Ausführenden; sie ist kein Ausdruck dessen, was die Person, die das Ritual vollzieht, an Bedeutung erfährt oder was sie fühlt und zutiefst empfindet. In diesem Sinne werden rituelle Handlungen manchmal als nicht intentional bezeichnet.[58] Damit ist gemeint, dass «die Eigenart des rituellen Aktes nicht durch persönliche Intentionen bestimmt ist».[59] Wer das Ritual vollzieht, mag durchaus unterschiedliche Intentionen haben, aber die Eigenart des Rituals bleibt davon unberührt. Sie *ist* bestimmt durch die Ausführung einer vorgegebenen Reihe von Regeln

---

56 P. Moyaert: De mateloosheid van het christendom. Over naastenliefde, betekenisincarnatie en mystieke liefde, Amsterdam 1998, 126.

57 Humphrey / Laidlaw: The Archetypal Actions of Ritual (siehe Anm. 40).

58 Der Mensch ist ein hermeneutisches Wesen, d. h. ein sich selbst interpretierendes Wesen, das seine Handlungen reflektiert. Auch im Falle ritueller Handlungen ist der Mensch natürlich auf reflektierende Weise involviert und dies kann eine Vielfalt von Formen annehmen: Die Zeremonie kann als langweilig empfunden werden, als etwas, das einen nicht mehr wirklich anspricht, oder aber als bewegend und berührend. Man kann seine eigene persönliche Deutung der Abläufe entwickeln oder darin der offiziellen Lehre der eigenen religiösen Gemeinschaft folgen. Aber was auch immer empfunden (oder nicht empfunden) wird und wie auch immer das rituelle Geschehen gedeutet wird, dies hat keinen Einfluss auf die Eigenart des Rituals. Diese ist unabhängig von der Interpretation des Ausführenden.

59 Die Diskussion der Beziehung zwischen der Intention und der Form eines Rituals ist bereits sehr alt. Sie war zentral in den Auseinandersetzungen zwischen Katholiken und Protestanten. Doch bereits vor diesen interkonfessionellen Kontroversen war die Interpretation von Ritus und Sakrament Gegenstand heftiger theologischer Dispute. Siehe E. Schillebeeckx: De sacramentele heilseconomie. Theologische bezinning op S. Thomas' sacramentenleer in het licht van de traditie en van de hedendaagse sacramentsproblematiek, Antwerpen 1952.

und festgelegten Handlungen. Dass es auf den leiblichen Ausdruck ankommt, zeigt sich auch an der beständigen Tendenz, sich aufmerksam und explizit auf die *korrekte Ausführung* der Gesten zu konzentrieren. Welcher Stellenwert der Form zukommt, erkennt man daran, wie Menschen mit ‹ihren› rituellen Praktiken umgehen. Und dies erklärt, warum ‹Außenseiter›, die an einer *fremden religiösen Zeremonie* teilnehmen wollen, angehalten werden, das Ritual korrekt auszuführen. Im rituellen Bereich können Fehler blasphemisch sein.

Obgleich also die Definition von rituellen Handlungen nicht von der Intention des Ausführenden abhängt, so ist dennoch eine ernsthafte rituelle Absicht gefordert, d. h. die Bereitschaft, entsprechend der rituellen Vorgaben zu handeln. Worauf es ankommt, ist die Durchführung des Rituals in einer fest vorgeschriebenen Weise. Die vorgeschriebenen Handlungen haben die Eigenschaft von externen Objekten, die sich die Ausführenden in einer bestimmten Weise zu eigen machen müssen.[60] Humphrey und Laidlaw beschreiben diese spezielle Form ritueller Verbindlichkeit folgendermaßen: «Mit ritueller Verbindlichkeit meinen wir nicht, dass der Akteur irgendwelche bestimmte Überzeugungen hegen muss, etwa dass das Ritual heilig ist oder wirklich eine Krankheit heilen wird, sondern nur, dass er oder sie sich jetzt zu einer bestimmten Haltung verpflichtet, die sich von der Haltung gegenüber alltäglichen Handlungen unterscheidet (auf die sich der Handelnde ebenfalls verpflichtet, wenn er sie ausführt). Was vom Akteur akzeptiert wird, ist eine Reihe konstitutiver Regeln, die die Art der Handlung festlegen, die er oder sie ausführen wird. Durch das Einnehmen der rituellen Haltung akzeptiert man demnach auf bedeutsame Weise, dass man nicht der Autor seiner Handlungen sein wird.»[61]

Rituelle Verpflichtung beinhaltet somit erstens, dass man in Übereinstimmung mit den rituellen Vorschriften der eigenen Glaubensgemeinschaft handelt. Wer ein Ritual ausführt, bindet sich bewusst ein in das Ganze eines festgelegten Handlungsablaufs. Er oder sie respektiert, dass diese Handlungen in formaler Weise vorgegeben sind. Zweitens erkennt

60 W. Coolen: De rots midden in de wervelende oceaan. Over het wezen van het ritueel en zijn verhoudiing tot de ritualist, Bachelorscriptie, HIW, Leuven 2012.

61 Humphrey / Laidlaw: The Archetypal Actions of Ritual (siehe Anm. 40), 97–98.

derjenige, der das Ritual ausführt, grundsätzlich die dem Ritual von der Glaubensgemeinschaft beigelegte Bedeutung an, auch wenn er oder sie dieser nicht notwendigerweise zustimmt.

3.3 Rituelle Partizipation

In der Regel reglementieren religiöse Traditionen die Teilhame von Nichtgläubigen an religiösen Zeremonien.[62] In keiner religiösen Tradition stellt der Einbezug von Außenstehenden in die jeweiligen religiösen Zeremonien einen festen Bestandteil dar. Gottesdienstliche Feiern finden primär in einem ‹monoreligiösen› setting statt. Und wenn ‹Außenseitern› die Teilnahme an einer Zeremonie gestattet ist, so wird ihre Partizipation sehr wahrscheinlich eingeschränkt sein. Umgekehrt würden auch nicht allzu viele religiöse Traditionen die Teilnahme ihrer Anhänger an anderen Kulten begrüßen.

Diese traditionellen rituellen Beschränkungen korrespondieren den Erfahrungen, die einige Gläubige während der Teilnahme am rituellen Leben einer anderen religiösen Gemeinschaft machen. Obwohl viele die rituelle Partizipation als ein bewegendes Zeichen interreligiöser Gastfreundschaft ansehen, ist es doch, wie oben ausgeführt, nicht selten der Fall, dass sich Menschen bei der Teilnahme an einer fremden religiösen Zeremonie unwohl fühlen. Sie wissen nicht recht, wie sie sich verhalten sollen und was sie tun sollen. Manche berichten davon, dass sie sich fehl am Platz fühlten. Einige erleben ihre Anwesenheit und Teilnahme an

---

62 Beispielsweise kann jeder am Wortgottesdienst der römisch-katholischen Kirche teilnehmen, wobei die Teilnahme an der Eucharistie jedoch auf jene beschränkt ist, die (abgesehen von einigen näher spezifizierten Ausnahmen) getauft sind, in voller Gemeinschaft mit der römisch-katholischen Kirche stehen und sich keiner schweren Sünde bewusst sind. In der jüdischen Tradition erklärt die besondere Beziehung zwischen jüdischem Volk und der Tora, warum einige Verehrungen der Tora allein Juden vorbehalten sind: *Aliyot* (Rezitation von Segnungen vor und nach dem Lesen aus der Tora); Öffnen und Schließen des Toraschreins; *Hagba* (Erheben der Tora); *G'lila* (‹Kleiden› der Tora); das Tragen oder Halten der Tora-Schriftrollen; das Vortragen aus der Tora und *Haftorah* (prophetische Lesungen). Hindu-Zeremonien eignen häufig strenge rituelle Voraussetzungen und die Teilnahme ist Angehörigen bestimmter Kasten vorbehalten. Auch die Reinigung der Ausübenden mit sakralem Wasser kann notwendig sein.

einer ‹fremden› religiösen Zeremonie gar als unangemessenes, grenzüberschreitendes Verhalten.

Auch das Umgekehrte trifft zu, d. h. einige Gläubige mögen die Anwesenheit und Handlungen jener, die nicht der eigenen Gemeinschaft oder Religion angehören, als ein Eindringen oder als Bedrohung empfinden – ganz unabhängig davon, wie eingeschränkt und zurückhaltend deren Verhalten auch sein mag.

Das von mir vorschlagene Verständnis von Religion vermag zu erklären lässt, warum es Grenzen religiöser Gastfreundschaft geben kann. Ich widerstehe daher der Versuchung, solche Grenzziehungen einfach als überholter Ausdruck einer konservativen Haltung aufzufassen. Mit Hilfe des Konzepts der inkarnierten Bedeutung habe ich nicht nur zu zeigen versucht, dass und warum Symbole kraftvoll und bewegend sind, sondern auch auf das Gewicht hingewiesen, das diesen innerhalb der jeweiligen Gemeinschaft zukommt. Ein Symbol ist mehr als lediglich ein repräsentatives Zeichen; es hat Anteil an der Realität, die es darstellt. Oder wie es der Phänomenologe Rudi Visker formuliert: «Die Handlung, die Worte, der Name […] sind nicht das Haus, in dem das Transzendente eine vorübergehende Bleibe findet, nicht die inkarnierende Hülle, die sich einfach um das *incarnatum* legt, so wie der Körper um die Seele. Sie sind weder Zeichen, noch Ausdruck, noch Ergänzung. Sie bekunden sich selbst, gestalten sich selbst, prägen sich selbst ein […] sie bringen das hervor, wovon man irrtümlich glaubt, dass sie es lediglich ergänzen.»[63]

Dies ist der Grund, aus dem heraus sich Gläubige bisweilen bestimmten Symbolen so stark verbunden fühlen und diese mit größter Sensibilität und Ernsthaftigkeit behandeln. Der respektlose Umgang mit einem religiösen Symbol kann aus dieser Perspektive als Respektlosigkeit vor der absoluten Wirklichkeit empfunden werden, die im Symbol verkörpert ist. Und es wird nachvollziehbar, warum es nicht einfach selbstverständlich ist, den sakralen Raum einer anderen religiösen Gemeinschaft zu betreten, wenn dieser als Verkörperung des Heiligen und Sakralen verstanden werden kann. Darüber hinaus erhalten innerhalb eines sakralen Raums alle Worte und Taten eine hochsymbolische Dimension. Oder wie es David Torevell formuliert: «der Raum selbst spricht, bevor

63 R. Visker, The Inhuman Condition: Looking for Difference after Levinas and Heidegger (Phenomenologic 175), Dortrecht 2004, 138

noch irgendjemand den Mund geöffnet hat.»[64] Es ist eben kein gewöhnlicher Raum; er ist erfüllt mit göttlicher Gegenwart, symbolisiert in religiöser Malerei, Ikonen, Statuen, religiösen Gegenständen, heiligen Schriften usw.[65] Sobald man ihn betritt, bewegt man sich in der unmittelbaren Nähe fremder Gottheiten. Dies ist es, was Clooney in dem Bericht von seinem Besuch des Tempels einer Hindu-Göttin zum Ausdruck bringt. Durch das Überqueren der Schwelle des Tempels setzt man sich dem Blick der Göttin aus. Dies allein ist für Christen (und sicherlich auch für Juden und Muslime) schon schwer mit der eigenen religiösen Bindung zu vereinbaren. Für einige Menschen kann bereits die respektvolle Anwesenheit schwierig sein.

Wenn wir nun über die bloß respektvolle Anwesenheit hinausgehen und uns der Möglichkeit ritueller Partizipation zuwenden, so betreten wir einen noch sensibleren Bereich. Wie sensibel die Frage der rituellen Partizipation ist, zeigt sich bereits daran, dass in verschieden praktischen Leitfäden die Gläubige dazu angehalten werden, nichts zu tun, was ihnen unangenehm ist und sich nicht in unangemessener Weise zu verhalten. Ist es aus der Perspektive der eigenen Religion und des eigenen Bekenntnisses akzeptabel, sich zu verneigen oder zu knien, einen Segen vom Leiter einer fremden religiösen Zeremonie zu empfangen, Speisen von einer fremden Gottheit anzunehmen oder dieser Gaben darzubringen? Wird dadurch nicht doch fremden Göttern zu viel Respekt gezeigt? Lassen sich solche Formen der rituellen Teilhabe mit der Loyalität gegenüber dem eigenen Glauben vereinbaren? Kann sich ein Jude oder ein Muslim vor der heiligen Hostie verneigen? Machte es einen Unterschied, wenn sie es täten, gleichzeitig aber die Wahrheit der Inkarnation leugnen? Kann man Gott verehren unter Zuhilfenahme von Ritualen, Symbolen und möglicherweise sogar Bildern, die zu einer anderen religiösen Praxis gehören?

64 D. Torevell, Losing the Sacred: Ritual, Modernity and Liturgical Reform, Edinburgh 2000, 173.

65 Das Wort «sakral» hat seine Wurzel im lateinischen *sacer*, «heilig machen», beziehungsweise eigentlich «das, was von der gewöhnlichen Welt abgesondert wird». Das *Shorter Oxford English Dictionary* definiert «sakral» folgendermaßen: «Geweiht für; gilt als das, was einer bestimmten Gottheit besonders lieb oder angenehm ist […] ausgesondert bzw. bestimmt für einen religiösen Zweck; heilig gemacht durch die Verbindung mit einer Gottheit oder einem anderen Gegenstand der Verehrung; geweiht, geheiligt».

Einige werden einwenden, das wirklich Entscheidende in der rituellen Partizipation sei das, woran man glaubt. Solange man an seiner inneren Überzeugung festhält und Herz und Geist auf den (dreieinigen) Gott ausgerichtet hält, sollte man der Ausführung von fremden rituellen Gesten nicht allzu viel Bedeutung beimessen. Es sei die innere geistige Verfassung, von der die Bedeutung dieser rituellen Gesten abhänge. Aus dieser Perspektive betrachtet, stellt rituelle Partizipation eigentlich kein Problem dar und es erscheint sogar schwierig nachzuvollziehen, wieso diese überhaupt Unbehagen auslösen sollte. Doch steht eine solche Argumentation im Widerspruch zu meiner oben ausgeführten Analyse. Nach meiner Argumentation hängt die Bedeutung von Ritualen gerade nicht von der Intention des Subjektes ab. Rituelle Handlungen erfordern lediglich die innere Zustimmung oder Bereitschaft, sie in der vorgeschriebenen Weise auszuführen. Dazu ein letztes Zitat von Laidlaw and Humphrey: «Ritualisierte Handlungen sind in liturgischen Traditionen sozial festgelegt und stellen sich als extern ‹vorgegeben› dar. Da rituelle Handlungen in dieser Weise vorgegeben sind, entsteht eine neue Situation: Die Handlungen einer Person erhalten ihren Sinn nicht, wie es normalerweise im alltäglichen Leben der Fall ist, aus der Intention des Handelnden; vielmehr ist die rituelle Handlung bereits vorgeformt, ja sie ähnelt fast einem Objekt, von dem der Handelnde etwas empfangen kann. In dieser veränderten Situation haben die Intentionen und Gedanken während der Handlungen keine Auswirkung auf die Eigenart der ausgeführten Handlung. Egal wovon du geträumt haben magst, du hast es dennoch getan […] Diese Situation gleicht weder einem Zufall noch einer geistesabwesenden Gewohnheit. Sie ergibt sich vielmehr aus dem positiven Akt der Einwilligung in eine sozial festgelegte Ordnung […]. Die besondere Faszination von Ritualen besteht darin, dass die Handelnden hier […] sowohl Autoren als auch zugleich nicht Autoren ihrer Handlungen sind.»[66]

Nach diesem Verständnis des Rituals hat die jeweilige Intention keinen Einfluss auf das Bezugsobjekt des Rituals: Dessen Identität kann durch die eigene innere Eistellung weder bestimmt noch verändert werden. Es reicht nicht, während der Teilnahme an einem anderen religiösen Kult seine Gedanken einfach auf Gott zu richten. Denken allein kann das Bezugsobjekt eines Rituals nicht verändern. So mächtig ist die innere

---

66 Humphrey / Laidlaw: The Archetypal Actions of Ritual (siehe Anm. 40), 5.

Intention nicht. Die objektive Macht eines Rituals besteht darin, dass man nicht einfach ein anderes Ritual übernehmen kann, um zum eigenen Gott zu beten. Der Adressat eines Rituals kann nicht ohne weiteres ausgetauscht werden.

Ungeachtet aller *guten Intentionen* kann das Betreten des sakralen Raumes einer anderen religiösen Gemeinschaft und die Teilnahme an einer anderen religiösen Zeremonie ein ziemliches ‹Abenteuer› sein, das ein doppeltes Risikos in sich birgt: die Beleidigung des Gastgebers und seines Gottes (oder seiner Gottheiten) und die Kränkung des eigenen Gottes. Das Konzept der inkarnierten Bedeutung zeigt, dass es für die Austauschbarkeit religiöser Symbole Grenzen gibt.

4. Schluss

Es ist keineswegs ungewöhnlich, dass rituelle Partizipation eine Spannung bewirkt zwischen der Bereitschaft, mit dem anderen zu sein, und der Absicht, fest in der eigenen Tradition verwurzelt zu bleiben. Auf der einen Seite sind viele Menschen bereit, die Einladung von Verwandten, Freunden oder sogar Kollegen, an einer ‹fremden religiösen Zeremonie› teilzunehmen, ohne weiteres anzunehmen. Kann es ein stärkeres Symbol für interreligiöse Freundschaft geben als die Teilnahme an der symbolischen Praxis des religiös Anderen? Auf der anderen Seite kann die Annahme einer solchen Einladung die Betreffenden jedoch auch in eine Situation versetzen, bei der sie sich fragen, ob sie hierdurch ihrer eigenen religiösen Bindung untreu werden. Allein die Einladung, den sakralen Raum einer anderen religiösen Gemeinschaft zu betreten und Gast in einem anderen Gotteshaus zu sein, kann bereits als etwas erlebt werden, bei dem man das Gefühl hat, zu weit zu gehen. Solch eine Einladung kann daher auch den Effekt haben, die Tragweite religiöser Unterschiede zum Vorschein zu bringen. Für einige christliche Gläubige, sogar unter denjenigen, die sich im Dialog engagieren und die Förderung positiver und konstruktiver Beziehungen zwischen den Anhängern verschiedener religiöser Traditionen begrüßen, kann rituelle Partizipation ein echtes Hindernis darstellen. Anstatt die Ausbildung interreligiöser Gemeinschaft zu fördern und religiöse Unterschiede zu überwinden kommt es zur Wahrnehmung einer Kluft, die zwischen den Traditionen bestehen bleibt. In diesem Artikel habe ich versucht, die Dualität von Anziehung und Widerstand von der spezifischen Eigenart symbolischer Praktiken her zu verstehen.

Aus dem Englischen übersetzt von Timon Reichl und Perry Schmidt-Leukel.

II. TEIL

KONKRETIONEN

Catherine Cornille

Interreligiöse Theologie und die Bescheidenheit des Ortes

1. Überlegungen zu den «Christian Commentaries on Non-Christian Sacred Texts»[1]

Die Tatsache der religiösen Vielfalt und ihre Anerkennung als ein potentieller *locus theologicus* haben zur Entwicklung eines spannenden neuen theologischen Forschungsfeldes bzw. Feldern geführt. Im Kontext christlicher Theologie hat es sich eingebürgert, die konstruktive theologische Beschäftigung mit anderen Religionen als «komparative Theologie» oder auch als «interreligiöse Theologie» zu bezeichnen. Während diese Bezeichnungen zeitweise als austauschbar verwendet werden, können damit jedoch auch unterschiedliche Konzeptionen hinsichtlich Methode und Ziel dieser Disziplin ausgedrückt werden. In diesem Beitrag soll «interreligiöse Theologie» im Sinne der von den Herausgebern verfassten «Sechs Thesen zur interreligiösen Theologie» verstanden werden.[2] Ob diese Thesen auch in Zukunft «interreligiöse Theologie» zu definieren vermögen, wird man abwarten müssen. Als Ausgangspunkt einiger Überlegungen zu Ähnlichkeiten, aber auch Unterschieden zwischen den Ansätzen «interreligiöser» und «komparativer Theologie» erweisen sie sich jedoch als durchaus hilfreich.

Einer der wichtigsten Unterschiede zwischen diesen beiden Ansätzen betrifft die Frage nach dem Ort bzw. der Verortung theologischer Reflexion. Während «komparative Theologie» eindeutig innerhalb der Konturen einer bestimmten religiösen Tradition verortet ist, legt es «interreligiöse Theologie» offensichtlich darauf an, bei ihrem Streben nach einer stärker universal und allgemein gefassten Wahrheit die Grenzen einer jeden einzelnen Religion zu überschreiten. «Komparative Theologie»

1 Anm. des Übersetzers: Catherine Cornille ist Hauptherausgeberin der seit 2006 bei Peeters und Eerdmans erscheinenden Reihe «Christian Commentaries on Non-Christian Sacred Texts» («Christliche Kommentare zu nichtchristlichen heiligen Texten»).

2 Siehe oben: R. Bernhardt / P. Schmidt-Leukel: Einleitung, 12f.

lässt sich prägnant als «Glaube, der sein Verstehen im Horizont religiöser Vielfalt sucht», definieren. Sie nimmt ihren Ausgang bei einer konkreten religiösen Tradition und versucht diese durch den Dialog mit anderen religiösen Traditionen zu vertiefen und zu bereichern. Demgegenüber bezieht sich «interreligiöse Theologie» auf «jene Form theologischer Arbeit, bei der theologische Fragen nicht nur auf der Basis der christlichen Tradition, sondern in Bezugnahme auf andere religiöse Traditionen gestellt und diskutiert werden» (These 1). Auch wenn der Unterschied zwischen den Definitionen beider Ansätze subtil sein mag, so gilt doch für die letztere, dass die eigene religiöse Tradition «unter dem primären Aspekt ihres möglichen Beitrags zu einem globalen, interreligiösen Kolloquium» anvisiert wird (These 4). Das Ziel besteht hier also deutlich, wie es in der fünften These heißt, in der Entwicklung einer «Welt-Theologie», «Globalen Theologie» oder «Universalen Theologie», die auf den Beiträgen aus den unterschiedlichen religiösen Traditionen aufbaut.

Man muss einräumen, dass sich unter dem Begriff «komparative Theologie» ganz unterschiedliche Auffassungen dieser Disziplin finden. Während einige Vertreter darunter eine essentiell konfessionelle Disziplin verstehen, streben andere nach einem breiter angelegten Verständnis von Theologie. Keith Ward unterscheidet beispielsweise «konfessionelle Theologie» von «komparativer Theologie» und beschreibt erstere als «die Erkundung einer bestimmten Offenbarung durch jemanden, der diese Offenbarung völlig akzeptiert und auf ihrer Basis lebt», letztere hingegen als eine «Theologie, die sich nicht als Apologie eines bestimmten Glaubens versteht, sondern als eine intellektuelle Disziplin, die die Vorstellungen vom letzten Wert und Ziel des menschlichen Lebens erforscht, wie sie in einer Vielzahl unterschiedlicher religiöser Traditionen erfasst und ausgedrückt wurden.»[3] Ganz ähnlich versteht John Thatamanil «komparative Theologie» als den Versuch, «die Wahrheit über theologische Fragen durch Gespräch und Zusammenarbeit zu erforschen».[4] Solche Konzeptionen gleichen sehr dem oben erwähnten Verständnis von «interreligiöser Theologie». Andere komparative Theologen wie etwa Francis Clooney, John Keenan, Aloysius Pieris und James Fredericks beschäftigen sich mit der Lehre und Praxis anderer Religionen in einer solchen

---

3 K. Ward: Religion and Revelation, Oxford 1994, 40.

4 J. Thatamanil: The Immanent Divine. God, Creation and the Human Predicament, Minneapolis 2006, 3.

Weise, dass es hierdurch zur Erweiterung, Bereicherung und Vertiefung des christlichen Selbstverständnisses kommt. So schreibt Francis Clooney über die Glaubensgemeinschaften, aus denen heraus und für die der/die TheologIn jeweils spricht: «Die Gemeinschaften sollten in der Arbeit eines komparativen Theologen ein Bemühen um jene Wahrheit erkennen können, die in der religiösen Tradition des oder der betreffenden Theologin erkannt und anerkannt wird. Die Arbeit des Theologen muss zu dem Streben seiner eigenen Gemeinschaft nach einem tieferen Verstehen der Wahrheiten des eigenen Glaubens in irgendeiner Weise einen sinnvollen Beitrag leisten.»[5]

Um nun weiter zu vertiefen, welche Bedeutung der Verortung «komparativer Theologie» (und meines Erachtens auch «interreligiöser Theologie») zukommt, konzentriere ich mich im Folgenden auf die Reihe *Christian Commentaries on Non-Christian Sacred Texts.* Die Reihe wurde 2006 begonnen und umfasst bisher folgende sechs Bände:

C. Cornille (Hg.): *Song Divine. Christian Commentaries on the Bhagavad Gītā* (2006);

Daniel Sheridan: *Loving God: Kṛṣṇa and Christ. A Christian Commentary on the Nārada Sūtras* (2007);

Francis Clooney: *The Truth, the Way, the Life. Christian Commentary on the Three Holy Mantras of the Śrīvaiṣṇava Hindus* (2008);

Leo Lefebure / Peter Feldmeier: *The Path of Wisdom. A Christian Commentary on the Dhammapada* (2011);

John Keenan / Linda Keenan: *I Am/No Self. A Christian Commentary on the Heart Sūtra* (2011);

Reid Locklin: *Liturgy of Liberation. A Christian Commentary on Shankara's Upadeśasāhasrī* (2011).

Insgesamt verfolgt die Reihe das Ziel, durch eine ernsthafte und systematische Beschäftigung mit den heiligen Schriften anderer Religionen den systematischen Dialog mit ihnen zu fördern. Die Kommentare können sich sowohl auf Offenbarungsschriften beziehen als auch auf andere Texte, die einen normativen oder autoritativen Status innerhalb einer bestimmten Tradition erlangt haben. Christliche Theologen befassen sich mit diesen Texten, um zu erörtern, welcher Sinn und welche Bedeutung ihnen eventuell für die christlich theologische Reflexion zukommen. In

5 F. X. Clooney: Comparative Theology. Deep Understanding Across Religious Boundaries, Oxford 2010, 157.

dieser Hinsicht fügen sich die Kommentare somit eher in den Ansatz «komparativer Theologie» ein. Die Relevanz, die dabei dem Ort bzw. der Verortung zukommt, wird deutlich bei der Auswahl des Textes, in seinem Verständnis und seiner Interpretation als auch in der Frage nach der Zielgruppe bzw. Leserschaft der Kommentare.[6]

Man könnte den methodischen Ansatz, aus einer bestimmten Religionsgemeinschaft oder religiösen Tradition heraus und für diese zu sprechen, als eine unnötige Einengung oder sogar als Überbleibsel traditioneller religiöser Überlegenheit und Arroganz ansehen. Demgegenüber möchte ich im Folgenden dafür argumentieren, in diesem Konzept einen Ausdruck genuiner Bescheidenheit zu sehen.

2. Zur Auswahl des Textes

Eine der wichtigen Fragen, die sich bei der theologischen Beschäftigung mit anderen religiösen Traditionen stellt, betrifft die Wahl der Dialogpartner. Tatsächlich gibt es in unserer Welt tausende gelebter Religionen und viele der größeren Religionen teilen sich in unterschiedliche Subtra-

---

6 Mit Blick auf diese Kommentar-Reihe werde ich im Folgenden «komparative Theologie» primär aus christlicher Sicht diskutieren. Meine Ausführungen sollten jedoch klar machen, dass meines Erachtens «komparative Theologie» aus der Perspektive einer jeden Religion betrieben werden kann und sollte. Natürlich muss jede Religion selbst bestimmen, aus welchen Motiven und in welcher Form sie sich in einem konstruktiven Dialog mit anderen Religionen engagieren möchte. Auch mag der Begriff ‹Theologie› problematisch wirken, weil er als zu christlich geprägt, als zu einseitig an Fragen der Doktrin orientiert oder als zu stark vom Glauben an einen personalen Gott bestimmt empfunden wird. Unterschiedliche Religionen könnten daher jeweils andere Begriffe verwenden, um damit die konstruktive Beschäftigung mit anderen Religionen zu bezeichnen. Momentan scheinen jedenfalls auch einige Buddhisten mit dem Begriff «komparative Theologie› durchaus zufrieden zu sein, da das Wort «Theologie› im Rahmen komparativer Arbeit häufig seiner theistischen oder christlichen Konnotationen entkleidet ist. Religionen, die stärker auf Orthopraxie oder auf eine richtige und effektive rituelle Praxis ausgerichtet sind, könnten somit einen anderen Begriff verwenden («komparative Ethik» hat inzwischen weite Verbreitung gefunden) oder sie verwenden weiterhin «komparative Theologie», allerdings unter der Voraussetzung, dass damit alle möglichen Dimensionen religiöser Lehre und Praxis abgedeckt sind.

ditionen und Traditionsstränge. Es gibt neue und alte Religionen, orale Traditionen und Schriftreligionen, sogenannte «Weltreligionen» und andere, eher partikulare Religionen. Angesichts dieser Religionsvielfalt gibt es kaum eine Richtlinie dafür, welche Tradition als fruchtbarer Dialogpartner in Frage kommt. «Komparative Theologie» vollzieht sich zumeist zwischen jenen Religionen, die man allgemein als «Weltreligionen» bezeichnet. Allerdings ist es, wie Tomoko Masuzawa gezeigt hat, eine eher willkürliche Entscheidung, welche Religion man dieser Kategorie zuordnet.[7] Bei der Wahl einer bestimmten religiösen Tradition oder eines bestimmten Textes sollte man sich somit über die Gründe, die diese Wahl bestimmen, im Klaren sein.

Bisher tendiert «komparative Theologie» dazu, sich auf Schriftreligionen zu beziehen. Man hat bisweilen gemeint, darin so etwas wie eine protestantische Voreingenommenheit erblicken zu können, die auf die «komparative Theologie» abfärbt.[8] Es mag aber auch damit zu tun haben, dass Schriften einen direkten Zugang zu Herz und Fundament einer bestimmten Religion eröffnen. Da Schriftreligionen sich auf bestimmte Texte als autoritative Quelle beziehen, sind sie in der Regel größer und weiter verbreitet sowie kulturell und historisch bedeutsamer als orale Religionen. Während orale Traditionen natürlich für eine komparative theologische Reflexion gleichermaßen inspirierend und relevant sein können, konzentriert sich die Reihe der «Christlichen Kommentare» speziell auf heilige Texte. Die Auswahl eines bestimmten Textes aus der Vielzahl der heiligen Schriften, die die Religionen prägen, verlangt natürlich zunächst eine Erklärung und Rechtfertigung. In dieser Hinsicht zeigen die bisher in der Reihe kommentierten Schriften eine gewisse Variationsbreite, die von explizit theistischen (die Nārada Bhakti Sūtras) zu nichttheistischen (das Dhammapada) und von philosophischen (das Śrīmad Rahasyatrayasāra) zu mystischen (das Herz Sūtra) Texten reicht. Welcher Text konkret gewählt wird, liegt vornehmlich an der Expertise des/der jeweiligen TheologIn und seiner bzw. ihrer Affinität zu einem bestimmten Text. Expertise und Affinität hängen dabei meist zusammen, ist es doch die ursprüngliche Anziehungskraft einer bestimmten Tradi-

7 T. Masuzawa: The Invention of World Religions, Chicago 2005.

8 B. Holdrege: What's Beyond the Post? Comparative Analysis as Critical Method, in: K. C. Patton / B. C. Ray (Hg.): A Magic Still Dwells. Comparative Religion in the Postmodern Age, Los Angeles 2000, 77–91.

tion und ihrer Schriften, die eine/-n WissenschaftlerIn dazu bringt, die jeweilige Sprache zu studieren und sich von der Geschichte und Gedankenwelt dieser Tradition durchdringen zu lassen. Umgekehrt beruht diese Anziehungskraft häufig aber auch auf der Geschichte, den Erfahrungen mit dem eigenen religiösen Hintergrund und den religiösen Impulsen und Bedürfnissen, die hierdurch geweckt wurden. Die Anziehungskraft eines bestimmten heiligen Textes dürfte somit in seiner Kontinuität – oder auch seinem Gegensatz – zum eigenen Verständnis des Christentums begründet sein. Es ist also die spezielle Verortung des/der TheologIn innerhalb der christlichen Tradition, die die Grundlage für die Auswahl eines bestimmten Textes bildet. Zunächst muss also die eigene religiöse Tradition eine Rechtfertigung dafür bieten, sich überhaupt in der Form eines religiösen Kommentars mit den heiligen Texten anderer Religionen zu befassen.

Blickt man auf die römisch-katholische Tradition, so enthalten die offiziellen Dokumente der Kirche unterschiedliche Auffassungen hinsichtlich der Texte und Lehren anderer Religionen. So heißt es beispielsweise in Abschnitt 2 von *Nostra Aetate*, der Erklärung des Zweiten Vatikanischen Konzils über die nichtchristlichen Religionen, dass deren Lehren und Lebensweisen «zwar in manchem von dem abweichen, was sie [die Kirche] selber für wahr hält und lehrt, doch nicht selten einen Strahl jener Wahrheit erkennen lassen, die alle Menschen erleuchtet.» Demnach enthalten andere Religionen (und folglich auch ihre heiligen Schriften) Elemente der Wahrheit, mit denen man sich aus christlicher Perspektive in fruchtbarer Weise befassen kann. Das spätere Dokument *Dominus Iesus* (2000) spricht direkter von den heiligen Schriften anderer Religionen. Den Status einer «inspirierten» Schrift reserviert das Dokument allerdings ausschließlich für die biblischen Schriften. Doch auch wenn es hier heißt, dass es in den Schriften anderer Religionen «Lücken, Unzulänglichkeiten und Irrtümer» gibt, so wird doch zugleich anerkannt, «dass viele Elemente in ihnen faktisch Mittel sind, durch die eine große Zahl von Personen im Laufe der Jahrhunderte ihre religiöse Lebensbeziehung mit Gott nähren und bewahren konnten und noch heute können», und dass sie «vom Mysterium Christi jene Elemente des Guten und der Gnade, die in ihnen vorhanden sind» erhalten (Nr. 8). Obwohl sich also innerhalb der römisch-katholischen Tradition eine gewisse Unschärfe hinsichtlich des Status der heiligen Schriften anderer Religionen feststellen lässt, so ist doch bereits der Glaube, dass sie zumindest gewisse Elemente der Wahrheit enthalten, ausreichend, um sie als Quellen einer möglichen Inspiration für christliche TheologInnen zu betrachten.

Zweitens wird die Auswahl eines bestimmten Textes für die Kommentierung durch konkrete Zusammenhänge oder Assoziationen beeinflusst, die sich von diesem Text oder einzelnen Versen in ihm mit christlichen Lehren ergeben. Daniel Sheridan spricht diesbezüglich von den heiligen Texten anderer Religionen als «Katalysatoren», die «uns dabei helfen können, die eigene Tradition auf neue Weise zu verstehen und sie uns so anzueignen, dass sie den Anforderungen und Herausforderungen der modernen Kultur entspricht, in der wir leben. Der Katalysator lässt unsere Vorstellungskraft und unseren Enthusiasmus zu neuem Leben erwachen und stimuliert, wenn dieses etwas abgestumpft ist, aufs Neue unser Empfinden für die Schönheit Gottes, so dass wir von ganzem Herzen und ganzer Seele, mit unserem Geist und unserer Kraft auf die liebenswerte und personale Wirklichkeit Gottes antworten.»[9]

Ein heiliger Text einer anderen Religion kann jedoch auch noch auf andere Weisen katalysatorisch wirken. Er kann uns an Texte und Lehren unserer eigenen Tradition erinnern, die im Laufe der Zeit vernachlässigt oder vergessen wurden. Er vermag eventuell neues Licht auf solche Texte und Lehren zu werfen und manchmal auch neue Wege zu ihrer Interpretation zu eröffnen und neue oder verborgene Dimensionen der eigenen Tradition zutage zu fördern. Er kann jedoch auch Differenzen und Gegensätze zwischen der eigenen und der anderen Tradition verdeutlichen und hierdurch ein neues Bewusstsein für die Besonderheit der eigenen Lehren und Glaubensinhalte erzeugen. Zwar tendieren die Kommentare in dieser Reihe dazu, sich vor allem auf die Resonanzen zwischen dem anderen Text und christlichen Lehren zu beziehen, doch können sie auch Unterschiede und Widersprüche aufzeigen und theologische Apologetik betreiben. Nur selten lassen sich heilige Texte anderer Religionen völlig mit denen der eigenen Tradition versöhnen. Daher mag ein gewisser Grad an theologischer Argumentation für die Wahrheit oder Kohärenz des eigenen Glaubens angesichts des Glaubens anderer durchaus integraler Bestandteil eines religiösen Kommentars zu dem heiligen Text einer anderen Religion sein.

---

9 D. Sheridan: Loving God: *Kṛṣṇa* and Christ. A Christian Commentary on the Nārada Sūtras, Leuven 2007, 6f.

Obwohl man also den Ort oder die Verortung des/der komparativen TheologIn innerhalb einer konkreten religiösen Tradition als eine Begrenzung ansehen kann, lässt sie sich doch auch als eine Art Wegweiser verstehen, der angesichts einer chaotischen und verwirrenden Palette von Schriften und Religionen orientierend und richtungsweisend wirkt. Das heißt nicht, dass alle komparativen TheologInnen mit einer Stimme sprechen. Eine der größten Herausforderungen «komparativer Theologie» besteht vielmehr gerade in der Aufsplitterung oder gar Zersplitterung der Disziplin, die auch dadurch entsteht, dass sich verschiedene TheologInnen mit jeweils anderen Religionen befassen und sich so immer weiter voneinander und vom theologischen Mainstream innerhalb der eigenen Tradition entfernen. Zudem reduziert die hohe Expertise, die erforderlich ist, um «komparative Theologie» zu betreiben, die Anzahl der Gesprächspartner, die für die Reflexion der komparativen theologischen Arbeit und die Beurteilung ihrer Ergebnisse in Frage kommen. Zwar ist es denkbar, dass mit einer wachsenden Zahl an komparativen TheologInnen, die jeweils ExpertInnen für eine bestimmte Religion sind, so etwas wie neue theologische ‹communities› entstehen, innerhalb derer diese TheologInnen wechselseitig ihre Arbeiten lesen und bewerten. Clooney spricht diesbezüglich von «religiösen Grenzgemeinschaften», die auf einer «kultivierten Hybridität» zweier Religionen basieren.[10] Dabei bleibt jedoch die Sorge bestehen, ob und wie die komparative theologische Reflexion für die religiöse Tradition insgesamt relevant gemacht werden kann und wie sich eine offene Kommunikation mit anderen Theologen aufrecht erhalten lässt. Der Sinn für die Verortung oder Verwurzelung innerhalb einer bestimmten Tradition und ihres Glaubensgefüges liefert zumindest potentiell die gemeinsame Basis für einen kritisch konstruktiven Diskurs, durch den sich die Einsichten, die bei den diversen Unternehmungen der «komparativen Theologie» gewonnen wurden, auch auf die Tradition insgesamt auswirken können.

Während somit die Auswahl eines Textes zur Kommentierung in erheblichem Ausmaß eine Sache des persönlichen Interesses, der Eignung und des eigenen Geschmacks ist, verortet die Frage nach der darüber hinausgehenden Relevanz des Textes für die eigene Tradition den/die TheologIn deutlich innerhalb einer bestimmten religiösen Tradition.

---

10 Clooney: Comparative Theology (siehe Anm. 5), 161–162.

3. Zum Verständnis und zur Interpretation des Textes

Einige der mit den «Christlichen Kommentaren zu den heiligen Texten anderer Religionen» verbundenen Probleme betreffen die interreligiöse Hermeneutik. Dabei geht es erstens um die Möglichkeit, einen fremden heiligen Text überhaupt zu verstehen, und zweitens um die Legitimität, diesen Text aus der Perspektive einer externen Religion zu interpretieren. Beide Fragen sind voneinander zu trennen, da die erste epistemologische und die zweite ethische bzw. deontologische Probleme einschließt. Doch betreffen beide Fragen das Problem der Alterität des heiligen Textes einer anderen Religion. Die Frage, ob und wie es möglich ist, Texte und Lehren anderer Religionen zu verstehen, ist seit Jahrzehnten Gegenstand religionswissenschaftlicher Debatten.[11]

Die «Christlichen Kommentare» nehmen ihren Ausgangspunkt gerade bei dieser Alterität und Autonomie der heiligen Schrift einer anderen Religion. Der erste Schritt in jedem dieser Kommentare besteht zunächst einmal in dem Versuch, den Sinn eines bestimmten Verses oder Abschnittes innerhalb seines eigenen religiösen Kontextes widerzugeben. Wissenschaftler mit linguistischer Expertise innerhalb einer anderen Religion können einen heiligen Text in seiner Originalsprache lesen und das historische Verständnis, das sie für den Text gewinnen, ist häufig dem der Mitglieder jener Religion überlegen. Allerdings lassen sich heilige Texte nur auf dem Weg über ihre Interpretationsgeschichte verstehen. Der Respekt für die andere Religion verlangt es, zumindest bis zu einem gewissen Grad auch mit der indigenen Interpretation dieses Textes vertraut zu sein. An dieser Stelle kämpfen die «Christlichen Kommentare» häufig mit dem Problem, hier die richtige Balance zu finden. Jeder heilige Text ist natürlich seit Jahrhunderten Gegenstand indigener Kommentierung und Interpretation. Einem Text voll und ganz gerecht zu werden, würde daher ausgiebige historische und exegetische Erläuterungen erfordern. Eine Option besteht somit darin, möglichst nahe am Text zu bleiben und nur so viel an Erläuterung zu bieten, wie nötig ist, um einem christlichen Leser das Verständnis des primären Sinns des Textes zu ermöglichen und alle weitergehenden Interpretationen, wie sie sich im Verlauf der Tradition entwickelt haben, beiseite zu lassen. Die-

11 Siehe R. McCutcheon: The Insider-Outsider Problem in the Study of Religion. A Reader, New York 1999.

sem Ansatz folgen der «Christliche Kommentar zu den Nārada Sūtras» sowie der «Christliche Kommentar zum Dhammapada». Eine andere Option besteht darin, sich vorwiegend auf eine bestimmte Interpretationstradition des Textes zu konzentrieren. Dies ist beispielweise in Francis Clooneys «Kommentar zu den Drei Heiligen Mantras der Śrīvaiṣṇava Hindus» der Fall. Weil die Mantras selbst so dicht sind, diskutiert Clooney ausführlich den Hindu-Kommentar zu diesen Versen von Vedantadeshika und bietet zu diesem Kommentar dann seinen christlichen Kommentar bzw. seine Interpretation dieses Texts. Andere christliche Kommentare, wie der zu «Shankara's Upadeśasāhasrī», versuchen die Vielfalt der Interpretationen widerzugeben, die sich innerhalb der Tradition hinduistischer Gelehrsamkeit finden. Diese Verschiedenheit im jeweiligen Ansatz ist teilweise durch den ausgewählten Text selbst vorgegeben, hängt aber auch von der persönlichen Ausrichtung des/der christlichen TheologIn ab, der/die den Kommentar schreibt. Da das Verfassen eines solchen Kommentars zum einen die Expertise hinsichtlich des anderen Textes und der anderen Religion und zum anderen die theologische Verwurzelung in der christlichen Tradition verlangt, ist es nicht überraschend, dass einzelne AutorInnen einmal stärker in die eine und dann eher in die andere Richtung tendieren. Im Ergebnis muss die vorgelegte Erklärung des Textes jedoch jenen christlichen LeserInnen nutzen, die in der Regel nur über ein sehr begrenztes Hintergrundwissen hinsichtlich der anderen Religion verfügen. Genau dieser Versuch, den Text für die Gläubigen der eigenen religiösen Tradition zu erläutern und ihn für sie verstehbar zu machen, diktiert zumeist die Parameter und den Fokus seiner Erklärung. Allerdings wird dieser Fokus zweifellos auch davon bestimmt, wie man jeweils die Brücke zwischen ihm und der christlichen Tradition schlägt.

Auch wenn bei der Interpretation des Textes dem ursprünglichen Sinn, den dieser innerhalb seiner eigenen Tradition besitzt, natürlich eine gewisse Priorität zukommt, so entspricht es doch der Natur und Zielsetzung eines interreligiösen Kommentars, den Text bewusst auch aus einem anderen religiösen Kontext heraus zu deuten. Anstatt das eigene religiöse Bezugssystem auszuklammern, geht es dem/der KommentatorIn im Kontext eines interreligiösen Kommentars gerade darum, dieses Bezugssystem auf die Interpretation des Textes anzuwenden und diesen dadurch für die eigene religiöse Tradition bedeutsam zu machen. Insofern wird ein/-e christliche/-r TheologIn andere Fragen stellen und andere

Schwerpunkte setzen, ja schließlich den Text eventuell in einer Weise interpretieren, die in seinem ursprünglichen Kontext weder beabsichtigt war noch überhaupt im Blickfeld lag. Wie Locklin es ausdrückt: «Bereits die Auswahl, Verwendung und Interpretation dieser Schriften reflektiert spezifisch christliche Anliegen, selbst wenn diese dann nahezu ausschließlich im Hinblick auf ihren primären Advaita-Kontext interpretiert werden.»[12]

Im Zuge der eigentlichen Abfassung des Kommentars werden christliche Interpretationen und Assoziationen auf umfassendere Weise entwickelt. Aufschlussreich ist in dieser Hinsicht auch die hierfür verwendete Terminologie. Reid Locklin verwendet den Begriff «christliche Reflexion», aber auch «christlicher *saṃvāda*» (eine Konversation, die auf Veränderung abzielt), wobei er bewusst einen hinduistischen Begriff aufgreift. Andere verwenden ebenfalls «christliche Reflexion» (Sheridan) oder «christliche Antwort» (Lefebure und Feldmeier) und «christliche Resonanz» (Clooney). Obwohl der Begriff «Kommentar» im Titel eines jeden Bandes steht, findet er im Text bei den Autoren der einzelnen Bände keine Verwendung, vielleicht weil er zu bestimmend oder zu wertend klingt, um ihn auf den Text einer anderen Religion zu beziehen. In allen Kommentaren tendieren die AutorInnen dazu, eher kein christliches Urteil über den Text der anderen Religion abzugeben, sondern stattdessen analoge oder homologe Texte aus der eigenen christlichen Tradition heranzuziehen. Dies führt dann insgesamt zu einem neuen Verständnis dieser christlichen Texte und Traditionen. Es sind vor allem die Besonderheiten der eigenen Texte oder auch neue Bedeutungsebenen, die sich dann erschließen, wenn sie im Licht des Textes einer anderen Religion gelesen werden. Der andere Text und die andere Tradition fungieren also nicht einfach nur als Teil eines Vergleichs, sondern als eine Quelle, aus der sich neue Sinngehalte hinsichtlich der eigenen, vertrauten Texte schöpfen lassen. Besonders deutlich wird dies in John und Linda Keenans christlichem Kommentar zu Herz Sūtra, der eine Relektüre des Johannesevangeliums im Licht der Philosophie des Madhyamaka enthält.

Ein wesentlicher Punkt bei der Abfassung des Kommentars besteht somit in der Auswahl geeigneter christlicher Quellen, im Hinblick auf die sich aufschlussreiche theologische Einsichten erwarten lassen. Häufig

12 R. Locklin: Liturgy of Liberation. A Christian Commentary on Shankara's Upadesasahasri, Leuven 2011, 41.

bietet sich hier ein weites Feld recht unterschiedlicher Möglichkeiten. Dies zeigt sich etwa deutlich an der Vielfalt und Verschiedenheit der Quellen, die von den einzelnen AutorInnen des Bandes «Song Divine» zur Kommentierung der Bhagavadgītā herangezogen werden. Bei der Frage, von welcher Grundlage eine christliche Lektüre der Bhagavadgītā ausgehen soll, machen einige Beträge ihre Entscheidung von inhaltlichen Aspekten, andere von stilistischen Fragen und wieder andere von der Entstehungszeit des Textes abhängig. Einige Autoren stellen einen Bezug nur zu einem bestimmen christlichen Text her, andere greifen auf eine ganze Reihe unterschiedlicher christlicher Texte und Traditionen zurück. Hier deutet sich das nahezu unbegrenzte hermeneutische Potential solcher Kommentare zu den heiligen Texten anderer Religionen an. Kein einziger Kommentar vermag jemals alle Möglichkeiten der Assoziation und Interpretation auszuschöpfen. Daher ist es auch durchaus vorstellbar, mehrere verschiedene christliche Kommentare zu demselben nichtchristlichen Text zu haben.

Ist es aber überhaupt angemessen, den Text einer bestimmten religiösen Tradition aus der Perspektive einer fremden Religion und im Rahmen ihres Bezugssystems zu interpretieren? Diese kritische Anfrage an das gesamte Projekt interreligiöser Schrift-Kommentare entspringt dem Bedenken, dass damit die großen Schätze anderer Religionen quasi religiös kolonialisiert und domestiziert werden könnten. Eine solche Kritik ist zweifellos ernst zu nehmen, quillt die Religionsgeschichte doch geradezu über von Beispielen interreligiöser Entlehnungen und von Ansprüchen, das Selbstverständnis anderer verbessern oder durch ein besseres ersetzen zu können. Außerdem kommt es bei der Aneignung von Elementen anderer Religionen unvermeidlich zu gewissen semantischen Verschiebungen oder Verzerrungen gegenüber deren eigenem Selbstverständnis, da keine zwei Religionen vollständig kompatibel oder komplementär sind. Doch solche ‹kreativen Missverständnisse› haben in der Vergangenheit auch zu neuen Ideen geführt und alle religiösen Traditionen bereichert.

Das Neue an den «Christlichen Kommentaren» und an der «komparativen Theologie» insgesamt ist ein geschärftes Bewusstsein für die hermeneutischen Prozesse, die bei der Beschäftigung mit anderen Religionen ablaufen: Einerseits wird die Autonomie eines Textes innerhalb seines eigenen ursprünglichen Kontextes anerkannt und respektiert, andererseits wird zugleich die Notwendigkeit einer Re-Interpretation eingeräumt, bei der der Text in einen neuen religiösen Kontext gestellt bzw. für diesen relevant gemacht wird. In den «Christlichen Kommentaren» und in der «komparativen Theologie» insgesamt dient der Prozess von Entlehnung, Re-Interpretation und gelegentlichem kreativem Missverstehen also nicht dem Wunsch, andere Religionen zu ersetzen, ihre indigenen Interpretationen eines Textes zu verbessern oder ihre Symbole und Lehren in eine «Universale Theologie» oder «Welt-Theologie» zu integrieren. Ganz im Gegenteil, er basiert auf dem bescheidenen Eingeständnis, dass sich der andere immer nur aus einem bestimmten religiösen Bezugssystem heraus sinnvoll verstehen lässt. Natürlich wird der Gläubige sein eigenes Bezugssystem mit der Wahrheit identifizieren. Auch die epistemologische Bescheidenheit mag daher immer noch ein Gefühl von religiöser Überlegenheit enthalten. Und man kann von einem/einer TheologIn nicht erwarten, dass er oder sie die eigene Überzeugung verleugnet, um einen Kommentar zu schreiben. Was man aber durchaus erwarten kann, ist ein kritisch reflexives Bewusstsein hinsichtlich des besonderen ‹Ortes›, von dem aus er/sie sich mit dem anderen beschäftigt, sowie Respekt vor der Alterität des fremden Textes und vor der Tradition, der dieser entstammt.

4. Zur Leserschaft der «Christlichen Kommentare»

Zu den besonderen Merkmalen «komparativer Theologie» gehören der explizit konfessionelle Ausgangspunkt und eine entsprechende Zielsetzung. Bei der anvisierten Leserschaft der Kommentare handelt es sich um Christen, die sich dafür interessieren, wie eine systematische und konzentrierte Auseinandersetzung mit dem Text einer anderen Religion ihren eigenen Glauben bereichern oder erhellen kann. Zweifellos dient Theologie dem Streben nach Wahrheit. Für einen Gläubigen ist diese Wahrheit essentiell in jenen Lehren und Praktiken enthalten, die in der historischen und intellektuellen Tradition der eigenen Religion überliefert wurden. Nur indem TheologInnen diese Voraussetzungen teilen und an dem entsprechenden Diskurs teilnehmen, können sie sinnvolle Beiträge zu dieser Tradition leisten und deren Entwicklung voranbringen. Wenn sich «komparative Theologie» mit einer anderen Religion beschäftigt, bleibt sie sich daher der konkreten Gemeinschaft, an die sie sich richtet, und der besonderen theologischen Fragen und Anliegen dieser Gemeinschaft bewusst. Dies hat mehrere Implikationen für die Abfassung der christlichen Kommentare.

Auch wenn ein «komparativer Theologe» hinsichtlich des Textes einer anderen Religion und dessen indigener kommentarieller Tradition äußerst kompetent sein mag, wird er oder sie sich doch primär die Frage stellen müssen, was ein christlicher Leser über den Text wissen sollte und was davon im Hinblick auf weiterreichende theologische Fragen, die der Text aufwirft, wirklich relevant ist. Solche Fragestellungen liegen WissenschaftlerInnen, die ihre Kenntnis einer anderen Religion sorgfältigen historischen und exegetischen Studien verdanken, nicht unbedingt nahe. Aber es ist häufig der Fall, dass zu viel an exegetischer Detailinformation leicht den theologischen Punkt verdeckt, um den es eigentlich geht. Andererseits bietet eine sorgfältige Erläuterung bestimmter Passagen aus dem heiligen Text einer anderen Religion durchaus die Möglichkeit, den Gläubigen aus der eigenen Tradition mehr als nur ein allgemeines und oberflächliches Verständnis der anderen Tradition zu vermitteln.

Um den Text einer anderen Religion für eine christliche Leserschaft verstehbar und bedeutsam zu machen, muss der komparative Theologe auf Kategorien und Ideen zurückgreifen, die dem ursprünglichen Sinn des Textes nicht völlig entsprechen. Während für den Religionsgeschichtler eine solche bewusst vorgenommene Verzerrung problematisch wäre, ist sie für den komparativen Theologen ein Teil des Vorgangs interreligiöser Übersetzung und Verständigung, der bisweilen zu kreativen Ergebnissen führt.

Als Schiedsrichter fungiert bei den christlichen Kommentaren letztlich nicht die religiöse Tradition des anderen, sondern die eigene. Es sind die anderen Theologen und Gläubigen innerhalb der eigenen Religion, die zu beurteilen haben, ob sich ein bestimmter Kommentar um die Vermittlung neuer Einsichten verdient gemacht oder eine konkrete theologische Diskussion vorangebracht hat. Somit haben nicht etwa buddhistische Gelehrte, sondern christliche Theologen, etwa Spezialisten für das johanneische Schrifttum, darüber zu befinden, ob Keenans Interpretation des Johannesevangeliums einen Beitrag zur christlichen exegetischen und theologischen Reflexion leisten kann. Ebenso ist es nicht ein Anhänger der Śrīvaiṣṇava-Bewegung, sondern vielmehr der christliche Leser, der von Clooneys Lesart der Śrīvaiṣṇava Mantras profitieren wird. Allerdings ist keineswegs immer klar, wie und von wem dieses Urteil abschließend gefällt werden wird. Nicht alle Traditionen verfügen über ein offizielles Lehramt, das festlegt, was orthodox ist, und das die Grenzen theologischer Einsichten bestimmt. Insgesamt werden es die Rezeption und der Gebrauch eines bestimmten Werks sein, die das Urteil über seinen Wert sprechen.

Insofern Theologie das Unternehmen einer religiösen Gemeinschaft darstellt, ist es wichtig, dass «komparative» oder «interreligiöse Theologie» auch Teil des Diskurses im theologischen Mainstream der jeweiligen Religion wird. Eine unmittelbare theologische Rückmeldung lässt sich von Theologen erwarten oder erhoffen, die im Hinblick auf die andere Religionen eine ähnliche Expertise besitzen. Das eigentliche Ziel «komparativer Theologie» besteht jedoch darin, die eigene Tradition insgesamt zu bereichern. Idealerweise sollten die Ergebnisse «komparativer Theologie» und der christlichen Kommentare daher jedem Theologen, unabhängig von seiner Spezialisierung, zur kritischen Prüfung und konstruktiven Auseinandersetzung offenstehen und sich irgendwann in ganz unterschiedlichen Bereichen der Theologie auswirken. Auf diesem Weg mag «komparative» oder «interreligiöse Theologie» innerhalb einer bestimmten Religion Wandel und Veränderung bewirken, statt eine zersplitterte Disziplin an deren Rändern zu bleiben oder lediglich einigen in ihr engagierten philosophisch gesinnten Theologen zur privaten intellektuellen und spirituellen Bereicherung zu dienen.

Obwohl die «Christlichen Kommentare» somit vor allem auf eine christliche Leserschaft ausgerichtet sind, ist es natürlich denkbar, dass sich auch einzelne Mitglieder aus der ursprünglichen religiösen Tradition des Textes für eine solche externe Lesart interessieren. Häufig lernen wir ja gerade durch die Augen anderer, uns selber neu zu sehen. Die Reihe ist zwar insgesamt noch zu jung, um ihren Einfluss auf die ursprünglichen Traditionen der kommentierten Texte abzuschätzen. Ganz unterschiedliche Reaktionen ließen sich hier erwarten: von offener Ablehnung und Protest gegen die Interpretation als Missbrauch des Textes bis hin zu echter Offenheit dafür, wie eine solche externe Lektüre neues Licht auf einen vertrauten Text zu werfen vermag. Eine mögliche Auswirkung auf die religiöse Ursprungstradition des Textes sollte jedoch nicht das primäre Anliegen oder die eigentliche Absicht des komparativen Theologen darstellen. Seine bzw. ihre Verantwortung liegt vielmehr darin, einen Beitrag zum theologischen Diskurs innerhalb der eigenen Religion zu liefern.

Man könnte die Ansicht vertreten, dass durch diese Fokussierung auf die christlichen Leserschaft und die innerchristlichen Diskussion die andere Religion rein utilitaristisch für den theologischen Fortschritt des Christentums benutzt wird. Man kann darin allerdings auch die bescheidene Anerkennung der Tatsache sehen, dass jede Theologie für eine bestimmte Gruppe von Gläubigen betrieben wird. Der komparative Theologe gibt nicht vor, für die Gläubigen einer anderen Religion zu sprechen, und beansprucht nicht zu wissen, was diese von den christlichen Kommentaren oder von irgendeiner anderen Form «komparativer Theologie» lernen könnten. In dieser Hinsicht möchte ich mich von der dritten der sechs Thesen distanzieren, die davon spricht, dass «interreligiöse Theologie» «die doppelte Bewegung eines ‹give and take›» einschließt.[13] Während das ‹take› als jener Prozess der Aneignung von Elementen anderer Religionen beschrieben wird, der möglicherweise neues Licht auf die eigene Tradition wirft, heißt es über das ‹give›, die eigene religiöse Tradition werde daraufhin «durchforstet [...], welchen Beitrag diese eventuell zu Grundfragen anderer religiöser Traditionen zu leisten vermag». Letzteres mag generös erscheinen, könnte allerdings auch als ein Zeichen von Arroganz und als Zumutung aufgefasst werden. Während Theologen durchaus erkennen können, was sie von einer anderen Religion oder einem Text zu lernen vermögen, wäre es vermessen, wenn sie wissen oder entscheiden wollten, was eine andere Religion von der eigenen lernen kann. Selbstverständlich kann man darauf hoffen, dass der andere durch die Lehren der eigenen Religion ebenfalls eine gewisse Bereicherung erfährt. Darüber zu entscheiden, bleibt jedoch die Sache des anderen. Anstatt eines «give and take» könnte man «komparative Theologie» eher als den Prozess eines wechselseitigen Nehmens verstehen.

Die Bescheidenheit, von der hier die Rede ist, nimmt also verschiedene Formen an: das bescheidene Eingeständnis, nicht zu oder für alle religiösen Traditionen sprechen zu können, sondern nur für einen bestimmten Glauben und eine damit verbundene Geisteswelt, und zudem die bescheidene Bereitschaft, eigene theologische Einsichten dem über diese hinausgehenden Urteil der eigenen Tradition zu unterwerfen.

Betont man, dass diejenigen, die «komparative Theologie» betreiben oder Kommentare zu heiligen Texten anderer Religionen verfassen, einer bestimmten Tradition angehören, aus der heraus und für die sie sich auf

13 Vgl. oben R. Bernhardt / P. Schmidt-Leukel: Einleitung, 13.

diese Weise engagieren, so steht dies im Gegensatz zu der Vorstellung eines «globalen, interreligiösen Kolloquium(s)», zu dem alle Religionen einen Beitrag leisten (These 4). Demgegenüber wird hier die Idee betont, dass jede Theologie wesentlich partikular ist und jeweils auf einem bestimmten Gefüge von Glaubensüberzeugungen beruht, das sich nicht so einfach mit dem anderer Religionen vereinbaren lässt. Auch wenn die Vorstellung eines globalen interreligiösen Kolloquiums für das Bedürfnis nach Einheit und Gleichheit unter den Religionen attraktiv ist, so wirft sie doch eine Reihe epistemologischer, ethischer und religiöser Fragen auf, wie sie in dem Beitrag von Reinhold Bernhardt diskutiert werden. Für meinen eigenen Beitrag mag der Hinweis genügen, dass sie jene Bescheidenheit des Ortes bedroht, die in einer pluralistischen Welt Bestandteil theologischer Reflexion ist.

5. Fazit

Weil sich theologische Ansätze im Hinblick auf religiöse Vielfalt immer noch im Prozess der Entwicklung und Veränderung befinden, ist es schwierig und gefährlich, unterschiedliche Positionen allzu scharf voneinander abzugrenzen und zu definieren. Kategorien wie «komparative Theologie» und «interreligiöse Theologie» werden immer noch vielfach als austauschbar verwendet und man erprobt in der konkreten Beschäftigung mit anderen Religionen unterschiedliche Methoden und Zielsetzungen. Die «Sechs Thesen zur interreligiösen Theologie» bieten einen Ausgangspunkt, der für die Überlegungen zur Eigenart einer solchen Theologie durchaus hilfreich ist. Insgesamt scheint es so zu sein, dass der Unterschied zwischen «interreligiöser Theologie» und «komparativer Theologie» weitgehend mit dem Unterschied zwischen pluralistischen und inklusivistischen Ansätzen in der Religionstheologie koinzidiert. Während erstere eine universale Wahrheit jenseits aller religiösen Traditionen voraussetzen und anzielen, gehen letztere von dem Vorrang und der Letztgültigkeit einer besonderen religiösen Tradition und ihres Wahrheitsanspruch aus.

Die «Christlichen Kommentare zu den heiligen Texten anderer Religionen» fallen weitgehend unter den zweiten Ansatz. Sie befassen sich mit dem religiös Anderen aus einer bewusst partikularen Perspektive, die bei der Auswahl der Texte, bei ihrer Interpretation und hinsichtlich des angezielten Leserkreises eine wichtige Rolle spielt. Einer der klassischen Einwände gegen den inklusivistischen Ansatz, der somit auch gegen die «komparative Theologie» und die christlichen Kommentare erhoben werden kann, lautet, dass dieser die Arroganz und den Imperialismus der alten exklusivistischen Ansätze fortsetzt. Die Betonung der Partikularität jeder theologischen Beschäftigung mit dem religiös Anderen kann jedoch auch als Zeichen von Bescheidenheit verstanden werden: eine epistemologische Bescheidenheit, insofern man die Grenzen des Bemühens anerkennt, eine andere Tradition von außen zu verstehen. Die Verwendung externer Kategorien, um den Text für eine andere Religion verstehbar zu machen, ist demnach unvermeidlich. Diese Bescheidenheit verlangt, gegenüber der Leserschaft der Kommentare aufmerksam und gegenüber der Tradition verantwortlich zu bleiben, aus der heraus und derentwillen man Theologie betreibt. All dies ist impliziert, wenn ich von einer «Bescheidenheit des Ortes» in der «komparativen Theologie» spreche. Eine solche Bescheidenheit ermöglicht Offenheit nicht nur für die andere, sondern auch für die eigene religiöse Tradition, insofern sie zu einem kritischen und konstruktiven Gespräch mit den Mitgliedern der eigenen Tradition einlädt, die sich den häufig herausfordernden und zugleich inspirierenden Lehren anderer Religionen ausgesetzt sehen.

Aus dieser Perspektive scheint schon der Versuch, eine «Welt-Theologie» oder «Universale Theologie» zu entwickeln – insofern eine solche Theologie alle Religionen einschlösse – über die Eigenart und Ziele theologischer Reflexion hinauszugehen. Natürlich impliziert Theologie das Streben nach Wahrheit. Aber insofern diese Wahrheit immer nur innerhalb eines bestimmten Kontextes, mit seinem eigenen Korpus an Lehren und einer diese rezipierenden und weiter tradierenden Gemeinschaft, offenbart ist, fragt man sich, was denn der besondere Ort und die Funktion eines Theologen sein soll, der nach einer Wahrheit jenseits solcher Offenbarung strebt. Nur aus einer bestimmten religiösen Tradition heraus zu sprechen und nur für diese, mag im Rahmen des religiösen Pluralismus als Begrenzung und unnötige Einengung erscheinen. Man kann darin aber auch den Weg erblicken, wie theologische Reflexion relevant und produktiv zu bleiben vermag. In der «komparativen Theologie» agieren alle Religionen von einem jeweils besonderen Ort aus, von dem her sie einander verstehen und sich miteinander befassen. Und so ist es dieser Prozess eines wechselseitigen ‹Nehmens›, in dem sich «komparative Theologie» aus unterschiedlichen religiösen Traditionen heraus ereignet.

Die «Christlichen Kommentare zu nichtchristlichen heiligen Texten» stellen nur *eine* Form von «komparativer Theologie» dar. In ihnen zeigen sich jedoch viele der Herausforderungen und Verheißungen einer solchen Theologie. Sie verweisen auf den sich erweiternden Horizont theologischer Reflexion, die nicht auf die christliche Schrift und Offenbarung begrenzt sein muss, sondern auch von der Möglichkeit geoffenbarter Wahrheit in den heiligen Texten anderer Religionen ausgehen kann. Wo die Offenheit für andere Religionen zu einer führungs- und ziellosen Wanderung durch die Texte und Lehren unterschiedlicher Religionen oder zu einem selbstbestimmten Streben nach einer Wahrheit jenseits einer jeden partikularen Religion zu geraten droht, findet die «komparative Theologie» ihren Halt oder Ort in einer spezifischen theologischen Tradition, die sowohl den Ausgangspunkt ihrer Beschäftigung mit anderen bildet als auch den Ort, an den sie mit ihren theologischen Erkenntnissen wieder zurückkehrt.

Eine solche Bescheidenheit schließt nicht die Überzeugung und Zuversicht aus, dass man sich selbst auf dem richtigen Weg zu Heil oder Befreiung befindet und dass die Rituale und Praktiken der eigenen Religion tatsächlich wirksame Mittel zur Erreichung des letzten Zieles sind. Mehr kann man als Glaubender nicht wissen.

Aus dem Amerikanischen übersetzt von Perry Schmidt-Leukel.

Anja Middelbeck-Varwick

Das Verständnis von Kirche vor der Herausforderung «Interreligiöser Theologie»

1. Interreligiöse Theologie oder Dogmatik im Horizont der Religionen?

Die interreligiöse Frage ist inzwischen eine der zentralen Aufgaben christlicher Theologie. Der Dominikaner Claude Geffré bemerkt treffend: «Die Theologie der Religionen ist eines der lebendigsten Kapitel der zeitgenössischen Theologie geworden. Man könnte versucht sein zu sagen, so wie der Atheismus und die Säkularisierung zum Horizont werden konnten, innerhalb dessen die Theologie des 20. Jahrhunderts die großen Wahrheiten des christlichen Glaubens neu interpretierte, entwickle sich nun der religiöse Pluralismus zum Horizont der Theologie des 21. Jahrhunderts und fordere uns auf, die großen Kapitel der gesamten christlichen Dogmatik neu zu betrachten.»[1]

Was aber nun kann Interreligiöse Theologie sein? Ist sie als eine dialogische Theologie zu verstehen, aus der bestenfalls eine Horizont*erweiterung* folgt? Als Dogmatik im Horizont der Religionen wäre sie dann das Reflexionsergebnis zunehmend verdichteter Begegnungen von Religionen, die in unterschiedlicher Intensität und Richtung auf das Verständnis der eigenen Tradition zurückwirken. Oder sollte Interreligiöse Theologie eine deutliche Überschreitung des Eigenen bedeuten, also Begegnung, Austausch und Wandel programmatisch suchen, um so die Reflexion mehrerer religiöser Traditionen als Quelle theologischer Arbeit selbstverständlich einzuschließen? Für eine solche Interreligiöse Theologie wäre das Schöpfen aus anderen Traditionen konstitutiv und sie intendierte *per se*, neue Synthesen aus den verschiedenen religiösen Glaubensformen zu bilden. Ist es künftiger Interreligiöser Theologie zuzugestehen, dass sie nicht nur *re*aktiv eine notwendig gewordene Neubetrachtung der tra-

---

1 C. Geffré: Unterwegs zu einer «interreligiösen Theologie», in: ZMR 91 (2007), 16–28.

dierten Lehre anzielt, sondern die christliche Lehre *pro*aktiv interreligiös ausformt?[2]

Die benannten Fragen sollen schrittweise am Beispiel ekklesiologischer Bestimmungen im Gespräch mit der islamischen Theologie entfaltet werden. Als christlicher Referenzpunkt wird «das» Selbstverständnis der *römisch-katholischen* Kirche gewählt; leitend ist dabei, wie es um den Versuch steht, die Fragen, Definitionen und Bilder der katholischen Ekklesiologie interreligiös zu erörtern. Der Begriff Kirche ist eindeutiger als andere theologische Begriffe (wie z.B. Transzendenz) spezifisch der christlichen Theologie zuzuweisen. Diese klare Zuordnung des Begriffs lässt die Grenzen und Chancen einer «Interreligiösen Theologie», so ist anzunehmen, deutlicher werden, als die Frage nach religiösen Allgemeinbegriffen.[3] Was könnte eine interreligiös perspektivierte Ekklesiologie leisten? Die interreligiöse Perspektive wird durch eine Bezugnahme auf die islamische Tradition hergestellt: Hier findet die Einheit der Gemeinschaft der muslimischen Glaubenden in der koranischen Idee der «Umma» Ausdruck. Diese Relationierung wird vorgenommen, obschon und weil die gewählte Bezugsgröße einen entschieden anderen theologischen Stellenwert in der islamischen Tradition und Praxis besitzt, als die Kirche im Christentum. Inwiefern stellt die Existenz und Bedeutung der islamischen Umma eine Herausforderung für das im Glaubensbekenntnis formulierte Verständnis von Kirche – als «einer, heiliger, katholischer und apostolischer Kirche» – dar? Hierzu gilt es zunächst die islamische Tradition zu befragen, um den vermeintlich analogen Referenzpunkt zu konturieren.

---

2 Dass das Ausformen von christlicher Identität mit und durch andere religiöse und philosophische Traditionen historisch immer schon eine Gegebenheit ist, kann als Allgemeinplatz gelten. Hier geht es vielmehr darum, in welchem Umfang die identitätsstiftende Rolle der anderen Religionen im Gegenüber und Miteinander wahrgenommen, einbezogen oder aktiviert wird.

3 Als Bezeichnung der Glaubensgemeinschaft in der Nachfolge Jesu Christi wird «Kirche» konfessionell sehr unterschiedlich definiert und dogmatisch gewichtet, jedoch bleiben die ökumenischen Fragen im engeren Sinn in diesem Beitrag ausgeklammert.

2. Die Umma im islamischen Verständnis

Welche Bedeutungsdimensionen umfasst die Rede von der Umma? Und welche Relevanz besitzen diese Dimensionen der Umma für das gläubige Selbstverständnis von Muslimen und Musliminnen, das als Maßstab und Kriterium der zu treffenden Aussagen zu gelten hat?[4]

Mit diesen Fragen verbindet sich die Überlegung, inwiefern nicht nur die Ausformung von Gemeinschaften, sondern vielmehr die personale Bezogenheit auf andere Glaubende – das Verbundensein im Glauben, die Tradierung von Glauben über die Jahrhunderte, das gemeinsame Handeln aus dem Glauben heraus – eine Grunddimension muslimischen wie christlichen Glaubensverständnisses darstellt.

Die vielfältigen Bedeutungen des arabischen Terminus «Umma» lassen sich mit Blick auf seine Verwendung in den Diskursen der islamischen Tradition kaum auf einen Nenner bringen.[5] Erst recht scheint das, was Muslime und Nichtmuslime gegenwärtig unter der «Umma» verstehen, mehr diskursives Konstrukt bzw. theologische Fiktion, als tatsächliche, konkret fixierbare Größe zu sein. Zunächst bezeichnet der Begriff, der dem Hebräischen *umma* bzw. dem Aramäischen *umetha* entlehnt ist und koranisch neu aufgegriffen wird, eine Gemeinschaft, die bestimmte gemeinsame Merkmale besitzt, wie z.B. Geschichte, Sprache, Ethnizität und vor allem Religion. Während zunächst der Koran den Begriff vor-

---

4 Es komme nicht darauf an, so W. C. Smith (1916–2000), Religionssysteme zu verstehen, sondern den Glauben im Herzen von Menschen: «Personen sind der Sitz des Glaubens – Personen, nicht Aussagehalte, Symbole oder Sakramente, wenn jene auch als Kanäle oder Vermittler fungieren können. Der Ort von Glauben liegt insofern in Gemeinschaften als diese personhaft verfaßt und nicht lediglich Institutionen sind – auch wenn eine Institution wiederum als Kanal für Glauben dienen kann.» W. C. Smith: Menschlicher Glaube – das gemeinsame Zentrum aller religiösen Traditionen, in: R. Bernhardt (Hg.): Horizontüberschreitung. Die Pluralistische Theologie der Religionen, Gütersloh 1991, 156–174, hier: 171. Vgl. hierzu unter Smiths Monographien v. a. *The Meaning and End of Religion* (1963) und *Faith and Belief* (1979), für die Frage nach einer Interreligiösen Theologie auch *Towards a World Theology* (1981).

5 Vgl. dazu in Kürze M. El-Kaisy-Friemuth, Eine theologische Untersuchung des islamischen Verständnis von Umma, in: H. Schmid / A. Dziri / M. Gharaibeh / A. Middelbeck-Varwick (Hg.): Kirche und Umma. Glaube und Gemeinschaft in Christentum und Islam, Regensburg 2014 (i. V.).

rangig auf Gemeinschaften, die eine Religion teilen, bezieht, wird er in der späteren Entwicklung meistens zur spezifischen Bezeichnung der muslimischen Gemeinschaft verwendet.[6] An zahlreichen Stellen betont der Koran, dass zu jedem Volk ein Gesandter geschickt worden sei, so dass der Begriff *umma* sich hier für die Anhänger des jeweiligen Propheten findet, der das Volk warnen soll.[7] Entsprechend setzt er *umma* an zahlreichen Stellen nicht mit der gesamten Menschheit gleich, sondern bestenfalls mit all jenen, die Gottes Weisung folgen.[8] Jedoch verwendet der Koran *umma* insgesamt nicht einheitlich, sondern wechselweise zur allgemeinen Bezeichnung einer Gruppe von Menschen, einer bestimmten Glaubensgemeinschaft, eines Volkes oder der Anhänger eines bestimmten Propheten,[9] das Spektrum der koranischen Verwendung des Begriffs *umma* ist breit.[10] Die Umma der Muslime – die zuerst eine *arabische* Umma ist – ist eine Gemeinschaft, die durch den gemeinsamen Glauben verbunden ist. Diese Umma Muhammads wird im Koran folgendermaßen ausgeformt: In der frühen Phase des prophetischen Wirkens werden die Mekkaner als geschlossene Umma verstanden, die arabische Umma, zu der Muhammad nun als Gesandter kommt, wie zuvor

---

6 Vgl. F. M. Denny: Umma, in: Encyclopaedia of Islam, Second Edition (= EI²) 2013, URL: http://referenceworks.brillonline.com/entries/encyclopaedia-of-islam-/umma-COM_1291 (21.02.2013).

7 Vgl. z. B. 10:47: «Jede Gemeinschaft hat einen Gesandten.» ; vgl. ebenso 13:30; 16:36.63; 23:46; 35:24; u. v. a. m.

8 F. M. Denny: Community and Society in the Qur'ān, in: EQ, 367–386, hier 377, http://referenceworks.brillonline.com/entries/encyclopaedia-of-the-quran/community-and-society-in-the-quran-COM_00037> (21.02.2013); vgl. 2:213; 43:33; 5:48; 23:5–54.

9 Sehr allgemein verwendet findet sich der Begriff z. B. in Sure 28:23: «Als er zum Wasser von Madjan hinunterkam, fand er dort eine Gemeinschaft von Menschen, die ihr Vieh tränkten […]» Der Koran wird zitiert nach der Übersetzung von H. Zirker, Darmstadt 2010³.

10 Die sehr weite Verwendung des Begriffs im Koran zeigt sich z. B. auch daran, dass *umma* sogar für die Gemeinschaft der Vögel und Tiere verwendet wird; vgl. 6:38. Demgegenüber ist seine Verwendung in der Hadith-Literatur weniger breit gefächert, sondern stärker auf die Gemeinschaft der Muslime bezogen.

andere Propheten von Gott zu anderen Gemeinschaften geschickt wurden.

Durch den Bruch mit den polytheistischen Mekkanern kommt es nach der Auswanderung nach Medina dort zur Bildung einer neuen Gemeinschaft, die, neben der bereits bestehenden Anhängerschaft Muhammads, auch die Einwohner Medinas einschließt, die nun seinem Ruf folgen. In dieser Phase wird die Umma der Muslime im zunehmend schrofferen Gegenüber zu den sogenannten Schriftbesitzern (wörtl. Leute des Buches, arab. *ahl al-kitāb*), den Juden und Christen, zur *besten* Gemeinschaft stilisiert.[11] Den Leuten der Schrift wird der Vorwurf gemacht, sie glaubten Gottes Zeichen (arab. *ayāt*) nicht. Es wird an sie appelliert, niemand von Gottes Weg abzuhalten.[12]

Weil sie diejenigen sind, die das Rechte tun und das Schlechte meiden, also Gottes Leitung folgen, sind sie die wahre Gemeinschaft derjenigen, die Gott ergeben sind. In diesem Zusammenhang ist Sure 3:110 zu sehen, der die Gemeinschaft der Muslime entsprechend als «beste» Gemeinschaft ausweist: «Ihr seid die *beste* Gemeinschaft, die für die Menschen hervorgebracht worden ist. Ihr gebietet das Rechte, untersagt das Verwerfliche und glaubt an Gott. Wenn die Leute der Schrift glaubten, wäre es besser für sie. Unter ihnen sind Gläubige, aber die meisten von ihnen sind Frevler.»[13]

Offenkundig erfolgt hier eine deutliche, stärkere Abgrenzung von den Schriftbesitzern; aber selbst in der Zeit der Identitätsbildung der muslimischen Gemeinschaft wird nicht in Frage gestellt, dass die *ahl al-kitāb* einen besonderen offenbarungsgeschichtlichen Status besitzen: Die Zeichen Gottes kamen ihnen zuerst zu und gelten ihnen gleichermaßen.[14]

---

11 Dies ist in Sure 3 (Imrans Leute) in den Versen 98–115 nachzulesen.

12 In diesem Zusammenhang heißt es dann (3:100–104): «Ihr, die ihr glaubt, fürchtet Gott in wahrer Gottesfurcht und sterbt doch nur gottergeben – als Muslime – ! Haltet allesamt fest an Gottes Seil und spaltet euch nicht! […] Aus euch soll eine Gemeinschaft derer entstehen, die zum Guten rufen, das Rechte gebieten und das Verwerfliche untersagen. Denen ergeht es gut. Seid nicht wie die, die sich gespalten haben und uneins geworden sind, nachdem die klaren Zeugnisse zu ihnen gekommen waren!» Übers. Zirker (siehe Anm. 9).

13 Übers. Zirker (siehe Anm. 9).

14 Explizit auch Sure 3:113. Vgl. weiterführend A. Grünschloss: Der eigene und der fremde Glaube. Studien zur interreligiösen Fremdwahrnehmung in Islam, Hinduismus, Buddhismus und Christentum, Tübingen 1999, 118–127.

Es ist deutlich, dass die koranische Verwendung von Umma im Prozess der Formierung der islamischen Glaubensgemeinschaft zu beachten sein wird.[15] Der Begriff entwickelte sich von einem eher generellen Terminus für religiöse Gemeinschaften hin zu einer zwar nichtexklusiven, aber zu einer gleichwohl geschlosseneren Bezeichnung für die aufkommende muslimische Gemeinschaft, die sich in der medinensischen Periode als politische und religiöse Größe etablierte.[16]

Entsprechend der einen ursprünglichen Botschaft die allen Menschen gilt, gibt es im Koran auch die Vorstellung der *einen* Umma (der *umma wāḥida*) als ursprünglicher bzw. idealer Gemeinschaft. Sowohl in den mekkanischen als auch in den medinensischen Suren klingt dies an, stellt hier aber insgesamt kein prominentes Motiv dar.[17] In der sogenannten «Gemeindeordnung von Medina» wird diese Vorstellung aufgenommen, allerdings mit einer Bedeutungsverschiebung mehr in Richtung eines politischen Verbundes als einer Glaubensgemeinschaft[18].

Grünschloss hat die bleibend ambivalente, temporale Relationierung des Koran zu den Schriftbesitzern treffend als «retrospektive Identifikation» gekennzeichnet, die in der Regel der eigenen Legitimierung gelte. Zur Frage nach der Umma und den Anderen vgl. zudem C. W. Troll: Der Blick des Koran auf andere Religionen. Gründe für eine gemeinsame Zukunft, in: W. Kerber (Hg.): Wie tolerant ist der Islam?, München 1991, 47–69.

15 A. Neuwirth hat herausgearbeitet, dass der Koran insgesamt nur unter Beachtung der zentralen Relevanz, die der Gemeindebildung zukomme, angemessen zu bewerten sei. Vgl. A. Neuwirth: Der Koran als Text der Spätantike. Ein europäischer Zugang, Berlin 2010, v. a. Kapitel I.6 sowie VII–IX.

16 F. M. Denny betont: «So we have here a matter of umma not essentially changing its meaning as religious community throughout the chronological development of the Qur'ān so much as having its meaning progressively augmented as the prophetic messsage reaches its fullest development. That is, if by the Medinan period umma tends to refer more exclusively to the Muslims, it nevertheless also carries with it the more inclusive meaning of humanity in its potential toward becoming Muslim.» (vgl. Denny: Umma [siehe Anm. 6])

17 Vgl. 23:52; der Vers richtet sich an die Gesandten (Mose und Jesus), denen gesagt wird: «Diese eure Gemeinschaft ist eine *einzige* Gemeinschaft und ich bin euer Herr. So fürchtet mich.» Ebenso lautet Sure 21:92. In Sure 16:123 steht die Aufforderung: «Folge Abrahams Religionsgemeinschaft!»; in der Sure Jona (10:19) heißt es: «Die Menschen waren nur eine *einzige* Gemeinschaft. Doch sie wurden uneins.»

18 Vgl. Denny: Community and Society in the Qur'ān (siehe Anm. 8), 367–

Die Gebets-Ausrichtung der globalen muslimischen Gemeinde gen Mekka und die Verbindung der Muslime im Gebet stellen ein einigendes Band aller Gläubigen dar, ebenso wie dies von Mekka als Ziel der Pilgerfahrt gesagt werden kann.[19] Hierin werden – idealiter – ethnische, kulturelle und nationale Differenzen überstiegen und das gemeinsame Glaubensziel wird aufrechterhalten. Das Gebet in Gemeinschaft gilt als besser, d. h. höherwertiger, als das Gebet Einzelner.[20] Sich im Gebet verbunden zu wissen mit Gott und den Glaubensgeschwistern weltweit gilt hierbei nicht nur als Ausdruck einer Zugehörigkeit zur Gemeinschaft, sondern begründet diese stets neu: In dem Moment, in dem muslimische Gläubige im Gebet diese Verbundenheit erfahren, konstituiert bzw. aktualisiert sich die Umma. Ohne das (rituelle) Gebet einzubeziehen, kann muslimisches Gläubigsein nicht angemessen verstanden werden.[21]

Als konstitutiv muss zweifelsohne zunächst der Koran selbst in seiner Bedeutung für die Umma gesehen werden. Er ist das einigende Band der Gläubigen. Der Koran ist im muslimischen Verständnis das Wort Gottes, das als Zeichen herabgesandt wurde, damit die Menschen den guten Weg erkennen und sich Gott, dem Schöpfer und Allerbarmer, zuwenden. Auf die Worte und den Klang der Suren zu hören, den Koran im Herzen zu tragen, ihn zu rezitieren, dies alles prägt die Frömmigkeit von Musliminnen und Muslimen zutiefst. Das Bekenntnis des einen und einzigen Gottes ist das Entscheidende, das stets erinnert werden soll und im Handeln Ausdruck findet. Daneben sind auch die koranischen Aus-

---

386, hier: 375. Denny verweist weiter darauf, dass die Juden, trotz ihrer Auseinandersetzungen mit den Muslimen, im Vertrag von Medina als *umma* neben der muslimischen *umma* bezeichnet werden. Insgesamt sei die Unterscheidung zwischen den monotheistischen Gläubigen in der formativen Periode keinesfalls immer derart trennscharf vorzunehmen, wie spätere Deutungen dies nahelegten; vgl. a.a.O., 378f.

19 Denny: Umma (siehe Anm. 6). Dass demnach nicht mehr primär Stammeszugehörigkeit und Verwandtschaft, sondern vielmehr der gemeinsame Glaube die Gemeinschaft ausmacht, ist damit ebenfalls angezeigt. Vgl. ders.: Community (siehe Anm. 8), 379.

20 Vgl. B. Krawietz: Art. Gebet XII. Islam, in: RGG[4] 3 (2000), 506–507, hier: 507.

21 Vgl. hierzu in Kürze meinen Beitrag: «Ich antworte dem Ruf des Rufenden.» – Zur Theologie des Gebets im Islam, in: W. Eisele (Hg.): Gott bitten? Theologische Zugänge zum Bittgebet, Freiburg i. Br. 2013 (QD 256).

sagen über das gemeinschaftliche Miteinander der Gläubigen sowie das gesellschaftliche Zusammenleben religiöser Gruppierungen für alle Muslime maßgebend. Dass alle Muslime sich als «Brüder und Schwestern» einer Solidargemeinschaft begreifen, findet ebenfalls von Beginn an Ausdruck in der zu leistenden Armensteuer (arab. *zakāt)*.[22]

Herausgefordert durch den Kolonialismus entstand seit dem 19. Jahrhundert ein neues Umma-Bewusstsein unter den Muslimen.[23] Die Idee der Umma erweist sich bis in die Gegenwart als überaus flexibel hinsichtlich ihrer spezifischen sozialen, politischen und auch religiösen Bestimmung, da sie an keine konkrete Ordnung gebunden ist. Dies schließt ein, dass die Realisierung des Umma-Ideals keine einheitliche politische Ordnung erfordert, sondern auch divergente Konkretisierungen möglich sind.[24] Die Umma kann somit ein weites Spektrum muslimischer Anliegen umfassen, ohne ihren generellen Sinn, eine Gemeinschaft des Glaubens und der rechten individuellen und gemeinschaftlichen Lebensführung darzustellen, zu verlieren.[25] Dass dies auch die Gefahr der Instrumentalisierung des Umma-Konzepts in sich birgt, ist heute mit Blick auf problematische Gruppierungen, wie etwa die der Salafiten und Wahabiten, die den Anspruch erheben, die «wahre», d. h. die vermeintlich ursprüngliche Umma zu sein, offenkundig. Die Definition von Umma als islamische Gesamtgemeinschaft steht aber nicht nur einer inneren Vielfalt gegenüber, die Grenzziehungen erfordert, sondern sie bestimmt in ihrer späteren Verwendung auch das Verhältnis zu den Angehörigen anderer Glaubensgemeinschaften. Der Koran betont an vielen Stellen, dass die Vielheit der Gemeinschaften gottgewollt und positiv aufzuneh-

---

22 Vgl. hierzu einführend H. Halm: Der Islam. Geschichte und Gegenwart, München 2001², 67–69.

23 «Man kann nicht umhin, mit Erstaunen zu notieren, wie schnell, als *milla* im 19. Jahrhundert die Bedeutung Nation annahm, das Wort *umma* als Konkurrent auf den Plan trat. […] Im klassischen Islam kamen sich *milla* und *umma* nicht in die Quere […] Im Koran heißt *umma* im Prinzip ganz neutral «Religionsgemeinschaft, Gemeinde», wird aber dann mehr und mehr auf die *umma* der Muslime, also die Urgemeinde, eingegrenzt.» J. van Ess: Der eine und das Andere. Beobachtungen an islamischen häresiographischen Texten (Bd. 1), Berlin / New York 2001, 1269. Vgl. Denny: Community (siehe Anm. 8), 373.

24 Denny: Community (siehe Anm. 8), 385.

25 Ebd.

men sei.[26] Doch: Gottesfürchtig zu sein gilt als das Edelste vor Gott; die Gläubigen eint das Hören auf die im Koran gegebene Rechtleitung. Hieraus resultieren das Gebet als Lobpreis Gottes und das Halten der Glaubensgrundsätze. Das Tun des Guten und das Verwerfen des Schlechten ist primär die alltägliche Aufgabe jeder/-s Einzelnen, weniger gemeinsame Mission oder genereller göttlicher Auftrag an die Umma als Umma. Die Hinwendung zu Gott, das Bekenntnis des Einen, die darin liegende Anerkenntnis des barmherzigen und erhabenen Schöpfers, stellt den Grundvollzug des islamischen Glaubens dar. Islamischer Glaube, *islām* meint wesentlich: Gott ergeben sein, DienerIn Gottes sein, sich im Denken und Tun immer wieder auf Gott ausrichten.

Die innere Heterogenität der der Umma zugehörigen islamischen Gemeinschaften indiziert zugleich, dass die Rede von der Umma aller Musliminnen und Muslime in den Regionen, Kulturen und Konfessionen der Welt zwar keine Fiktion darstellt, aber doch deutlich die überaus legitime Konstruktion eines Ideals ist, dem höchst unterschiedliche Bedeutungen zugewiesen werden. Die Vorstellung der *einen* Umma fungiert vornehmlich als ein recht bewegliches Idealbild. Insgesamt ist sie für das individuelle Glaubensverständnis nicht von elementarer, sondern eher sekundärer Relevanz.[27] Das bis hierher Dargelegte kann nur eine Skizze bleiben, doch gilt es nun, sich der Ekklesiologie zuzuwenden.

3. Was ist Kirche?

Dass in der römisch-katholischen Tradition die Ekklesiologie zum dogmatischen Traktat wurde, verweist bereits darauf, dass die «Lehre von

26 Vgl. Sure 50:13: «Ihr Menschen, wir haben euch aus Mann und Frau erschaffen und euch zu Völkern und Stämmen gemacht, damit ihr einander kennt. Der Edelste vor Gott ist der unter euch, der am gottesfürchtigsten ist. Gott ist wissend und kundig.»

27 Zu benennen ist, dass nicht zuletzt den Gelehrten (arab. *ulama*) besondere Bedeutung zukommt, wenn es um die «Theologie-normierende Funktion» der Umma geht, also um die Fragen der Überlieferungs- und Autorisationsstrukturen. Vgl. hierzu in Kürze: M. Gharaibeh: «Die Gelehrten sind die Erben der Propheten.» Zu theologischer Identität und prophetischem Erbe der Umma aus sunnitischer Perspektive, in: H. Schmid / A. Dziri / M. Gharaibeh / A. Middelbeck-Varwick (Hg.): Kirche und Umma (siehe Anm. 5).

der Kirche» für das Glaubensverständnis als grundlegend bedeutsam erachtet wird. Verhandelt werden in den klassischen Lehrbüchern der Ekklesiologie – nach biblischer Grundlegung und Darlegung der dogmengeschichtlichen Entwicklung – die Grundvollzüge der Kirche (Martyria, Leiturgia, Diakonia) ebenso wie die Kennzeichen der Kirche (Einheit, Heiligkeit, Katholizität und Apostolizität).[28] Die Fragen nach den Ämtern und Strukturen der Kirche, nach der Ökumene sowie nach dem Verhältnis von Weltkirche und Ortskirche finden sich entsprechend zugeordnet. Eingeleitet wird das Traktat häufig mit Verweis auf die Notwendigkeit, von Kirche in Bildern zu sprechen, woraufhin in aller Regel die Abschnitte «Kirche als Volk Gottes» und «Kirche als Leib Christi» zu finden sind. Eine Durchsicht der ekklesiologischen Themen zeigt auch, dass die Frage nach der «wahren» Kirche Gottes das Christentum von Beginn an begleitet hat.[29] Entsprechend war die Ekklesiologie in vielerlei Hinsicht davon geprägt, Kriterien zur Abgrenzung und Unterscheidung zu bestimmen und die kirchliche Einheit zu wahren.[30]

Doch eine Zusammenfassung der Entwicklung der Lehre von der Kirche soll hier nicht vorangestellt werden. Vielmehr soll, um eine erste, grundsätzliche Konturierung des römisch-katholischen Kirchenverständnisses zu erreichen, an einer dogmatisch zwar signifikanten Stelle, aber doch nur mikroperspektivisch, das Gespräch über die Bedeutung von Kirche aufgenommen werden. Hierzu wird die spezifische Deutung der «Kirche als Sakrament» gewählt, wie sie im ersten Artikel der dogmatischen Konstitution über die Kirche, *Lumen Gentium* (LG), einem zentralen Text des Zweiten Vatikanischen Konzils (1962–65), verwendet wird. Die Fokussierung auf den Anfang des ersten Kapitels folgt *zum*

---

28 Das Glaubensbekenntnis von Konstantinopel nennt die «eine, heilige, katholische und apostolische Kirche» (DH 150) und bestimmt damit vier Wesensmerkmale oder Kennzeichnungen der «wahren» Kirche.

29 Vgl. H. Frankemölle: Kirche/Ekklesiologie. A. Biblisch, in: NHTHG 3, München 1991, 104–119, hier: 111.

30 Vgl. P. Neuner: Art. Kirche/XI. Ökumenische Diskussion, RGG^4 4 (2001), 1029–1031, hier: 1029. Mit der Einheit als kirchlichem Wesensmerkmal (*nota ecclesiae*) verschränken sich die Kennzeichnungen der Apostolizität und der Katholizität der Kirche. Vgl. hierzu meinen Beitrag: Zur Rede von der «Weltkirche» und der «Katholizität». Von einigen Zukunftsaufgaben der interkulturellen Theologie, in: dies. / M. Thurau / A. Hölscher (Hg.): Kirche in Welt. Christentum im Zeichen kultureller Vielfalt, Berlin u. a. 2013, 207–219.

einem dem folgenden Anstoß von Peter Hünermann: «Spricht sich in den Worten *Ecclesia – Mysterium – Sacramentum* die fundamentale Sicht von Kirche und die grundlegende Aussageabsicht der Konzilsväter aus, so wird man bei allen Interpretationsfragen diesen Rahmen zu bedenken haben.»[31] *Zum anderen* soll durch die Auswahl vermieden werden, von vornherein nur jene Elemente des Kirchentraktats für die interreligiöse Bezugnahme heranzuziehen, die allzu offenkundig mit einem Umma-Konzept konvergieren könnten.

3.1 Kirche – «Zeichen des Heils»[32]

Die Frage nach Wesen, Aufgabe und Sendung der Kirche war für das Zweite Vatikanische Konzil zentral. Mit LG wurde versucht, die Dimensionen kirchlicher Identität nicht allein ausgehend von Struktur und Amt zu begreifen, sondern vielmehr grundlegend zu bestimmen, was das *Wesen* der Kirche kennzeichnet. Der Text von LG 1,1 (Erstes Kapitel: Das Mysterium der Kirche) lautet: «Da Christus das Licht der Völker ist, wünscht diese im Heiligen Geist versammelte Hochheilige Synode dringend, alle Menschen durch Seine Herrlichkeit, die auf dem Antlitz der Kirche widerscheint, zu erleuchten, indem sie der ganzen Schöpfung das Evangelium verkündet (vgl. *Mk 16,15*). Da aber die Kirche in Christus gleichsam das Sakrament bzw. Zeichen und Werkzeug für die innigste Vereinigung mit Gott und für die Einheit des ganzen Menschengeschlechts ist, möchte sie, indem sie dem Thema der vorausgehenden

---

31 P. Hünermann: Theologischer Kommentar zur dogmatischen Konstitution über die Kirche Lumen gentium, in: P. Hünermann / B. J. Hilberath (Hg.): Herders theologischer Kommentar zum Zweiten Vatikanischen Konzil, Bd. 2, Freiburg i. Br. u. a. 2004, 263–582; hier: 355.

32 Vgl. zum folgenden Abschnitt Hünermann: Kommentar, 263–582 (siehe Anm. 31); P. Neuner: Die heilige Kirche der sündigen Christen, Regensburg 2002; O. H. Pesch: Das Zweite Vatikanische Konzil. Vorgeschichte – Verlauf – Ergebnisse – Nachgeschichte, Würzburg 1993; J. Werbick: Kirche. Ein ekklesiologischer Entwurf für Studium und Praxis, Freiburg i. Br. 1994; S. Wiedenhöfer: Das katholische Kirchenverständnis. Ein Lehrbuch der Ekklesiologie, Graz / Wien / Köln 1992; W. Kasper: Katholische Kirche. Wesen – Wirklichkeit – Sendung, Freiburg im Breisgau 2011; M. Kehl: Die Kirche. Eine katholische Ekklesiologie, Würzburg 1992; K. Wenzel: Kleine Geschichte des Zweiten Vatikanischen Konzils, Freiburg i. Br. 2005.

Konzilien nachfolgt, ihr Wesen und ihre allumfassende Sendung ihren Gläubigen und der gesamten Welt eindrücklicher erklären. Die Verhältnisse dieser Zeit geben dieser Pflicht der Kirche eine noch eindringlichere Bedeutung, damit nämlich alle Menschen, die heute durch vielfältige soziale, technische und kulturelle Bande enger verbunden sind, auch die volle Einheit in Christus erlangen.»[33]

Bereits die Überschrift des ersten Kapitels wurde auf dem Konzil zum Streitpunkt, denn von Kirche als *Mysterium* zu sprechen war keinesfalls mehr geläufig. Der Begriff μυστηριον verleitet sehr leicht zu Missverständnissen und führt zu Irritationen, z. B. wenn er als «Geheimnis» gedeutet oder aber dazu verwendet würde, allein die «unsichtbare Kirche» ins Zentrum zu stellen.[34] Dementgegen zielte die Verwendung von Mysterium in LG auf den weithin in Vergessenheit geratenen biblischen und patristischen Sinn des Wortes, der neu für das Verständnis von Kirche fruchtbar gemacht werden sollte.[35] Hier wird primär Christus selbst, darauf fußend dann auch die Kirche, als Mysterium Gottes vorgestellt.[36] Zudem ist μυστηριον vielfach sinngleich mit οικονομια, d. h. die Kirche ist «Resultat des Heilshandelns Gottes in Geschichte».[37] Die in der biblischen Begriffsverwendung enthaltenen Momente von «Geschichtlich-

33 Die Übersetzung folgt Hünermann (siehe Anm. 31).

34 Vgl. a.a.O.

35 Vgl. G. Wassilowsky: Universales Heilssakrament Kirche. Karls Rahners Beitrag zur Ekklesiologie des II. Vatikanums (Innsbrucker theologische Studien 59), Innsbruck 2001, 326f.

36 Vgl. z. B. Augustinus: «Es gibt kein anderes Sakrament Gottes als Christus.» PL 38, 845.

37 Wassilowsky: Heilssakrament (siehe Anm. 35), 326. Ein Blick in die Textgeschichte des sogenannten «Entwurfs der deutschen Bischöfe» verdeutlicht, dass die Verfasser des Entwurfs die biblische Rede von Kirche zum Ausgangspunkt der Idee nehmen, Kirche als Sakrament zu begreifen: «In der Art und Weise, wie Kirche in der Bibel erscheint, erkennen sie ein durchgängiges Prinzip. Ob die Kirche dort als Volk, Tempel, Haus, Stadt, Leib oder als Braut beschrieben ist, überall sehen sie die Kirche *als Resultat des Heilshandelns Gottes in Geschichte* dargestellt. In biblischer Sicht ist Kirche nicht isoliert verstehbar, sondern nur im Zusammenhang mit der Heilsgeschichte. […] Wenn die Verfasser dann erst beinahe ganz am Schluss ihrer *synthesis* die Kirche *sacramentum* nennen […] wird daraus ersichtlich, dass das sakramentale Kirchenverständnis vielmehr ein konklusiver Schluss aus biblischen Vorgaben ist als eine spekulative Idee am Anfang.» (a.a.O.)

keit», «Werk Gottes» und «universaler Vereinigungsökonomie» führen zur ekklesiologischen Anwendung von *mysterium / sacramentum*.[38] In Leben, Tod und Auferstehung Jesu Christi erscheint die geschichtliche Verwirklichung des göttlichen «Heilsplans». Jesus Christus ist das μυστηριον schlechthin.[39] Die ganze Bibel meint also – so die Konzilstheologie hier – mit μυστηριον den schon im Alten Bund wirkenden, verborgenen und freien Ratschluss zum Heil, den Gott in Jesus Christus verwirklicht und vollendet hat, um alles zu vereinen, was im Himmel und auf Erden ist.[40] Ist das Mysterium im Neuen Testament der in Jesus Christus aufgedeckte «Heilsratschluss» Gottes, so ist darüber nachzudenken, wie an dieser Stelle eine Erfüllungschristologie und eine unsachgemäße Vereinnahmung des Alten Testaments vermieden werden kann. Doch über das Verhältnis Kirche–Israel gälte es eigens nachzudenken.[41]

Der Begriff umfasst und verbindet zwei Elemente, sowohl eine *unsichtbare* als auch die geschichtliche, *sichtbare* Dimension. Kirche soll das von Gott gewirkte «Heil» anzeigen und erfahrbar werden lassen. Beide Dimensionen im Kirchenbegriff zu sichern und auszugleichen, darauf kam es hierbei wesentlich an.[42]

Der Text setzt definitorisch ein: «Da Christus das Licht der Völker ist».[43] Damit ist deutlich, dass *nicht die Kirche* das Licht ist, sondern nur Widerschein des Lichtes Christi. Der folgenden Satz von LG 1 erläutert das Wort von der Kirche als Mysterium weiter. Es heißt nun zunächst recht vorsichtig, Kirche sei «gleichsam» (lat. *veluti*) das Zeichen und Werkzeug.[44] Durch das eingefügte «gleichsam» ist deutlich, dass es sich

---

38 Vgl. a.a.O., 330. Vgl. auch Röm 16, 25f; Kol 2,2; Kol 1,26; Mk 4,11; Eph 1,9f.

39 Dies unterstreicht auch W. Kasper: «Das Geheimnis des Reiches Gottes, das den Jüngern offenbart ist, ist *also Jesus selbst als der Messias.*» (Kasper: Kirche [siehe Anm. 32], 119.)

40 Vgl. Wassilowsky: Heilssakrament (siehe Anm. 35), 330

41 Zur Bestimmung der Richtung eines solchen Nachdenkens sei verwiesen auf Rainer Kampling: Im Angesicht Israels, Studium zum historischen und theologischen Verhältnis von Kirche und Israel, hg. v. M. Blum, Stuttgart 2002.

42 Vgl. Wassilowsky: Heilssakrament (siehe Anm. 35), 331–334.

43 Mk 16,15 lautet: «Dann sagte er zu ihnen: Geht hinaus in die ganze Welt, und verkündet das Evangelium allen Geschöpfen!»

44 Der Satz, die Kirche sei «in Christus gleichsam das Sakrament, das heißt Zeichen und Werkzeug für die Einheit der ganzen Menschheit», wird vom Kon-

bei der Kirche nicht etwa um ein achtes neben den sieben Sakramenten handelt, und auch dass Kirche *in Christus* gleichsam Sakrament ist. Sie besitzt also keine unabhängige sakramentale Bedeutung neben Christus, sondern nur in Christus.[45] Nur so wird auch die getroffene Unterscheidung zwischen Jesus Christus als dem Ursakrament und der Kirche als dem Grundsakrament nachvollziehbar.[46] Diese Differenzierung muss unbedingt festgehalten werden, da der Sakramentenlehre folgend die Gnadenvermittlung unmittelbare Wirkung des Sakraments ist. Die Kirche *eröffnet* den Gläubigen aber nur die Gnadenvermittlung und liegt insofern den Einzelsakramenten voraus.[47] Auch ist sie, so Otto Hermann Pesch, «keine Handlung, sondern *die Handelnde* selbst, eben die, die das Sakrament als ihre gottesdienstliche Handlung vollzieht».[48]

Die Kirche zeigt, sichtbar als menschliche Gemeinschaft, die institutionell verfasst ist, «die innigste Vereinigung mit Gott und für die Einheit des ganzen Menschengeschlechts» an und bewirkt diese. Sie hat ihren Zweck also nicht in sich, sie ist nicht die Sache selbst, sondern erscheint als *Zeichen und Werkzeug* für die Vermittlung des von Gott her in Christus zukommenden Heils.[49]

---

zil an anderen Stellen vorausgesetzt «und bezeichnet dort die Kirche ohne weitere Präzisierungen als universales Heilssakrament.» Kasper: Kirche (siehe Anm. 32), 126. Vgl. LG 9; SC 5; 26; GS 42; 45; AG 1; 5.

45 Vgl. Kasper: Kirche (siehe Anm. 32), 126. Kirche ist Sakrament in den anderen Sakramenten.

46 Ausgesagt werden soll, dass die Kirche sichtbare Gestalt unsichtbarer Gnade ist (Augustinus), insofern kann sie im aufgezeigten Sinn *Grund*sakrament genannt werden.

47 Vgl. Pesch: Konzil (siehe Anm. 32), 165.

48 Ebd.

49 Vgl. Neuner: Kirche (siehe Anm. 32), 113. Durch die Hinzufügung von «Zeichen und Werkzeug» wird deutlich, dass das Konzil nicht nur eine Wiederbelebung der patristischen Bestimmung von *mysterium/sacramentum* festschreiben wollte, da diese noch nicht die spätere instrumentelle Wirkursächlichkeit umschließt: Im Sinne des Thomas von Aquin ist die Kirche Werkzeug, *indem* sie Zeichen ist. (vgl. S.th. III, qu. 60.62).

3.2 Die Kirche als Grundsakrament – Wertungen der sakramentalen Ekklesiologie

Was leistet nun die aufgezeigte Definition? Liest man die in LG 1 versuchte Wesensbestimmung von Kirche als Mysterium wie ein musikalisches Vorzeichen, das den Ton und Klang der nachfolgenden Kirchenbilder angibt, mag dieses Verständnis durchaus, wie von Wassilowsky vorgeschlagen, als regulative Idee fungieren.[50] Ihr obliegt es dann, eine kritische Funktion auszuüben und einerseits institutionalistische Verengungen, andererseits mystizistische Vereinseitigungen aufzudecken.[51] Erfahrungen der Gnade, der Versöhnung, der menschlichen Verbundenheit untereinander bleiben in diesem Verständnis nicht abstrakt, nicht innerlich oder dem Begreifen entzogen, sondern sie werden, so zumindest der Anspruch, durch die Existenz der sichtbaren Kirche erfahren, die dem Evangelium eine Geschichte in der Welt gibt als «die eschatologische Präsenz der siegreichen Gnade Christi» (Rahner)[52]. Klärend und in ökumenischer Weite merkt Otto Hermann Pesch an: «Die Kirche mag sein wie sie will, ihr Erscheinungsbild kann der vollkommene Widerspruch zu ihrer Botschaft sein, so dass Menschen, die aufrichtig Christen sein wollen, sich genötigt fühlen, ihr den Rücken zu kehren – es bleibt dennoch dabei: Nur weil es diese Kirche gibt, hat das Evangelium eine Geschichte in der Welt gehabt und wird sie haben. Und solange die Kirche nicht davon ablässt, dieses Evangelium, das sie selbst doch so sehr anklagt, zu verkünden, wird dieses Evangelium auch nicht in Vergessenheit geraten.»[53]

Wichtig ist hervorzuheben, dass das Konzil die Sakramentalität von Kirche streng von Christus her denkt und ihren Zielpunkt in der Einheit der Menschen mit Gott und untereinander sieht: In seiner Intention steht das vielfach kritisierte sakramentale Kirchenverständnis der Ökumene keinesfalls im Wege, da es eben nicht eine Sakralisierung oder Vergöttlichung der Kirche meint. Kirche als Mysterium verweist als Zeichen auf Jesus Christus und damit auch auf sein Kreuz. Sie wird nicht länger

50 Vgl. Wassilowsky: Heilssakrament (siehe Anm. 35), 334.

51 Vgl. ebd.; Hünermann: Kommentar (siehe Anm. 31), 357.

52 Vgl. Pesch: Konzil (siehe Anm. 32), 171.

53 Ebd.

triumphalistisch oder selbstherrlich als *societas perfecta* vorgestellt.[54] Die Leistung von LG 1 liegt darin, dass die Konstitution Sakramentalität und damit Kirche im Terminus Mysterium sehr weit und zugleich sehr konkret bestimmt. Wird Kirche hier als sichtbare Gemeinschaft gedacht, so sind die wahrhaft Glaubenden, die Geheiligten, die von Christus Geprägten, das Werkzeug. Das heißt, die Christinnen und Christen sind die Kirche. Ob sich Kirche faktisch vorfinden lässt, ist zu bemessen an ihrer Treue zur Nachfolge Jesu. Die Kirchengliedschaft ist somit kein Garant für das Stehen in der Gemeinschaft mit Gott, sondern der persönliche Glaube ist die Voraussetzung dafür, die Kirche «wie ein Sakrament zu empfangen».[55] In dieser Linie ließe sich das Bild gewiss fruchtbar machen, entlastet vom Ballast eines überzeitlich wahren Kirchenbegriffs. In ihrem Verweischarakter ist die Rede von der Kirche als Heilszeichen traditionelle und zukunftsweisende Ekklesiologie in bestem Sinne. Die Weite, die in der christologischen Begründung liegt und aufgrund der sie allen nachfolgenden Metaphern vorangestellt wird, markiert ohne Zweifel etwas sehr Richtiges.

Doch die Rede von der Kirche als Sakrament bleibt sehr erklärungsbedürftig. Bis in die Gegenwart ruft sie angesichts der Gefahr ihrer Missverständlichkeit eher Unbehagen hervor, zu stark wirkt noch die Exklusiv-Ekklesiologie früherer Jahrhunderte nach, als zu sperrig erweist sich die Deutung im ökumenischen Gespräch, zu instrumentalisierbar ist eine isolierte Lesart der Wendung. Recht verhalten resümiert auch Walter Kasper: «Das Verständnis der Kirche als Sakrament bringt damit einen großen Reichtum theologischen Nachdenkens zum Ausdruck. Es geht durch diese Aussage ein großer und weiter heils- und universalgeschichtlicher Atem. Trotzdem muss man sagen, dieser Reichtum ist unter vielen fachtheologischen Eingrenzungen, Erläuterungen und Abgrenzungen verschüttet, welche die Vermittlung von der Kirche als Sakrament für

54 Trotz der Zurücknahme eines solchen Denkens bleibt LG 1,1 schwierig: Ein kritischer Einwurf von vielen hierzu findet sich bei C. Ozankom. Er nimmt Bezug auf den afro-brasilianischen Katholizismus: Die Formulierung, die Kirche sei *Zeichen und Werkzeug der innigsten Vereinigung der Menschen mit Gott und aller Menschen untereinander,* sei für die schwarzen Bevölkerung Brasiliens (also jene aus Afrika verschleppten Menschen, die als getaufte Sklaven ihr Leben fristeten) kaum begreiflich gewesen. Vgl. C. Ozankom, Christliche Theologie im Horizont der Einen Welt, Regensburg 2012, 30f.

55 Pesch: Konzil (siehe Anm. 32), 173.

das Verständnis der Gläubigen schwierig machen. Deshalb wird diese Rede wohl auch in Zukunft theologische Gelehrtensprache bleiben.»[56]

Leistung und Grenze des sakramentalen Kirchenverständnisses lassen deutlich werden, was eine Ekklesiologie in der Spur des Konzils gegenwärtig zu bedenken hat. Mehr als darum, eine allgemeingültige Wesensbestimmung auszumachen, wird es darum gehen müssen, *wie* Kirche überhaupt in Christus Zeichen und Werkzeug der Einheit aller Menschen sein kann. In anderer Weise erklärungsbedürftig wird zudem, *warum* sie überhaupt auf «die Einheit des ganzen Menschengeschlechts» (LG 1,1) verweisen und hinwirken soll. Die in *Nostra Aetate* vorgenommene interreligiöse Relationierung ist in ihrer Rückwirkung auf das Kirchenverständnis selbst nur bedingt weitergedacht, wesentlich konzentriert sich die Diskussion hier auf die Heilsbedeutung Jesu Christi für die anderen.[57] Wenn heute verstärkt die Diversität und Kontextualität der Glaubensverwirklichung sowie das Gewicht der gelebten Erfahrungen, die die Weltkirche ausmachen, den Ausgangspunkt für ihr Selbstverständnis bilden müssen, verändert dies die Suche nach dem «Wesen» der Kirche massiv. Vor hier aus – also rückschließend aus der Konkretion des Lebens aus dem Evangelium – die entsprechenden Kennzeichnungen von «Weltkirche» zu erheben, bedeutet, die Partikularität, die Verschmelzungsprozesse und die Fragilität des Christlichen «in der Welt» als zentrales Moment kirchlicher Identität entschieden wahr- und ernst zu nehmen. Das Bewusstsein von der Komplexität und den Gegenläufigkeiten globaler Erfahrungsräume fordert eine ganz andere, verdichtete Dimension kultureller Übersetzungen, die als mehrdimensionale, reziproke, permanente Vermittlungsprozesse zu verstehen sind.[58] Der stete Transfer

---

56 Kasper: Kirche (siehe Anm. 32), 129. Oder, um es mit Pesch noch skeptischer zu fassen: «Die These von der Kirche als Grundsakrament ist theologisch möglich, sie widerspricht keinem Dogma, aber ist sie auch sinnvoll?» Pesch: a.a.O., 170.

57 Eine Ausnahme bildet die Neubestimmung des kirchlichen Selbstverständnisses im Angesicht des Judentums.

58 Hierbei wäre auf die breit gefächerte Diskussion um das Verhältnis von Religion (Evangelium) und Kultur in der (außer-)europäischen Christentums- und Kirchengeschichte weit mehr einzugehen, als hier möglich. Verwiesen sei darauf, dass die im Rahmen postkolonialer Theoriebildung vollzogenen *cultural turns* der Geschichts- und Kulturwissenschaften, vor allem über die Themen der interkulturellen Theologie nach und nach Eingang in die theologische Bewer-

des Glaubenswissens im Prozess der Glaubensannahme und Glaubensweitergabe sowie die Sprachfähigkeit der kirchlichen Sendung sind für den Bestand und die Lebendigkeit der Kirche elementar. Verkündigung im Modus des *Dialogs* über den Glaubensinhalt und das *Kommunizieren* des Christusereignisses haben entschieden an Bedeutung gewonnen. Dies alles gilt es vor dem Hintergrund der Schwerpunktverschiebung des weltweiten Christentums einzuholen.

Es bleibt eine zentrale Aufgabe, Kirche streng aus der Vielgestalt und Glaubensfülle der Ortskirchen heraus zu begreifen und die radikale Kontextualität des Kirche-Seins – jenseits überkommener Ansprüche, Zentrismen, starrer Regelwerke und kategorischer Angst vor Verschmelzungen – zunächst einmal konsequent ernst zu nehmen. Zur fundamentalen Revision, wie in römisch-katholischer Perspektive die tradierte Rede von der «Kirche», ihrem «Wesen» und ihrer «Katholizität» zu verstehen ist, wird die interkulturelle Theologie als theologische Perspektive künftig Wesentliches beitragen.[59] Die ihr aufgegebenen Fragen erscheinen angesichts der Pluralität der Konfessionen und Religionen schier unüberschaubar. Fest steht allein die Notwendigkeit, sich ihnen entschieden zu widmen, denn ein «Rückbezug auf vermeintlich übergeschichtliche Gewissheiten»[60] bietet keine tragfähigen Antworten. Die Kirche ist primär

tung kultureller Begegnungen fanden. Die prominente Bedeutung, die Begriffe wie z. B. *Hybridität, Third Space* oder auch *entangled histories* in der geschichts- und kulturwissenschaftlichen Perspektive gewonnen haben, stellt für eine Vielzahl theologischer Fragestellungen derzeit durchaus noch eine Herausforderung dar. Vgl. einführend: D. Bachmann-Medick: Cultural Turns, Neuorientierungen in den Kulturwissenschaften, Hamburg 2006; S. Conrad / S. Randeira: Jenseits des Eurozentrismus. Postkoloniale Perspektiven in den Geschichts-und Kulturwissenschaften, Frankfurt a. M. 2002. Siehe hierzu auch den Beitrag von Sigrid Rettenbacher in diesem Band.

59 Vgl. zum Begriff: F. Gmainer-Pranzl: Welt-Theologie. Verantwortung des christlichen Glaubens in globaler Perspektive, in: Interkulturelle Theologie. Zeitschrift für Missionswissenschaft 38 (2012), 408–433, bes. 422–433; G. Essen: Interkulturelle Theologie, in: J. Straub / A. Weidemann u. a. (Hg.): Handbuch interkulturelle Kommunikation und Kompetenz. Grundbegriffe – Themen – Anwendungsfelder, Stuttgart 2007, 283–293, M. Delgado / G. Vergauwen (Hg.): Interkulturalität. Begegnung und Wandel in den Religionen, Stuttgart 2010.

60 K. Hock: Einführung in die Interkulturelle Theologie, Darmstadt 2011, 149.

im Christus-Zeugnis der Gläubigen Heilszeichen: Sie bezeugt Gott dann, wenn sie an der Seite der Armen, Unterdrückten, Ausgegrenzten, Kranken, Alten und Schwachen steht. Wenn Gläubige Anteil nehmen am Leben der Anderen, nimmt ihr Gottesdienst Gestalt an: Die Kirche Jesu Christi vollzieht sich in Solidarität, Gerechtigkeit und Versöhnung, in menschlichem Mitgefühl und helfender Nähe. Sie wird dann ihrer Verantwortung gerecht, wenn sie betend und handelnd eine Glaubensgemeinschaft der Nächstenliebe ist. Entsprechend ist Kirche nicht zuerst ein institutionell gebundener Ort, sondern sie ist dort, wo auf den sich kreuzenden menschlichen Lebenswegen der Geist Christi Raum greifen kann.

4. Kirche und Islam – Christliches Lernen von der Umma? Ein Fazit

Kann die christliche Glaubensgemeinschaft Kirche trotz des deutlich anders gelagerten Verständnisses von Umma im Islam dennoch von dieser lernen? Was kann die Umma den christlichen Kirchen zu denken aufgeben und umgekehrt?

Fest steht: Das Nachdenken über die Bedeutung der Gemeinschaftsdimension für das muslimische und christliche Gläubigsein gehört nicht zum Standardrepertoire interreligiöser Studien. Der Grund dafür mag darin gesehen werden, dass die christlich-theologische Ekklesiologie mit der Reflexion über die Verstehensweisen der islamischen Umma kein rechtes Pendant findet. Deutlich ist zudem, dass die Umma, verstanden als Gemeinschaft der Gläubigen, für das Glaubensverständnis von Musliminnen und Muslimen (und damit theologisch) eine andere, wesentlich weniger bedeutende Rolle spielt als die Kirche für das Christ(in)-Sein. Die Umma ist kein Bestandteil des Glaubensbekenntnisses, die Reflexion über sie bildet kein eigenes Traktat aus.

Möglicherweise ist daher schon das Vergleichspaar falsch gewählt: Im Unterschied zum Islam ist für die christliche Existenz die Bindung an die Gemeinschaft Ausdruck zentraler Glaubensgehalte. Die analoge Konstruktion einer islamischen Ummatologie wäre zweifelsohne ein Fehlschluss. Gleiches gilt gar für die Suche nach entsprechenden Metaphern und Erzählungen, die sich auf die Umma beziehen und versuchen, ihren theologischen Gehalt bildlich zu fassen, denn die Gemeinschaft wird mittels des Umma-Begriffs weithin vor allem als eben solche bezeichnet.

Es ist nicht notwendig, im Begriff Umma Tradition zu verdichten, Vergangenes narrativ zu erinnern und so gegenwärtig zu halten, wie es in den Bildern von Kirche geschieht. Wenn ferner als Differenz zu markieren ist, dass für die islamische Glaubensgemeinschaft die Ausbildung von Strukturen und besonderen Positionen eher unbedeutend ist, wobei hier zwischen Sunniten und Schiiten näher zu unterschieden wäre, so stellt sich die Frage, was für muslimische Gläubige als verbindend und konstitutiv gilt. Als maßgeblich kann gewiss das Hören des Koran gelten, das den sogenannten fünf Säulen des Islam vorausgeht. Verbindend ist es, Gottes Wort auf- und anzunehmen und es zu halten, danach zu leben.

Felix Körner schlägt daher vor, der eigentlich analoge Begriff zu «Kirche» sei «Islam». Umgekehrt seien auch die Bezeichnungen «Christentum» und «Islam» nur bedingt korrespondierend: «Die Vollzugsform des Evangeliums in Lehre und Lebenswirklichkeit hat jedoch früher und treffender den Namen ‹Kirche› (*ekklesia*), da es primär nicht Doktrin ist, sondern Stiftung der geschichtlich-tatsächlichen und soziopolitisch erkennbaren Bezeugungsgemeinschaft, des neuen Gottesvolkes. Damit ist ‹Kirche› auch sinnvoll als Gegenbegriff zu ‹Islam› einsetzbar; denn beide betreffen sowohl historische und gesellschaftliche Wirklichkeit wie Lehre qua Inhalt und Vollzug. Außerdem sind beide Bezeichnungen […] sowohl abgrenzbar als auch entgrenzt, sowohl Gruppenbezeichnung als auch mit Blick auf andere gesagt. Drei Schwierigkeiten können benannt werden, wenn Islam ausgerechnet der Kirche gegenübergestellt ist. Einmal kann Kirche wie eine Reduktion des christlichen Glaubens auf eine zufällige heutige Sozialgestalt klingen; dann wie eine Überbewertung des amtlichen Christentums; und schließlich wie eine Beschränkung der Fragestellung auf das gegenwartspolitische, obwohl doch grundsätzliche theologische Fragen zu stellen sind. Solche Einwände sind berechtigt; vielleicht kann man aber auch durch die Verwendung des Kirchenbegriffs seine Tiefe wiedergewinnen.»[61] Diese Anregung, die aus der Feststellung der Schieflage des Vergleichs resultiert, ist aufzunehmen und als erstes Ergebnis der je vorgestellten Überlegungen zu Umma und Kirche festzuhalten. Die Begriffe korrespondieren insgesamt nur äußerst bedingt. Aber auch bei einer Parallelisierung von Islam und Kirche bliebe

---

61 F. Körner: Handout zum Vortrag «Theologie des interreligiösen Zeugnisses. Thesen und Klärungen», CiBeDo / Köln, Herbst 2012.

wiederum Disanaloges, doch wäre die Vergleichsebene besser getroffen. Kirche (bzw. Christentum) und Islam (bzw. Umma) lassen sich offenkundig nicht synthetisieren.[62]

Die Umma aller Gläubigen als Kontext des eigenen Kirchenverständnisses zu begreifen, evoziert *zum einen* die Wiederkehr der alten Frage, ob die Zugehörigkeit zur Kirche, d. h. die Eingliederung in diese Gemeinschaft durch die Taufe als «heilsnotwendig» gedacht wird. *Zum anderen* wird die Frage aufgeworfen, wie offen die Kirche als Volk Gottes in ihrem Heilsangebot und ihrer Sendung umgekehrt gedacht werden kann. Im christlichen Verständnis ist durchaus anzunehmen, dass der Gott Israels, der Vater Jesu, sich auch in anderen Weisen den Menschen zugesagt hat und sich heute in vielfältigen Zeichen erfahrbar macht. So sehr Gottes unbedingter Heilswille notwendig universal, d. h. jeden Menschen umfassend, gedacht werden muss, so sehr unterscheiden sich doch die theologischen Funktionen von Kirche und Umma. Kirche als Leib Christi oder, wie oben entfaltet, als Grundsakrament, ist ohne das Ursakrament Jesus Christus nicht Kirche. Die Sakramentalität von Kirche soll ja gerade darauf verweisen, dass Kirche in erster Linie mehr und anderes meint als ihr institutionelles Verfasstsein. Umgekehrt würde der Umma mit der gott-menschlichen Dimension gegen das koranische Selbstverständnis etwas aufgebürdet, was sie gar nicht sein will und nicht sein kann. Die Umma als solche hat nur bedingt eine spirituelle Dimension, eine göttliche Dimension der Umma steht dem islamischen Offenbarungskonzept schlicht entgegen. Auch beansprucht die Umma nicht

62 Keith Ward merkt in Bezug auf die islamische Umma an: «One might then think of Islam as a world-wide faith without national boundaries, an international community of those bound to obedience to God's law, as revealed in the Qur'an. As such it would live together peacably with all those who in good conscience seek truth and justice, and unite in common action especially with those who seek to obey God in different dins, or ways of life. It would oppose all narrow national or ethnic interests, and strive, in cooperation with all who share its ideals of justice and compassion, to realize an ideal fellowship of all humans under God. […] In the present world order Islam must seek to persuade and invite those who will respond to its global message. And leave what actually happens to the will of God. If a global league of nations under God is not possible, still Islam can aim to be a global, tolerant, and just community, striving to promote peace and integrity in all human relationships. That is an idealized picture.» K. Ward: Religion and Community, Oxford 2000, 34–35.

«Heilszeichen» oder «Mysterion» zu sein, wohl aber prägt die Gemeinschaft der muslimischen Gläubigen der Koran, verehrt und befolgt als göttliches Wort und Zeichen.

Nimmt man nun, wie Felix Körner vorschlägt, den Begriff «Islam» als analog zu «Kirche» an, so bleibt die Frage, inwieweit das göttliche Heilshandeln auch in der Gemeinschaft der anderen Gläubigen angenommen werden muss, inwiefern also die Botschaft der eigenen Gemeinschaft in der anderen präsent geglaubt werden kann. W. C. Smith urteilt hier sehr klar: «Die Kirche, so wurde postuliert, ist ein göttlich-menschlicher Komplex in Bewegung. Ist sie der Leib Christi, ist sie auch der Leib von mir und anderen. Ich schlage vor, dass jede andere religiöse Gemeinschaft auf der Erde gleichermaßen göttlich und gleichermaßen menschlich ist – und gleichermaßen in Bewegung. Gott rettet uns auf jede Weise, die er vermag, nehme ich an, aber, soweit, vor allem durch unsere religiösen Systeme.»[63]

Die Zugehörigkeit zur Umma entscheidet sich mit dem persönlichen Gläubigsein, der Hinwendung zu Gott. So wie der Blick auf die Weite der Katholizität helfen kann, das spezifisch Verbindliche des eigenen Glaubens (z.B. die Bedeutung des Getauftseins) durch seine Vielgestalt hindurch deutlicher wahrzunehmen, so kann die Identität von Kirche im Spiegel der Umma besser erkennbar werden. Doch kann das interreligiöse Gespräch nicht die Selbstreflexion als erstes Ziel haben. Denn bloß mit der Differenzierung zwischen dem Begriff der Kirche und der muslimischen Umma und der Klärung jeweiliger Identitäten ist noch nichts über die Beziehung beider Gemeinschaften gesagt.

Gott will, dass alle Menschen gerettet werden. So mag christlich zu hoffen sein, dass die hohe Wertschätzung, die Muslime Jesus als einem ihrer Propheten entgegenbringen – trotz des bestehen bleibenden Dissenses im Bekenntnis zu ihm als dem Christus – künftig ein Ort der friedvollen Begegnung wird, an dem das Gute und Heilvolle wirksam wird, indem christliche und muslimische Gläubige es gemeinsam konkret werden lassen.

Voneinander lernen können beide Religionsgemeinschaften mit Blick auf die jeweilige Bedeutung der Einheit der Gemeinschaft. Wenngleich das Ideal der Einheit der Glaubensgemeinschaft in beiden Perspektiven

---

63 W. C. Smith: Towards a World Theology. Faith and the Comparative Theology of Religion, London / Basingstoke 1981, 169f, Übersetzung AMV.

bedeutsam ist, so ist doch wiederum im christlichen Verständnis das Stiften und Bewahren der Einheit sehr viel stärker Zielvorgabe, wie die Nennung der «einen Kirche» im Symbolon verdeutlicht. Wenngleich die Umma faktisch nicht im Plural existiert, so spricht der Koran doch auch vom Sinn der Vielfalt der Gemeinschaften, Stämme und Völker: Diese werden als gottgewollt aufgefasst und dazu geschaffen, dass die Menschen einander kennen.[64]

Was ist an dieser Differenz zu lernen? Der koranischen Aufforderung zum Dialog und zum Tun des Guten können Christinnen und Christen gewiss folgen. Grundlegend stellt die islamische Gemeinschaft, die Umma aller Gläubigen, eine neue Herausforderung für die Rede von der Katholizität und Einheit der Kirche dar, die zu allen Zeiten mehr Konstrukt, denn gegebene Wirklichkeit war.[65] Wie ist unter der Bedingung der Pluralität der Glaubensgemeinschaften Heilsuniversalität anders zu denken als bezogen auf die ganze Menschheitsgemeinschaft? Was aber ist dann Kirche? Was aber ist mit den Widersprüchen und unüberbrückbaren Differenzen zwischen Islam und Kirche? Verstärken die Differenzen nicht eher das Verbleiben in der Partikularität?

Mit Recht hat Jacques Waardenburg immer wieder darauf hingewiesen, dass die Allgemeinbegriffe Christentum und Islam zu konstanten Missverständnissen führen, und den Blick darauf gelenkt, dass «die Beziehung zwischen den Gläubigen nicht pauschal zu reduzieren ist auf die

---

64 In der Sure «Der Tisch» heißt es in Vers 48: «Für jeden unter euch haben wir Richtung und Weg geschaffen. Wenn Gott gewollt hätte, hätte er euch zu einer einzigen Gemeinschaft gemacht. Doch er will euch in dem, was er euch gegeben hat, prüfen. So wetteifert um die guten Dinge! Zu Gott kehrt ihr allesamt zurück»; vgl. auch Sure 50:13 (Anm. 27)

65 Magnus Striet führt aus: «Diachron und synchron betrachtet, ist die Vorstellung, exakt sagen zu können, was das Katholische sei, eine Fiktion. Von Anfang [an] hat es sich ausdifferenziert, ortskirchlich ausgeprägt und gleichzeitig so, in diesen Differenzierungsprozessen und als diese Prozesse immer wieder neu aufgebaut. Das Katholische gab es nie. Vielmehr hat es sich immer wieder neu lokal, aber in einer dann universalkirchlich zu verantwortenden Weise aus Transformationsprozessen von bereits gefundenen und neu zu suchenden Glaubensüberzeugungen herauskristallisiert.» M. Striet: Was ist «katholisch»? Ein Bestimmungsversuch im Horizont der Moderne, in: M. Heimbach-Steins / G. Kruip / S. Wendel (Hg.): Kirche 2011: Ein notwendiger Aufbruch. Argumente zum Memorandum, Freiburg i. Br. 2011, 58–80, hier: 67f.

Zugehörigkeit zu verschiedenen Religionen, religiösen Systemen oder religiösen Gemeinschaften.» Vielmehr sei der Blick zu lenken auf konkrete Kontexte und eine spezifische Kommunikation mit den betreffenden Menschen.[66] Dies ist auch in dieser Frage angezeigt, denn im Handeln der Gläubigen, im gemeinsamen Tun des Guten in konkreten Situationen des Lebens liegt gewiss die entscheidende Dimension muslimischen wie christlichen Glaubens.[67] Doch soll ein anderer Anstoß Waardenburgs hier mit Blick auf das Thema zum Tragen kommen: Waardenburg folgend können Religionen als «Zeichensysteme» verstanden werden, die den Gläubigen Sinn vermitteln, d. h. Deutungen für ihre Fragen und Orientierung bei Problemen anbieten.

Angewandt auf die Frage nach der Bedeutung von Glaubensgemeinschaften zeigt sich, dass für die christliche wie die muslimische Tradition die Rede von den Zeichen, die sinnstiftend wirken, höchst bedeutsam ist. In der katholischen Tradition ist die Rede von den sieben Sakramenten als Zeichen des Heils, von der Kirche als Grundsakrament, innerhalb derer diese Zeichenhandlungen vollzogen werden, und von Jesus Christus als dem Ursakrament, von dem das Konzil leitmotivisch in LG 1 sagt «Christus ist das Licht der Völker». Kirche ist ein Netzwerk von Heilszeichen.

In vergleichbarer Weise kann der Islam als ein Netzwerk von Zeichen (arab. *ayāt*) verstanden werden. Der Koran, der gleichsam die für alle Muslime verbindliche Glaubensbasis darstellt, spricht nicht nur von den lesbaren Zeichen Gottes in der Natur, die in der Welt ablesbar sind, oder der Schöpfung selbst, einschließlich der Verschiedenheit der Sprachen und Arten, als Zeichen (Sure 30,22), die auf den Gott den Einen verweisen, sondern die Verse der Suren werden ebenfalls in diesem Sinn als *ayāt* bezeichnet. Diese Zeichen einigen die weltweite Verschiedenheit und sind Zeichen, die in der Rezitation gegenwärtig gesetzt werden als Wort Gottes, das Rechtleitung des Menschen bedeutet. Der Frankfurter islamische Theologe Abdullah Takim schreibt diesbezüglich: «Alles kann

66 J. Waardenburg: Selbstsicht und Sicht des Anderen. Alte Abgrenzungen und neue Wege zur Offenheit im christlich-islamischen Verständnis, in: H. Schmid u. a. (Hg.): Identität (Anm. XX), 21–40, hier: 28.

67 Ein wichtiges Lernfeld stellte auch die Bedeutung von Institution, Amt und Autorität dar, auf deren unterschiedliche Gewichtung hier nicht eingegangen werden soll.

man also als ein Zeichen verstehen, das auf Gott hinweist. In der islamischen Tradition findet man deswegen auch Auffassungen […], die die ganze Welt als Buch oder ‹literarisches Werk Gottes› (*tasnif allah*) verstehen, das aus Zeichen besteht.»[68] Die Welt ist Wort Gottes ebenso wie das als Koran geoffenbarte Wort Gottes. Eine solche interreligiöse Verständigung, die danach fragt, welche Bedeutung diese Zeichen jeweils und konkret angewandt besitzen, nähme die offenbarungstheologische Differenz ernst und ermöglichte zugleich ein Gespräch darüber, was die Glaubensgemeinschaft jeweils wesentlich kennzeichnet. Eine solche interreligiöse Bezugnahme hätte ihr Maß an der individuellen Existenzdeutung, der kontextuell bedingten Glaubenserfahrung und der gemeinsamen Glaubenspraxis zu nehmen, um von dort aus die Reflexion über das bezüglich der Gemeinschaft Tradierte neu aufzunehmen. Nur mit Blick auf das jeweilige Verständnis dessen, was es heißt, Gemeinschaft in der Nachfolge Christi zu sein bzw. Gemeinschaft durch Gottes im Koran offenbartes Wort, kann das interreligiöse Lernen hier Gestalt gewinnen. Wenn das Konzil im Mysterion-Begriff die sakramental vergegenwärtigende wie verweisende Struktur der Ekklesia festzuhalten suchte, die die Einheit aller Menschen in Christus zum (eschatologischen) Ziel hat, so sind auch die «klaren Zeichen» der koranischen Offenbarung eine universale Botschaft, die von allen gelesen werden kann. Alle sind aufgerufen, sie durch das Hören zu verinnerlichen, zu vergegenwärtigen, indem sie sich von ihnen leiten lassen und darin Gott folgen, sich ihm nähern. Beiden gemeinschaftskonstitutiven Elementen, so wenig auch diese synthetisierbar sind, eignet das Ausgespanntsein zwischen dem Ursprung und der in ihm liegenden dynamischen Weite und Zielbestimmung. Zu wünschen ist allen, die Christus bzw. der Rechtleitung folgen, dass das gemeinsame Tun des Guten zum einigenden Band von christlichen und muslimischen Gläubigen wird.

---

68 A. Takim: Den Islam verstehen als ein Netzwerk von Zeichen. Eine muslimische Lesart von Jacques Waardenburg, in: H. Schmid u. a. (Hg.): Identität (Anm. XX), 41–51, hier: 44.

5. Ekklesiologie im interreligiösen Kontext

Auf dem Hintergrund des Gesagten seien am Ende die im Rahmen der Tagung vorgestellten Thesen zur «Interreligiösen Theologie» aufgenommen. Interreligiöse Theologie mag zunächst als alternatives theologisches Konzept gelten, das dazu beitragen kann, die großen Transformationsprozesse innerhalb der diversen theologischen Disziplinen zu reflektieren, um hier zu neuen, integrierenden Sichtweisen zu gelangen.[69] Die sich damit schon einleitend angedeutete Skepsis bezieht sich hierbei auf die von Perry Schmidt-Leukel entworfene Konzeption, die eine *universale* Interreligiöse Theologie als Zielbestimmung Interkultureller Theologie ansieht.[70] Zum andern ist in Frage zu stellen, ob eine Interreligiöse Theologie ihr primäres Anliegen darin sehen kann, einen Beitrag zu einem *globalen*, interreligiösen Kolloquium zu leisten.[71]

Das Anliegen für eine neue Basisaufgabe theologischen Arbeitens eine neue Überschrift zu wählen, ist wichtig. Doch scheint dies mit dem seit einigen Jahren unter dem Terminus *Interkulturelle* Theologie zusammengeführten Feld, bereits treffender eingeholt, da hierunter auch das interreligiöse Fragefeld gefasst werden kann. Klaus Hock gemäß liegt das Spezifikum Interkultureller Theologie als theologischer Disziplin darin, «Transkulturationsprozesse theologischer Diskurse zu ihrem Gegenstand zu machen, sie allerdings wieder auf die innertheologische Diskussion zurückzubeziehen.»[72] Hock beschreibt die Grundbewegung Interkultureller Theologie wie folgt: «Interkulturelle Theologie ist, soweit es sich rekonstruieren lässt, eben tatsächlich von Beginn an getrieben von der Frage, wie die unterschiedlichen Hybridformen des Christlichen zwischen Partikularität und Universalität miteinander in Beziehung zu setzen sind.»[73] Mit einer solchen Einordnung wird die zu beachtende Relation von Interkultureller Theologie und der Hermeneutik interreligiöser Beziehungen deutlich markiert, denn jede interreligiöse Theologie ist zugleich auch interkulturelle Theologie. Eine solche interkulturelle Theolo-

69 Vgl. These 2 des Diskussionspapiers zur Tagung. Siehe Einleitung, 12f.

70 Vgl. P. Schmidt-Leukel: Interkulturelle Theologie als Interreligiöse Theologie, in: EvTh 71 (2011), 4–16, hier: 6.

71 Vgl. These 4 des Diskussionspapiers zur Tagung.

72 K. Hock: Einführung in die Interkulturelle Theologie, Darmstadt 2011, 10.

73 A.a.O., 149.

gie der Religionen nimmt die Kontextualität jedweder Theologie zum Ausgangspunkt und leistet die gesuchte Integration der innerhalb der Theologie insgesamt in Bewegung geratenen Felder. Hierzu zählen die Kontextuellen Theologien, die Missionstheologie, die Religionstheologie sowie Ökumene und, nicht zuletzt, die Erfahrung von Säkularität und Moderne. Angesichts des globalisierten Christentums liegt in der damit nur vage skizzierten Programmatik eine «Zukunftsaufgabe der Theologie»[74], und gerade mit Blick auf eine kontextuelle Perspektivierung interreligiöser Bezugnahmen ist hier noch vieles zu leisten. Stattdessen aber die *Interreligiöse Theologie* als weiter gefasste Klammer um die Teilgebiete der Theologie zu setzen oder als Grundform zukünftiger Theologie, die gemeinsam mit Theologinnen und Theologen aus anderen Religionen betrieben wird, anzunehmen, will nicht recht überzeugen.

Um den notwendigen Bewusstseinswandel im Verständnis der Modalität theologischer Arbeit zu erreichen, wären die Methoden und Ziele der Komparativen Theologie hier einzubringen. Klaus v. Stosch, dem das Verdienst zukommt, die Programmatik der Komparativen Theologie im deutschen Sprachraum eingeführt zu haben, nimmt im Rahmen einer vorläufigen Bestimmung des Verhältnisses der bisher skizzierten Interreligiösen Theologie zur «Komparativen Theologie» an, dass beide das Anliegen teilten, «anderen Religionen auf Augenhöhe zu begegnen und diese für die eigenen Theologien fruchtbar zu machen. [...] Wie eine interreligiöse Theologie geht sie [i.e. die KT] von der Einheit der Wirklichkeit aus, vollzieht sich aus dem Dialog heraus und versteht ihre Wahrheitssuche als einen unabgeschlossenen Prozess. Anders als interreligiöse Theologie setzt sie der traditionellen Apologetik und ihrer Hermeneutik des Verdachts aber keine Hermeneutik des Vertrauensvorschusses entgegen, sondern geht ergebnisoffen und hermeneutisch vorurteilsfrei in den

74 H. Walz arbeitet in ihrer Ekklesiologie heraus, wie eine kontextuelle Annäherung an die Ekklesiologie methodisch angelegt werden kann. Sie definiert: «Kontextuelle Ekklesiologien sind in dieser Arbeit solche ekklesiologische Überlegungen, bei denen konfessionelle, soziokulturelle und geschlechtsgebundene Faktoren ineinander spielen und in unterschiedlicher Gewichtung Einfluss nehmen.» H. Walz: «... nicht mehr männlich und weiblich ...»? Ekklesiologie und Geschlecht in ökumenischem Horizont, Frankfurt a. M. 2006, 124. In diese Richtung wäre z. B. weiterzudenken, insbesondere da sie die Bedeutung der Metapher für die ekklesiologische Rede neu reflektiert. Sie spricht in diesem Zusammenhang von *Bewegungsekklesiologien.* (a.a.O., 118.)

interreligiösen Dialog.»[75] Wenngleich auch die für die Komparative Theologie postulierte Ergebnisoffenheit mit Skepsis zu versehen ist, so ist doch der weiteren ersten Einschätzung von Stoschs zuzustimmen. Er meldet Bedenken an, «als würde der Synthese-Optimismus der klassischen pluralistischen Theoriebildung einen etwas unguten Einfluss auf die Entwicklung dieses Projekts nehmen».[76] Gewiss ist anzunehmen, dass die christliche Theologie sich zunehmend durch durchzuführende interreligiöse Bezugnahmen neu verstehen lernt und sich auch im Dialog verändert. Das Nachdenken über Kirche und Umma hat jedoch deutlich gezeigt, dass die von der Interreligiösen Theologie angestrebten Synthesen in bestimmten Feldern theologischen Fragens von vornherein nicht Zielsetzung sein können, wollte man mit ihrer Bildung nicht zugleich die zentralen Kennzeichnungen bestimmter Religionen in einer Einheitsreligion aufheben. Auch können konsensfähige Glaubensaussagen nicht theologisch produziert werden.[77] Interreligiösität besteht bei allen zu erhoffenden Konvergenzen nur, solange spezifische Religionen identifiziert werden können und als jeweilige, sich wandelnde Zeichensysteme etwas aussagen. Eine dialogische Theologie wechselseitiger Inklusion, die die interreligiösen Themen nicht nur als Anfrage, sondern als Lernorte sieht, wird die Themen neu fortschreiben, verändert tradieren. Dabei gilt gerade für eine Kirche, die sich versteht als zu allen Menschen gesandt «um das *allgemeine Sakrament des Heiles* zu sein» (AG 1, LG 48), dass sie die interreligiöse Verständigung verstärkt sucht und die Begegnung wagt.

---

75 K. v. Stosch: Komparative Theologie als Wegweiser in der Welt der Religionen, Paderborn 2012, 241.

76 A.a.O., Fn 368.

77 Nur der lebendige Dialog von Gläubigen verhindert, dass die anderen Religionen, Kulturen, Kontexte darauf reduziert werden, Erkenntnisorte der eigenen Dogmatik zu werden.

Michael Hüttenhoff

«Allein mag wandern man dem Nashorn gleich ...»? Ein Beitrag zu einer komparativ-theologischen Ethik der Freundschaft

«... komparative Theologie versteht man am besten, indem man ihre Praxis reflektiert›»[1]. Dieser Maxime Francis X. Clooneys folgend werde ich, von einigen grundsätzlichen Überlegungen im ersten Abschnitt abgesehen, mein Verständnis komparativer Theologie nicht abstrakt, sondern an einem ausgewählten Thema aus dem Bereich der Ethik erläutern. Am Beispiel von zwei klassischen Texten zur ‹Freundschaft› werde ich darlegen, wie religionswissenschaftliche Vergleiche in systematisch-theologische Überlegungen integriert werden können. Gleichzeitig soll der Aufsatz einen Beitrag zu einer komparativ-theologischen Ethik der Freundschaft leisten.

1. Komparative Theologie als Dimension der systematischen Theologie

Es gibt unterschiedliche Zugänge zur komparativen Theologie. Ein Zugang erschließt sich aus der konkreten *Begegnung* mit religiös Anderen und aus dem interreligiösen *Dialog*.[2] Das Interesse, die Anderen zu verstehen, sich ihnen verständlich zu machen und von ihnen zu lernen, motiviert dazu, sich detailliert mit Elementen ihrer Religion zu befassen und sie mit Elementen der eigenen Religion zu vergleichen. Einen anderen Zugang öffnet die *Theologie der Religionen*, die nach dem Verhältnis religiöser Geltungsansprüche fragt. Wer sich von ihr herkommend der komparativen Theologie nähert, sucht in ihr eine Alternative zur Religionstheolo-

---

1 F. X. Clooney: Comparative Theology. Deep Learning Across Religious Borders, Malden / Oxford / Chichester 2010, 21; vgl. auch a.a.O., 53. Alle Übersetzungen aus dem Englischen sind, sofern nicht anders angegeben, vom Autor.

2 Vgl. die Darstellung der komparativen Theologie bei P. F. Knitter: Introducing Theologies of Religions, Maryknoll 2004^4, 203–205.

gie, eine Bestätigung oder eine Grundlage religionstheologischer Urteile.[3] Ein dritter Zugang ergibt sich in der *Systematischen Theologie,* wenn Theologinnen und Theologen erwarten oder wenigstens nicht ausschließen, dass sie in anderen religiösen Traditionen fruchtbare Beiträge zur Bearbeitung systematisch-theologischer Fragen finden könnten. Die drei Zugänge können sich verbinden, aber oft gibt es auch dann ein vorherrschendes Motiv. In diesem Aufsatz wähle ich den dritten Zugang.

Die Rationalität systematisch-theologischer Überlegungen liegt in erster Linie darin, dass sie die Forderung nach *Kohärenz* erfüllen. Kohärenz ist aber nur dann nicht trivial, wenn sie innerhalb einer hinreichend großen Vielheit hergestellt wird. Die hinreichend große Vielheit ist nicht erst gegeben, wenn die Kohärenz allumfassend ist. Eine Totalitätsforderung wäre nicht zu erfüllen. Die Vielheit muss bearbeitbar bleiben. Wann die Vielheit ‹hinreichend groß› ist, kann nicht abstrakt bestimmt werden,

3 Bei (katholischen) komparativen Theologen findet sich häufig die Auffassung, die Theologie der Religionen sei aprioristisch. Das heisst: Sie bestimme das Verhältnis zwischen religiösen Geltungsansprüchen allein auf der Grundlage des eigenen religiösen Orientierungssystems, der eigenen Dogmatik, ohne dass die Auseinandersetzung mit bestimmten Religionen und religiösen Phänomenen dabei eine Rolle spiele. Siehe J. L. Fredericks: Introduction, in: F. X. Clooney (Hg.): The New Comparative Theology. Interreligious Insights from the Next Generation, London / New York 2010, ix–xix, hier: xv; H. Nicholson: Comparative Theology and the Problem of Religious Rivalry (Reflection and Theory in the Study of Religion Series), Oxford u. a. 2011, 28; ders.: The New Comparative Theology and the Problem of Theological Hegemonism, in: Clooney (Hg.): The New Comparative Theology, 43–62, hier: 44; K. v. Stosch: Komparative Theologie als Wegweiser in der Welt der Religionen (Beiträge zur Komparativen Theologie 6), Paderborn u. a. 2012, 227. Ein solcher ‹Apriorismus› ist bei Theologen wie Karl Rahner, Heinz Robert Schlette, Karl Barth oder Paul Althaus deutlich ausgeprägt. Aber man kann z. B. bezweifeln, dass der Vorwurf des Apriorismus John Hicks Methode gerecht wird. Der ‹Apriorismus› oder die rein dogmatische Methode ist nicht die einzige Möglichkeit, Theologie der Religionen zu betreiben. Vgl. dazu W. Pannenberg: Wissenschaftstheorie und Theologie, Taschenbuchausgabe, Frankfurt a. M. 1987 (Erstausgabe 1973), 368; M. Hüttenhoff: Der religiöse Pluralismus als Orientierungsproblem. Religionstheologische Studien, Leipzig 2001, 79–88. Wenn es aber methodische Ansätze in der Theologie der Religionen gibt, für welche die Beschäftigung mit konkreten Formen anderer Religionen ein unverzichtbarer Bestandteil ist, trifft der Vorwurf des Apriorismus nicht die Theologie der Religionen insgesamt.

zumal der Anreiz besteht, sie schrittweise auszudehnen. Dennoch lässt sich als Richtlinie formulieren: Wenn wir durch den Hinweis auf Kohärenz rechtfertigen wollen, dass wir einem Komplex systematisch-theologischer Aussagen zustimmen, sollte die Vielheit der einbezogenen Fakten, Argumente und Konzeptionen möglichst groß und qualitativ vielfältig sein. ‹*Möglichst* groß und qualitativ vielfältig› schließt ein, dass die Vielheit uns nicht überfordern darf.

Für die Systematische Theologie ist selbstverständlich geworden, dass sie je nach Thema historische, naturwissenschaftliche, sozialwissenschaftliche Fakten oder Theorien berücksichtigt, dass sie nicht nur theologische, sondern auch philosophische Argumente diskutiert und dass sie sich mit den unterschiedlichsten Konzeptionen auseinandersetzt. Wenn die Systematische Theologie außerdem einbezieht, was andere religiöse Traditionen möglicherweise zu einer systematisch-theologischen Fragestellung beitragen könnten, vergrößert sie nicht nur quantitativ die Vielheit, sondern vor allem qualitativ die Vielfalt. Sie hört auf die Stimme der kulturell und religiös Anderen und stellt sich der Herausforderung, deren Sicht eines Themas zu integrieren. Die Integration kann bedeuten, dass eigene Auffassungen bestätigt, erweitert, modifiziert oder aufgegeben[4] werden. Aber auch die begründete Zurückweisung anderer Auffassungen ist eine Form systematischer Integration, denn auch sie nimmt eine mit dem eigenen System von Überzeugungen kompatible Verhältnisbestimmung vor. Die komparative Theologie sollte für alle diese Möglichkeiten offen sein. Wenn man sich nicht im Voraus auf einen extremen Exklusivismus und damit auf die Zurückweisung festgelegt hat, gibt es keinen Grund, warum die Systematische Theologie die Beiträge anderer religiöser Traditionen nicht ebenso berücksichtigen sollte wie beispielsweise die der Philosophie.

Die Systematische Theologie kann die Beiträge anderer religiöser Traditionen in der Form von Texten empfangen, aber auch, indem sie ihre Aufmerksamkeit auf Rituale, Symbole, religiöse Gegenstände, Institutionen, ethische Normen, mündliche Äußerungen usw. richtet. Doch mit

---

4 Mit Recht kritisiert Perry Schmidt-Leukel «die von Clooney und Fredericks aufgestellte Vorgabe, dass die komparative Arbeit nicht zu einem Resultat führen darf, bei dem […] gegebenenfalls auch eigene Glaubensannahmen revidiert werden müssen» (Gott ohne Grenzen. Eine christliche und pluralistische Theologie der Religionen, Gütersloh 2005, 93).

Clooney sehe ich Texte als «die mit Abstand beste Quelle unter vielen guten Quellen, um religiöse Traditionen tief und genau kennenzulernen». Deshalb sind sie mit Recht «der Hauptgegenstand komparativ-theologischer Forschung».[5] Besonders wenn die Vergleiche integrierender Bestandteil systematisch-theologischer Überlegungen sein sollen, legt sich die Bevorzugung von Texten nahe.

Indem ich von der Forderung nach einer hinreichend großen Vielheit ausgehe, um einen systematisch-theologischen Zugang zur komparativen Theologie zu erschließen, gerate ich jedoch in eine Spannung zu der komparativ-theologischen Bevorzugung detaillierter oder mikrologischer Untersuchungen.[6] Diese Spannung ist auf der Grundlage des ‹*möglichst* groß und qualitativ vielfältig› aufzulösen:

Wer einen fremden Text verstehen will, muss genau hinschauen, und zwar sowohl philologisch und historisch als auch systematisch. Systematisch heißt: Die Begriffe, die Aussagen und die Argumente sind präzise herauszuarbeiten, damit sie verglichen und sachlich diskutiert werden können. Um den fremden Text in ein Verhältnis zur eigenen religiösen Tradition setzen zu können, ist es sinnvoll, auch auf der Seite der eigenen Tradition zunächst nur einen oder wenige Texte einzubeziehen. Sie müssen ebenso gründlich analysiert werden können wie der fremde Text. Möglicherweise gehen schon aus diesem mikrologischen Vergleich unmittelbar Impulse für die systematische Theologie hervor. Es kann aber auch sein, dass das erst geschieht, wenn der Vergleich in einen größeren Zusammenhang möglicher Sichtweisen gerückt wird. Die aus dem Kohärenzkriterium sich ergebende Forderung nach hinreichend großer Vielheit schließt aus, dass die systematische Theologie, wenn sie die Sicht anderer religiöser Traditionen einbezieht, nur auf der Grundlage einer oder sehr weniger mikrologischer Untersuchungen arbeiten kann. Sie würde dadurch willkürlich die Palette konzeptioneller Möglichkeiten beschränken. Mikrologische Vergleiche, die in pragmatisch sinnvollem Umfang zu vollziehen sind, können daher nur ein Zwischenschritt sein. Ihre Ergeb-

5 Clooney, Comparative Theology (siehe Anm. 1), 67.

6 Vgl. v. Stosch (siehe Anm. 3), 194–199; Knitter (siehe Anm. 3), 207. Nach Clooney und Fredericks liegt hier ein Unterschied zur Theologie der Religionen. Vgl. Clooney: Comparative Theologie (siehe Anm. 1), 14; Fredericks: Introduction (siehe Anm. 3), xiv.

nisse sind in einer systematischen Übersicht zu bündeln, etwa in einer Typologie möglicher Ansichten und Konzeptionen.

In diesem Aufsatz kann selbstverständlich nur *ein* Vergleich durchgeführt werden, und selbst das nur skizzenhaft. Am Rande werde ich allerdings weitere Vergleichsmöglichkeiten andeuten. Aus dem Vergleich lassen sich bereits einige systematische Einsichten und Fragestellungen gewinnen. Doch die Grundzüge und die Architektonik einer komparativ-theologischen Ethik der Freundschaft können auf seiner Grundlage noch nicht dargestellt werden.

2. Die Wahl des Themas und des buddhistischen Textes

2.1 Das Thema

In den Religionen ist ‹Freundschaft› in der Regel kein zentrales Thema.[7] Das schließt nicht aus, dass sie für einzelne Personen oder Gruppen außerordentliche Bedeutung gewonnen hat wie z.B. für Aelred von Rieval[8], die Quäker (Religiöse Gesellschaft der Freunde) oder für die Buddhistische Gemeinschaft Triratna, die sich bis Mai 2010 ‹Freunde des Westlichen Buddhistischen Ordens› nannte.[9] Aber auch wenn ‹Freundschaft› nicht im Zentrum des religiösen Interesses steht, ist sie ein sinnvolles Thema für die komparative Theologie.

1. Freundschaft hat für viele Menschen große Bedeutung. Freunde gewähren einander «Unterstützung und Hilfe», pflegen «Austausch und

7 Vgl. J. Mohn, Art. Freundschaft I. Religionswissenschaftlich: RGG^4 3 (2000), 350f.

8 Vgl. Aelred v. Rieval: De spiritali amicitia, hg. v. A. Hoste, in: Aelredi Rievallensis Opera Omnia 1: Opera Ascetica (CChr.CM 1), Turnhout 1971, 277–634. Übersetzung: Aelred v. Rieval: Die geistliche Freundschaft. Lateinisch – deutsch, ins Deutsche übertragen von R. Haacke, eingeleitet von W. Nyssen (Occidens 3), Trier 1978. Zitiert wird durch die Angabe des Buches und der Zeilenzählung, die übereinstimmend in beiden Ausgaben verwendet wird.

9 Vgl. Vajragupta: The Triratna Story. Behind the Scenes of a New Buddhist Movement, Cambridge 2010; M. Baumann: Art. Western Buddhism: Friends of the Western Buddhist Order, in: D. Keown / C. S. Prebish (Hg.): Encyclopedia of Buddhism, Paperback, Abingdon u. a. 2010, 815f.; D. Subhuti: Buddhism and Friendship, Birmingham 2004.

Geselligkeit» und ermöglichen einander personale «Selbstentfaltung».[10] Mit seiner Überzeugung, dass zu einem glücklichen Leben Freunde gehören, steht Aristoteles[11] nicht allein. Obwohl die Gestalten, die Freundschaften annehmen, kultur-, epochen- und situationsbedingt variieren, ist Freundschaft ein Phänomen, das in fast allen, wenn nicht in allen Kulturen und Gesellschaften existiert[12] und einige kulturübergreifende Merkmale aufweist[13]. Trotz der Bedeutung der Freundschaft hat sie in der theologischen Ethik bisher wenig Beachtung gefunden,[14] obwohl sie sich

10 Zu diesen drei Funktionen von Freundschaft und entsprechenden Freundschaftstypen vgl. R. Valtin: Soziale Unterstützung contra Selbstverwirklichung. Freundschaftskonzepte von Jugendlichen und Erwachsenen im Ost/West-Vergleich, in: L.-M. Alisch / J. W. L. Wagner (Hg.): Freundschaften unter Kindern und Jugendlichen. Interdisziplinäre Perspektiven und Befunde (Dresdner Studien zur Erziehungswissenschaft und Sozialforschung), Weinheim / München 2006, 137–155, bes. 142–144. 153f.

11 So schon Aristoteles: Nikomachische Ethik IX,9, 1169b22 und 1170b18f; siehe auch Aelred (siehe Anm. 8) III, 547f.

12 Vgl. dazu D. J. Hruschka: Friendship. Development, Ecology, and Evolution of a Relationship (Originis of Human Behavior and Culture 5), Berkeley / Los Angeles / London 2010, bes. 50–55.

13 Vgl. a.a.O., 55–70.

14 Zu diesem Urteil vgl. auch H.-H. Schrey: Art. Freundschaft, in: TRE 11 (1983), 590–599, hier: 596, 599. Vgl. aber E. Brunner: Das Gebot und die Ordnungen. Entwurf einer protestantisch-theologischen Ethik, Tübingen 1932, 502–504; Dietrich Bonhoeffer an Eberhard Bethge, 23.1.1944, in: Widerstand und Ergebung. Briefe und Aufzeichnungen aus der Haft (Dietrich Bonhoeffer Werke 8), hg. v. C. Gremmels u. a., Gütersloh 1998, 290–292; Paul Tillich, Love, Power, and Justice. Ontological Analyses and Ethical Applications (1954), in: ders.: Writings in Social Philosophy and Ethics / Sozialphilosophische und ethische Schriften (Main Works / Hauptwerke, Bd. 3), hg. v. E. Sturm, Berlin / New York 1998, 583–650, z. B. 598f; G. Meilaender: Friendship. A Study in Theological Ethics, Notre Dame 1981 (Repr. 2002); P. J. Wadell: Friendship and the Moral Life, Notre Dame 1989; S. Hauerwas / C. Pinches: Christians among the Virtues. Theological Conversations with Ancient and Modern Ethics, Notre Dame 1997, 31–51. 70–109; M. Eckholt / T. Fliethmann (Hg.): «Freunde habe ich euch genannt». Freundschaft als Leitbegriff systematischer Theologie (Theologie: Forschung und Wissenschaft 20), Berlin / Münster 2007; H. S. Reinders: Receiving the Gift of Friendship. Profound Disability, Theological Anthropology, and Ethics, Grand Rapids u. a. 2008; ders.: What Can Friendship Do for

«in den Geisteswissenschaften seit dem späten 20. Jahrhundert zu einem Modethema entwickelt».[15] Wenn die theologische Ethik das Thema aufgreift, ist es angesichts der globalen Verbreitung der Freundschaft sinnvoll, die kultur- und religionsvergleichende Perspektive einzubeziehen.

2. Aufgrund der Bedeutung, die Freundschaft kulturübergreifend im menschlichen Leben hat, können die Religionen die Freundschaft nicht ignorieren. Auch wenn sie nicht ihr zentrales Thema ist, stehen sie vor der Aufgabe, die Freundschaft zu deuten sowie Formen und Praktiken der Freundschaft zu bewerten.

3. Wie Menschen sich eine gute Freundschaft vorstellen und wie sie deren Bedeutung einschätzen, hängt eng mit ihrem Bild von einem gelungenen Leben, von der Erlösung oder vom Heil zusammen. Daher müssen die Religionen, wenn sie sich systematisch zur Freundschaft äußern, diese auf ihr Verständnis des letzten Ziels beziehen. Das scheinbar periphere Thema führt schließlich doch ins Zentrum der Religionen.

2.2 Der fremde Text

Ausgangspunkt des Vergleichs ist die historisch-philologische und systematische Interpretation eines überschaubaren buddhistischen Textes, des *Khaggavisāṇa Sutta*. Damit entspreche ich der Forderung komparativer Theologen nach detaillierten Untersuchungen. Die Wahl eines Textes lässt sich selten zwingend begründen, aber sie sollte plausibel sein. Meistens bleibt jedoch ein Rest von Willkür oder Zufälligkeit.

Eine Voraussetzung für die Wahl des *Khaggavisāṇa Sutta* war, dass ich in einem früher entstandenen Aufsatz die Rede von Freundschaft im

---

Inclusion. Theological Reflections on the Power of Friendship, in: PTh 101 (2012), 102–112; in Vorbereitung: M. Hofheinz / F. Mathwig / M. Zeindler (Hg.): Freundschaft. Zur Aktualität eines traditionsreichen Begriffs, Zürich.

15 P. Schuster: Aelred von Rievaulx und die amicitia spiritualis. Überlegungen zum Freundschaftsdiskurs im 12. Jahrhundert, in: J. Altenberend (Hg.): Kloster – Stadt – Region. Festschrift für Heinrich Rüthing. Mit einem Geleitwort von Reinhart Koselleck (10. Sonderveröffentlichung des Historischen Vereins für die Grafschaft Ravensberg), Bielefeld 2002, 13–26, hier: 13. Schuster weist jedoch auch darauf hin, dass «die Sozial- und Geisteswissenschaften» das Thema «erst sehr spät zu ihrem Forschungsgegenstand erklärt» (ebd.) haben.

Mahabharata und im Neuen Testament miteinander verglichen habe.[16] In diesem Aufsatz möchte ich den Blick erweitern und buddhistische Konzeptionen in den Blick nehmen. Für das *Khaggavisāṇa Sutta* habe ich mich aus drei Gründen entschieden: Erstens enthält es mindestens zwei Freundschaftskonzeptionen. Zweitens spiegelt sich in diesem Nebeneinander ein innerbuddhistisches Ringen um das angemessene Verständnis der Freundschaft und ihre Beurteilung. Drittens ist es wirkungsgeschichtlich interessant. Es gibt eine Reihe von Kommentaren zu dem Sutta,[17] und auch im modernen Buddhismus wurde es rezipiert.[18] Auf die Interpretationsgeschichte werde ich jedoch nicht eingehen.

3. Die Interpretation des *Khaggavisāṇa Sutta*

3.1 Der Text und seine Überlieferung

Der Name des *Khaggavisāṇa Sutta* beruht auf seinem Refrain: «Einsam wie ein *khaggavisāṇa* ziehe man umher.» Es ist umstritten, ob *khaggavisāṇa* das Rhinozeros oder dessen Horn meint.[19] Der Refrain ist also entweder zu übersetzen «Einsam wie ein Rhinozeros ziehe man umher.» oder «Einsam wie das Horn des Rhinozeros ziehe man umher.» Nach der ersten Übersetzung bezieht sich der Vergleich auf die Lebensweise des Rhinozeros,

16 M. Hüttenhoff: Weltlichkeit – Freundschaft – Erlösung. Beobachtungen und Überlegungen zum Thema «Freundschaft in den Weltreligionen» am Beispiel des Mahabharata und des Neuen Testaments, in: Hofheinz u. a. (siehe Anm. 14).

17 R. Salomon: A Gāndhārī Version of the Rhinoceros Sūtra. British Library Kharoṣṭhī Fragment 5B, with a contribution by A. Glass (Ghandhāran Buddhist Texts 1), Seattle / London 2000, 8, nennt vier wichtige Pali-Kommentare. Der älteste von ihnen ist der Culla-Nidessa. Vgl. zu den Nidessas: O. v. Hinüber: A Handbook of Pāli Literature (Indian Philology and South Asian Studies 2), Berlin / New York 1996, n. 116–118, 58f.

18 Vgl. Subhuti (siehe Anm. 9), 6f, 42f.

19 Klaus Mylius gibt für *khagga* an: «1. Schwert; 2. Nashorn», für *visāṇa* «Horn, Stosszahn», und für *khaggavisāṇa* «Horn eines Nashorns» (K. Mylius: Wörterbuch Pāli-Deutsch. Mit Sanskrit-Index, Wichtrach 1997). Versteht man jedoch *khagga* als «Schwert», könnte *khaggavisāṇa* dann nicht mit «Schwerthorn» übersetzt und als Name des Rhinozeros gedeutet werden?

nach der zweiten darauf, dass das indische Panzernashorn, der *Rhinoceros unicornis*, nur ein Horn besitzt, dieses Horn also «einsam» ist.[20]

Der Text wird von einigen Autoren als einer der ältesten des Pali-Kanons angesehen.[21] Er ist in drei Versionen überliefert: auf Pali[22], auf Sanskrit[23] und auf Gandhari[24]. Die letzte Version ist erst seit den 1990er Jahren bekannt.[25] Von der Pali-Version gibt es zwei Varianten: Der Text im *Sutta Nipāta*, auf den ich mich im Folgenden vor allem beziehe und nach dem ich zitiere, umfasst 41 Strophen, der im *Paccekabuddhāpadāna* 42.[26] Die Gandhari-Version ist mit 40 Strophen ähnlich lang. Die Sanskrit-Version überliefert nicht nur Strophen des Sutras, sondern auch eine Rahmenerzählung. Nach dieser Erzählung versammelten sich 500 Pratyeka-Buddhas, und jeder von ihnen rezitierte vor dem Eingehen ins Nir-

---

20 Die Pali-Kommentare bevorzugten die zweite Übersetzung, die spätere Sanskrit-Literatur des Mahayana die erste. Vgl. Salomon: Version (siehe Anm. 17), 12f.

21 Zu den Argumenten vgl. N. A. Jayawickrama / S. Nipāta: The Khaggavisāṇa Sutta, in: UCR 7 (1949), 119–128; Salomon, Version, 15f; J. Bronkhorst: The Two Traditions of Meditation in Ancient India, Delhi 1993, 124.

22 Zum Beispiel Sutta-Nipāta I, 3, 35–75 (Salomon: Version [siehe Anm. 17], 207–215; deutsche Übersetzung: Nyanaponika; URL: http://www.palikanon.com/khuddaka/sn/sn_i03_75.html; englische Übersetzung: The Group of Discourses [Sutta-Nipāta]. Translated with introduction and notes by K. R. Norman [PTSTS 45], Oxford 2001², 5–9).

23 Mahāvastu I, 357–359 (Salomon: Version, 215–217; englische Übersetzung: The Mahāvastu, Bd. 1, translated from the Buddhist Sanskrit by J. J. Jones [SBBud 16], London 1949, 303–305).

24 Rekonstruierter Text und englische Übersetzung: Salomon, Version, 105–112.

25 Vgl. R. Salomon: Ancient Buddhist Scrolls from Gandhāra. The British Library Kharoṣṭhī Fragments. With contributions by R. Allchin and M. Barnard. Foreword by His Holiness the Dalai Lama, Seattle 1999.

26 Vgl. M. G. Wiltshire: Ascetic Figures before and in Early Buddhism. The Emergence of Gautama as the Buddha (RelRea 30), Berlin / New York 1990, 18; R. Kloppenborg: The Paccekabuddha. A Buddhist Ascetic. A Study of the Paccekabuddha in Pali Canonical and Commentarial Literature (ORT 20), Leiden 1974, 14. Der *Paccekabuddhāpadāna* (The Apadāna of the Khuddaka Nikāya, Part I, edited by M. E. Lilley, London u. a. 1925, 7–14) hat eine Strophe mehr, weil er dem Text des *Sutta Nipāta* (im *Paccekabuddhāpadāna* Str. 9–49) eine Strophe (Str. 8) vorschaltet.

vana eine Strophe, die das eigene Karma offenbart habe. Von diesen angeblich 500 Strophen werden aber nur zwölf wiedergegeben.[27]

Das Verhältnis zwischen den Versionen ist ungeklärt. Die Rekonstruktion eines Urtextes hält Richard Salomon, der die Gandhari-Version entschlüsselt und ediert hat, nicht für möglich.[28] Dennoch kann man in Bezug auf einzelne Strophen erwägen, ob sie später hinzugefügt wurden, nämlich die Strophen 45–47 sowie 57f. und 75 im Sutta Nipāta. Denn die Beurteilung der Freundschaft in diesen Strophen steht in einer Spannung zu der Bewertung in den anderen Strophen des Suttas. Diese empfehlen die Einsamkeit, ohne eine mögliche Ausnahme anzudeuten. Dagegen unterscheiden die Strophen 45–47, 57f. und 75, die ich im Folgenden die ‹Freundschaftsstrophen› nennen werde, zwischen guten und schlechten Freunden und geben der Verbindung mit dem guten Freund grundsätzlich (45–47) oder bis zur Erlangung der erlösenden Erkenntnis (57f.) den Vorzug vor der Einsamkeit. Haben hier spätere Bearbeiter die ursprüngliche Tendenz des Sutta korrigiert und abgeschwächt?

Gegen eine spätere Einfügung spricht allerdings, dass diese Strophen Entsprechungen in der Gandhari-Version haben. In dieser gibt es sogar eine weitere Strophe, die auf dieser Linie liegt, nämlich die Str. 24: «Man sollte die Beziehung zu einem Freund pflegen, der intelligent, gelehrt, in der Lehre bewandert und edel ist.»

Sutta-Nipāta	Gandhari-Version
Str. 45–47	Str. (24) 25–27
Str. 57–58	Str. 11–13
Str. 75	Str. 39

Nimmt man an, die Freundschaftsstrophen seien später eingefügt worden, gibt es zwei Möglichkeiten: Entweder geschah das, bevor die beiden Überlieferungsstränge sich trennten. Oder die Überlieferungsstränge haben sich nach ihrer Trennung weiterhin wechselweise beeinflusst, so dass die Strophen von einem Überlieferungsstrang in den anderen eingedrungen sind. In mündlichen Überlieferungsprozessen ist so etwas vorstellbar.

27 Vgl. Salomon: Version (siehe Anm. 17), 6.

28 Vgl. a.a.O., 46.

Für eine spätere Einfügung könnte sprechen, dass in der Sanskrit-Version Strophen, die das Lob der Einsamkeit abschwächen und die Verbindung mit einem guten Freund nahelegen, fehlen. Außerdem spricht für eine spätere Einfügung, dass die Freundschaftsstrophen den thematischen Schwerpunkt des Sutta verlagern. Nach meiner Zählung werden im Sutta 29-mal Ausdrücke zur Bezeichnung von Nahbeziehungen verwendet, 13-mal für verwandtschaftliche, 16-mal für freundschaftliche oder nicht eindeutig als verwandtschaftlich qualifizierte Beziehungen. Die Ausdrücke, die solche Beziehungen bezeichnen, finden sich 9-mal in den 6 Strophen, die möglicherweise später eingefügt wurden, 6-mal in den ersten 7 Strophen des (älteren) Textes, einmal in Str. 54.

Bezeichnungen von Nahbeziehungen[29]

sahāya	Gefährte, Freund	Str. 35. 40. 41. *45. 46. 47 (2x). 57*
saṃsaggajāta	Kontakt gefunden habend, Verbindungen habend	Str. 36
suhajja	Gefährte, Freund	Str. 37
saddhiṃ cara	Weggefährte (wörtl: vereint gehend)	Str. *45. 46*
mitta	Freund	Str. 37. *58. 75*
saṅgaṇikārata	gern in Gesellschaft seiend	Str. 54
putta	Sohn	Str. 35. 38. 41. (43). 60.
dāra	Ehefrau	Str. 38. 60.
piya	geliebt, Geliebter	Str. 41
pitar	Vater	Str. 60
mātar	Mutter	Str. 60
bandhavāni	Verwandtschaft (neutr. pl.; wörtl.: Verwandtes)	Str. 60
kula	Sippe, Familie	Str. 65 (2x)

29 In der Tabelle werden die Belegstellen in den Strophen 45–47, 57f und 75 kursiv hervorgehoben.

Übergeht man versuchsweise bei der Lektüre die Freundschaftsstrophen, scheint das Thema des Sutta allgemein das Lob des einsamen Asketen, der alle Nahbeziehungen aufgelöst hat, zu sein. Der Freundschaft wird nicht mehr Aufmerksamkeit geschenkt als den verwandtschaftlichen Beziehungen. Besonders häufig wird vielmehr die Beziehung zum Sohn angesprochen. Erst durch die Strophen 45–47, 57f. und 75 tritt das Freundschaftsthema in den Vordergrund.

Aber auch wer sich die These, dass die genannten Verse später hinzugefügt wurden, nicht zu eigen machen will, muss zur Kenntnis nehmen und bei der Interpretation berücksichtigen, dass im Sutta zwei unterschiedliche Argumentationsstränge erkennbar sind.

3.2 Der erste Argumentationsstrang: Das Lob der Einsamkeit

Voraussetzung der Argumentation ist, dass jede emotionale Verstrickung in das Leben Leid hervorbringt und die Erlösung verhindert (Str. 36f.). Nahbeziehungen führen in diese Verstrickung und müssen daher um der Erlösung willen aufgegeben werden. Der emotionale Gewinn, den Nahbeziehungen mit sich bringen, ist ein «Köder» (*gaḷa*) (Str. 61). Größer als dieser emotionale Gewinn ist das Leid, in das die Nahbeziehungen führen. Die Argumentation des Sutta steht sachlich den Vier Edlen Wahrheiten nahe. Der Zusammenhang zwischen den Nahbeziehungen und der Verfallenheit an die sinnliche Welt wird grundsätzlich verstanden. Die *Nahbeziehungen als solche* verwickeln in die sinnliche Welt und damit ins Unheil, nicht falsch gelebte Beziehungen oder Beziehungen zu den falschen Personen.

Dem Leben, das von Nahbeziehungen bestimmt wird und der sinnlichen Welt verfallen ist, wird das Leben des einsamen Asketen gegenüber gestellt. Das Sutta preist seine Freiheit (Str. 39f.) und seine Erkenntnisfähigkeit (Str. 55). Es schildert das Leben des Einsamen jedoch nicht als das Leben eines Erlösten, sondern als das Leben eines Menschen auf dem Weg zur Erlösung (Str. 70). Die Widrigkeiten, mit denen der einsame Asket zu kämpfen hat, werden nicht verschwiegen (Str. 52). Doch dem einsamen Asketen wird die Kraft zugeschrieben, die er braucht, um in der Auseinandersetzung mit den Widrigkeiten zu siegen. Die Vergleiche mit dem einsamen Elefanten (Str. 53) und dem Löwen (Str. 71f.) bringen das zum Ausdruck. Wir haben es mit einer ins Asketische gewendeten heroischen Frömmigkeit zu tun.

Obwohl die Nahbeziehungen als solche die Erlösung verhindern, steht der einsame Asket nicht außerhalb jeder Beziehung. Das verhindert schon die Bettelei von Haus zu Haus, die dem Asketen den Lebensunterhalt sichert (Str. 65). Grundsätzlicher ist, was bereits am Anfang des Sutta formuliert wird: «Niederlegend die Gewalt gegenüber jedem Lebewesen, als einer, der auch nicht einem einzigen von ihnen Schaden zufügt» (Str. 35). Str. 73 schreibt dem einsamen Asketen die vier Komponenten des *brahmavihāra* (gottgleiche Geisteshaltung, gottgleicher Verweilungszustand) zu: a) *mettā* (Freundlichkeit, Wohlwollen), b) *uppekkhā*: (Gleichmut, Indifferenz), c) *karuṇā* (Mitleid, Mitgefühl) und d) *muditā* (Freundlichkeit, Sympathie, Wohlwollen).[30] Die Gewaltlosigkeit gegenüber allen Wesen und das Mitleid unterscheiden sich von den Nahbeziehungen dadurch, dass sie deren Parteilichkeit hinter sich lassen. *Mettā* kann auch «Freundschaft» bedeuten, aber nicht in diesem Zusammenhang. Angesichts dieser Aussagen wäre es verfehlt, dem Ideal des einsamen Asketen den Vorwurf des Heilsegoismus zu machen. Die Frage, ob nicht *mettā*, *karuṇā* und *muditā* ebenfalls in eine emotionale Verstrickung mit der Welt führen können, wird im Sutta weder direkt aufgeworfen noch beantwortet. Doch durch die Verbindung mit *uppekkhā*, dem Gleichmut, wird das indirekt ausgeschlossen. Nach Buddhaghosa (ca. 370–450)[31] begegnet jemand anderen Personen mit Gleichmut, wenn sie ihm «weder angenehm noch unangenehm» sind.[32]

3.3 Der zweite Argumentationsstrang: Das Lob des guten Freundes

Mit Hilfe der Unterscheidung zwischen dem guten und dem schlechten Freund unterlaufen die Freundschaftsstrophen das uneingeschränkte Lob der Einsamkeit, allerdings in unterschiedlicher Schärfe.

Nach Str. 45–47 ist die Gemeinschaft mit einem guten Freund der Einsamkeit vorzuziehen. Nur für den Fall, dass jemand keinen guten Freund findet, wird ihm die Lebensweise des einsamen Asketen empfohlen. Sie ist nur die zweite Wahl.

---

30 Vgl. dazu Bronkhorst (siehe Anm. 21), 93.

31 Nach v. Hinüber (siehe Anm. 17), n. 207f, 102f.

32 Visuddhi Magga IX, 4 (http://www.palikanon.com/visuddhi/vis09_4.htm). Vgl. zum Visuddhi Magga: v. Hinüber, n. 245–250, 123–126.

Str. 57 warnt vor der Gemeinschaft mit schlechten Freunden, Str. 58 empfiehlt die Gemeinschaft mit guten Freunden, begrenzt aber diese Empfehlung. Der gute Freund hat offenbar die Aufgabe, einen Menschen auf dem Weg zur Erkenntnis voranzubringen. Wer durch die Erkenntnis der Lebensziele (Plural!) den Zweifel überwunden hat, braucht den Freund nicht (mehr). Er kann und soll die Einsamkeit wählen. Die Gemeinschaft mit dem guten Freund erscheint als Durchgangsstadium auf dem Weg zur vollkommeneren Lebensweise des einsamen Asketen.

Die Schlussstrophe 75, die etwas nachklappt, vermittelt zwischen dem ersten und zweiten Argumentationsstrang. Ernüchtert stellt die Strophe fest: Heute gibt es kaum noch gute Freunde, die nicht ihre eigenen Interessen verfolgen. Wenn aber, wie Str. 57 einschärft, die Gemeinschaft mit schlechten Freunden zu meiden ist, bedeutet das für die meisten Menschen, dass sie die Einsamkeit wählen sollten. Die zweite Wahl wird faktisch zum Regelfall.

Bemerkenswert ist, dass die Empfehlung zur Einsamkeit nur im Blick auf die Freundschaft relativiert wird, aber nicht im Blick auf die verwandtschaftlichen Nahbeziehungen. Die Aufforderung, sich aus verwandtschaftlichen Beziehungen zu lösen, bleibt also in Kraft.

Aber was kennzeichnet einen guten Freund? Der Text verwendet zwar einmal den Gegenbegriff ‹schlechter Freund, schlechter Gefährte (*pāpa sahāya*)› (Str. 57), er spricht aber nicht ausdrücklich vom ‹guten Freund›. Dieser Ausdruck dient mir als Platzhalter für die konkreten Charakterisierungen eines wünschenswerten Freundes. Folgende Charakterisierungen finden sich im Text:

Charakterisierung des guten Freundes

nipaka	klug, weise	Str. 45. 46
sādhuvihārin	einer, der tüchtig, edel, fromm lebt	Str. 45. 46
dhira	verständig, klug, weise, fest, standhaft	Str. 45. 46
seṭṭha sama	besser [oder] gleich	Str. 47
bahussuta	gelehrt	Str. 58
dhammadhara	die Lehre im Gedächtnis habend, «in der Lehre bewandert» (Norman)	Str. 58

uḷāra	edel	Str. 58
paṭibhānavat	schlagfertig, «scharf an Einsicht» (Nyanaponika)	Str. 58
nikkāraṇa	nicht [die eigenen Interessen] verfolgend	Str. 75

Charakterisierung des schlechten Freundes

pāpa	schlecht, böse	Str. 57
anatthadassin	sich an dem orientierend, was dem Ziel entgegengesetzt ist; Unheilsames sinnend	Str. 57
visame niviṭṭa	sich Schlechtem hingebend	Str. 57
pasuta pamatta	zerstreut und leichtsinnig	Str. 57
kāraṇattha	die [eigenen] Interessen verfolgend	Str. 75
attaṭṭhapañña	die eigenen Interessen kennend	Str. 75
asuci	unsauber, unrein	Str. 75

Teils nehmen die verwendeten Ausdrücke eine ethisch-religiöse Gesamtbeurteilung vor, teils bezeichnen sie einzelne Tugenden, aber nur vage. Auffällig ist die Hochschätzung dianoëtischer Tugenden, die der Erlösung dienende Einsichten fördern. Nichts weist darauf hin, dass der zweite Argumentationsstrang in der Bestimmung des Lebensziels vom ersten Argumentationsstrang abweicht. Aber während im ersten Argumentationsstrang behauptet wird, jede Art von Freundschaft und verwandtschaftlicher Nahbeziehung verhindere, dass ein Mensch das Ziel erreiche und von der Verhaftung an die sinnlich wahrnehmbare Welt frei werde, wird im zweiten Argumentationsstrang die Auffassung vertreten, dass ein guter Freund hilft, an dieses Ziel zu gelangen.

Wenn der zweite Argumentationsstrang auf einer späteren Einfügung beruht, was hat dann diese Einfügung motiviert? Wahrscheinlich war es die Spannung zwischen dem Ideal des einsamen Asketen und dem des *saṅgha*, der monastischen Gemeinschaft. Darüber hinaus könnten frühbuddhistische Überlieferungen eine Rolle gespielt haben, welche die

Freundschaft im Horizont der Erlösung anders beurteilten als der erste Argumentationsstrang des *Khaggavisāṇa Suttas*. Zu nennen sind z.B. die Suttas *Upaḍḍha* (Die Hälfte) und *Sāriputta* im *Mahā-Vagga* des *Saṃyutta Nikāya*.[33] Diesen Suttas zufolge beschreitet der, der mit Guten befreundet ist, den Edlen Achtfachen Pfad. Der Gute wird im *Upaḍḍha-Sutta* mit dem Ausdruck *kalyāṇa* (gut, heilbringend, trefflich, glücklich) bezeichnet, die Nahbeziehung zu ihm als *mittatā* (Freundschaft), *sahāyatā* (Gefährtenschaft, Freundschaft) und *sampavaṅkatā* (Verbundenheit, Vertrautheit). Als *kalyāṇamitta* par excellance gibt sich der Buddha selbst zu erkennen: «Denn zu mir, Anando, als dem guten Freund gekommen, werden die der Geburt unterworfenen Wesen von der Geburt frei».

4. Der Vergleich

4.1 Die Vielheit der Vergleichsmöglichkeiten

Obwohl ich mit einem überschaubaren Text begonnen habe, führt dessen Interpretation und die Einordnung in den Kontext der frühbuddhistischen Literatur bereits zu mehreren Freundschaftskonzeptionen. Die systematische Reflexion muss diese Vielfalt im Auge behalten. Ausgangspunkt des Vergleichs soll jedoch der ausgewählte Text bleiben.

Diese Entscheidung reduziert zwar die Ansatzpunkte für einen Vergleich. Dennoch besteht eine Vielzahl von Vergleichsmöglichkeiten, erstens weil im Text zwei Argumentationsstränge erkennbar sind und zweitens weil sich jeder Argumentationsstrang mit mehreren christlichen Texten oder Frömmigkeitsformen vergleichen ließe.

Der *erste Argumentationsstrang* könnte z.B. in eine Beziehung zu Ideal und Wirklichkeit des eremitischen Lebens sowie zu den Texten des frühen Eremitentums, den Apophthegmata Patrum[34], gesetzt werden. Vorstellbar ist auch ein Vergleich mit neutestamentlichen Texten, welche die

33 Deutsche Übersetzung von K. E. Neumann, Internetausgabe: http://www.palikanon.com/samyutta/sam45.html#s45_2; Pali-Text: http://www.palikanon.com/pali/samyutta/sam45.htm).

34 PG 65, 71–440; Übersetzung: Weisung der Väter. Apophthegmata Patrum, auch Gerontikon oder Alphabeticum genannt, eingeleitet von W. Nyssen, übersetzt von B. Miller (Sophia. Quellen östlicher Weisheit 6), Freiburg i. Br. 1986.

natürlichen Nahbeziehungen relativieren und ihnen die Gemeinschaft, die sich um Jesus bildet, als neue Familie, als *familia Dei*, gegenüberstellen (vgl. Mk 3,31–35; Lk 14,26). Aber die Konzentration auf den ersten Argumentationsstrang erscheint mir systematisch wenig aussichtsreich zu sein. Denn die Entscheidung für ein einsames Leben um der eigenen Erlösung willen ist angesichts der Bedeutung, die das christliche Ethos der Gestaltung zwischenmenschlicher Beziehungen einräumt, theologisch problematisch. Auch das christliche Eremitentum ist daher kritisch zu beurteilen. Zwar ist nicht vorhersehbar, was und wie viel aus der Auseinandersetzung mit dem Verneinten gewonnen werden kann. Aber zunächst sehe ich eher die Gefahr, dass angesichts meiner Vorbehalte gegenüber dem Ideal des einsamen Asketen der komparativ-theologische Prozess bald zum Stillstand kommt, wenn ich mich auf den ersten Argumentationsstrang konzentriere.

Der *zweite Argumentationsstrang* lässt ebenfalls unterschiedliche Vergleiche zu: mit dem Ideal des guten Freundes in Ben Sira, mit der Rede von Freunden im Neuen Testament,[35] schließlich mit Freundschaftstexten aus der Geschichte der christlichen Frömmigkeit und Theologie. Ein Klassiker der christlichen Freundschaftsliteratur ist Aelred von Rievals *De spiritali amicitia*. Ich habe mich entschlossen, diesen Text als Vergleichstext zu wählen. Das bietet sich aus zwei Gründen an: 1. Wie für den zweiten Argumentationsstrang des *Khaggavisāṇa Suttas* so ist auch für Aelred gute Freundschaft nur zwischen Menschen möglich, die ihr Leben auf das letzte Ziel ausrichten. – 2. Wenn die Strophen, die den zweiten Argumentationsstrang tragen, spätere Zufügungen sind, ist anzunehmen, dass die Autoren nicht einsame Asketen, sondern Angehörige des *saṅgha* waren. Aelred von Rieval war Zisterziensermönch. Die Texte entstammen also einem vergleichbaren sozialen Kontext.

4.2 Aelred von Rieval, *De spiritali amicitia*

Der 1110 geborene Aelred[36] wurde 1147 zum Abt des Zisterzienser-Klosters von Rieval gewählt. Dieses Amt hatte er bis zu seinem Tod

35 Vgl. Hüttenhoff: Weltlichkeit (siehe Anm. 16).

36 Vgl. zu Aelred und seinem Werk: A. Squire: Aelred of Rievaulx. A Study, London 1969; M. Elze: Art. Aelred von Rievaulx, in: TRE 1 (1977), 533–535; C. Dumont: Introduction. Aelred of Rievaulx: His Life and Works, in: Aelred of

inne. *De spiritali amicitia* ist ein Spätwerk Aelreds, das auf biblischen Aussagen zum Thema Freundschaft und Liebe, der Freundschaftslehre paganer und christlicher Autoren der Antike sowie eigenen Freundschaftserfahrungen fußt.

Angesichts des vorgegebenen Rahmens verzichte ich auf eine detaillierte Analyse und hebe nur einige Punkte hervor:

1. Wie viele Autoren so unterscheidet auch Aelred zwischen der wahren Freundschaft und Nahbeziehungen, die nur in einem abgeschwächten Sinn ‹Freundschaft› genannt werden könnten – «wegen einer Ähnlichkeit in den Affekten (in affectibus […] similitudinem)» (I, 213f.). Die wahre Freundschaft könne es nur zwischen Guten geben, «die nichts gegen den Glauben oder die guten Sitten wollen oder tun können».[37] Ohne Christus sei sie nicht zu erreichen.[38] Nicht-Christen, Ketzer und moralisch schlechte Menschen sind nach Aelred also nicht in der Lage, gute Freundschaften zu verwirklichen.

Von Bedeutung ist die Unterscheidung zwischen der wahren Freundschaft und defizitären Freundschaftsformen auch im Blick auf die Dauer der Freundschaft. Die wahre Freundschaft endet nicht. Wenn ein Mensch eine Freundschaft auflöst, war er auch vorher niemals ein wahrer Freund.[39]

Rievaulx: The Mirror of Charity. Translated by E. Connor. Introduction and Notes by C. Dumont, Kalamazoo 1990, 11–75; O. Langer: Τελεια φιλια und amicitia spiritalis. Zwei Formen rationaler Personenbeziehungen im Abendland, in: H. Brall / B. Haupt / U. Küsters (Hg.): Personenbeziehungen in der mittelalterlichen Literatur (StH 25), Düsseldorf 1994, 163–188; Schuster (siehe Anm. 15); B. Stevaniw: Spiritual Friendship and Bridal Mysticism in an Age of Affectivity, in: Cistercian Studies Quarterly 41.1 (2006), 65–78, bes. 66–71. 77f; U. Lievenbrück: Art. Aelred von Rievaulx, in: BBKL 29 (2008), 22–33 (Literatur!).

37 «Cum uera amicitia nisi inter bonos esse non possit, qui nihil contra fidem uel bonos mores uelle possint aut facere; profecto non quamlibet, sed ipsam quae uera est amicitia diffinitio ista complectitur» (III, 73–76).

38 «Quod autem uera amicitia inter eos qui sine Christo sunt esse non possit, mihi fateor esse persuasum» (I, 97f).

39 «Cum enim amicitia de duobus unum fecerit, sicut id quod unum est non potest diuidi, sic et amicitia a se non poterit separari. Patet igitur hanc amicitiam quae patitur sectionem, ex ea parte qua laeditur, numquam fuisse ueram, quia *amicitia quae desinere potest, nunquam uera fuit*» (III, 334–338). Der kursiv gedruckte Text zitiert Hieronymus: Ad Rufinum, Epistula 3, 6 (Sancti Eusebii Hieronymii

2. Die Freundschaft ist in der Liebe verwurzelt. Aelred versteht unter ‹Liebe› das «Austeilen von Wohltaten, das mit Wohlwollen verbunden ist (cum beneuolentia beneficiorum exhibitio)» (III, 348f.). Die Liebe in diesem Sinn ist eines der vier Merkmale der Freundschaft. Die drei anderen sind Zuneigung (affectio), Zuverlässigkeit (securitas) und «Vertrautheit»[40] (iucunditas). Das Gebot der Feindesliebe zeigt, dass wir nach göttlichem Willen mehr Menschen «in den Schoß der Liebe als in die Umarmungen der Freundschaft aufnehmen sollen».[41] Freundschaft sollen wir dagegen nur mit Menschen schließen, welche die Eigenschaften eines guten Freundes aufweisen. Wenn die Freundschaft zerbricht, soll nach Aelred die Liebe bleiben. Die drei anderen Merkmale der Freundschaft fallen dagegen weg.

3. Walter, einer der Dialogpartner,[42] wirft die Frage nach dem Nutzen der Freundschaft auf (II, 57f.). Aelred bestreitet nicht, dass die Freundschaft nützlich ist (vgl. II, 400f.), aber der Nutzen sei nicht das Entscheidende: Wer von der Freundschaft einen anderen Lohn als diese selbst erwarte, habe noch nicht begriffen, was die Freundschaft sei (II, 397f.). Die Freundschaft sei dem Nutzen vorgeordnet (II, 416f.). Wer die Freunde um ihres Nutzens willen liebe, der liebe sie genauso wie seine Ochsen (III, 473).

Was Freundschaft um ihrer selbst willen bedeutet, entfaltet Aelred anhand des Gebots der Nächstenliebe. Dieses fordere, den Nächsten zu lieben wie sich selbst. Aber sich selbst liebe man nicht um eines Nutzens, sondern um seiner selbst willen (per se) (III, 483f.). Wenn wir den Nächsten wie uns selbst lieben sollen, bedeutet das, dass wir auch ihn um seiner selbst willen lieben sollen.

Die gute Freundschaft leistet einen erheblichen Beitrag dazu, dass Menschen das Heil erlangen. Aber auch in dieser Hinsicht darf die Freundschaft nicht bloß als Instrument verstanden werden. Denn als in

---

Epistulae, Pars I: Epistulae I–LXX, hg. v. I. Hilberg [CSEL 54], Wien 1996², 18,17f). Vgl. zur Dauer der Freundschaft auch Aelred I, 127–129.

40 Übersetzung Haacke.

41 «Multo enim plures gremio caritatis quam amicitiae amplexibus recipiendos, diuina sanxit auctoritas» (I, 183–185).

42 Es handelt sich um Walter Daniel, den späteren Biographen Aelreds. Vgl. zu diesem: M. Powicke: Introduction, in: W. Daniel: The Life of Ailred of Rievaulx. Translated from the Latin with Introduction and Notes by the late Sir M. Powicke, Oxford 1950 (Repr. 1978), ix–lxxxix, hier: xi–xxvii.

sich wertvolles Gut gehört sie selbst zur Heilswirklichkeit. In dieser wird die Freundschaft vollendet. Der Unterschied zwischen Freundschaft und Liebe wird hinfällig, denn dort sind alle unsere Freunde, weil alle gut sind.[43]

4. Über das Buch verstreut finden sich mehrfach Charakterisierungen guter und schlechter Freunde. Eine Kernstelle zu dieser Frage ist III, 418ff. Weil Freundschaft nur zwischen Guten möglich ist, fordert Aelred, dass wir jemanden genau prüfen, bevor wir mit ihm Freundschaft schließen. Zu prüfen sei viererlei: die Treue (fides), die Absicht (intentio), der Takt (discretio) und die Geduld (patientia) (III, 418f.).

An einer anderen Stelle ordnet Aelred die Freundschaft den vier Kardinaltugenden unter. Die Freundschaft werde von der Klugheit, der Gerechtigkeit, der Tapferkeit und der Besonnenheit beherrscht und gelenkt (I, 275–279).

5. Der Freund muss gut, aber er muss nicht vollkommen sein. «Ich fasse ‹gut› nicht so genau wie einige, die niemanden als gut gelten lassen wollen, dem noch etwas an der Vollkommenheit fehlt.»[44] Wie wenig vollkommen die Guten sind, zeigt sich auch daran, dass Zurechtweisen und Sich-zurechtweisen-Lassen nach Aelred wesentlich zur Freundschaft hinzugehören.[45] Wären die Freunde vollkommen, wäre die Zurechtweisung nicht nötig.

4.3 Skizze eines Vergleichs

1. Der *Heilsbezug*: In den beiden Argumentationssträngen des Suttas und bei Aelred wird Freundschaft auf die Erlösung bzw. das Heil bezogen. Der erste Argumentationsstrang zieht daraus die Konsequenz, die Auflösung aller Nahbeziehungen und den Verzicht auf Freundschaft zu empfehlen. Der zweite Argumentationsstrang funktionalisiert die Freundschaft. Die Bedeutung der Freundschaft liegt darin, dass Freunde einander bei der Erlangung des Heils helfen können. Auch Aelred sah den soteriologischen Nutzen, den die Freundschaft haben kann. Er

43 «Haec est uera et aeterna amicitia quae hic inchoatur, ibi perficitur; quae paucorum hic est, ubi pauci boni; ibi omnium, ubi omnes boni» (III, 580–582).

44 «Ego bonum non ita *ad uiuum reseco*, ut quidam qui neminem uolunt esse bonum, nisi eum cui ad perfectionem nihil desit» (II, 283–285).

45 Vgl. III, 521–524. 818f und das Ambrosiuszitat III, 833–40.

schrieb der Freundschaft eine wichtige Rolle bei der spirituellen Entwicklung zu.[46] Aber er stellte den Wert, den die Freundschaft an sich selbst hat, in den Vordergrund. Das widerspricht der Heilsorientierung nicht, weil für ihn die Freundschaft selbst zur Heilswirklichkeit gehört. Hier wirkte sich aus, dass im Christentum das Heil zwar nicht ausschließlich, aber doch häufig mit Hilfe personaler Metaphern symbolisiert wird.

2. Nach Ansicht des ersten Argumentationsstrangs wird die Erlösung dadurch gefährdet, dass die Freundschaft einen Menschen emotional in Anspruch nimmt. Str. 73 schreibt dem Asketen zwar *mettā* (Freundlichkeit), *karuṇā* (Mitleid) und *muditā* (Wohlwollen) zu, aber im Kontext des Sutta und in der Verbindung mit *uppekkhā* (Gleichmut) können diese Einstellungen nicht als Emotionen verstanden werden, die in das Leben bestimmter anderer Menschen verwickeln. Dagegen bewertet Aelred die emotionale Verstrickung in das Leben eines anderen positiv: Zum menschlichen Glück gehört, dass andere sich mit einem freuen und mit einem leiden (vgl. II, 69f.).

3. Der zweite Argumentationsstrang des Suttas stimmt mit Aelred gegen den ersten Argumentationsstrang darin überein, dass die *Unterscheidung zwischen guten und schlechten Freunden* in ethischer und religiöser Beziehung von erheblicher Bedeutung ist. Die Grenze zwischen den guten und den schlechten Freunden wird im Sutta schärfer gezogen als bei Aelred. Da der zweite Argumentationsstrang nicht vorsieht, die Anforderungen an den guten Freund abzumildern, zeichnet sich ab, dass gute Freunde selten sind. Aelred hält zwar fest, dass die schlechtesten Menschen keine wahre Freundschaft schließen könnten (vgl. II, 248f.) und dass Freunde tugendhaft sein müssen. Aber er schwächt das ab, indem er keine Vollkommenheit fordert (II, 283–285) und auf den Wert hinweist, den schon das Streben nach Großem habe (I, 149–154).

4. Die Frage nach dem guten Freund führt in die *Tugendlehre*[47]. Der zweite Argumentationsstrang und Aelred erwarten von den Freunden, dass sie im umfassenden Sinn tugendhaft sind. Das Sutta akzentuiert

46 Vgl. dazu Stefaniw (siehe Anm. 36), 66–71.

47 Lieber würde ich von ‹Tugendethik› sprechen. Weil aber dieser Ausdruck meistens mit Ethikkonzeptionen verbunden wird, die dem Begriff der Tugend die Priorität einräumen, verwende ich den Ausdruck ‹Tugendlehre›. Die hier diskutierten Freundschaftskonzeptionen stehen in einem güterethischen Rahmen, sind also nicht tugendethisch im engeren Sinn.

dabei die dianoëtischen Tugenden stärker, Aelred die ethischen. Diese Differenz könnte wieder mit den unterschiedlichen Vorstellungen vom Heil und vom Heilsweg zusammenhängen. Eine offensichtliche und sachlich leicht nachzuvollziehende Gemeinsamkeit liegt darin, dass in den Texten ein Mensch, der ausschließlich durch seine Eigeninteressen bestimmt wird, nicht als guter Freund angesehen wird.

5. Auf dem Weg zu einer komparativ-theologischen Ethik der Freundschaft

Bisher habe ich mich im Rahmen eines religionswissenschaftlichen Vergleichs bewegt. Nur an einer Stelle habe ich bewusst ein systematisches Urteil einfließen lassen: als ich entschieden habe, bei dem Vergleich den zweiten Argumentationsstrang stärker zu berücksichtigen als den ersten. Aber diese Entscheidung bleibt dem Vergleich selbst äußerlich, so dass dieser den Bereich der Religionswissenschaft nicht verlässt. Erst durch den nun zu vollziehenden Übergang zur systematischen Konstruktion werden die Ausführungen zu komparativ-*theologischen.*

Bis zu einer komparativ-theologischen Ethik der Freundschaft ist es noch ein weiter Weg. Aber einige Einsichten und Fragestellungen, die in einer solchen Ethik aufzunehmen sind, können bereits am Ende dieses Aufsatzes festgehalten werden:

1. *Gegen das uneingeschränkte Lob der Einsamkeit*: Das uneingeschränkte Lob der Einsamkeit, wie es der erste Argumentationsstrang des Suttas entfaltet, ist zurückzuweisen. Es steht nicht nur in Spannung zur christlichen Lehre und zum christlichen Ethos, sondern wäre auch aus der Perspektive philosophischer Ethik zu kritisieren. Der Korrektur, die innerhalb der frühbuddhistischen Literatur der zweite Argumentationsstrang an dem ersten vornimmt, ist daher zuzustimmen.

2. *Die Freundschaftsideale und die Vorstellungen von Heil, Erlösung und gelungenem Leben*: Der zweite Argumentationsstrang und Aelred entwickeln jeweils ein Ideal der Freundschaft, das in ihrer Vorstellung von der Erlösung bzw. vom Heil wurzelt. Eine komparativ-theologische Ethik der Freundschaft steht vor der Aufgabe, unterschiedliche Freundschaftsideale in ihrer Beziehung zu den Vorstellungen vom Heil, von der Erlösung und vom gelungenen Leben zu analysieren. Sie stößt dabei auf unter-

schiedliche Konzeptionen, die systematisch-theologisch geprüft und beurteilt werden müssen.

3. *Die Freundschaftsideale und die Pluralität der Freundschaftsformen*: Der Pluralität der Ideale steht als weitere Pluralität die der unterschiedlichen Freundschaftsformen gegenüber. Im Sutta erscheint nur die Abgrenzung des guten vom schlechten Freund. Tendenziell rücken die abweichenden Freundschaftsformen auf die Seite der schlechten Freundschaft. Zu beachten ist jedoch, dass es in der frühbuddhistischen Literatur auch ein Freundschaftsideal für Laienanhänger gibt.[48] Dieses Ideal steht im Zentrum einer weiteren buddhistischen Freundschaftskonzeption. Auch Aelred äußert sich skeptisch gegenüber den Freundschaftsformen, die von seinem Ideal abweichen. Doch er gesteht ihnen wegen der Ähnlichkeit mit der wahren Freundschaft dennoch die Bezeichnung ‹Freundschaft› zu. Ähnliche Argumentationsmuster finden sich auch bei anderen Autoren.[49]

Es liegt in der Logik einer Freundschaftslehre, die auf eine Vorstellung von der Erlösung oder vom Heil bezogen ist, dass sie ein Ideal wahrer Freundschaft entwickelt. Wenn aber aufgrund dieses Ideals alle anderen Freundschaftsformen als defizitär behandelt werden, wird die Autonomie von Lebensbereichen missachtet, deren Ziele und deren ethisch angemessene Gestaltung sich nicht aus dem Heils- oder Erlösungsverständnis ableiten lassen. Die Gegenüberstellung ‹wahre Freundschaft – defizitäre Freundschaftsformen› muss durch eine differenzierte Beschreibung bereichsbezogener Freundschaftsformen ersetzt werden. Der Wert ‹weltlicher› Freundschaft ist zur Geltung zu bringen. Dass der ‹geistlichen Freundschaft› im Rahmen einer theologischen Ethik eine Sonderstellung eingeräumt wird, ist dadurch nicht ausgeschlossen.

48 Vgl. das *Singālaka Sutta, Digha Nikāya 31* (http://www.palikanon.com/digha/d31.htm).

49 Vgl. schon Aristoteles: Nikomachische Ethik VIII,4f. Die Abgrenzung von den defizitären Freundschaftsformen fällt bei Aelred schärfer aus als bei Aristoteles. Vgl. dazu Langer (siehe Anm. 36), 178. Besonders scharf unterschied M. E. de Montaigne in seinem Essay über die Freundschaft (Les Essais, hg. v. J. Balsamo u. a. [Bibliothèque de La pléiade 14], Paris 2007, 189–201, bes. 196–200; deutsch: Essais. Erste moderne Gesamtübersetzung von H. Stilett [Die andere Bibliothek], Frankfurt a. M. 1998², 98–104, bes. 101–103) zwischen den «gewöhnlichen Freundschaften (amitiez communes)» (franz. 196, 198; dt. 102f) und der wahren Freundschaft.

4. *Das Problem interreligiöser Freundschaft*: An die Texte das Problem der interreligiösen Freundschaft heranzutragen, scheint anachronistisch zu sein. Doch zumindest aus Aelreds Konzeption ergibt sich eine klare Bewertung. Denn wenn nur Christen zur wahren Freundschaft fähig sind, kann es eine interreligiöse Freundschaft von Christen und Nicht-Christen nicht geben. Ob auch die Freundschaftskonzeption des zweiten Argumentationsstrangs interreligiöse Freundschaft ausschließt, ist schwieriger zu beurteilen. Zwar sind im Sutta buddhistische Traditionselemente erkennbar,[50] doch die Aussagen zur Erlösung und zum Erlösungsweg bleiben vage. Wenn aber die Lehre, in der ein guter Freund bewandert sein soll (*dhammadhara*; Str. 58[51]), spezifisch buddhistisch zu verstehen ist, schließt das Sutta eine Freundschaft zwischen einem Buddhisten und einem Nicht-Buddhisten aus.

Die exklusivistische Tendenz, die sich hier abzeichnet, wird gebrochen, wenn die theologische Ethik die ‹weltliche› Freundschaft und bereichsbezogene Freundschaftsformen nicht diskreditiert. ‹Weltliche› Freundschaft zwischen Anhängern unterschiedlicher Religionen ist angesichts des weit verbreiteten Misstrauens gegenüber dem religiös Anderen viel wert. Doch eine interreligiöse Freundschaft ist etwas anderes. In ihr ist der Austausch über die Religion, über Unterscheidendes und Gemeinsames, ein wesentliches Element der Freundschaftspraxis. Sie ist eine Form der geistlichen Freundschaft. Wie aber ist interreligiöse Freundschaft als geistliche Freundschaft möglich, wenn die geistliche Freundschaft in einer Vorstellung vom Heil bzw. von der Erlösung verwurzelt ist und diese Vorstellungen traditionsspezifisch sind? Wo liegen die Möglichkeiten und wo die Grenzen interreligiöser Freundschaft? Auch das ist ein Thema der komparativ-theologischen Ethik.

5. *Die Freundschaftspraxis*: Direkte Impulse zu einer Darstellung der Freundschaftspraxis finden sich im Sutta kaum, weil dort die Charakterisierung des guten Freundes dominiert. Die verwendeten Attribute lassen jedoch einen Rückschluss auf die Praxis guter Freundschaft zu. Bei Aelred gibt es umfassende Ausführungen zur Freundschaftspraxis. Diese sind vor allem dann anregend, wenn er das Verhalten gegenüber Phäno-

---

50 Vgl. Bronkhorst (siehe Anm. 21), 124 ff.

51 Der Ausdruck *dhamma* wird außerdem in den Strophen 69 (2x) und 70 verwendet. Auch dort wird der Inhalt nicht spezifiziert.

menen thematisiert, welche die gute Freundschaft stören, z.B. gegenüber der Neigung eines Freundes zum Jähzorn (vgl. III, 103–136, 240–267).

6. *Die Tugenden des guten Freundes*: Obwohl die Tugenden durch die Vorstellungen vom gelungenen Leben, von der Erlösung und vom Heil geprägt werden, gibt es beachtliche kultur- und religionsübergreifende Gemeinsamkeiten in der Beschreibung des guten Freundes. Das hängt damit zusammen, dass gute Freundschaften jeder Art vergleichbare Anforderungen an die Eigenschaften der Freunde stellen, z.B. Wohlwollen gegenüber dem Freund, Verlässlichkeit, Interesse an der Kommunikation mit dem Freund usw. Nicht nur in kultur- und religionswissenschaftlicher, sondern auch in systematischer Hinsicht ist interessant, welche Variationen die Gemeinsamkeiten erfahren können. Es ist zu erwarten, dass eine Tugendlehre der Freundschaft, welche die komparativ-theologische Perspektive berücksichtigt, im Vergleich zu Konzeptionen, welche die Grenzen des christlichen Traditionszusammenhangs und der westlichen Philosophie nicht überschreiten, an Differenziertheit und Tiefe gewinnt.

Wolfgang Gantke

Religion und Leben
Die Verflochtenheit von interkultureller Religionswissenschaft und interreligiöser Theologie am Beispiel einer kulturübergreifenden Lebensphilosophie

1. Die Fragestellung

Im Zentrum meiner Überlegungen steht die Frage nach den Zukunftschancen einer interreligiösen Theologie, die sich an unterschiedlichen religiösen Traditionen orientiert, und – damit zusammenhängend – die Frage nach den Problemen, die mit dieser pluralistischen Blickentschränkung verbunden sind. Ich werde mich dieser Fragestellung von einer religionswissenschaftlichen Perspektive her, also gleichsam von außen her, anzunähern und dabei zu zeigen versuchen, dass eine interkulturelle Religionswissenschaft ein wichtiger Gesprächspartner für eine interreligiöse Theologie sein kann, ja mehr noch, dass sie in einer kulturübergreifenden lebensphilosophischen Perspektive mit ihr so verflochten ist, dass eine scharfe Trennung zwischen den beiden Disziplinen nicht mehr möglich ist.

Dabei werde ich zunächst vom profanen Erkenntnisinteresse einer interkulturellen Religionswissenschaft ausgehen, die nach einer alle Religionen verbindenden Wirklichkeitsdimension fragt. In einem nächsten Schritt will ich dann zeigen, dass diese alle Religionen verbindende Wirklichkeit das unergründliche Leben ist, das durchaus religiös interpretiert werden und deshalb ein geeigneter Ausgangspunkt für eine interreligiöse Theologie sein kann, die sich nicht nur an eine einzige religiöse Tradition bindet. Ich werde einen ungewohnten Weg einschlagen, der jenseits des traditionellen Abgrenzungsdiskurses zwischen Religionswissenschaft und Religionstheologie verläuft, und mich innerhalb eines Sprachspiels bewegen, dessen Leitbegriffe heute in beiden Disziplinen eine eher randständige Rolle spielen. Es sind die Grundgedanken der lange pauschal als irrational abqualifizierten, m. E. aber keineswegs überholten religiösen Lebensphilosophie, deren in einem materialistischen Zeitalter weithin zurückgedrängte Ideen ich in einem veränderten, offeneren interkulturellen Kontext wieder aufnehme und für den heute notwendigen Dialog der Religionen und Kulturen fruchtbar zu machen versuche.

Ich werde weiterhin anhand ausgewählter Beispiele zu zeigen versuchen, dass der sowohl in der Theologie als auch in der Religionswissenschaft vergleichsweise selten rezipierten religiösen Lebensphilosophie viele Ideen innewohnen, die sich interdisziplinär, interreligiös und interkulturell verallgemeinern und bisher zu wenig berücksichtigte fachübergreifende Sinnzusammenhänge erkennbar werden lassen, die in Zukunft ein entspannteres Verhältnis zwischen den beiden Disziplinen ermöglichen könnten. Wenn sich diese ernsthaft für die Zentralgedanken von jenen Vertretern einer im weitesten Sinne religiösen Lebensphilosophie öffnen, die, wie etwa Georg Misch oder Sri Aurobindo, nicht ausschließlich im Denkrahmen einer einzigen Tradition argumentieren, dann kann nicht länger so trennscharf zwischen der Religionswissenschaft und der Religionstheologie unterschieden werden, wie dies in der deutschsprachigen Wissenschaftskultur nach wie vor geschieht. Zudem ergeben sich fließende Übergänge zu einer interkulturellen Religionsphilosophie bzw. Philosophie der Religionen.[1]

Mit dieser auf einer interkulturellen Sichtweise basierenden, engen Verflochtenheit von Religionstheologie, Religionsphilosophie und Religionswissenschaft sind natürlich erhebliche methodische Probleme verbunden, mit denen ich mich im Folgenden, vor allem in Orientierung an der lebensphilosophischen Hermeneutik Georg Mischs, auseinandersetze.

2. Georg Mischs lebensphilosophische Relativierung des Logozentrismus

Ein Zentralgedanke der abendländischen lebensphilosophischen Tradition ist die Relativierung der logozentrischen Begrifflichkeit durch den Verzicht auf ein verabsolutiertes Verankerungszentrum im stets in geschichtlicher Bewegung bleibenden Fluss des unergründlichen Lebens, das mehr ist als bloße Materie und eine vom Menschen berechenbare Maschine. Der Lebensphilosophie wohnt eine ausgesprochen antinatura-

1 Vgl. J. Figl: Philosophie der Religionen. Pluralismus und Religionskritik im Kontext europäischen Denkens. Paderborn 2012.

listische und antireduktionistische Stoßrichtung inne.[2] Für Misch ist der parmenideische Anspruch einer Identität zwischen dem Denken und einem auf das unbewegte Sein reduzierten Leben eigentlich nur rein formallogisch legitimiert. Die gesamte spätere, an dieser «unbewegten Identität» orientierte Metaphysik, die bis in das moderne objektivierende Denken der Naturwissenschaft hineinwirkt, lässt sich auf diesen harten, logischen Kern reduzieren, weshalb Misch von der Logik-Metaphysik oder der Logik-Ontologie spricht.[3] Das neuzeitliche Denken erbt mit dieser Logik-Metaphysik die Subjekt-Objekt-Spaltung und all ihre ökologischen Folgelasten, die zu einer immer stärkeren Entfremdung des Menschen von seiner «Mitwelt» und zu einem zunehmenden Wirklichkeitsverlust geführt haben. Die viel beklagte «Naturvergessenheit» des modernen Menschen hängt mit dieser scharfen Trennung von Subjekt und Objekt, von Mensch und Umwelt, zusammen.[4] Es kann in diesem Kontext auch von einer Vergessenheit der Geschichtlichkeit des unergründlichen, nie stillstehenden Lebens, das eben nicht nur dem Menschen gehört, gesprochen werden.

Das Bewusstsein von der Unhintergehbarkeit der Unergründlichkeit des niemals eindeutig fixierbaren Lebens impliziert für die hermeneutische Lebensphilosophie in der Tradition Diltheys, Mischs, Lipps', Plessners, Bollnows u.a. die Unmöglichkeit jeder festen Bodenontologie, was natürlich erhebliche Auswirkungen auf die Methodendiskussion hat, die insbesondere Georg Misch in hochkomplizierten Überlegungen zu einer hermeneutischen Lebenslogik mit viel Liebe zum Detail untersucht hat.[5]

---

2 Zur Kritik des Naturalismus: G. Keil / H. Schnädelbach (Hg.): Naturalismus. Philosophische Beiträge, Frankfurt a.M. 2000. Neuerdings: R. Sheldrake: Der Wissenschaftswahn. Warum der Materialismus ausgedient hat, München 2012.

3 Vgl. dazu im Hinblick auf den umstrittenen Naturbegriff: G. Picht: Der Begriff der Natur und seine Geschichte, Stuttgart 1990.

4 G. Altner: Naturvergessenheit. Grundlagen einer umfassenden Bioethik, Darmstadt 1991.

5 G. Misch: Der Aufbau der Logik auf dem Boden der Philosophie des Lebens, Freiburg i.Br. 2002; Lebensphilosophie und Phänomenologie. Eine Auseinandersetzung der Diltheyschen Richtung mit Heidegger und Husserl. Leipzig / Berlin 1931; O. F. Bollnow: Studien zur Hermeneutik. Bd. II. Zur hermeneutischen Logik von Georg Misch und Hans Lipps, Freiburg i.Br. / München 1983; D. Ginev: Das hermeneutische Projekt Georg Mischs, Wien 2011.

Ich kann an dieser Stelle auf die Einzelheiten dieser hermeneutischen Logik nicht gezielt eingehen, aber durch die idealtypische Zuspitzung auf einige Zentralgedanken kann doch immerhin gezeigt werden, dass die bewegliche Lebenslogik den Rahmen jeder ausschließlich rationalistischen Betrachtungsweise sprengt, die auf einer «unbewegten Identität» basiert. Die Lebenslogik erlaubt keinen «archimedischen Punkt in der Erkenntnis», kein «fundamentum inconcussum» (Descartes), keine unbeweglichen «transzendenten Setzungen» und auch die das ihr eigentlich wesensfremde religiöse Feld immer stärker besetzende, machtförmige technokratische Kontroll- und Planungsprogrammatik wird durch das methodische Verbindlichnehmen des Unergründlichen gleichsam von vornherein «entmächtigt».

Vor diesem Hintergrund kann es nicht überraschen, dass sich eine stets die Nähe zum sich ständig verändernden Leben suchende, lebensphilosophisch inspirierte Wissenschaftskultur gegen die sich auf das objektivierende und identifizierende Denken beschränkende logozentrisch ausgerichtete Hauptströmung des Abendlandes nie wirklich durchsetzen konnte, obwohl Mischs Ansatz auf eine hermeneutische Einheit der Gegensätze zielt, die auch noch den in seinen Augen verhängnisvollen Dilthey'schen Dualismus von Geistes- und Naturwissenschaft transzendiert. Die religiöse abendländische Lebensphilosophie erinnert in ihrer Betonung der allumfassenden, alle Dualismen transzendierenden, beweglichen Lebenseinheit in der Vielheit stark an die nichtdualistischen Strömungen, die wir im Hinduismus, Buddhismus und Taoismus finden.[6] Die ohne Widerspruch nicht aussagbare hermeneutische Lebenseinheit ist freilich etwas anderes als der auf Vereinheitlichung zielende Versuch der modernen Naturwissenschaft, einzelne Wirklichkeitsbereiche widerspruchsfrei so zu konstruieren, dass sie sich in den Denkrahmen eines gesetzesförmigen, anthropozentrischen Verfügungswissens problemlos eingliedern lassen.

Misch zweifelt keineswegs an der überkulturellen Verbindlichkeit und Allgemeingültigkeit der logischen Gesetzmäßigkeiten, aber er ist der Ansicht, dass sich die «Logik-Ontologie» des Abendlandes zu einseitig auf die gegenständliche Aussage fixiert hat und dabei alle ursprünglichen Erfahrungen, die diesen vorstrukturierten festen Denkrahmen transzen-

6 Vgl. D. Loy: Nondualität. Über die Natur der Wirklichkeit, Frankfurt a. M. 1998.

dieren, ausschließt. Zu diesen ursprünglichen, nichtobjektivierbaren Erfahrungen gehören auch die religiösen, insbesondere die mystischen Lebenserfahrungen.

Die unberechenbare, unergründliche Lebensdynamik wird im Rahmen des objektivierenden Denkens systematisch ausgegrenzt, und es ist dieser Grundgedanke, der mir sowohl für die Religionswissenschaft als auch für die Religionstheologie deshalb von entscheidender Bedeutung zu sein scheint, weil heute im interkulturellen Kontext grundsätzlich die Vormachtstellung des vorgeblich «machtförmigen» europäischen Begriffs- und Kategoriensystems in Frage gestellt wird und «sanftere» Alternativen vorgeschlagen werden. Hier kommt der in der zunehmend technokratisch orientierten europäischen Moderne an den Rand gedrängte lebensphilosophische Ansatz aufgrund seiner Pluralitätsfähigkeit ohne Zweifel jenen in sich uneinheitlichen «alternativen» Denkwegen anderer Kulturen entgegen, deren Ziel nie eine rationale, möglichst widerspruchsfreie Konstruktion der Ganzheit des Lebens war.

Die Lebenshermeneutik schließt jeden Exklusivismus aus und erlaubt auch in der Religionswissenschaft einen auf eine gemeinsame, kulturübergreifende Realität bezogenen Weltanschauungspluralismus, der sowohl religiöse als auch nichtreligiöse Positionen umgreift. Die Anerkennung einer unergründlichen und unverfügbaren Wirklichkeitsdimension muss nicht sofort religiös gedeutet werden, aber sie legt immerhin die Überwindung einer engen, «humanegoistischen Anthropozentrik» (Klaus Michael Meyer-Abich) nahe.[7]

Schon allein mit der Anerkennung eines lebensphilosophisch gut begründbaren Wissenschaftspluralismus wäre für die heutige religionswissenschaftliche Methodendiskussion viel gewonnen, aber Mischs letztlich religiös fundierte Lebenshermeneutik erlaubt sogar, Transzendenzerfahrungen als Begegnung mit einer unergründlichen, unverfügbaren Wirklichkeit zu deuten, und damit die Konzeption einer «transzendenzoffenen» Religionswissenschaft, die der wichtigen Grundfrage nach der

---

7 Der physiozentrisch-holistisch orientierte Ansatz Klaus Michael Meyer-Abichs erinnert in vielerlei Hinsicht an die Ansätze einer nichtanthropozentrischen religiösen Lebensphilosophie. Vgl. K. M. Meyer-Abich: Wege zum Frieden mit der Natur. Praktische Naturphilosophie für die Umweltpolitik, München / Wien 1984.

Realität dieser numinosen Wirklichkeit nicht ausweicht und damit der Religionstheologie entgegenkommt.

Misch weist die Behauptung entschieden zurück, dass sich in der Wissenschaft sinnvoll nur über das reden lässt, was an der empirischen Wirklichkeit streng überprüft werden kann. Ich vermute, dass die vergleichsweise zurückhaltende Rezeption der ausgesprochen differenzierten lebenshermeneutischen Überlegungen Mischs mit ihrer Unbrauchbarkeit für eine Verfügbarkeits- und Kontrollprogrammatik, die die lebendigen, unvorhersehbaren Krisen-, Grenz-, Gipfel- und Transzendenzerfahrungen systematisch ausgrenzt, zusammenhängt. Diese nicht beliebig reproduzierbaren Lebenserfahrungen sind für den Lebensweg einzelner Menschen oft von entscheidender Bedeutung, aber sie sind nicht machtförmig und entziehen sich prinzipiell der planenden Vernunft.[8] Immerhin wirken in der neuerdings wieder verstärkt rezipierten philosophischen Anthropologie Helmuth Plessners viele der zentralen Ideen Mischs weiter, insbesondere der Unergründlichkeitsgedanke, der als das eigentliche Sinnzentrum meiner lebenshermeneutischen Überlegungen zur unvermeidlichen Verflochtenheit von interkultureller Religionswissenschaft und interreligiöser Theologie betrachtet werden kann.[9] Dieser Grundgedanke verbindet zudem zentrale erkenntnisphilosophische und ethische Aspekte beider Disziplinen, indem er die lebensimmanenten Voraussetzungen für eine religiös begründete und interkulturell verallgemeinerbare Ethik der Ehrfurcht vor dem Leben herauszuarbeiten erlaubt.[10] Ich habe in meiner Habilitationsarbeit den Unergründlichkeits-

8 W. Gantke: Reflexion und Interpretation. Ein nicht-reduzierter Erfahrungsbegriff als Grundlage einer zukunftsfähigen Religionsphänomenologie, in: A. Michaels / D. Pezzoli-Olgiati / F. Stolz (Hg.): Noch eine Chance für die Religionsphänomenologie, Bern u. a. 2001, 393–407.

9 In diesem lebensphilosophischen Kontext besonders wichtig: H. Plessner: Macht und menschliche Natur. Ein Versuch zur Anthropologie der geschichtlichen Weltansicht, in: ders.: Zwischen Philosophie und Gesellschaft. Ausgewählte Abhandlungen und Vorträge, Frankfurt a. M. 1979, 276–362. Die schon 1931 veröffentlichten, interkulturell ausgerichteten, die grundsätzliche Partikularität der je eigenen Position reflektierenden, anthropologisch-lebenshermeneutischen Überlegungen Plessners haben m.E. bisher weder in der Religionswissenschaft noch in der Religionstheologie die ihnen gebührende Aufmerksamkeit gefunden.

10 Von hier aus ergibt sich zwanglos ein Bezug zu Albert Schweitzers reli-

gedanken in Anknüpfung an Dilthey, Misch, Plessner und Bollnow religiös interpretiert und vorgeschlagen, die «Anerkennung der bleibenden Rückgebundenheit des Menschen und seiner Ordnungen an eine unergründliche und unverfügbare Tiefendimension des Lebens»[11] als die mit dem Begriff des Heiligen bezeichnete, interkulturell verallgemeinerbare Sinnmitte von Religion zu betrachten.

Für die religiöse Lebensphilosophie ist das Leben unergründlich, unausschöpfbar und letztlich heilig.[12] Sie wird daher eine Vorgehensweise bevorzugen, die dieses zunächst unbestimmte Leben zu größerer, nie aber zu endgültiger Bestimmtheit zu bringen versucht, denn es bleibt immer ein methodisch ernst zu nehmder, unergründlicher Rest, der sich von vornherein einer totalen Verfügbarmachung entzieht.

In dieser Perspektive liegt die unaustauschbare Würde des Menschen in seiner Unergründlichkeit. Der heute in der Religionswissenschaft zumeist vorausgesetzte, vorgeblich wert- und kulturneutrale «methodische Agnostizismus» kann in lebensphilosophischer Perspektive als ein Versuch gedeutet werden, auf einem vergleichsweise sicheren, unangreifbaren methodischen «Fundament» dem religiös interpretierbaren Problem der bleibenden Unergründlichkeit des Lebens und des Menschen auszuweichen und sich auf diese Weise die beunruhigende religiöse Frage vom Leib zu halten. Wenn dem unergründlichen Leben selbst eine gleichsam immerwährende, dynamische, unausschöpfbare und sich stets erneuernde, «immanente Transzendenz» innewohnt, dann errichtet ein statischer «methodischer Agnostizismus» gleichsam eine profan-eindimensionale Erkenntnisbarriere, die dem niemals zu vereinheitlichenden, pluralistischen Realitätsverständnis nicht gerecht zu werden vermag. Das evozierende Sprechen, das Symbolverstehen und dichterische, musikalische und andere künstlerische Ausdrucksformen können fremde religiöse Erfahrungswelten auch dort noch erschließen, wo die Definitions-

giös begründeter Ehrfurcht vor dem Leben: A. Schweitzer: Die Ehrfurcht vor dem Leben. Grundtexte aus fünf Jahrzehnten, München 1982.

11 Vgl. W. Gantke: Der umstrittene Begriff des Heiligen. Eine problemorientierte religionswissenschaftliche Untersuchung, Marburg 1998, 26f.

12 Vgl. R. Sheldrake: Die Wiedergeburt der Natur. Wissenschaftliche Grundlagen eines neuen Verständnisses der Lebendigkeit und Heiligkeit der Natur, Bern u. a. 1991. Sheldrakes vorgeblich neues Verständnis erinnert in vielerlei Hinsicht an das alte Verständnis der Lebendigkeit und Heiligkeit des Lebens von Vertretern der religiösen Lebensphilosophie.

versuche der formalen Logik an unüberschreitbare Grenzen stoßen. Hier gilt es dann, die unergründliche Dynamik der religiösen Lebensformen gleichsam lebensimmanent zu erfassen, was den Ausgang von einer neutralen, vom gelebten Leben losgelösten, externen Beobachterperspektive als realitätsfremd erscheinen lässt.

Das unbestimmte Transzendente bleibt zwar stets rückgebunden an, gleichsam «verstrickt in», bestimmte kulturbedingte Lebensformen, aber da es prozeßhaft und schöpferisch zu denken ist, vermag es immer wieder von neuem alle vom Menschen gezogenen Grenzlinien zu transzendieren und aus sich selbst heraus neue Gestalten und Formen zu entwickeln. In lebensphilosophischer Perspektive ist die unergründliche Lebensdynamik von sich selbst her auf Gestalt- und Formbildung, gleichsam auf Selbstorganisation, und im anthropologischen Bereich auf Gedankenmäßigkeit, hin angelegt.

Leben ist nach Misch immerwährendes Sich-selbst-Gestalten aus dem ursprünglich Chaotisch-Grenzenlosen und dies gilt auch für das religiöse Leben des Menschen, der einerseits immer wieder von neuem Grenzen setzen muss, um sich nicht im Nebel des Unergründlichen zu verlieren, der andererseits aber auch immer wieder Grenzen transzendieren muss, um nicht in einer engen Gehäusefrömmigkeit zu erstarren, die den offenen Blick auf die ganze Breite und Fülle religiöser Lebensformen in den unterschiedlichen Kulturen versperrt. Vor dem Hintergrund dieses weitgefassten lebensphilosophischen Vorverständnisses ist Religion nicht nur eine vom gelebten Leben abgetrennte, abstrakte Kopfgeburt, nicht nur ein intellektualistisches Interpretationskonstrukt, sondern Religion kann als ein eine Entschränkung des Blicks voraussetzender, ins Offene führender Heilsweg gedeutet werden, dessen Ziel niemals ein einziges, festgefügtes, alternativloses Gehäuse sein kann. Religion im lebenshermeneutischen Sinn beginnt bereits mit der ernsthaften Suche nach dem lebendigen Gott und einem tieferen Lebenssinn und nicht erst mit der «fertigen Antwort» auf die Gottes- und Sinnfrage. Sie ist dann zwar ein auf Sinnfindung hin angelegter Weg, aber dieser Weg kann durchaus in die Irre führen, wenn die Ehrfurcht vor dem unergründlichen und unverfügbaren Leben, auch dem fremden Leben, in einem zu einer bloß politischen Ideologie verkümmerten Fundamentalismus oder in einem technokratischen Planungs- und Kontrolldenken verloren zu gehen droht. Interessant ist in diesem Zusammenhang, dass Misch als einer der ersten Vertreter einer wirklich interkulturell ansetzenden Philosophie gelten kann, der nicht nur innerhalb des Denkrahmens einer einzigen philosophischen Tradition argumentiert, sondern der drei gleichursprüngliche Geburtsorte der Philosophie anerkennt: Griechenland, Indien und China.[13] Diese drei religiös geprägten Denkkulturen bleiben trotz des rationalistischen abendländischen Sonderweges durch den kulturübergreifenden Gedanken einer immanenten Transzendenz des Lebens verbunden.

Nach Misch verschwindet das Bewusstsein der Immanenz des Transzendenten, mithin das Bewusstsein von der Gegenwärtigkeit Gottes in der Welt, durch die Fixierung des Seins in einer Logik-Metaphysik, in der sich Sein und Nichts als kontradiktorische Sätze gegenüberstehen.

In seiner realen Form befindet sich das nichtreduzierbare Leben in einem immerwährenden Übergang, in einem ständigen Stirb und Werde, wodurch das Bewusstsein der Immanenz der Transzendenz wachgehalten wird.

«Da waren Sein und Nichtsein Prädikate des Lebendig-Wirklichen wie Warm und Kalt […] und ihr Gegensatz war das Gegeneinander von Polen des Lebensgeschehens. […] Der Gegensatz verstattet es, die geschiedenen Prädikate aufzulösen in die Einheit, in der alle Gegensätze zusammenfallen; oder vielmehr, er fordert eine solche Auflösung in die Einheit, da die konträren Prädikate, die in einzelnen Sätzen ihre Stelle haben, nur innerhalb eines Ganzen, als Pole in diesem Ganzen, auseinandertreten, das den Teilen vorhergeht, in ihnen gegenwärtig ist und doch außerhalb bleibt. Die Gegenwärtigkeit des Unendlichen im Endlichen, der ‹Immanenz des Transzendenten›, diese sicherste Gewissheit des metaphysischen Anfangs, wurde für jedes Bruchstück der Welt in Sicht gebracht durch jene Satzverbindung, die, (indem sie überall, wo irgendetwas satzmäßig angesprochen wird, gegensätzliche Prädikate zusammenstellte,) durch die Dissonanzen hindurch das Walten des jenseitigen Grundes, aus dem sie kommen und in dem sie sich lösen, vernehmbar werden ließ.»[14]

Ich interpretiere diese Sätze als eine zutiefst religiöse Betrachtungsweise eines interkulturellen Lebensphilosophen, der für eine «vernehmende Vernunft» plädiert, die das objektivierende Verstandesdenken

---

13 G. Misch: Der Weg in die Philosophie. Eine philosophische Fibel, Leipzig 1926; R. A. Mall / H. Hülsmann: Die drei Geburtsorte der Philosophie. China, Indien, Europa, Bonn 1989.

14 Misch, a.a.O., 105f.

transzendiert, um eine «neue Offenheit» für die Wahrnehmung jenes unergründlichen Lebensgrundes zu erzielen, der gerade nicht an die kontingenten Voraussetzungen einer bestimmten Religion gebunden ist. Das gemeinsame Bemühen um eine größere Offenheit für dieses verlorengegangene Bewusstsein der Gegenwärtigkeit des Unendlichen im Endlichen könnte dualistische Erkenntnisbarrieren überwinden helfen und auf diese Weise auch eine interreligiöse Theologie und eine interkulturelle, transzendenzoffene Religionswissenschaft in Zukunft stärker miteinander verbinden.

Es ist dies freilich nur *ein* möglicher gemeinsamer, auch interkulturell gut begründbarer Bezugspunkt beider Disziplinen, der *dann* wissenschaftlich verantwortbar ist, wenn man zur Anerkennung der Lebenshermeneutik Mischs als Wissenschaft bereit ist.

Die Idee einer dem Leben selbst innewohnenden Transzendenz umgreift also unterschiedliche religiöse und wissenschaftliche Traditionen und ist in unterschiedlichen Terminologien in auf den ersten Blick weit auseinanderliegenden Ansätzen nachweisbar, etwa in der «Philosophy of Organism» Whiteheads[15] und seiner prozesstheologischen Nachfolger oder, um nun auch ausdrücklich ein Beispiel aus einer nichtabendländischen Kultur anzuführen, im «Integralen Yoga» Aurobindos, für den letztlich alles Leben Yoga, mithin Religion, ist.

All diesen kulturübergreifenden und im weitesten Sinne lebensphilosophischen Ansätzen ist gemeinsam, dass sanfte Übergänge bevorzugt und harte Dualismen zu vermeiden versucht werden. Sie tendieren zu einem Polaritätsdenken und es wird gerne von unterschiedlichen Graden, Stufen, Schichten und Bewusstseinsebenen gesprochen. Widersprüche werden nicht sofort auf hartem Wege eliminiert, sondern es wird vielmehr auf lebensdynamischem Wege eine versöhnungsorientierte Vereinigung des Entgegengesetzten angestrebt. Diese Tendenz zur Versöhnung der Gegensätze lässt sich insbesondere bei Aurobindo nachweisen, dessen Denkstil in vielerlei Hinsicht an die westliche lebensphilosophische Betrachtungsweise erinnert und der in seinem dreibändigen Hauptwerk «The Life Divine»[16] das Leben selbst gleichsam vergöttlicht, womit er die westlichen Ansätze einer religiösen Lebensphilosophie nochmals überbie-

15 A. N. Whitehead: Process and Reality. An Essay in Cosmology. New York 1978.

16 Aurobindo Ghose: The Life Divine. 3 Bde., New York 1951.

tet. Im Folgenden seien im Sinne einer Beispielhermeneutik einige der zweifelsohne schöpferischen und sich zuweilen in spekulative Höhen aufschwingenden, lebensphilosophisch interpretierbaren Gedanken Aurobindos angeführt.

3. Ausgewählte Beispiele für lebensphilosophisch interpretierbare Grundideen Aurobindos

Eine lebensphilosophische Interpretation Aurobindos kann natürlich immer nur ein Reduktionismus sein, der viele Aspekte seiner ganzheitlich ausgerichteten spirituellen Evolutionstheorie ausklammert und hier insbesondere die Probleme, die mit der Existenz eines für den Zukunftsmenschen angeblich realisierbaren supramental-göttlichen Bewusstseinszustandes zusammenhängen.[17]

Im Kontext einer interkulturellen Religionswissenschaft geht es mir hier nur darum, darauf aufmerksam zu machen, dass Aurobindo einen stark an westliche lebensphilosophische Argumentationsmuster erinnernden Ansatz entwickelt hat, der sich in ähnlicher Weise wie die Lebenshermeneutik Mischs gezielt gegen eine rein rationalistische Betrachtungsweise von Religion und ein damit verbundenes Ausschließlichkeitsdenken richtet. Für den Hindu-Philosophen ist alles Leben Religion. Es ist dies ein Gedanke, der eine scharfe Trennung von Religion und Leben nicht zulässt und auch nicht eine scharfe Trennung von Religionswissenschaft und Religionstheologie, wenn denn der interkulturell verallgemeinerbare Lebensbegriff von beiden Disziplinen zugrunde gelegt wird. Aurobindo betont stets das Verbindende, also die übergegensätzliche Lebenseinheit, und dies gilt auch für das Verhältnis von westlichem und östlichem Denken:

«Osten und Westen betrachten das Leben von zwei entgegengesetzten Seiten der einen selben Wirklichkeit.»[18] Im Sinne des typisch hinduistischen Inklusivismus schreibt er an anderer Stelle: «Ich sehe nicht ein, warum da so ein unüberbrückbarer Abgrund bestehen soll. Denn tat-

---

17 Vgl. W. Gantke: Aurobindos Philosophie interkulturell gelesen, Nordhausen 2007.

18 Zit. nach: H. Pietschmann: Das Ende des naturwissenschaftlichen Zeitalters, Wien / Hamburg 1980, 147.

sächlich besteht kein wesenhafter Unterschied zwischen geistigem Leben in Ost und West. Die Unterschiede betreffen immer nur die Namen, Formen und Symbole.»[19] Diese Einheit der Gegensätze ist keineswegs statisch zu denken, sondern muss wieder, da es um den Ausgleich entgegengesetzter Einseitigkeiten geht, dynamisch gedacht werden. Für Aurobindo tendiert der Westen zu einer Überschätzung des Verstandes und seine diesbezügliche Kritik erinnert stark an Gedanken, die wir in ähnlicher Weise auch bei westlichen Lebensphilosophen von Friedrich Schlegel und Arthur Schopenhauer bis hin zu Otto Friedrich Bollnow und Hermann Schmitz finden.[20]

Der Hindu-Philosoph verkündet das «Ende des Zeitalters des Verstandes»[21] und schreibt: «Es ist der grundsätzliche Fehler der Vernunft, das Leben beherrschen und dessen natürliche Entwicklung in etwas wie eine rationale Ordnung pressen zu wollen.»[22] Und anderenorts, wiederum typisch lebensphilosophisch:

«Das Leben entzieht sich den Formeln und Systemen, den der Verstand ihm aufzuerlegen bemüht ist, es zwingt uns zur Einsicht, daß es zu komplex ist, zu reich an einer Fülle unendlicher Möglichkeiten, um sich der Tyrannei durch die Willkür des menschlichen Intellekts zu unterstellen. […] Der Kern der Schwierigkeit liegt darin, dass im tieferen Grunde unseres ganzen Lebens und Daseins, sowohl innen als auch außen, etwas vorhanden ist, über das der Intellekt niemals die Herrschaft ausüben kann: das Absolute, das Unendliche.

Hinter einem jeden Ding im Leben steht ein Absolutes, nach welchem dieses Ding in eigener Weise sucht, alles Endliche bemüht sich darum, ein Unendliches zum Ausdruck zu bringen, von dem es fühlt, daß es seine eigentliche Wahrheit ist. […] Dem logischen Verstand gelingt es nur, mit dem fertig zu werden, was festgelegt und endlich ist.»[23]

---

19 Zit. nach: O. Wolff: Sri Aurobindo mit Selbstzeugnissen und Bilddokumenten, Reibek 1988, 128.

20 Vgl.: R.J. Kozljanic: Lebensphilosophie. Eine Einführung, Stuttgart 2004.

21 Aurobindo Ghose: Zyklus der menschlichen Entwicklung, Bern u.a. 1974, 244.

22 A.a.O., 250.

23 Zit. nach H. Pietschmann: Das Ende des naturwissenschaftlichen Zeitalters, Wien / Hamburg, 1980, 148.

Da der Mensch gleichsam innerhalb des Widerspruches, den wir Leben nennen, lebt, wohnt diesem nur dann Bedrohliches inne, wenn wir uns ausschließlich auf die endlichen Teilwahrheiten des Verstandes verlassen. So bekennt Aurobindo:

«Ich gewährte nie einer Wahrheit Einlaß in meinen Geist ohne ihn gleichzeitig für das Entgegengesetzte offen zu halten [...] und die erste Folge davon war, daß der Intellekt sein Prestige einbüßte.»[24]

Der vergleichsweise geringe Stellenwert, den Aurobindo und viele östliche Meister des Weges der Verstandeslogik zubilligen, hängt mit dem Unendlichkeitsbewusstsein zusammen. Die insbesondere in der Naturwissenschaft geforderten exakt definierten Begriffe sind für Aurobindo ähnlich wie für Misch zu statisch und nicht flexibel genug für die Erfassung des unergründlichen Lebens und seiner unendlichen Möglichkeiten.

Insbesondere durch das starre Entweder-oder-Denken werden lebensferne Gehäuse erschaffen, die den Blick ins Offene und Freie versperren. Als ausgewähltes Beispiel für Aurobindos Versuch einer Annäherung an das Geheimnis des Unendlichen durch das Überschreiten der endlichen Verstandesbarrieren sei ein längeres Zitat angeführt, in dem er das vergöttlichte Leben des Menschen geradezu als ein immerwährendes Abenteuer des Unendlichen im Rahmen einer allumfassenden Evolutions- und Involutionslehre feiert, die in der traditionellen hinduistischen Idee einer «ewigen Wiederkehr» gipfelt:

«Das Experiment, das das Leben des Menschen auf einer Erde bedeutet, wird jetzt nicht zum erstenmal unternommen. Es ist schon millionenmal zuvor vollzogen worden und das lange Schauspiel wird sich weitere Millionen Mal wiederholen. In allem, was wir jetzt tun, in unseren Träumen, unseren Entdeckungen, in dem, was wir rasch oder unter Schwierigkeiten errungen haben, ziehen wir unbewusst aus der Erfahrung unzähliger Vorgänger unseren Nutzen, und unsere Bemühungen werden auf Planeten, die uns unbekannt sind, und in Welten, die noch nicht erschaffen wurden, ihr Früchte tragen. Der Plan, die plötzlichen Wendungen, die Abwicklung sind stets verschieden, doch werden sie stets von denselben Regeln einer ewigen Kunst bestimmt. Gott, Mensch und Natur sind drei immerwährende Symbole. Die Vorstellung einer ewigen Wiederkehr lässt jene Gemüter, die sich in der Minute, der Stun-

24 Ebd.

de, hinter den Jahren, den Jahrhunderten und all den unwirklichen Barrikaden des Endlichen verschanzt haben, vor Furcht erzittern. Aber jene Seele, die stark ist, die sich ihrer eigenen unsterblichen Beschaffenheit und es unerschöpflichen Ozeans ihres nie versiegenden Kräftestroms bewusst ist, lässt sich von dieser Vorstellung ergreifen und erbebt dabei in unvorstellbarer Entrückung.»[25]

Im westlichen Kontext war es Nietzsche, in dessen Werk in ähnlicher Weise die mit dem Gedanken der ewigen Wiederkehr verbundene Exstase des Unendlichen eine schriftliche Ausdrucksform gefunden hat. Er definiert diesen Gedanken freilich als Lehre von einem sich unendlich wiederholenden Kreislauf aller Dinge. Es handelt sich also um die ewige Wiederkehr des Gleichen und dies gilt auch für das «gleiche und selbige» individuelle Leben.

Auch Nietzsches fortschrittskritische Idee einer ewigen Wiederkehr kann durchaus religiös interpretiert werden, doch geht Aurobindo in seiner kosmischen Schau weit über das hinaus, was Nietzsche und andere westliche Lebensphilosophen, auch diejenigen, die das Leben als kosmisches Ur-Prinzip interpretieren, mit der Vorstellung eines religiös durchtränkten Lebens in Verbindung bringen. Für Aurobindo sind göttliches und menschliches Leben letztlich identisch. Alles Leben ist göttlich und dies gilt nicht nur für diesen kleinen Planeten, auf dem Menschen leben und den wir Erde nennen.

Es ist dies gleichsam ein auf das ganze Universum ausgedehntes lebensphilosophisches Kosmisierungsprogramm, in dem Religion und Leben identisch werden und vor dessen allumfassenden Hintergrund die kleinlich- anthropozentrischen Streitereien der traditionellen Religionen um den allein richtigen Weg zu Gott und zur religiösen Wahrheit an Bedeutung verlieren müssen: «Philosophien und Religionen streiten sich über den Vorrang der verschiedenen Erscheinungsformen Gottes, und verschiedene Yogis, Rishis und Heilige haben diese oder jene Philosophie vorgezogen. Unsere Aufgabe ist nicht, über irgendwelche dieser Erscheinungsformen zu streiten, sondern sie alle zu verwirklichen und zu werden, nicht einer davon unter Ausschluß aller übrigen nachzufol-

25 Zit. nach Satprem: Sri Aurobindo oder das Abenteuer des Bewusstseins, Weilheim 1970, 228.

gen, sondern Gott in all seinen Erscheinungsformen mit offenen Armen zu begegnen.»[26]

Den rationalistischen Versuchen der Religionswissenschaft, das schwierige religiöse Phänomen zu erklären, wirft Aurobindo Oberflächlichkeit vor: «Seine Versuche [die Versuche des ‹rationalen Verstandes› W. G.] einer Erklärung der Religion haben dazu geführt, dass er eine riesige Menge bewundernswerter geistreicher Perversionen zusammentrug, wie z.B. gewisse pseudowissenschaftliche Versuche, eine vergleichende Religionswissenschaft aufzubauen. Er errichtete in dem bewährten modernen Stil riesige Fassaden von Theorien mit den verschiedensten Bausteinen missverstandener Tatsachen als Material. Seine milden Entschuldigungen für die Religion führten zu oberflächlichen Gedankenphasen, die schnell vergingen und keine Spuren hinterließen. Seine Bemühungen um die Erschaffung einer rationalen Religion, die guten Willens, aber hilflos und ohne Überzeugungskraft waren, hatten keinen nennenswerten Erfolg und ließen nichts zurück gleich einem vorübergehenden Windhauch.»[27]

Auch der lebenserfahrungsnahe Religionsbestimmungsversuch Aurobindos erinnert an die bereits erwähnten dynamischen lebensphilosophisch inspirierten Religionsinterpretationen: «Der tiefste Kern, das innerste Wesen der Religion ist neben ihrer äußeren Form des Glaubens, des Kultes, der Zeremonie und der Symbole die Suche nach Gott und das Finden von Gott. Ihr Streben gilt der Entdeckung des Unendlichen, des Absoluten, des Einen, des Göttlichen, der dieses alles ist und doch keine Abstraktion, sondern ein Wesen darstellt. Ihr Mühen ist ein ernsthaftes Leben aus den wahren und innersten Beziehungen zwischen Mensch und Gott.»[28]

Dieser auf den Kern, auf den «Gott ohne Grenzen» (Perry Schmidt-Leukel), zielende Religionsbestimmungsversuch Aurobindos lässt sich nicht auf eine bestimmte religiöse Traditionslinie, etwa die hinduistische, eingrenzen, sondern er lässt sich problemlos auch christlich oder islamisch interpretieren, denn hier geht es erkennbar um *die* Religion in den Religionen.

Im Integralen Yoga Aurobindos wird das Ausgrenzungsdenken überwunden, und das verbindet ihn nicht nur mit vielen westlichen lebens-

26 Zit. nach Satprem, a.a.O., 138.

27 Aurobindo: Zyklus (siehe Anm. 21), 155.

28 Ebd.

philosophischen Ansätzen, sondern auch mit vielen östlichen, nichtdualistischen religiösen Betrachtungsweisen, die, wie der Taoismus, die nicht aussprechbare Einheit und die anzustrebende Harmonie der Gegensätze betonen, worauf ich hier nicht weiter eingehen kann. Vor diesem Hintergrund stellt sich die Frage, ob eine dynamisch-flexible lebensphilosophische Denkform, die die Nicht-Ausschließlichkeit der Heilswege betont, ein Ausweg für das im Rahmen einer statischen Satzlogik unlösbare Problem der Koexistenz miteinander nicht zu vereinbarender Positionen sein könnte.

4. Das Problem einer Vermittlung verschiedener Positionen in Religionswissenschaft und Religionstheologie

Sowohl eine interkulturelle Religionswissenschaft als auch eine interreligiöse Theologie werden im Zeitalter der Begegnung der Kulturen und Religionen mit dem schwierigen Problem einer Pluralität unterschiedlicher religiöser Wahrheitsansprüche konfrontiert, das sich nicht auf die vereinfachte Form eines Entweder-oder-Denkens reduzieren lässt, das den Ausschluß der jeweils anderen, «falschen» Seite erlaubt.[29]

Die Anerkennung unüberwindbarer Heterogenität erfordert einerseits den Verzicht auf voreilige Vereinheitlichungs-, Vereinnahmungs- und Universalisierungspostulate, ohne andererseits einem völlig beziehungslosen Nebeneinander das Wort zu reden. Auf die aktuelle Herausforderung durch das wachsende Bewusstsein der unauflöslichen Widersprüche zwischen den unterschiedlichen, kulturell und geschichtlich bedingten, religiösen Lebensverständnissen kann auf der unbeweglich-ungeschichtlichen Grundlage einer formalen Logik, die nur die trennenden Lösungen gestattet, nicht angemessen reagiert werden. Dagegen erlaubt eine geschichtliche Lebenslogik die Entscheidung für einen bestimmten Heilsweg im Wissen um dessen Nicht-Ausschließlichkeit und Vorläufigkeit in der

---

29 Zum Problem der Pluralität religiöser Wahrheitsansprüche: W. Gantke: Das Problem der Pluralität von religiösen Wahrheits- und Absolutheitsansprüchen in der Sicht einer interkulturellen Religionswissenschaft, in: H. R. Yousefi / H. Waldenfels / W. Gantke (Hg.): Wege zur Religion. Aspekte – Grundprobleme – Ergänzende Perspektiven, Nordhausen 2010, 83–102. R. Bernhardt (Hg.): Horizontüberschreitung. Die Pluralistische Theologie der Religionen. Gütersloh 1991.

Hoffnung, dass es hinter dem vordergründigen Streit um die unterschiedlichen religiösen Lebenswege eine «letzte», unausschöpfbare, aber trotz aller Differenzen die Religionen verbindende, unergründliche Lebenswahrheit gibt. Der von lebensphilosophischem Gedankengut beeinflusste Pionier religionswissenschaftlicher Toleranzforschung, Gustav Mensching, zielt auf diese religionsübergreifende, numinose Lebenswahrheit, die er von den Richtigkeiten der widerspruchsfreien, logischen Erkenntniswahrheit unterscheidet, wenn er schreibt: «Die intolerante Meinung, daß nur eine Wahrheit richtig sein, und das alle anderen falsch und unwahr sein müssen, kann man nur haben, wenn man jenen Begriff der Wahrheit im Sinne von Richtigkeit zugrunde legt, wenn man Religionen als die Lösung des Welträtsels wie die eines Rechenexempels ansieht. In diesem Falle kann nur eine Lösung richtig sein und alle anderen sind dann falsch. Aber so ist es eben in der Religionswelt nicht.»[30]

Angesichts der von der Lebenshermeneutik anerkannten Grenzen des Fremdverstehens kann eine friedliche Lösung des Problems des harten Aufeinanderprallens unterschiedlicher religiöser Wahrheitsansprüche darin bestehen, dass man die Widersprüche klar und deutlich benennt, ohne sie als bedrohlich zu empfinden und sofort eliminieren zu wollen. Es gilt dann, diese religiösen Widersprüche auszuhalten und sich offen zu halten für eine Wahrheit des Fremden, die sich, da die Religionsgeschichte nicht an einem bestimmten Punkt endet, längerfristig als eine hinter all den vordergründigen dogmatischen Krusten und Schalen verborgene Wahrheit des Eigenen erweisen könnte. Religionstheologisch gesprochen erlaubt die dynamische lebensphilosophische Betrachtungsweise eine Annäherung an den «Gott ohne Grenzen»[31], der auch alle Sprachgrenzen zu überwinden vermag und alle zu ihm führenden, sich nicht ausschließenden Heils- und Lebenswege kennt und anerkennt.

Religionswissenschaftlich gesprochen gestattet der Ausgang von einer beweglichen Lebenshermeneutik eine mehrperspektivische, interkulturelle, transzendenzoffene Betrachtungsweise, die, weil sie sich nicht nur an eine einzige Tradition der Religionsgeschichte bindet, offenbleibt für nichtsäkularisierte, religiöse Positionen im weiten Denkrahmen einer

---

30 G. Mensching: Buddha und Christus. Ein Vergleich, Stuttgart 1978, 242.

31 P. Schmidt-Leukel: Gott ohne Grenzen. Eine christliche und pluralistische Theologie der Religionen, Gütersloh 2005.

interkulturellen Religionswissenschaft, die sich nicht a priori auf einen «methodischen Agnostizismus» festlegen lässt.

5. Ausblick

Im Vorhergehenden habe ich zu zeigen versucht, dass es auf lebensphilosophischer Grundlage durchaus fließende Übergänge zwischen einer interreligiösen Theologie und einer interkulturellen Religionswissenschaft geben kann, weil beide Disziplinen angesichts der neuen Herausforderungen in einer globalisierten Welt gezwungen sind, in verstärktem Maße über ihre immer schon mitgebrachten kulturbedingten Vorverständnisse, insbesondere über ihre gemeinsamen Europäismen, nachzudenken. Die interkulturelle Religionswissenschaft kann freilich nur bis zu der Grenze führen, an der das kulturübergreifende Geheimnis der unergründlichen religiösen Lebenswahrheit beginnt. Eine endgültige Antwort auf die große Frage nach dieser religiösen Lebenswahrheit, nach Gott bzw. dem Heiligen, vermag sie nicht zu geben, aber sie wird auf die Bedeutung dieser uralten Menschheitsfrage hinweisen und sich mit den unterschiedlichen Antwortversuchen in problemorientierter Weise auseinandersetzen dürfen.

Auch die religionskritischen Antwortversuche können im Rahmen einer nichtexklusivistischen Religionswissenschaft, die als Fragedisziplin den Vorrang der beunruhigenden Fragen betont, in angemessener Weise berücksichtigt werden. Was die interkulturelle Religionswissenschaft von einer am «methodischen Agnostizismus» orientierten, kulturwissenschaftlichen Religionswissenschaft unterscheidet und mit einer interreligiösen Religionstheologie verbindet, das ist ihre mit der Relativierung aller profanen Betrachtungsweisen verbundene Transzendenzoffenheit.

Diese Transzendenzoffenheit kann in der Religionswissenschaft ohne den Rückgriff auf bestimmte, unbewegte «transzendente Setzungen» oder eine statisch-zeitlose Boden- bzw. Logikontologie unter Berufung auf die interkulturell verallgemeinerbare unergründliche Lebensdynamik gerechtfertigt werden.

Alle prinzipiell transzendenzverschlossenen Ansätze in der Religionswissenschaft winden sich um die schwierige Problematik der Nicht-Ausschließbarkeit der Realität des Unergründlichen, also letztlich um die Realitätsfrage, herum.

Die lebenshermeneutische Religionswissenschaft tendiert zu einem transzendenzoffenen Pluralismus, der einerseits die kulturübergreifenden Gemeinsamkeiten des religiösen Lebens betont, der aber andererseits auch um die unüberschreitbaren Grenzen des Fremdverstehens weiß, weil für sie sowohl das menschliche als auch das nichtmenschliche Leben im Kern unergründlich bleibt. Dabei ist interessant, dass sich im Hinblick auf den Realitätsbezug von Religion viele Übereinstimmungen mit der Pluralistischen Religionstheologie von John Hick nachweisen lassen.[32]

Der von der empirisch-analytisch orientierten, angelsächsischen Traditionslinie herkommende Hick verteidigt, wenn ich ihn richtig verstanden habe, die Sinnhaftigkeit der unterschiedlichen menschlichen Antwortversuche auf die beunruhigende Frage nach der Transzendenz und damit zusammenhängend nach dem Sinn von Leben und Tod und weist wie die transzendenzoffene Religionswissenschaft den heute populären «naturalistischen Reduktionismus» zurück. Ähnlich wie diese geht auch Hick davon aus, dass sich die Weltreligionen auf eine «letzte Wirklichkeit» beziehen, die, obzwar unterschiedlich benannt, nicht nur ein Interpretationskonstrukt des Menschen ist. All unsere unterschiedlichen, kulturbedingten und damit relativen personalen oder impersonalen Gottesvorstellungen beziehen sich auf ein Absolutes, das unerkennbar bleibt. Es ist diese eine «letzte Lebenswirklichkeit», die alle Religionen miteinander verbindet. Die transzendenzoffene Religionswissenschaft hält diese von Hick vorgeschlagene Interpretationsmöglichkeit für sehr plausibel, aber sie wird auch offenbleiben für dualistische und pluralistische Interpretationen des vieldeutigen Unergründlichen.

Im Rahmen des Plessnerschen «Prinzips der offenen Frage» können in einer für die Vielfalt der Interpretationsmöglichkeiten offenen Religionswissenschaft etwa auch ein «änigmatischer Agnostizismus» (H. R. Schlette) oder ein kämpferischer Atheismus (R. Dawkins) ernst genommen werden. Als Fragedisziplin wird eine interkulturelle Religionswissenschaft zudem daran erinnern, dass nicht nur die Antworten der Religionen auf die Grundfragen des Lebens, insbesondere auf die Frage nach der Stellung des Menschen im Kosmos, unterschiedlich ausfallen, sondern das bereits die Fragen in anderen Kulturen aufgrund an-

---

32 J. Hick: Religion. Die menschlichen Antworten auf die Frage nach Leben und Tod, München 1996.

derer Lebensverhältnisse anders gestellt wurden und werden. In lebenshermeneutischer Perspektive problematisch ist aber in jedem Fall die nach wie vor in der Religionswissenschaft übliche neutrale Haltung eines nur beschreibenden, externen Beobachters. Sie erscheint angesichts des heutigen interkulturellen Streits um die Religion wie ein lebensferner, abstrakter Kulturzentrismus ohne den ernsthaften Versuch einer lebendigen Fremdberührung.

Auch vor diesem Hintergrund werden sich eine interkulturelle Religionswissenschaft und eine interreligiöse Theologie, die sich nicht nur an einem einzigen Traditionszusammenhang orientieren, in Zukunft zwangsläufig einander annähern müssen und wohl auch immer stärker aufeinander angewiesen sein. Es kann in diesem Zusammenhang also abschließend von einer nichtexklusivistischen, lebenshermeneutischen Forschungsprogrammatik gesprochen werden, die freilich mit dem frühen, religiösen Lebensphilosophen Goethe um die bleibenden Grenzen menschlicher Welterforschung weiß: «Das schönste Glück des denkenden Menschen ist, das Erforschliche erforscht zu haben und das Unerforschliche ruhig zu verehren.» Sowohl eine interkulturelle Religionswissenschaft als auch eine interreligiöse Religionstheologie im Sinne von John Hick bewegen sich in ihren Forschungsbemühungen dicht an der Grenze zum Unerforschlichen, ohne dieses eindeutig im Sinne einer einzigen Tradition ein für alle Mal festlegen zu wollen.

Hier gibt es ohne Zweifel enge Berührungspunkte zwischen den beiden Disziplinen, und die Hoffnung auf eine zukünftige Berührungshermeneutik, in der sich die unaufgebbare, offene Antwortorientierung einer notwendigerweise transzendenzbezogenen Religionstheologie und die unaufgebbare, offene Frageorientierung einer nicht notwendigerweise transzendenzbezogenen, aber immerhin doch transzendenzoffenen, interkulturellen Religionswissenschaft in fruchtbarer Weise ergänzen könnten.

Werner Ustorf

Ted Strehlows religiöse Identitäten
Ein Interpretationsversuch

Die Historiographie des Christentums in seiner interkulturellen Phase ist von einer ausgesprochenen Methodenvielfalt gekennzeichnet.[1] Auch das vorliegende Papier greift auf eine breite Auswahl unterschiedlicher Betrachtungsweisen zurück. Ich beanspruche nicht, einen Beitrag zur Theoriebildung interreligiöser Theologie zu leisten, aber ich glaube zeigen zu können, dass die Öffnung hin zur interkulturellen Thematik, so lobenswert und notwendig sie ist, unvollständig bleibt, wenn sie nicht auch eine interreligiöse Perspektive einschließt. Dazu kommt ein weiterer Vorbehalt, der sich aus dem Gegenstand selbst ergibt: Fragen religiöser Identität sind grundsätzlich komplex, aber sie werden schnell problematisch, sobald wir uns auf die biographische Ebene begeben. Die Hauptschwierigkeit liegt in der Tatsache, dass persönliche Religiosität als gelebte Wirklichkeit oft unübersichtlich ist und dass die Dinge am Boden verschwimmen und weniger Konturen zeigen, als wir vielleicht wünschen. Diese «Unübersichtlichkeit» im Biographischen und Lokalen widersetzt sich dem reibungslosen Zugriff unserer Interpretation. Mit diesem Vorbehalt muss ich mein Papier beginnen, denn am Schluss mag fraglich bleiben, ob ich mit meinem Gegenstand wirklich fertiggeworden bin.

Theodor (genannt Ted) Strehlow lebte von 1908 bis 1978 und war der wohl umstrittenste Anthropologe Australiens. Sein Lebenswerk war den Aranda[2] gewidmet, einem der Aboriginalen Völker in der Halbwüste Zentralaustraliens, unter denen er aufgewachsen war. Später sah er sich als «ingkata», d. h. als Aboriginalen Zeremonialchef oder, wie Spötter sagten, als «Hohepriester» der Aboriginalen Tradition. Öffentliche Kontroversen brachen aus, als er sich zum *letzten* der überlebenden Aranda-

1 Zur Diskussion der interkulturellen Perspektive im Christentum vgl. R. Friedli u. a. (Hg.): Intercultural Perceptions and Prospects of World Christianity, Frankfurt a. M. 2010.

2 «Aranda» ist die in meinen Quellen meistverwandte Schreibweise, die ältere ist «Arunta», während die aktuelle Terminologie «Arrernte» ist. In der aktuellen Diskussion wird auch das Wort «Aboriginal» stets gross geschrieben.

Chefs erklärte und seine umfassenden Sammlungen von ethnologischen Materialien nicht an die Aborigines, denen er umfassenden Traditionsabbruch attestierte, zurückgeben wollte. Die Sache wurde nicht besser dadurch, dass er hochsensitive Informationen über Aboriginale Initiationsriten, ein Sakralwissen über die Wiederherstellung der Dinge am Beginn der Zeit, das traditionell strikter Geheimhaltung unterlag, an die breite Öffentlichkeit brachte, darunter der Tiefpunkt einer Photodokumentation im «Stern» im Jahr 1978.[3] Strehlow war aber auch Sohn eines lutherischen Missionars auf der Missionsstation Hermannsburg, gut einhundert Kilometer westlich von Alice Springs. Er war geprägt vom Missionschristentum, verteidigte bis zuletzt den Missionsgedanken, und seine Übersetzung des Neuen Testaments (1956) wird bis heute von den lutherischen Aranda benutzt.

Die wichtigste, aktuellste und auch umfassendste Biographie Strehlows hat der Schriftsteller und Historiker Barry Hill verfasst.[4] Hill ist einer von Australiens preisgekrönten Poeten und kommt in seiner über 800-seitigen und auf Primärquellen beruhenden Studie zum Ergebnis, dass Strehlow letztlich ein innerlich zerrissener Mensch war. Um diese Spannung angemessen ins Bild zu bekommen, wählte Hill eine ganz spezifische Optik aus der Weltliteratur: Shakespeares «Der Sturm» (The Tempest) von 1611. Die dort auf der Insel herrschende Grundspannung ist die zwischen dem Kolonisator Prospero, der seine Herrschaft durch Wissen, Bücher und Magie aufrechterhält, und Caliban, dem einheimischen dunklen Biest, dem Kannibalen, der zwar sprachfähig gemacht, aber durch gelegentliche Schmerzzufügung am Boden gehalten und so zum Sklaven wird und der darum beständig an seine gewaltsame Befreiung denkt. Für Hill ist Strehlow beides zugleich: Als Mann Luthers ist er Prospero, der die Heiden darnieder hält, weil er ihre Magie besser als sie selbst kennt, und den Aborigines das Wort Gottes in ihrer eigenen Sprache bringt; er ist aber zugleich Caliban, der den Aboriginalen Widerstand sprachfähig macht, also das Handwerkszeug des Unterdrückers gegen diesen richtet, nicht zuletzt durch Strehlows Veröffentlichung von Aranda-

---

3 S. Ebelseder / T. Jacobi [basierend auf Strehlow]: «Die Zornigen», in: Stern 19/1978, 36–60. Aranda meint in wörtlicher Übersetzung in der Tat «zornig».

4 B. Hill: Broken Song. T. G. H. Strehlow and Aboriginal Possession, Sydney 2002.

Zeremonialhymnen (1971), einer umfassenden Sammlung, die Strehlow nicht nur den homerischen Epen und den Psalmen zur Seite stellte, sondern auch als literarisches Urgestein betrachtete, aus dem seiner Ansicht nach die australische Literatur der Post-Invasionszeit hervorgehen sollte.[5] Jedoch, Hill zufolge, war Strehlow unfähig, beide Rollen zu vereinen. Er lebte in zwei Welten zugleich und war ein «Antiheld» mit einer «dualistisch vereinsamten Seele». Hill argumentiert, dass Strehlow «glaubensschwach» war und ihn seine doppelte Existenz dazu zwang, sein unsicheres spirituelles Ego in die Aboriginale Ewigkeit «hineinzuschreiben» und nach «ausgewählten Affinitäten» zwischen den Aborigines und sich selbst zu suchen, um zum «Ursprung» zurück- und dort «Erlösung» finden zu können. Alles in allem: Strehlow demonstriert «madness» und eine «schizoide Spaltung».[6] Da haben wir dann die Aburteilung verbrämt als klinische Diagnose und zugleich das Problem, mit dem ich mich hier beschäftigen möchte. Gibt es Möglichkeiten, Strehlows Engagement in zwei Religionen zugleich anders zu deuten?

Vorab würde ich gern klarstellen, worum es mir nicht geht. Es geht mir nicht darum, Strehlow zu rehabilitieren. Seine Über-Identifikation mit der Aboriginalen Tradition zeigt sich zum Beispiel in der unhaltbaren Behauptung, dass mit seinem Tod auch das Aboriginale Wissen sterben würde. Dass er eine problematische und widersprüchliche Persönlichkeit war, macht sein ungeheurer Nachlass im Strehlow Research Centre in Alice Springs hinreichend klar. Die Missions- und Kirchenarchive in Adelaide, in Neuendettelsau und Hermannsburg, die ich ebenfalls besucht habe, zeigen aber nicht nur Strehlows religiöse Herkunftsgeschichte, sondern auch die grundsätzliche Ambivalenz der christlichen Mission in Zentralaustralien einerseits als Facette und Bestandteil der europäischen Invasion, andererseits als Ort, wo Aborigines und ihre Sprache überleben konnten. Etwa 70 Prozent der Aborigines im Zentrum sind heute lutherisch. Dass unter dem Mantel des Christentums noch viel mehr überlebte, unerwartet vielleicht, nämlich große Teile des

5 T. Strehlow: Songs of Central Australia, Sydney 1971.

6 Vgl. Hill: Broken Song (siehe Anm. 4), z. B. 202, 221, 740. Es sind nur wenige Stellen erkennbar, wo Hill an seiner eigenen Interpretation zu zweifeln scheint. 642f spricht er von Strehlows «marriage» von Christentum und Aboriginaler Religion, später von einer «christlichen Umarmung Aboriginaler Religion» (675), verurteilt diesen Gedanken aber sofort als «Synkretismus». Hill hat kein Instrumentarium, um doppelte Religiosität zu denken.

vorchristlichen Sakralwissens – und Strehlow arbeitete sein ganzes professionelles Leben an der Bewahrung dieses Wissens – wurde offenbar, als die Aboriginale Lutherische Kirche Zentralaustraliens Anfang der 1970er Jahre von der Mission unabhängig und das Missionsland den Aborigines zurückgegeben wurde. Viele der christlichen Einheimischen zogen weg von der Station und siedelten auf dem Land ihrer jeweiligen Totemzugehörigkeit und führten wieder ein, was die Mission für fast einhundert Jahre verboten hatte, die Initiationsriten, also desn zentralen Akt der Weitergabe der Aboriginalen Tradition an die nächste Generation. Obschon die Aboriginale Religion nicht eigentlich der Gegenstand dieser Untersuchung ist,[7] so ist es doch angebracht, im Blick auf die Aboriginale Kirche nicht einfach von Aboriginalen Christen zu sprechen, sondern besser von christlichen Aborigines, denen «Altjira», das ist der in der Aranda-Bibel verwandte Name Gottes, auf beiden religiösen Wegen begegnet. Sie haben, wie die Anthropologin Diane Austin-Broos sagt, beide Religionen «homologisiert», so dass sie bequem von einem Fahrzeug auf das andere umsteigen können.[8] Und damit stelle ich eine weitere Sache klar, dass nämlich Strehlows doppelte kulturelle Existenz, sein Leben in zwei Welten, nicht einfach, wie Hill urteilt, seine subjektive Angelegenheit allein war, sondern historisch viel tiefer schon in der Ambivalenz der Mission selbst angelegt, und dass «doppelte Existenz» etwas ist, das sich ganz allgemein in der Aboriginalen Variante des Christentums finden lässt. Strehlows spiritueller Dualismus ist durchaus kein Einzelfall, aber wohl einzigartig darin, dass ausreichende Quellen vorhanden sind, um seine verschiedenen religiösen Identitäten zu skizzieren.

---

7 Vgl. dazu aber meinen Aufsatz «The Aborigines, their Religion, and Human Progress», in: U. v. d. Heyden / A. Feldtkeller (Hg.): Missionsgeschichte als Geschichte der Globalisierung von Wissen, Stuttgart 2012, 401–415.

8 Vgl. zum missionsgeschichtlichen und anthropologischen Hintergrund P. G. E Albrecht: From Mission to Church, 1877–2002, Adelaide 2002; F. Hartwig Harms: Träume und Tränen. Hermannsburger Missionare und die Wirkungen ihrer Arbeit in Australien und Neuseeland, Hermannsburg 2003; D. Austin-Broos: Arrernte Present – Arrernte Past. Invasion, Violence, and Imagination in Indigenous Central Australia, Chicago u. a. 2009. Es ist vielleicht wichtig hinzuzufügen, dass Spencer/Gillen den Begriff «Altjira» 1899 mit «dream time» übersetzt hatten (B. Spencer / F. J. Gillen: The Native Tribes of Central Australia [London 1899], Oosterhout 1969).

Das möchte ich in einem Doppelschritt tun. *Erstens* beschreibe ich den Typus der christlichen Kultur, von dem er herkam und von dem er sich schließlich distanzierte, ohne jedoch mit der christlichen Botschaft zu brechen. Untrennbar verbunden mit dieser Distanzierung ist seine Annäherung an die Aboriginale Religion, die ich daraufhin befrage, was es ist, das ihn daran anzieht und fasziniert, um zum Kern der Sache zu kommen, nämlich, wie ich meine, einer neuen Art der Beziehung zum Heiligen, die er bei den Aborigines kennengelernt hat. Das so gewonnene Material wirft jedoch eine Reihe von Fragen wissenschaftlicher Methodik auf, die ich dann im *zweiten* und letzten Abschnitt bespreche.

1. Strehlows spirituelle Revolution

Die Hermannsburger Mission begann 1877 mit der Arbeit an den Aranda in Zentralaustralien (später von den südaustralischen Lutheranern übernommen, die ihre Missionare in der Regel aus Neuendettelsau bezogen).[9] Als dezidiert konfessionelle Mission war es keine Frage für die Hermannsburger, die christliche Botschaft nach lutherischem Verständnis

9 Das politische Umfeld war determiniert durch die Annahme, dass Australien *terra nullius* war, und durch die Praxis der rechtlichen Entmündigung der Aborigines, die bis in die 1960er Jahre *Mündel* der Regierung waren. Besonders infam war der Versuch zwischen den 1930er und 1960er Jahren, hellhäutigere Aborigines von ihren Familien zu entfernen und zwangsweise zu assimilieren («stolen generations»). Daran hatten sich auch christliche Missionen beteiligt. Zum Hintergrund: Die Südaustralische Regierung hatte der Mission das semiaride Gelände am Finke River kostenlos verpachtet und ihr überdies eine jährliche Subsidie gewährt gegen die Verpflichtung, den Aborigines täglich warme Mahlzeiten, dazu bisweilen Wolldecken, Kleidung und dergleichen auszuhändigen – dies gab den Missionaren eine beachtliche Macht, spannte die Mission aber auch für die Politik der Sesshaftmachung, Konzentration und Assimilierung der Aborigines ein. Die Missionsstation war ökologisch problematisch und, genau wie die sich immer weiter ausdehnenden wasser- und vegetationshungrigen Viehstationen der weißen Siedler, eine «cattle station» mit Tausenden von Schafen, Rindern, Pferden, also ein kommerzieller Betrieb im Missionsinteresse und damit Teil der Invasion und Inwertsetzung des Kontinents, obschon Rentabilität selten erreicht wurde.

vortragen zu wollen,[10] aber Luthertum existiert nur in kultureller oder kontextueller Prägung. «Kultur» war schon in der eigenwilligen Konstruktion Hermannsburgs und seiner «Bauernmission» involviert. Da ist zunächst die Gründerfigur Ludwig Harms (1808–1865), ein volkstümlicher Patriarch und Mann der Praxis, der mit seiner Ablehnung der Revolution von 1848 sowie liberaler Stadtkultur mitsamt der Eisenbahn, seinem trotzigen Glaubenspositivismus und seinem bewussten Antiintellektualismus der Mission jahrzehntelang ihr Profil aufdrückte. Er hatte die romantische Vorstellung einer das «Volk» zivilisierenden Klostermission nach iroschottischem Vorbild (wirtschaftlich produktive Siedlungen ordinierter Missionare und sogenannter Kolonisten – und zwar möglichst fern vom Einfluss europäischer Säkularkultur, aber mit dezidiertem Arbeitsethos).[11] Insgesamt waren dies Vorstellungen, die in eklatantem Widerspruch zu den Realitäten einer nomadischen Kultur standen, die materiell als paläolithisch bezeichnet werden kann. Dennoch war die missionarische Glaubenskonzeption durchaus «modern»: In ihrer Reaktion auf die intolerante und hegemoniale Säkularkultur Westeuropas setzte die Mission einen ebenso intoleranten und hegemonialen christlichen Glaubensanspruch. Das Wagnis des Glaubens wurde dabei zum Vorweg-Bescheid-Wissen und damit konzeptionell säkularisiert. In dieser Form von Besserwisserei und Besserglauberei trat lutherisches Evangeliumsverständnis in den religiösen Diskurs in einer kolonialen Situation. Die Missionare glaubten hier bis in die 1960er Jahre, durchsetzen zu können, was ihnen in Europa verwehrt war, nämlich ein Interpretationsmonopol.

Dieser Versuch ist misslungen, weil, wie wir gesehen haben, die Einheimischen das Evangelium anders verstanden. Sie ersetzten die europäische durch die nichthegemoniale Aboriginale Kreolisierung der christlichen Botschaft. Teil des kulturellen Vorverständnisses, mit dessen Hilfe die Aborigines ihre Kreolisierung vornahmen, war eine pluralistische Offenheit für die Glaubensentscheidungen anderer. Das immunisierte sie gegen den missionarischen Totalitarismus und ermöglichte ihnen, sich in

---

10 Eine Position, die sich jedoch zusehends verengte durch Spannungen mit dem Hannoverschen Landeskonsistorium und sektiererischen Tendenzen in einigen altlutherischen Unterstützerkreisen in Südaustralien.

11 Ich folge hier der ausgezeichneten Skizze, die Christopher Grundmann vorgelegt hat: «Ludwig Harms – Vision und Wirklichkeit», in: J. Reller (Hg.): Seelsorge, Gemeinde, Mission und Diakonie, Münster 2009, 103–138.

parallelen religiösen Systemen zu bewegen. Und dies ist auch der Punkt, an dem Strehlow in Schwierigkeiten mit der missionarischen Position geriet, wie weit er auch ihre antisäkulare Stoßrichtung teilte.

Am deutlichsten brachte er diese Offenheit zur Sprache in seinem Aufsatz über zentralaustralische Religion (1978), der den bezeichnenden Untertitel trägt «Personaler Monototemismus in einer Polytotemistischen Gemeinschaft».[12] Es heißt hier, dass die Tatsache, dass die Aborigines keinen Obersten Himmelsgott und eine großzügige Vielfalt religiöser Praxis kannten, sie nicht nur vor der Sehnsucht nach einem himmlischen Paradies bewahrte, sondern auch vor «religiösem Fanatismus». Und Strehlow wird noch expliziter: einem Fanatismus, der «eine kleine, aber gut organisierte Gruppe von Männern in die Position autoritärer Macht über eine große Gemeinschaft hieven» und zu einer religiösen Systematisierung führen könnte, in der «sogar die geringfügigsten Details mit solch einer Sorgsamkeit fixiert» waren, dass dem Individuum jeder eigene Glaubensweg verbaut war.[13] Strehlow sagte nicht, wer die Fanatiker waren, aber es besteht kein Zweifel, dass er die autoritäre Variante des Missionschristentums vor Augen hatte – das Gegenbild zur undogmatischen Aboriginalen Religion. Die gemeinsame Bruderschaft aller Menschen in Christus war zwar, wie er im Jahr 1977 lutherischen Studenten klarmachte, «die einzige Botschaft der Hoffnung für die Menschheit», zugleich aber verlangte er «eine Erneuerung des persönlichen Glaubens und der Kirche».[14] Was diese Erneuerung bedeutete, darüber schwieg er, wenn er vor christlichem Publikum sprach. Das Problem war nämlich, dass sein eigener Vater der unumschränkte Repräsentant dieser autoritären Variante des christlichen Glaubens war und in der Sicht des Sohnes – und gewiss auch für viele der christlichen Einheimischen – die Institutionen von Gott, Vater und Chef in seiner Person zusammenfielen. Die Frage der Erneuerung des Glaubens hing darum untrennbar mit Strehlows Verhältnis zu seinem Vater Carl zusammen.

---

12 T. Strehlow: Central Australian Religion. Personal Monototemism in a Polytotemic Community, Bedford Park 1978. Einen ähnlichen Text hatte er schon 1964 in einer deutschsprachigen Festschrift veröffentlicht, so dass die Ideen selbst aus den 60er Jahren oder früher stammen.

13 A.a.O., 47.

14 Vgl. dazu Hill: Broken Song (siehe Anm. 4), 737–739.

Carl Strehlow war 1871 geboren und hatte seine Berufung zum Missionar im «Gehorsam des Glaubens» akzeptiert (hinter dieser Phraseologie verbarg sich die Macht von Missionsdirektoren über die Verwendung ihrer Missionare). Er verbrachte den größten Teil seines Lebens auf der Missionsstation, die er als Patriarch und mit eiserner Disziplin leitete, aber nicht unbedingt liebte. Er hatte nie nach Australien gewollt. Wie seine Vorgänger nahm er an, dass zwischen Aranda-Kultur und Evangelium eine tiefe Inkompatibilität bestand. Er widersetzte sich jeder Akkommodation an die Aboriginale Tradition. Bis zuletzt war er überzeugt, die Aranda seien «wie die ungezogenen Kinder u. bedürfen überall der Aufsicht u. der Ermahnung».[15] Umso erstaunlicher war Carl Strehlows ethnographisches Interesse an ihrer Kultur. Seine siebenbändige Studie zur Aranda-Kultur ist ein Klassiker der Anthropologie, obwohl er niemals selbst an den Aboriginalen Zeremonien teilgenommen hatte.[16] Carl Strehlow arbeitete unermüdlich und bereitete zugleich die Rückkehr der Familie nach Deutschland vor, wo seit 1910 bereits die fünf älteren Kinder lebten (sodass Ted als Einzelkind unter den Aborigines aufwuchs). Der Erste Weltkrieg und lokale Probleme verhinderten dies für über ein Jahrzehnt. Dennoch, was die Wochenroutine auf der Station anging, investierte er vielleicht ebenso viel Zeit in die Forschung sowie die klassische Bildung seines Sohnes Ted wie in den Missionsbetrieb. Carl glaubte felsenfest an den Gott, der Gebete erhörte, Türen öffnete und sein Versprechen hielt. Darum ging er davon aus, dass seine Rückkehr nach Deutschland in Übereinstimmung mit Gottes Willen war. Kurz vor seinem Tod schrieb er an den Missionsvorstand in Südaustralien: «Ich bin ganz sicher, dass Gott eine Position für mich in Deutschland finden wird, nachdem ich mich für ihn an diesem einsamen Außenposten so

---

15 Archiv der United Evangelical Lutheran Church of Australia, Adelaide; Finke River Mission, Box 2, Strehlow an J. J. Stolz, 5.10.1921.

16 Sein Wissen stammte von Aboriginalen Gewährsmännern, meistens Nichtchristen. Die wichtigste Publikation C. Strehlows ist: Die Aranda- und Loritja-Stämme in Zentral-Australien. 7 Teile, Frankfurt a. M. 1907–1920 . Neuere Studien zum Thema sind: A. Kenny: From Missionary to Frontier. An introduction to Carl Strehlow's Masterpiece, «Die Aranda- und Loritja-Stämme in Zentral-Australien» (1901–1909), PhD thesis, University of Sydney, 2008. Wichtige biographische Materialien zu Carl Strehlow befinden sich im Archiv Mission EineWelt in Neuendettelsau und im Strehlow Research Centre, Alice Springs.

viele Jahre abgearbeitet habe.»[17] Aber er erkrankte schon vor Beginn der Rückreise und starb 1922 in Horseshoe Bend, einer winzigen Siedlung in Zentralaustralien.

Viel später, 1969, beschrieb Ted diesen zweiwöchigen Treck durch die Wüste als eine doppelte spirituelle Reise: die des Vaters in den Verlust seines Glaubens und die des Sohnes hin zu einem aus der Aboriginalen Tradition kommenden neuen Gottesbild. *Journey to Horseshoe Bend*[18] ist ein eindrucksvolles Buch, das ebenfalls preisgekrönt ist und eine «spirituelle Revolution» dokumentiert, die vieles von dem vorwegnimmt, was die Religionssoziologen Woodhead und Heelas 2005 herausfanden, als sie die religiösen Aktivitäten einer britischen Kleinstadt analysierten.[19] Sie schlussfolgerten, dass in der westlichen Kultur, und zwar aufgrund neuer, meist aus Asien stammender religiöser Materialien, ein tiefgehender Wandel im Gottesbild vonstatten ging, weg von der Unterwerfung unter einen transzendenten Gott und hin zu einer spirituellen Erfahrung des Heiligen als immanent und transformativ. Dies ist auch das Hauptthema in *Journey to Horseshoe Bend.* Eine Schwierigkeit für uns ist, dass wir nicht mit Sicherheit unterscheiden können, wo Strehlow die spirituelle Krise seines Vaters beschreibt und wo seine eigene. Da ist zum einen, dass er an keiner Stelle(!) ein Gespräch zwischen Vater und Sohn erwähnt, und zum anderen, dass Strehlow den sterbenden Vater über dreißig Seiten das Buch Hiob und dann die Getsemanegeschichte reflektieren lässt, um ihn am Ende zum Ergebnis kommen zu lassen: «Gott hilft nicht!»[20] Hill fühlt sich dazu veranlasst zu sagen, der Tod des Vaters werde dazu benutzt, Teds Krise zu beschreiben und diene schlicht der

---

17 Carl Strehlow an J. J. Stolz, 3.2.1922, «I am quite certain that the Lord will find me a position in Germany after I worked for Him in this lonely outpost for so many years.» Archiv der UELCA, FRM, Box 2. Wir haben hier möglicherweise eine *interpretatio Germanica* des Christentums, die religiöse Schichten offenbart (*do ut des*), die weitaus älter als Luther sind. Carls Glaube an den vertragsstarken Gott wird einfühlsam beschrieben in Ted Strehlows Journey to Horseshoe Bend (16–24, 97f), vgl. die folgende Fussnote.

18 Vgl. Journey to Horseshoe Bend, Sydney 1969. Hier benutzt ist die vom Strehlow Research Centre herausgegebene Internet-Fassung.

19 L. Woodhead / P. Heelas: The Spiritual Revolution: why religion is giving way to spirituality, Oxford 2005. Die Kleinstadt ist Kendal im Lake District.

20 Journey to Horseshoe Bend (siehe Anm. 18), 262.

«Auferstehung des Sohnes»,[21] eine Denkfigur, die wir schon aus Nietzsches Zarathustra kennen. Für mich jedoch ist dies, die Auferstehung des Sohnes, gerade das Interessante, denn hier wird eine Krisenlösung sichtbar, in der das Göttliche nicht im Modus des Vaters sondern in einer eher *mütterlichen* Gestalt erscheint.[22]

Die Kritik am Gottesbild des Vaters ist weniger, dass es einen vertragsbrüchigen Gott porträtiert, sondern dass dieser Gott, vielleicht so wie Strehlows Vater, unerreichbar war. Strehlow lässt seinen Vater erfahren, dass es keine Beziehung gab, weil Gott nicht auf Gebete höre. Dieser Gott war in den Krisenmomenten und Dilemmas des Lebens abwesend und hatte «absichtlich» alle Beziehungen zwischen Gottes Selbst und den Menschen abgebrochen, verlangte aber dennoch «bedingungslose Kapitulation».[23]

Dem stellt Strehlow eine alternative Form von Beziehung zum Heiligen gegenüber: seine eigene, unveräußerliche Zugehörigkeit zum Bezirk der Totemzwillinge von Ntarea (Hermannsburg), seinem Geburtsort, wodurch er «Bürgerrecht» unter den Aranda hatte, ein Recht, «das ihm niemand jemals entwenden konnte.»[24] Die Aranda wussten, dass ihre unsterblichen Totemahnen mitten unter ihnen gelebt hatten und nun schliefen in diesem «Ewigen Land, dessen geographische Formen sie am Beginn der Zeit geschaffen hatten. Für die Aranda war Zentralaustralien das Land von Altjira, das Land der Ewigkeit.»[25] Und er gehörte zu ihnen, das heißt, sein Selbst war nicht allein sondern in der Gegenwart aller, die

21 Hill: Broken Song (siehe Anm. 4), 644f.

22 «Great Mother» ist das Bild, das Ted Strehlow in seinem Aufsatz «William Ricketts and the Mount Dandenong Sanctuary» benutzt (in: A Living Voice of the Living Bush [catalogue of Ricketts' works, no page numbers], Melbourne 1965, fünfte Seite). Schon Geza Roheim, anders als Freud, hatte beobachtet, dass die Mutter Vorrang hatte in der Erklärung Aboriginaler Religion. Die Migration der Totemahnen durch die Schöpfungslandschaft und ihre Rückkehr in die Erde deutete er, wie die meisten der Zeremonien auch, als einen symbolischen Koitus und, insofern, als Rückkehr zur Mutter, als ewige Erneuerung des Lebens und als Fusion von vergehender Zeit und zeitloser Ewigkeit; vgl. sein The Eternal Ones of the Dream. A Psychoanalytic Interpretation of Australian Myth and Ritual, New York 1945.

23 Journey to Horeshoe Bend (siehe Anm. 18), 176, 181, 260, 263.

24 A.a.O., 310.

25 A.a.O., 317f.

zum Ntarea Totem gehörten. Ewig war in den Aranda der Teil der Seele, der von den Ahnen beigesteuert war, solange das Individuum lebte. Dieser Teil würde zu den Ahnen zurückkehren, um neu inkarniert zu werden, während das individuelle Selbst im Tod verlosch. Im Leben jedoch hatte jeder Aranda einen bedingungslosen Anteil an der Ewigkeit.

Die Grundfigur, die wir aus dieser Kontrastierung gewinnen, ist die von Abwesenheit oder Beziehungslosigkeit versus Anwesenheit oder Gegenwärtigkeit. Der Kontrast wird desto schärfer, je mehr wir uns die Bedingungslosigkeit der Aboriginalen Ewigkeit vor Augen halten. Aboriginale Ewigkeit war eine «unbrechbare Beziehung»[26] im Hier und Jetzt und kam ohne die Kategorie der Heilshoffnung (und, natürlich, der Angst vor Verdammnis) aus.

Die Aborigines zeigten eine Tendenz, das Christentum nicht – wie die Missionare – als die jede andere Überzeugung überbietende und verdrängende Universalreligion zu verstehen, also als Gericht über die «anderen», sondern als einen zusätzlichen Lebensweg – gültig, aber nicht heilsnotwendig. Ted Strehlow dachte ebenso und «übersetzte» und popularisierte diese Anschauungen nun in enger Kooperation mit dem exzentrischen Bildhauer William Ricketts, der sich ebenfalls völlig mit den Aborigines identifizierte.[27]

Beide verabscheuten die Verdrängungsmentalität und den Materialismus der Invasionsgesellschaft und waren sich mit den Aborigines einig darin, dass «der Mensch nicht überleben kann, es sei denn als Teil einer ewigen Weltordnung, in der auch alle Pflanzen und Tiere zu respektieren und vor der Ausmerzung zu bewahren sind.»[28] Ricketts hatte das Innere

---

26 Strehlow: William Ricketts (siehe Anm. 22), dritte Seite.

27 Vgl. etwa Ricketts Brief an Strehlow von 1953 (vermutlich, denn Ricketts datierte seine Briefe nicht!): «All that is sweeping through my life every minute tells me I have roamed this country before the white fellow came in and so everything that has happened in Australia since Captain Cook landed has happened to me». T. G. H. Strehlow's Correspondence with William Ricketts (1941–1978) and Rex Battarbee (1936–1966), Strehlow Research Centre. Allgemein vgl. P. Brady: Whitefella Dreaming. The authorised biography of William Ricketts, Olinda 1994.

28 T. Strehlow: Opening Address für die «William Ricketts Exhibition», 14.10.1973; T.G.H. Strehlow's Correspondence with William Ricketts (siehe Anm. 27). Strehlow schrieb gewöhnlich die wissenschaftlichen und anthropolo-

Australiens bereist, Plastiken Aboriginaler Menschen angefertigt und in den 40er Jahren begonnen, in den Dandenong Bergen bei Melbourne einen Skulpturenwald («sanctuary») zu schaffen, durch den er die Botschaft einer religiösen Zivilisation für das Australien der Post-Invasionszeit verkündete. Die Elemente dieser neuen Zivilisation waren zusammengesetzt aus Aboriginaler Religiosität, christlichem Gewaltverzicht, anti-imperialistischem und ökologischem Denken und später, nach einem Besuch von Ricketts in Pondicherry, verbunden mit der religiösen Philosophie Sri Aurobindos. In zahllosen Kunst-Ausstellungen suchten Ricketts und Ted Strehlow die Botschaft der Fusion («all life is one») zu verbreiten. Strehlow hat das Christentum, insofern es Teil der Invasionsmaschinerie war, kritisiert, aber er hat sich niemals explizit davon distanziert. In seinem letzten Tagebucheintrag wendet er sich an einen personalen Gott,[29] und sein letzter, posthum erschienener Artikel ist der Geschichte der Aboriginalen Kirche gewidmet.[30]

2. Fragen wissenschaftlicher Methodik

Ted Strehlows religiöse Identitäten sind also kein Fall von Synkretismus – das wäre eine *erste*, aber unfaire, Betrachtungsweise –, sondern sie haben eher die Form einer aus dem Missionsmilieu selbst hervorgegangenen theologischen Antithese. An keiner Stelle habe ich eine Synthese Aboriginaler und christlicher Materialien entdeckt. Als Kind der Mission war Strehlow im Übrigen hochgradig sensibilisiert, was die Frage des Synkretismus angeht, denn der Synkretismus-Vorwurf gehörte bis in die 1950er Jahre zum Standardrepertoire protestantischer Missionsrhetorik gegenüber lokalen theologischen Entwürfen. Strehlow macht etwas anderes. Er liest die christliche Tradition, die er beibehält, kritisch im Lichte der Aboriginalen Religion, die er so gut kennt und lieben gelernt hat, jedoch als Kontrast zur christlichen Kultur, von der er herkommt.

gischen Begleittexte oder hielt die Eröffnungsreden zu den Austellungen der Ricketts'schen Werke.

29 6. Oktober 1978: «Oh God, what have I done to deserve such torment now?» Zit. in: Hill: Broken Song (siehe Anm. 4), 758.

30 «Altjira Rega Ekalta: Praise to the Lord, the Almighty», in: Lutheran Yearbook, Adelaide 1979, 25–49.

Kenner der Materie unter den lutherischen Theologen in Alice Springs sprechen ebenfalls nicht von Synkretismus, sondern wenden ein serielles Schema an – das wäre eine *zweite* Betrachtungsweise – dass Strehlow als Christ begann, dann – vor allem in den 50er und 60er Jahren – zur Aboriginalen Religion tendierte, um schließlich an seinem Lebensende wieder zurück zum Christentum zu finden.[31] Das ist eine mögliche Interpretation, aber sie kann nicht wirklich befriedigen, weil die Quellen diese Theorie des Vorher und Nachher ständig unterlaufen. Nirgendwo sagt Strehlow, dass er sich für die eine und gegen die andere Religion entschieden habe. Hill ist in seiner Biographie näher an den Quellen, wenn er eine gleichzeitige und doppelte Religiosität Strehlows annimmt, obschon ich seine Idee einer pathologischen Bewusstseinsspaltung, eine *dritte* Interpretation, für unangemessen halte.

Es scheint mir, dass alle diese Betrachtungsweisen im Modus einer jeweiligen systemimmanenten Kohärenz operieren. Damit will ich sagen, dass die Kriterien von Kohärenz und die Strukturen von Plausibilität aus dem jeweiligen gedanklichen System des *Betrachters* stammen. Der Antipaganismus der Missionsrhetorik zum Beispiel bewirkte, dass der Einfluss von lokalen religiösen Materialien als Repaganisierung gedeutet wurde. Von einem traditionellen lutherischen Gesichtspunkt aus lässt sich Ted Strehlows spiritueller Weg darum am besten als eine zeitliche Abfolge verschiedener religiöser Identitäten deuten, anderenfalls wäre der christliche Exklusivanspruch kompromittiert. Andererseits geht ein säkular-psychoanalytischer Ansatz wie derjenige von Hill von der Annahme eines rational-integrierten Selbst aus, das (zusammen mit der psychoanalytischen Theorie) seine Kohärenz verlöre, wenn Formen dualen Bewusstseins zugelassen würden.

Auch eine theologisch interkulturelle Interpretation der Strehlow'schen Biographie hätte irgendwie mit dem Problem der Kohärenz von Strehlows spirituellem Dualismus umzugehen. Aus dem bisher Gesagten können wir nun folgern, dass jede Betrachtungsweise, die ihre Plausibilitäten allein aus dem eigenen ihr zur Verfügung stehenden Repertoire schöpft, Probleme haben könnte mit der Deutung von Identitäten, die auf mehreren Repertoires beruhen. Theologisch gesehen wäre es deshalb ratsam, die Frage nach der Kohärenz mit Zurückhaltung anzugehen und

31 So Gary Stoll, Doyen der Finke River Mission, in einem Gespräch mit mir im Strehlow Research Centre am 12.10.2009.

sich zunächst mit der Sicherung und Sammlung der religiösen Materialien zu beschäftigen. Ein weiterer Schritt könnte aber darin bestehen, die Kohärenz nicht allein vom Betrachter aus zu denken, sondern auch vom *Betrachteten.*

Was heißt es, Kohärenz vom Betrachteten aus zu denken? In Ted Strehlows Fall war die missionarisch-koloniale Frontsituation in Zentralaustralien kein selbstgewählter, sondern ein ihm vorgegebener Kontext. Aufgewachsen in zwei Welten zugleich, teilte er auch den dazugehörigen Dualismus von kulturellen Vorverständnissen, Sprechweisen, Plausibilitäten und spiritueller Vergewisserung. Seine Erfahrung ist, dass beide Wege verschieden, aber begehbar sind. Das ist *sein* kontextuelles Grunddatum für *unsere* Reflexion über Kohärenz. Weil beide Wege für ihn gültig im Sinn von heilsfähig sind, ist der Gedanke, dass nur einer der Wege in Frage komme, nicht mehr möglich. Damit ist Strehlow frei, sich aus der christlichen und Aboriginalen Tradition, ohne diese zu mischen, das anzueignen, was ihn durch das Leben trägt. Aus biographischen Gründen, die wir diskutiert haben, wählt er meiner Meinung nach vom Christentum vor allem die universalethische und eschatologische Dimension und von der Aboriginalen Tradition die Zugehörigkeit mit anderen zu einem bestimmten Ort und die damit verbundene Gegenwart von Ewigkeit. Dies bedeutet, dass eine theologisch interkulturelle Interpretation nicht umhinkommt, sich auf die interreligiöse Dimension einzulassen und Farbe zu bekennen.

Wenn interkulturelle Theologie diese Art von Kohärenz mitdenken will, muss sie also Platz schaffen für die Logik Aboriginaler Religion und den dazugehörigen Heilszugang anerkennen, das heißt die rituelle Verbindung des Individuums mit dem Anfang der Dinge und dem Totemahnen. Eine Besonderheit dabei wäre, dass sie ein Problem meistern müsste, an dem Strehlow gescheitert ist, nämlich das Erfordernis einer prinzipiellen Geheimhaltung des relevanten Aboriginalen Sakralwissens. Die Asymmetrie von Christentum und Aboriginaler Religion sollte generell nicht unterschätzt werden. Die eine Religion ist prinzipiell missionarisch und ihre Offenbarung öffentlich, während die andere dezidiert unmissionarisch und ihre Offenbarung der Geheimhaltung unterliegt. Man kann sich nicht zur Aboriginalen Religion bekehren, man gehört vielmehr dazu über die Mutter und einen bestimmten Totemplatz. Das Christentum ist nicht an ein bestimmtes Territorium gebunden, während Aboriginale Religion absolut mit einer ganz bestimmten sakralen Topographie und ganz bestimmten Menschen zusammenhängt und damit auch mit der hochpolitischen Frage des Landbesitzes in Australien. Mit anderen Worten, Aboriginale Religion hat auch einen *Exklusivanspruch*. Aber der manifestiert sich nicht als Dogma oder Lehre, sondern in der Zugehörigkeit zur Sakraltopographie Australiens.

In meiner eigenen Beschreibung von Strehlows spirituellem Dualismus habe ich zwar versucht, Platz zu schaffen auch für die Aboriginale Tradition, also von Strehlow her zu denken. Aber ich muss gestehen, dass es mir schwerfällt, die totemistische Alternative anzuerkennen, und noch schwerer einzuräumen, dass Strehlow als moderner Denker, Kenner der Freud'schen Psychoanalyse und Literaturwissenschaftler wirklich existentiell geglaubt haben soll, dass er Teil der Ntarea Totemgemeinschaft war und in unverbrüchlicher Kontinuität zu den Zwillingsahnen stand, die die Landschaft um Hermannsburg herum zu Beginn der Zeit erschaffen hatten. Aber das ist, was er behauptet. Mit der interreligiösen Dimension lässt sich leichter analytisch als existentiell umgehen. Wie lange muss man unterwegs sein, um zu «verdauen» (ein Terminus, der alternativ zu dem des «Farbe bekennen» steht), dass die indigene Narration, der zufolge die Ahnen die Erdkruste aufbrechen, die Landschaft und die Himmelskörper formen, die Menschen schaffen, den Weg zum Himmel blockieren und dann an den Totemplätzen in die Erde zurückkehren, nicht weniger verwunderlich ist als die Story von dem Gottmenschen, der Wundertaten vollbringt, umgebracht wird, die Unterwelt bereist, dann den Himmel, und der schließlich den Menschen einen Weg dorthin bahnt?

Michael von Brück

Globalisierte Welterfahrung und die Rationalität der transrationalen religiösen Praxis
Warum ich so denke, wie ich denke
Autobiographische Skizzen

Im Folgenden werde ich keine systematische Abhandlung präsentieren, sondern eine eher rhapsodische Darlegung von Gründen, die mich die biographisch erfahrene kulturelle Pluralität als kognitiv-konstruktiven Pluralismus deuten lassen. Als Ausgangspunkt, von dem her ich dann zurück und vorwärts gehen werde, wähle ich meine Dissertation von 1975: «Möglichkeiten und Grenzen einer Theologie der Religionen».[1] Darin werden die Theologien Karl Barths und Rudolf Ottos behandelt. Barth, der scheinbar alle Religionen abqualifizierte und allein das Wort Gottes in Jesus Christus, nein: Jesus Christus *als* das eine Wort Gottes, gelten ließ. Und Otto, der unter der Kategorie des «Heiligen» einen Entwurf für eine Theologie der Religionsgeschichte vorgelegt hat, der also die Spuren der Präsenz Gottes als Hierophanien pluralistisch zu denken versuchte. Beiden freilich ist eine Grunderfahrung, besser: ein Schock, gemeinsam: die Selbstzerstörung der europäisch-christlichen Kultur im Ersten Weltkrieg. Das stolze Abendland, das aus seiner vermeintlichen Überlegenheit nicht nur seinen politischen und ökonomischen Herrschaftsanspruch ableiten zu dürfen glaubte, sondern das diesen Anspruch auch kulturell und religiös geltend gemacht hatte: das Christentum als die eine wahre Religion, weil sie den unzivilisierten Wilden zivilisiert habe. Diese Hybris war im Krieg untergegangen. Die «christlichen» Völker waren mit einer noch nie dagewesenen Totalität übereinander hergefallen. Was nun?

1 M. v. Brück: Möglichkeiten und Grenzen einer Theologie der Religionen, Berlin 1979.

1. Vorbemerkung angesichts globalisierter Welterfahrung

Ich schreibe diese Vorbemerkung im März 2013 in einem tibetisch-buddhistischen Kloster im Himalaya. Der Ort liegt über 3500 m hoch. Das Atmen fällt schwer. Vor meinem Fenster die schneebedeckten Berge. Mönche und junge Novizen, 6- bis 10-jährige Kinder, rezitieren stundenlang die Mahāyāna-Sūtras und Bitt-Gebete für das Wohlergehen aller lebenden Wesen in tibetischer Sprache. «Kosmische Solidarität» habe ich diese Spiritualität vor mehr als 30 Jahren genannt. Einerseits. Andererseits bin ich hier im Rahmen eines DFG-Projekts. Die Frage ist: Argumentieren Buddhisten in bioethischen Fragen anders als Europäer und Amerikaner, da ja Buddhisten von einer Anthropologie des Nicht-Selbst ausgehen? Also doch die Vermutung einer tiefgreifenden Differenz der Kulturen, die nicht nur bestimmte Vorstellungen, sondern Strategien der praktischen Vernunft, der Argumentation in modernen ethischen Fragen, betrifft.

Auch das Hochtal von Ladakh ist ans Internet angeschlossen. Straßen werden gebaut, immer unter militärischen Gesichtspunkten, denn die Großmächte Indien und China trauen einander nicht. Die Grenze ist nur wenige Kilometer entfernt, ihr Verlauf umstritten. Das Fernsehen bringt die moderne Lebenswelt in diese seit über 2000 Jahren multikulturelle Gegend. Nicht nur Hindus und Buddhisten kennen Spuren dieser Kulturen am oberen Indus in ihrer Mythologie, auch der Islam ist hier ansässig, und in der Neuzeit kamen die protestantischen Christen hinzu. Herrnhuter Missionare, die erste Schulen bauten und die Gemüsezucht mitbrachten. Vornehmlich Blumenkohl. Eine globalisierte Erfahrung also, nicht erst heute, aber in den letzten Jahrzehnten durch Händler aus Kashmir, Militärs aus Zentralindien und Touristen aus aller Welt unablässig beschleunigt. *Eine* Welt? *Eine* Welterfahrung? Das wird man nicht behaupten können, zu unterschiedlich sind die Lebensstile, die Interessen, die Erwartungen und Ängste der Menschen in München und in Leh. Heimat ist spezifisch, erweiterbar vielleicht, aber nicht austauschbar.

Was ich hier autobiographisch erzähle, kann in der abstrakteren Sprache der Wissenschaft unter der Frage nach den anthropologischen Universalia und den kulturellen Spezifika behandelt werden. So formuliert das Humanwissenschaftliche Zentrum (HWZ) an der Universität München die fundamentale Fragestellung seiner Forschungsperspektive, die durch Kooperation naturwissenschaftlicher und kulturwissenschaftlicher

Fächer ausdifferenziert wird. Das Problem ist nicht neu. Gibt es ein «Wesen» des Menschen, das Menschen miteinander teilen trotz der offensichtlichen kulturellen Unterschiede? Die Extreme von Essentialismus und Konstruktivismus schwingen hin und her, die Forschungsmoden und -modalitäten gewichten abwechselnd mehr das eine, dann mehr das andere. Wenn eine sprachlich und religiös/kulturell identifizierte Gruppe einer anderen begegnet, stellt sich das Problem akut. Wie ist Verständigung möglich? Durch Übersetzung, Mimesis, intentionale Kooperation usw. Aber was geschieht, wenn wir übersetzen? Nicht dasselbe wird anders ausgedrückt, sondern es entsteht eine neue Ausdrucksform. Aber: wovon? Gibt es ein Gemeinsames, und wenn ja, wie lässt es sich bestimmen. Und in welcher Sprache, da wir ja das Eine, wenn es dies denn gäbe, immer spezifisch ausdrücken müssen. Und selbst wenn durch äußerste Abstraktion allgemeine Formeln gefunden werden, wie in der Mathematik, muss auch diese von Quantitäten und Relationen handelnde Symbolik in Alltagssprache vermittelt werden, spätestens dann, wenn gefragt wird, was man zählt: Äpfel oder Birnen? Hinduistische *devas* oder semitisch-israelitische *serafim*? Gibt es eine Veranlagung zum Religiösen (die, wie alle Veranlagungen, bei Menschen unterschiedlich ausgeprägt ist), ein religiöses Apriori, oder sind wir religiös, weil wir zufällig so erzogen worden sind und man uns diese und nicht jene symbolische Ausdrucksform beigebracht hat, um unsere Ängste, aber auch unsere Phantasien und Hoffnungen und kreativen Impulse benennen zu können? Geht es auch ohne Religion?

Diese Fragen und den Versuch, sie mit Vernunftargumenten zu beantworten, kann man trefflich als «interreligiöse Theologie» bezeichnen. Der Begriff ist neu, die Praxis ist alt. Denn genau diese Fragestellungen gibt es bereits im Rigveda (2. Jahrtausend v. Chr.). Wir finden sie zumindest rudimentär bei den Vorsokratikern, bei Platon und Aristoteles. Implizit oder explizit. Sie waren und sind ein Thema der Aufklärung unterschiedlicher Couleur. Schleiermacher war 1799 zutiefst davon bewegt, und eben auch Rudolf Otto. Die aufgeworfenen Fragen erscheinen dabei jeweils unterschiedlich konfiguriert. Der Zeitgeist und die Verunsicherungen jeweiliger Epochen lassen spezifisch fragen. Für Otto war es der Zusammenbruch der europäischen Zivilisation im Ersten Weltkrieg. Eine Erschütterung ohnegleichen. Europa, das am Christentum und seiner Rationalität geschult war, das eine philosophisch-theologische Ethik der Feindesliebe und der Bildungswürdigkeit der Menschen und daraus seinen Überlegenheitsanspruch über die anderen Kulturen begründet hatte, war zerbrochen. Das sogenannte «kulturprotestantische Projekt» galt vielen Zeitzeugen als gescheitert an inneren Widersprüchen. Das Irrationale hatte nicht nur auf der Couch eines Sigmund Freud, sondern auf den Schlachtfeldern von Sedan und Verdun seine unfassbare Fratze gezeigt.

Die Dialektische Theologie Karl Barths reagiert genau darauf. Christliche Offenbarung und menschliche (Un-)Kultur hätten nichts miteinander zu tun. Auch die Religionen, einschließlich des Christentums als Religion, seien ambivalent, zweifelhaftes Menschenwerk. Barth trennt menschliche Welt und göttlichen Anspruch. Otto reagiert anders, eher universalisierend: Er will aufgrund des Studiums der Religionsgeschichte eine allgemeine menschliche Lebensstruktur erkennen, die dann theologisch zu deuten wäre.

2. Das biographische Gedächtnis als verantwortete Interkulturalität

Nicht nur der Erste Weltkrieg hatte am Ast des christlichen Abendlandes gesägt. Auch die Religionskritik des 19. Jahrhunderts, namentlich in der Gestalt des beißenden Spottes Friedrich Nietzsches, die Freilegungen der Tiefenstrukturen des Seelenlebens durch Sigmund Freud und die Funktionsanalyse der Religion durch Karl Marx. Danach diente Religion den herrschenden Klassen als probates Mittel zur Herrschaft, zur Erzeugung von Angst und Abhängigkeit.

Ich bin nach dem Zweiten Weltkrieg geboren und in der DDR aufgewachsen. In einem Elternhaus, das ich bewusst als Pfarrhaus wahrnahm. Die intellektuelle Umgebung war atheistisch, antikirchlich und religionskritisch geprägt. Alle drei Aspekte sind nicht dasselbe, aber unter dem Druck der Staatsideologie des diktatorischen Sozialismus fielen diese Aspekte zusammen. «Religiös» sein, hieß, eine Nische der Freiheit für sich zu reklamieren, fast ein Verschworenheitsgefühl. Differenzen zwischen den Religionen spielten keine Rolle. Die «anderen Religionen» – das waren im geschlossenen politischen System der DDR natürlich nicht Buddhisten oder Hindus oder Muslime, sondern Katholiken und, ganz marginal, Juden. Sie allen waren «religiös» im Unterschied zur Staatsideologie, fast eine verschworene Identität gegen das System. Dass die Verhältnisse real viel komplexer waren, erfuhr ich erst nach der Schulzeit.

Ich «lernte» Religion also nicht als die selbstverständliche Kultur, sondern wurde in eine gegenüber der Gesellschaft abseitige Gruppe sozialisiert. Und das nicht durch Lehrinhalte und Lektüre theologischer Traktate, sondern durch religionsästhetische Prägung. Ich sang in einem Knabenchor, der jeden Sonntag die Liturgie und am Samstagabend die großen Werke der geistlichen Musik aufführte. Ich lernte die Inhalte des Christentums durch Musik. Das bewirkt eine tiefe emotionale Prägung bei gleichzeitiger begrifflicher Offenheit. Religion erlebte ich nicht als begriffliches Lehrgebäude, sondern als offenes System der Identifikationen. Und dies alles in sozialer Vergemeinschaftung, denn im Chor waren alle «religiös» und gegen das Staatssystem – gute Voraussetzungen also für eine enorm starke Sozialbindung gegenüber dem Feindbild Atheismus. Man beschäftigte sich mit Literatur, mit Wagner – mit den Einflüssen des Buddhismus auf die romantische Literatur und Musik. Dies empfand ich als selbstverständlich.

Als ich dann Sanskrit lernte und die indischen Religionen in ihren Symbolwelten und Philosophien zu verstehen suchte, waren diese Impulse Bestätigungen für die eigene religiöse Sozialisation gegen den Atheismus. Wenn der *consensus populorum* religiös war, so hatte die «alleinige wissenschaftliche Weltanschauung», der Marxismus-Leninismus, doch mit einiger starker Konkurrenz zu kämpfen. Für mich war die Pluralität der Religionen und ihrer historischen Deutungsmuster eine befreiende Erfahrung im System der Unfreiheit: intellektuell und politisch. Mir scheint, dass dies die treibende Kraft in meinem Denken war und ist.

Denken ist der Nachvollzug des Erlebten in Kontexten der Mitteilung. Das Erlebte war die Freiheit durch Religion im System der Unfreiheit, und die Spielarten des Atheismus waren der Adressat, der Kontext der Mitteilung für die nachvollziehbare Freiheit. Das habe ich als Durchbruch durch Grenzen empfunden – und wer weiß, was die von Selbstschussanlagen gesicherte Grenze für einen hinter der Mauer eingesperrten Menschen bedeutet, weiß, was es bedeutet, eine Grenze zu durchbrechen. Dies ist der Grund, dass ich kulturelle, disziplinäre und sonstige Grenzen mit Lust zu durchbrechen gewillt war (und bin). Interkulturalität, Interdisziplinarität, Interreligiosität, auch die Überschreitung der künstlichen Grenzen von Wissenschaft und Praxis, von akademischem Disput und Kunst – all dies war mehr als ein intellektuelles Abenteuer, es war sozialpolitische Identitätsfindung. Abgegrenzte Konfessionalität kam in diesem Weltbild schlicht und einfach nicht vor. Primär war die «Solidarität der Religiösen» gegen den Zeitgeist, der militant die Gleichschaltung der Geister unter dem Banner der atheistischen Staatsideologie forderte.

Hier freilich ist eine Reflexion über den Atheismus notwendig, eine Rückblende aus heutiger Sicht, denn diese Analyse kann ich nur schreiben, nachdem ich andere Religionen studiert habe, nachdem also Typologien von Denkformen aufgrund empirischer Studien der differenten historischen Entwicklungen der Religionen möglich geworden sind. Die folgenden Einsichten verdanke ich also vielleicht im Impuls dem Widerstand gegen das atheistische Regime, in der Durchführung aber der Praxis von intellektueller Interkulturalität.

3. Atheismus

3.1 Erscheinungsformen des Atheismus

Der Atheismus ist nicht erst ein Phänomen der neueren europäischen Religionskritik. Er ist so alt wie die Religionen selbst, ja, er kann als eine Variante von Religion (Schnädelbach) bezeichnet werden. Ob Sokrates, der als Verderber der Frömmigkeit (*asebeia*) gegenüber den alten Göttern zum Tode verurteilt wurde, ob die frühen Christen, die als Atheisten verschrien wurden, weil sie sich gegen die Verehrung des römischen Kaisers als Gott stellten, ob der Buddha, der die brahmanischen Opfer für die Götter ablehnte und Fragen nach der Unsterblichkeit, eines Anfangs oder Endes der Welt usw. offen ließ – sie alle wurden von den Mächtigen und Religionsdeutern ihrer Zeit als «Ungläubige» verurteilt.

Allerdings ist das, was verurteilt wurde, sehr verschieden. Der Buddha war skeptisch gegenüber jeder Behauptung, die nicht beweisbar bzw. empirisch überprüfbar war. Sokrates hielt nichts von der Anbetung von menschlichen Projektionen, von Göttern also, die willkürlich das Schicksal lenken würden, und Jesus wandte sich gegen den Missbrauch der Religion durch Politik und Macht.

Auch in der Neuzeit waren die ersten großen «Atheisten» meist nicht im wörtlichen Sinn Atheisten, sondern Mystiker, Pantheisten, Panentheisten oder Deisten: Gott ist *in* allem, oder er *ist* Alles, oder er ist ein hinter allem anzunehmendes letztes Prinzip, das die Welt nach ihrer Entstehung sich selbst überlassen hat – aber er ist nicht der persönliche allmächtige Gott, der so viel Leiden und Widerspruch in der Welt zulässt. Er ist letztlich nichts anderes als das Selbstbild des Menschen, nur an den Himmel projiziert (Feuerbach). Oder er ist das «Opium des Volkes», das eingenommen wird, damit die unerträglichen sozialen Zustände erträglicher sind (Marx). Mehr noch, er ist Opium *für* das Volk (Lenin), das die Herrschenden den Unterdrückten verabreichen, damit diese stille halten, ein bewusster Priesterbetrug also zur Aufrechterhaltung der Klassenherrschaft. Der Glaube an Gott würde sich erledigen, wenn die Massen des Opiums nicht mehr bedürften, wenn also das kommunistische Paradies auf Erden errichtet wäre.

Atheismus kann also *erstens* erkenntnistheoretisch begründet sein (die letzten Zusammenhänge der Welt sind nicht erkennbar). Atheismus kann *zweitens* eine aktive Gottesleugnung sein im Sinne eines Naturalismus (es kann prinzipiell nichts geben als das, was quantitativ in seinen Eigenschaften und Wirkungen messbar ist, was also Gegenstand der Naturwissenschaft ist). Atheismus kann *drittens* aus praktischen Gründen gefordert werden, weil der Glaube an Gott zur Legitimation ungerechter Herrschaft oder zur psychologischen (Selbst-)Entwürdigung benutzt werden kann (er kann ablenken von den wirklichen Aufgaben, die der Mensch in der Weltgestaltung zu leisten hat). Die Argumente sind respektabel, mit Ausnahme vielleicht der zweiten Position: Die Nicht-Existenz Gottes ist ebenso wenig beweisbar wie die Existenz. Indem die Argumente konsistent sind und ein entsprechendes Lebensgefühl vermitteln, kann man gut damit leben. Jahrhunderte des gelebten Atheismus beweisen dies: Atheisten können ebenso wie Theisten moralisch handelnde Wesen sein und sich an ästhetischen wie kognitiven Erlebnissen erfreuen. Sie können ihr Leben strukturieren, indem sie das Einzelne in einen Zusammenhang von Gesetzmäßigkeit einbinden und dies kognitiv und/oder rituell darstellen. Um nur ein altes Beispiel zu geben: Der Buddhismus als nichttheistische Religion hat Jahrtausende lang Menschen ein sinnvolles Leben im *dharma* (Weltgesetz) ermöglicht und zu einem Leben in spiritueller Erfahrung und sinnerfüllter Gemeinschaft angeleitet. Allerdings gibt es auch hier einen letztgültigen Begriff: den *dharma*. Darauf vertraut der Buddhist. Für den modernen Atheisten ist dies vielleicht die Universalität der Vernunft. Kann er darauf verzichten? Die Konstruktion von Gottesbegriffen kann verstanden werden als die Vorstellung und Formulierung eines Höchsten bzw. Absoluten in Bezug auf jede mögliche Welterfahrung.

3.2 Quellen des Wissens

Woher aber weiß der Mensch etwas über das, was manche Religionen «Gott» nennen? Einige Religionen behaupten, über spezielle Selbstmitteilungen dieses Höchsten Wesens zu verfügen (Offenbarung). Wer dem vertraut (Glaube), hält dies für wahr, wer dies ablehnt, ist ein A-theist im Sinne der Ablehnung dieses spezifischen Gottesbildes, wer die Frage offen lässt, ist Skeptiker. Hier gibt es wenig zu diskutieren, denn der Gläubige kann gerade deshalb an seiner Meinung festhalten, weil sie der Vernunft absurd erscheint. Mehr oder weniger plausible Gründe für die Annahme oder Ablehnung einer Gottesvorstellung können zwar gegeneinander abgewogen werden, doch absolute Gewissheit, die der Vernunft einsehbar wäre, kann es nicht geben.

Andere glauben, dass eine der Sinneserfahrung und dem Denken transzendente Wirklichkeit direkt erfahren werden kann. Dies sind die «Mystiker», und entsprechende Gruppen und Strömungen finden sich wohl in allen Religionen. Mit dem Begriff «Mystik» werden einerseits ein Bereich spezifischer Bewusstseinserfahrungen, andererseits die Mittel und Wege zu diesen Erfahrungen bezeichnet. Das Besondere der Bewusstseinserfahrung besteht darin, dass die Wirklichkeit als Einheit erfahren wird, die in sich geordnet ist, so dass ein Gefühl von Geborgenheit, Freude und unbedingter Freiheit für den Erfahrenden daraus folgt. Die *Wahrheit* der Erfahrung ist der Zusammenfall aller Gegensätze in einer Einheit oder dem Ganzen. Die christliche Tradition hat dies als *cognitio Dei experimentalis* (experimentelle Gotteserkenntnis) bezeichnet. Im Buddhismus wird eine ähnliche Erfahrung, nämlich die Einheit von allem als «Entstehen in wechselseitiger Abhängigkeit aller Erscheinungen» (*pratītyasamutpāda*), ganz anders begriffen, nämlich gerade als eine Erkenntnis, die jeden Schöpfer-Gott überflüssig macht. Die Erfahrung ist subjektiv, und die Gewissheit, dass jemand nicht verrückt, sondern «entrückt» ist, kann nur im intersubjektiven Diskurs gewonnen werden. Der aber ist abhängig von Deutungen und Projektionen aller Art. Aus der mystischen Erfahrung folgt jedenfalls nicht, dass ein bestimmtes Gottesbild (z.B. die Vorstellung von einem persönlichen Gott) bestätigt würde. Deshalb hat Karl Barth die Mystik als Atheismus deklariert.

Religiöse Wahrheit ist aber nicht Vermutung (*coniectura*) oder Meinung (*opinio*) über einen prinzipiell oder gegenwärtig ungewissen Sachverhalt, sondern Vertrauen (griechisch: *pistis*, lat. *fiducia*, engl. *faith*). Die Frage nach dem Gottesverständnis ist also keine theoretische, sondern eine existentielle: Auf welche Hoffnung will ich mein Leben begründen? Das, was mich dann «unbedingt angeht» (so Paul Tillich, 1886–1965), das ist mein «Gott». Auch diese Einsicht ist nicht neu. Martin Luther formulierte: Woran du dein Herz hängst, das ist dein Gott.

3.3 Personalität und Transpersonalität

A-theismus ist zunächst die Ablehnung eines theistischen, d. h. personal gedachten Gottes. Dafür gibt es gute Gründe: «Person» ist eine Kategorie menschlicher Erfahrung, ein personaler Gottesbegriff ist also Projektion des Menschen. Ein persönlicher Gott müsste sich, wenn er allwissend und moralisch ist, entsprechend verhalten. Das tut er offensichtlich nicht. Weder die Zeugnisse in den Religionen (auch nicht in der Bibel) zeichnen ein widerspruchsfreies Gottesbild, das frei wäre von Gewalt, Eifersucht, Hass usw., noch ist die Leidenserfahrung der Menschheit (Gewalt, Krieg, Leiden Unschuldiger) angetan, an einen solchen Gott zu glauben. Das «Theodizee-Problem», das heißt, die Schwierigkeit der Rechtfertigung eines allmächtigen Gottes, der gleichzeitig die Liebe sein soll, ist ein starkes Argument für den Atheismus. Büchner nannte es den «Fels des Atheismus».

Dass Gott nicht im Sinn des menschlichen Erlebens «Person» sein kann, ist von alters her bekannt. Auf diese Erkenntnis stützt sich die sogenannte «negative Theologie»: Von Gott kann nur gesagt werden, was er nicht ist. Denn alle Begriffe würden ihn auf die relative Ebene herabziehen und das widerspräche gerade dem Begriff einer «letzten Wirklichkeit». Von den Kirchenvätern (z.B. Gregor von Nyssa) über Dionysius Areopagita bis zu den Mystikern des Mittelalters und heutigen Denkern ist dies selbstverständlich. Im Hinduismus ist es das «*neti* … *neti*» (nicht dies, nicht das) der Upanishaden. Und im Buddhismus sind ohnehin Begriffe und Vorstellungen leer (*śūnya*) in Bezug auf substantiellen Gehalt, alle Begriffe sind mental konstruiert (*prapañca*). Im Hinduismus ist die Wirklichkeit das eine *brahman* (ein Überpersönliches jenseits aller Eigenschaften und Begriffe), das gleichwohl in allen Erscheinungen der Wirklichkeit als «innerer Lenker» (*antaryāmin*) oder das tiefste Selbst (*ātman*) präsent ist. Augustinus will Gott als dynamische Realität hinter der Welt, als ein in sich bewegtes Ganzes, denken. Aus den eben genannten Gründen will er deshalb auch beser den Begriff «Person» vermeiden und lieber *relatio* (Beziehung) sagen. Aber das sei letztlich zu abstrakt, und so sagt er «Person» nur, um nicht schweigen zu müssen. (De Trinitate 5,9,10) Zu einer «Relation» könne man sich nicht im Gebet verhalten. Oder doch?

In manchen Religionen wird Gott *präpersonal* gedacht, als Naturkraft, die kaum intelligenzgesteuert erscheint. In Judentum, Christentum und Islam herrscht das *personale* Gottesbild vor, das der Atheismus ablehnt. In vielen Strömungen des Hinduismus und im Buddhismus (aber auch in mystischen Traditionen) können wir von einem *transpersonalen* Gottesbild sprechen: Hier ist die «letzte Wirklichkeit» nicht weniger als Person, sondern mehr: z.B. ein sich selbst steuerndes Universum, das Information verarbeitet («lernt») und in Kommunikation aller Teilelemente sich selbst intelligent neu schafft. Der Mensch kann in tieferen Bewusstseinsschichten in diesen Kommunikationsstrom eintreten und so mit dem Grund der Wirklichkeit verbunden sein. Gibt es dann Gebet? Ja. Im Sinn eines meditativen Einheitsbewusstseins. Dann bete nicht mehr «ich» zu «Gott», sondern «Gott» selbst betet «in mir». Aber das sagt schon der Apostel Paulus (Römer 8).

3.4 Jenseits von Theismus und Atheismus?

Kann dies ein Atheist akzeptieren? Dies hängt an der Form des Atheismus, die wir oben vorgestellt haben. Ein «Gottesbegriff», der allen Prämissen moderner Erkenntnisse widerspricht, welche die Wissenschaften liefern, kann wohl kaum Konsistenz und Vertrauen (Glaube) herstellen. Aber: die Deutungen der modernen Naturwissenschaften sind nicht abgeschlossen. Es könnte einen vernünftig begründbaren Einheitsbegriff der Wirklichkeit geben, der sich verabschiedet von einem Materiebegriff, der mechanisch beschreibbare Interaktionen von Masseobjekten oder Körpern beinhaltet.[2] Vielmehr wäre dies ein Begriff von «Materie», der Potentialräumen entspricht, die Information tragen. Höhere oder subtilere Realisierungsformen des Materiellen können als emergente Phänomene konzeptualisiert werden. *Emergenz* besagt, dass eine systemisch ver-

2 Zum Folgenden: G. Rager / M. von Brück: Grundzüge einer modernen Anthropologie, Göttingen 2012, bes. 170ff.

bundene Einheit neue Eigenschaften gegenüber den Ausgangsbedingungen hat. Mentale Prozesse (Denken, Fühlen, Gedächtnis usw.) unterscheiden sich qualitativ von den chemischen und elektrischen Reaktionen, die in den verschalteten Zellen ablaufen, wenngleich die mentalen Eigenschaften nicht ohne diese messbaren neuronalen Netzwerke auftreten. In diesem Sinn kann man sie also als emergent bezeichnen.

Um diese Suche nach dem einen zugrunde liegenden Prozess drehen sich philosophische Interpretationen der modernen Physik (Relativitätstheorien und Quantenphysik) und auch der Neurowissenschaften. Im Zusammenhang mit den Beobachtungen der Neurowissenschaften stellt sich die Suche vor allem als die Frage nach der Einheit zwischen der Perspektive der «Dritten Person» (die Perspektive, die es mit objektivierbaren materiellen Prozessen im Gehirn zu tun hat) und der Perspektive der «Ersten Person» (der Perspektive des subjektiven Erlebens und der damit verbundenen Bewusstseinsphänomene: der «Qualia»). Vorschläge gibt es viele; einer der bis in die breite Öffentlichkeit Aufsehen erregt hat und heute neu diskutiert wird, ist David Bohms Annahme einer impliziten Ordnung, die als Inbegriff einer Ganzbewegung (*holomovement*) allem Geschehen auf der Ebene der expliziten Ordnung zugrunde liegen könne. Andere, aber dem Bohm'schen Modell strukturell äquivalente Modelle, finden sich in der buddhistischen und hinduistischen Tradition.

Das Kontinuum der materiell-geistigen Evolution der Welt entfaltet Möglichkeitsräume, Strukturen, Kräfte, Anlagen, die in der Welt selbst liegen. Sie werden zwar erst im Verlauf der Evolution aktuell, aber sie sind schon immer potentiell impliziert, d. h. sie sind angelegt. Sie drücken sich in der Zeit aus, sind aber nicht selbst die Zeit. Jeder Dualismus von Materie und Geist verbietet sich hier, denn er ist nicht geeignet, die beobachtbaren Wechselwirkungen zu beschreiben, vor allem die Kausalität von unten nach oben wie auch von oben nach unten. Vielmehr entfaltet sich ein Potentialraum (Möglichkeitsnetz) in immer komplexeren Strukturen. Es ist also die Welt eine Selbstentfaltung des Einen, das wir Geistmaterie oder Materiegeist oder auch ganz anders benennen könnten, jedenfalls nicht entweder Geist *oder* Materie. Weil Materie als Materie nur erscheint, wenn sie strukturiert ist, gibt es Materie nicht ohne das Struktur- und Formprinzip, das wir – mit der gesamten aristotelischen Tradition im Rücken – Geist nennen.

Das Ganze oder das Eine (*brahman*, *ātman*, *tad ekam*) im Hinduismus bildet ein feldartiges Netz, an dem Bewusstsein (Wahrnehmung und

Denken) als ein interner Aspekt gedeutet werden kann. Man müsste einen Begriff von Wirklichkeit denken, bei dem die Beziehungsstruktur in einem Phasenraum zumindest den gleichen Status erhielte wie die objektivierten Objekte in der klassischen Physik. Dann könnten die subtilen Manifestationen der «einen Energie» als nichtduale Relationenmuster begriffen werden, die quantitativ durch ihre Informationsdichte unterscheidbar sind. Dies würde einen Begriff der Nicht-Dualität von Beschreibungsformen des Materiellen und Mentalen ermöglichen. Die zugrunde liegende Wirklichkeit wäre als ein einziges Relationennetz gedacht.

4. Leben in Relationen

Die Grundskizze des Weltbildes, das ich hier entworfen habe, erkennt die *Verbundenheit* aller Erscheinungen. Es ist ein *öko-sophisches* Weltbild, in dem das, was dem Menschen als materiell und das, was als geistig erscheint, zutiefst miteinander zusammenhängen. Es ist *eine* Wirklichkeit, die in verschiedenen Dimensionen (oder Subtilitätsgraden) erscheint. Meine Grundthese dazu lautet:

Die Welt ist komplex, aber nicht kompliziert. Grundgestalten der Natur und des Geistes bauen sich aus einfachen, regelmäßigen Formen (Kristalle) auf. Schönheit besteht im Regelmäßigen (räumlich) und in der Wiederholung (zeitlich). Das erleben wir in der Musik, im Tanz, in der Komplementarität von Farben und Formen. Allerdings ist das völlig Regelmäßige langweilig, weil nicht lebendig. Leben besteht in einer als Proportion noch wahrnehmbaren Abweichung von der Symmetrie, so dass sich Bewegung der Augen, des Ohres usw. ergibt. Vollkommenheit ist kein «es ist», sondern die Suche nach diesem «es soll werden». Das Maß ist die Suche nach dem, was noch nicht ist, aber erahnt «dahinter» liegt. Maßvolle Selbstgestaltung liegt in der Produktion von Qualität, die das Allgemeine abbildet in einem je unwiederholbar Besonderen. Diese Qualität ermöglicht Identifikation als Einzelner in einem größeren Zusammenhang, der Geborgenheit gewährt.

Ein solches Weltbild kann in Ritualen eingeübt und inszeniert werden. Sie verbinden den Menschen mit der kosmischen Ordnung. Rituale haben genau dies schon immer getan: die Ordnung, die in der Welt geglaubt (oder vermutet) wird, auf allen Ebenen – kosmisch, sozial, psychologisch – abzubilden. Die «Unterbrechung», die das Ritual gegenüber dem Alltag bedeutet, inszeniert ein Erleben des hinter allen Widersprüchen existierenden Zusammenhangs der Wirklichkeit. Das erzeugt Hoffnung und Mut zum Handeln in Solidarität mit der gesamten Realität. So entstehen Lebensgewissheit und soziale Kommunikation, mehr noch: *kosmische Kommunion.*

4.1 Gedachte Transzendenz als produktive Expression der Phantasie

Drei Aktivitäten des Menschen, die sich in kulturellen Diskursen ausdrücken, zeigen, dass sich der Mensch gestaltet, indem er seine eigene Gestaltung durch Produktion herstellt. In allen drei Bereichen begnügt sich der Mensch nicht mit dem, was er vorfindet, sondern er vermutet – im eben angedeuteten Sinne – eine andere Realität hinter der, die ihm in den Sinnen erscheint. Diese drei kulturellen Gestaltungsbereiche sind: *Religion, Kunst und Wissenschaft.* In der Religion entwirft der Mensch eine Ordnung der Dinge hinter dem Chaos der Lebenserfahrung. Er entwirft Transzendenz und inszeniert dieselbe im Ritus. In der Kunst entwirft der Mensch Bilder von der Wirklichkeit, wie sie in Wirklichkeit sei bzw. sein soll. Dies können Hoffnungsbilder der Schönheit sein (trotz aller Widerwärtigkeit) oder Bilder des Scheußlichen, die aufrütteln sollen und die Lethargie des Faktischen vertreiben. In der Wissenschaft erkennt der Mensch eine Mathematik und Geometrie in den Dingen gegen allen Anschein. Er entdeckt Gesetzmäßigkeit, also Ordnung, in und hinter dem scheinbar Zufälligen. Er entdeckt andere Zusammenhänge als die, die zunächst zu sein scheinen (die Sonne geht nicht auf, sondern die Erde dreht sich; die materiellen Körper sind nicht fest, sondern bestehen aus Quantenfluktuationen usw.). In diesen drei Dimensionen entwickelt der Mensch Phantasie, seine Lebensverhältnisse zu verändern.

Der Mensch lebt in Erwartungen. Diese Erwartungen projizieren ein Vorherwissen, das spielerisch Möglichkeiten der Zukunft entfaltet, die dann an Hand des Erfahrungsschatzes durchdacht werden. Dieses Wissen ermöglicht eine Sehnsucht über das Gegenwärtige hinaus, eine Überlegenheit über die Zeit und die Endlichkeit – und dieser Wunsch nach dem, was (noch) nicht ist, zeichnet den Menschen aus. Aufgrund des Zeitbewusstseins kann sich der Mensch die Zukunft vorstellen. Ja, er kann sich intuitiv in eine andere Wirklichkeit als die, die er gegenwärtig real erlebt, versetzen. Die denkende Imagination ist es, die das Endliche übersteigt und Hoffnung über die jeweilige Gegenwart hinaus freisetzt. Hoffnung ist Ausdruck des Kreativen im Menschen, der sich über den Ist-Zustand erhebt. Hoffnung erzeugt ein Spannungsverhältnis, nämlich die Kluft von Wirklichkeit und Anspruch, von Sein und Sollen bzw. Wünschen. Aber Hoffnung ist zugleich Inbegriff der Aufhebung dieses Widerspruchs.

Projektive Phantasien haben eine individuelle und eine gesellschaftliche Seite. Auf der einen Seite hat jeder Mensch Hoffnungen für sein eigenes Leben, und diese Hoffnungen kreisen nicht nur, aber doch zentral, auch um die Frage nach der Grenze des Lebens, d. h. nach dem Tod und einem möglichen Jenseits. Auf der anderen Seite kann jeder Mensch als Mensch nur in einer Gesellschaft existieren, denn er ist, was er ist, in Beziehung zu anderen Menschen. Die Gesellschaft ermöglicht Leben und schränkt gleichzeitig mögliche Lebensgestaltung ein. Auch hier kreisen die Hoffnungen um die Möglichkeiten der Grenzüberschreitung dessen, was ist, also um eine Veränderung der gesellschaftlichen Zustände. In vielen Gesellschaften und besonders in den entsprechenden Religionen können wir beobachten, wie sich beide Dimensionen der Hoffnung in gegenseitiger Abhängigkeit ausgestalten und verändern.

4.2 Religionen als Gegenstand der Religionswissenschaft

Ich unterscheide Gegenstand und Objekt des Denkens. Religionen sind kein Objekt, das abgrenzbar wäre von anderen Erscheinungen durch bestimmte Eigenschaften, die wesensmäßig und festgestellt werden könnten. Insofern ist die moderne Kritik der Religionswissenschaft an der klassischen Religionsphänomenologie notwendig gewesen. Aber ohne Phänomenologie, d. h. die Beschreibung von Erscheinungen, die als ebendiese Erscheinungen vergleichend wahrgenommen und einander zugeordnet werden, kommen wir nicht aus. Religionen entstehen in gesellschaftlichen Diskursen. Das, was Religion ist, wird in diesen Diskursen ganz unterschiedlicher Akteure jeweils neu «ausgehandelt». Dabei sind Institutionen, die sich als religiös deklarieren, nur einer der zahlreichen Akteure. Auch die Religionswissenschaft ist ein Akteur, insofern sie die Diskurse über Religion mitprägt. Dies in der manchmal sicher unübersichtlichen, aber doch kognitiv erfassbaren pluralen Methodik der Religionswissenschaft wahrzunehmen, ist eine historisch differenziert arbeitende neue Phänomenologie. Ich habe dafür den Begriff der historischen Hermeneutik geprägt.

4.3 Anthropologische Wurzeln der Religionen

Religionen wurzeln allerdings in anthropologischen Grunddaten, sonst wären sie überhaupt nicht mit einem Sammelbegriff darstellbar. Mir scheint, dass es sich dabei diachron und diatop variant um zwei Aspekte des Menschseins handelt. Die eine Wurzel: Religion ist Kompensation des Leidens und des Todes. Menschliches Leben ist fragil und nicht vorhersagbar. Die Zufälligkeit des Lebens ist etwas Erschütterndes. Menschen versuchen in Religionen, dem allen einen Sinn zu geben, d. h. das als zufällig Erlebte in einen weiteren Rahmen zu stellen, in dessen Deutungsmustern es einen Sinn bekommt. Die andere Wurzel: Religion ist das ekstatische Erleben. Menschliches Erleben ist ja nicht nur Leiden und Tod und Krankheit, sondern auch Ekstase, d. h. Momente der totalen und nicht intentional gesteuerten Beglückung treten in unterschiedlichen Zusammenhängen auf. Auch hier wird das Kontingente des unmittelbaren Erlebens in einen größeren Zusammenhang gestellt. Das kann in der Betrachtung der Natur geschehen oder in der Musik, in der Kunst überhaupt, natürlich auch in der Erotik. Religionen drücken beide Aspekte aus, sie sind die (rituelle) Performanz der Einordnung kontingenten Erlebens in als gesetzmäßig geglaubte größere Zusammenhänge.

Diese Zuordnungen sind allerdings historisch kontextuell, d. h. plural. Religionen sind, wie auch Sprachen, unterschiedliche Zugangsweisen zur Welt, die ihre eigene innere Überzeugungskraft, Bildungskraft, Metaphernkraft haben, Geschichten erzählen, und die überzeugend sind – oder eben auch nicht. Aber Religionen gegeneinander abzuwägen in dem Sinne, dass die eine als solche wahr sei, die andere aber falsch, ist so wenig möglich wie das Abwägen der Sprachen in dieser Hinsicht. Natürlich gibt es richtige und falsche Aussagen, der Maßstab ist aber jeweils ein selbst wieder kontingentes bzw. historisch bedingtes Bezugssystem. Aus dieser Einsicht ergibt sich die Notwendigkeit einer pluralistischen Betrachtungsweise.

Zunächst ist die Zugehörigkeit zu einer Religion meistens keine Entscheidung, sondern man wird hineingeboren in eine bestimmte kulturelle Situation. Die Ursprungsfamilie ist das prägende soziale Milieu, aus dem sich dann auch religiöse Prägungen, psychische Grundhaltungen wie Urvertrauen oder eben Angst, ergeben. Erst in der Pubertät und im Erwachsenenalter lernt man, kulturelle Erfahrungen miteinander zu vergleichen, weil man Unterschiede kennengelernt hat. Aus der Wahrnehmung des Unterschieds ergibt sich die Möglichkeit zur Unterscheidung. Dies beinhaltet allerdings auch die Erkenntnis, dass Religionen ja keineswegs so einzigartig und ursprünglich sind, wie man vielleicht bisher aus Mangel an Kenntnis angenommen hatte, sondern dass religiöse Identitäten von Anfang an in synkretistischen Situationen wurzeln, dass alle Religionen immer auf jeweils anderes bezogen und aus vielen Elementen zusammengesetzt sind. Das Christentum etwa ist eine Mischung aus jüdischen, griechischen, ägyptischen und dann eben auch germanischen Elementen. Das ist in anderen Religionen nicht anders. Der Unterschied heute ist, wie mir scheint, dass wir erstens die gesamte Welt im Blick haben – die fremden Kulturen sind nicht mehr fremd, sondern am je als eigen reklamierten Ort präsent, sie sind aufeinander bezogen und vermischen sich wechselseitig in ihren Legitimationen –, und dass zweitens die individuelle Entscheidungsfreiheit in einem Maße gegeben ist wie noch nie zuvor in der Geschichte. Denn Religionen sind ja nicht nur individuelle Erfahrungen, sondern auch soziale Systeme. Sie geben Staaten ein Rechtssystem, sie legitimieren oder delegitimieren ein Rechtssystem und Herrschaftssysteme, und damit sind sie politisch relevant und von den entsprechenden Herrschenden entsprechend benutzt worden, ebenso aber auch von Emanzipationsbewegungen, die die jeweilige Herrschaft herausgefordert und in Frage gestellt haben. Religionen sind öffentlich, sie aufs Private beschränken zu wollen, entspricht nicht dem, was die Religionsgeschichte an Daten liefert. Auch die Zeitgeschichte lehrt die öffentliche Präsenz von Religionen. Damit ergibt sich das Problem differenter Geltungsansprüche. Und dies kann nur im pluralistischen Diskurs aufgegriffen werden.

Diese These muss unterschieden werden von einem Begriff der Toleranz, der hier eher irreführend ist. Bereits Goethe wollte aus gutem Grund Toleranz nur vorübergehend gelten lassen, weil in ihr ein Machtgefälle zum Ausdruck komme, das sich in Toleranz als herablassender Haltung zeige. Toleranz müsse vielmehr zur Anerkennung des anderen führen. Aber wie? Denn Geltungsansprüche sind Ansprüche, denen in jedem Gemeinwesen auch Grenzen gesetzt werden. Der Toleranzbegriff in der Aufklärung war begründet worden mit der Einsicht, dass jede religiöse Position «inkonsistent» (Voltaire) sei, die Konfessionen seien wie verschiedene Münzprägungen, die den gleichen Wert hätten. Ob aber etwa auch dem Atheisten Duldung gewährt werden solle, war strittig. Rousseau plädiert für (beinahe) unbegrenzte Toleranz gegenüber Meinungen mit der Ausnahme, dass es keine Duldung der Intoleranz geben könne. Für Lessing erweist sich die Authentizität einer Religion an den Taten, an der Ethik also bzw. an der individuellen wie sozialen Wirkung. Aber auch das bedeutet, dass der Duldung des Anderen Grenzen gesetzt sind, die am ethischen Nutzen festgemacht werden. Angesichts dieser Denkfigur hat auch die Aufklärung ein Abgleiten ins Totalitäre nicht vermeiden können. Zwar wurde der Begriff der Toleranz nach den beiden Weltkriegen im 20. Jh. dahingehend weiter entwickelt, dass der Andere nicht nur geduldet werden solle, *obwohl* man sein Argument für falsch hält, sondern *weil* man ihn im Irrtum meint, ihm als Person aber die Würde unabhängig von seiner Meinung zusprechen müsse. Auch das bedeutet aber nicht, dass alles gleich gültig sei, weil es gleichgültig ist, sondern dass das Gute als gleich gültig gelten solle. Was aber das Gute ist, wird im gesellschaftlichen Diskurs verhandelt. Es müssen Maßstäbe dafür entwickelt werden, was als gut gelten könne. Voraussetzung dafür ist der Glaube an die Allgemeingültigkeit der Vernunft.

Alle Religionen haben Gewalt gerechtfertigt. Und unsere moderne Frage ist immer noch: Muss Gewalt gerechtfertigt werden? Muss man mit Gewalt eingreifen, wenn ein Mensch geschunden wird? Oder ganze Gruppen von Menschen geschunden werden? Oder sind nur gewaltfreie Aktionen legitim? Aber was ist dann Gewalt bzw. Gewaltfreiheit? Beschränkt sich die Frage auf die physische Ebene, oder gibt es auch eine legitime Frage nach der Gewalt bzw. Gewaltfreiheit auf der psychologischen und mentalen Ebene?

4.4 Praxis des Erkennens und Handelns

Wie kann zunächst der Diskurs über diese Fragen gewaltfrei und ohne unzulässige Fremdbestimmung geschehen? Diese Frage ist nicht neu. Sie ist zentral für die Religionen, auch für die Philosophie und die Psychologie. Wie komme ich zu einem möglichst wenig fremdbestimmten Bewusstsein und damit zu gewaltfreien Diskursen? Das Problem kann nur interdisziplinär erforscht und dann womöglich beantwortet werden. Mir scheint, dass der Buddhismus wie keine andere geistige Tradition hier bahnbrechende Analysen geleistet und Lösungsmöglichkeiten vorgeschlagen hat. Das ist einer der Gründe dafür, weshalb ich das, was man Buddhismus nennt, für mehr als nur einen legitimen Gegenstand der Religionswissenschaft (und anderer Disziplinen) halte, sondern für ein kognitionstheoretisch zu beschreibendes Werkzeug für Erkennen überhaupt. Aus diesem Grund verstehe ich mich auch als Religionswissenschaftler, der einerseits distanziert-beschreibend analysiert, andererseits Aspekte des Buddhismus (und des Christentums) praktiziert, was nichts mit einer Vermischung von distanzierter Wissenschaftspraxis und engagierter Religionsausübung zu tun hat, sondern mit dieser kognitionstheoretisch beschreibbaren Praxis.

Denn wofür wird der Mensch geschult, wenn er sich buddhistischer Geistesschulung unterzieht? Er wird dafür geschult, seine eigenen Wahrnehmungs- und Gestaltungsmuster zu erkennen. Dabei geht es zunächst um eine Konzentrationsschulung, die mit dem ganzen Körper und mit dem Atem verbunden ist. Man lernt also alle bewusstseinsinternen Prozesse, Gefühle und Gedanken, von außen anzuschauen. Je mehr man meditiert und je mehr man in diese Form der Übung eindringt, desto besser kann man die eigenen Impulse, das eigene Funktionieren des Bewusstseins durchschauen und dann auch steuern.

Auch hier lässt sich eine mögliche Selbstpositionierung durch die Wahrnehmung des Buddhismus (und entsprechend dazu auch anderer Religionen) in der Geschichte analytisch aufklären. Wenn man die Geschichte des Buddhismus in Europa betrachtet, kann die historisch-hermeneutische Methode hilfreich sein.[3] Der Buddhismus ist mehr als eine religiöse Modeströmung. Die Begeisterung für Indien setzte in Europa etwa um 1800 ein, und sie war verbunden mit dem Bestreben um eine Erneuerung der Kultur: kognitiv, emotional und sozial. Im 19. Jahrhundert ging es wesentlich um die Ethik, das Verhalten, und um die rationale Philosophie. Man meinte, im Buddhismus ein Gegenmodell zur europäischen Religionskultur erkennen zu können, weil man glaubte, dass es im Buddhismus keine Dogmen und keine Rituale gebe, die konfessionell spalten, sondern dass es sich um eine rationale Philosophie und einsichtsvolle Psychologie handele. So nahm man den Buddhismus wahr, ohne die Realität des Buddhismus in Asien zur Kenntnis zu nehmen. Doch dann setzte im Zusammenhang mit dem Ersten Weltkrieg und da-

3 Diese habe ich entwickelt in: M. von Brück / W. Lai: Buddhismus und Christentum, München 1997, 638ff.

nach eine neue Wahrnehmung des Buddhismus ein. Das hängt wiederum mit den europäischen Perspektiven und Projektionen zusammen, die aus der Katastrophe des Krieges und des Zusammenbruchs des Selbstbewusstseins der europäischen Überlegenheitsmentalität eine Alternative suchten: Der Buddhismus galt nun als Alternative für die zerbrochene Bewusstseinskultur durch neue und pädagogisch relevante Bewusstseinsschulung, also Meditation. Nach dem Zweiten Weltkrieg setzte eine Begeisterung für Ostasien noch einmal neu ein. Diese Begeisterung kam von Amerika und hängt mit der amerikanischen Japan- und Chinapolitik zusammen. Das Zen, das aus China und Japan kommt, faszinierte nun nicht nur einige Intellektuelle, sondern wurde in breiteren Bevölkerungsschichten aufgenommen – zunächst in Künstlerkreisen, dann in der 68er-Bewegung in der Hippiekultur, und dann auch in einigen katholischen Orden. Heute wird daraus eine Kultur der Achtsamkeit, die das Gesundheitswesen und das Bildungswesen der westlichen Welt erfasst hat. Das Thema der Achtsamkeit ist in den letzten Jahren aus der rein religionskulturell geprägten Szene herausgewachsen in die Wissenschaft hinein, wir haben Achtsamkeitskongresse in Zusammenhang mit medizinischen und neurowissenschaftlichen Fragen und Medizinkongressen, als Therapieformen bereits breit institutionalisiert. Plötzlich spielt dieses buddhistische Konzept der Achtsamkeit und der Achtsamkeitsschulung eine Rolle in solchen Prozessen der Gesellschaft, die wir zunächst meist gar nicht mit Religion verknüpfen.

Der Buddhismus hat für diese Zusammenhänge eine Philosophie entwickelt auf der Grundlage einer Psychologie, also einer Einsicht in die Funktionsweisen des Bewusstseins. Die Einsicht ist, dass das Ganze ein umfassendes System ist. Demnach ist der Andere nicht einfach der Andere, sondern ein Aspekt von mir. Bestimmung von Alterität und Identität sind wechselseitig voneinander abhängige Ereignisse. Dadurch wird das Subjekt angeregt so zu handeln, dass es dem Anderen nicht schadet, denn Schädigung ist dann immer Selbstschädigung. Das betrifft auch die Grundstruktur des Denkens, die ich in dem hier entworfenen Sinn als *Struktur der inklusiven Identitätsdifferenz* bezeichnen möchte. Das bedeutet, dass Pluralität in wechselseitigen Relationen gedacht werden kann. Und das ist eine Inklusivität. Darum spreche ich von einem inklusiven Pluralismus und einer pluralistischen Inklusivität. Beide Perspektiven bedingen einander. Selbstredend ist dies auch anwendbar auf die Religionstheologie.

Die Weigerung, solche Zusammenhänge zu erkennen und daraus individualethische, wissenschaftsethische und sozialethische Konsequenzen zu ziehen, habe ich in verschiedenen Publikationen als Dummheit bezeichnet.[4] Dies ist in der Tat ein Grundübel, wohl nicht nur unserer Zeit. Dummheit hängt mit Egoismus, mit der Einbildung einer egozentrischen Perspektive zusammen. Eine solche ist nicht nur theoretisch, sondern auch moralisch übel, weil Dummheit Selbstreflexion, Selbstkritik und damit auch Veränderungsbereitschaft verhindert. Solche Dummheit kann sich institutionalisieren in Bildungssystemen, auch in politischen Systemen, selbstverständlich auch in religiösen Systemen, in denen man seine Identität behaupten muss dadurch, dass man sich am besten nicht verändert. «Glaubwürdigkeit» wird dann mit dem Beharrungsprinzip verwechselt, während Wandel als Schwäche interpretiert wird. Das ist bereits bei Brecht thematisiert in der berühmten Geschichte vom Herrn K.: «‹Sie haben sich gar nicht verändert›, ‹Oh›, sagte Herr K., und erbleichte.»[5] Wir setzen hingegen ständig darauf, unsere eigenen Bedürfnisse nach Stabilität zu befriedigen, nach einer Ego-Stabilität, die dann nach außen projiziert wird. Das Bedürfnis nach festen Strukturen prägt unsere Selbstbilder und wird der Erkenntnis einer sich wandelnden pluralen Wirklichkeit nicht gerecht. Dies zu durchschauen, ist eine Aufgabe des Denkens. Das ist, wie mir scheint, eine der Wurzeln einer pluralistischen Religionstheologie.

Ich vermute, dass wir heute überhaupt keine andere Wahl haben, als die Pluralität zu reflektieren, also pluralistisch zu denken und damit theologisch das zu entwerfen, was der Begriff «interreligiöse Theologie» besagt. Denn wir leben in einer Weltgesellschaft, die miteinander vernetzt und voneinander abhängig ist in Kommunikationen, die unterschiedliche Wertvorstellungen, Erfahrungen und Symbole miteinander ins Gespräch bringen, die Kulturen in ihrer Geschichte hervorgebracht haben. Was wir brauchen, ist die Bewusstwerdung dieser Situationen, und das kann nur in einem gleichberechtigten Diskurs aller Partner, die dafür bereit sind, auf Augenhöhe geschehen.

---

4 M. v. Brück: Wie können wir leben? Religion und Spiritualität in einer Welt ohne Maß, München 2005[5], 133ff.

5 B. Brecht: Kalendergeschichten, Hamburg 1953, 117.

Die Autorinnen und Autoren

Dr. Reinhold Bernhardt, Professor für Systematische Theologie/Dogmatik an der Universität Basel mit dem Arbeitsschwerpunkt «Theologie der Religionen».
www.theolrel.unibas.ch → Personen →Bernhardt

Dr. Michael von Brück, Professor für Religionswissenschaft an der Universität München mit dem Arbeitsschwerpunkt «interreligiöser Dialog».
www.michael-von-brueck.de; www.facebook.com/michaelvonbrueck

Dr. Catherine Cornille, Professorin am Boston College mit Schwerpunkt auf Fragen der Theorie und Methodik der Religionswissenschaft, des interreligiösen Dialogs und der Komparativen Theologie.
www.bc.edu/schools/cas/theology/faculty/ccornille.html

Dr. Ulrich Dehn, Professor für Missions-, Ökumene- und Religionswissenschaften am Fachbereich Evangelische Theologie der Universität Hamburg. Schwerpunkte u.a. weltweites Christentum und systematische Fragen des interreligiösen Dialogs.
www.theologie.uni-hamburg.de/imoer/dehn.html

Dr. Wolfgang Gantke, Professor für Religionswissenschaft und Religionstheologie am Fachbereich 7 der Johann Wolfgang Goethe-Universität Frankfurt a. M.
www2.uni-frankfurt.de/44625979/prof_gantke

Dr. Michael Hüttenhoff, Professor für Historische und Systematische Theologie an der Universität des Saarlandes, Saarbrücken.
www.uni-saarland.de/campus/faculties/departments/humanities-i/departments/evangelische-theologie-fr-32/lehrende/prof-dr-michael-huettenhoff.html

Dr. Anja Middelbeck-Varwick, Juniorprofessorin für Systematische Theologie mit Schwerpunkt «Theologie des interreligiösen Dialogs / christlich-muslimische Beziehungen» an der Freien Universität Berlin.
www.geschkult.fu-berlin.de/e/kaththeo/magistri/profs/Anja_Middelbeck-Varwick/index.html

Dr. Marianne Moyaert, Professorin für Komparative Theologie und Hermeneutik des Interreligiösen Dialogs an der Universität Amsterdam.
www.godgeleerdheid.vu.nl/nl/over-de-faculteit/medewerkers/wetenschappelijk-personeel-m-s/m-moyaert/index.asp

Dr. Sigrid Rettenbacher, Universitätsassistentin am Zentrum «Theologie Interkulturell und Studium der Religionen» an der Universität Salzburg.
www.uni-salzburg.at/ztkr/sigrid.rettenbacher

Dr. Perry Schmidt-Leukel, Professor für Religionswissenschaft und Interkulturelle Theologie an der Universität Münster.
www.uni-muenster.de/Religion-und-Politik/personen/antragsteller/schmidt-leukel.html

Dr. Werner Ustorf, em. Professor für Missionswissenschaft an der Universität Birmingham.
www.birmingham.ac.uk/staff/profiles/tr/ustorf-werner.aspx

Personenregister

Kursivgesetzte Seitenzahlen verweisen auf Fußnoten.

Aelred von Rieval 17, 213, 225–231
Aristoteles 214, *231*
Augustinus, Aurelius *71*, 103, *194*, 280
Aurobindo Ghose 18, 236, 244–249, 266
Austin-Broos, Diane 258

Barth, Hans-Martin 8f
Barth, Karl 271, 274, 278
Bauer, Thomas 99
Bernhardt, Reinhold 12, 14f, 177
Bernoulli, Carl Albrecht 54, 55
Bhabha, Homi 69, *87*, 90
Bochinger, Christoph 43
Bohm, David 281
Bollnow, Otto Friedrich 237, 241, 246
Borsig, Margareta von *123*
Boyarin, Daniel 94
Brück, Michael von 19f, 39
Büchner, Georg 279
Burford, Grace 9
Burms, Arnold 146
Butler, Judith *87*

Cano, Melchior 52
Clifford James *86*
Clooney, Francis 39f, 46, *49*, 133f, 154, 162f, 168, 170f, 209, *211*, 212
Cornille, Catherine 16, 40, 46, *49*, 140

D'Sa, Francis 39
Dalferth, Ingolf *32*
Daniel, Walter *227*
Dawkins, Richard 253
De Dijn, Herman 146
Dehn, Ulrich 16, *52*
Denny, Frederick *186*
Descartes, René 238
Dhawan, Nikita *87*
Dilthey, Wilhelm 237f, 241
Dionysius Areopagita 279
Drew, Rose *11*, 47
Dunne, John 45
Dupuis, Jacques 75

Ebeling, Gerhard 51

Farley, Wendy 9
Feldmeier, Peter 171
Feuerbach, Ludwig 277
Fletcher, Janine 143
Foucault, Michel 87f
Fredericks, James 46, 162, *211f*
Freud, Siegmund 24, *264*, 274
Friedli, Richard 7

Gadamer, Hans-Georg *138*
Gangadean, Ashok *33*
Gantke, Wolfgang 18
Geffré, Claude 181

Gmainer-Pranzl, Franz 7f
Goethe, Johann Wolfgang 254, 286
Gregor von Nyssa 279
Grundmann, Christopher *260*
Grünschloss, Andreas 186

Habermas, Jürgen *109*, 114, 119f, 126
Harms, Ludwig 260
Heelas, Paul 263
Hegel, Georg Wilhelm Friedrich 61
Heiler, Friedrich *49f*
Herck, Walter van 141
Hick, John 38, 117, 254
Hill, Barry 256–258, 267
Hintersteiner, Norbert 10, 56
Hock, Klaus 206
Hoff, Gregor Maria 52
Hogan, Linda 9
Humphrey, Caroline 144, 151
Hünermann, Peter 191
Hüttenhoff, Michael 17f

James, William 120
Janiszewski, Tim 131
Jaspers, Karl 57–59, 114
Johannes Paul II. (Papst) *111*

Kee-Fook Chia, Edmund 63
Keenan, John 162, 171
Keenan, Linda 171
King, Richard 98
Klimkeit, Hans-Joachim *124*
Knitter, Paul 62, 63
Konstantine, Steven 39
Körner, Felix 200, 202

Laidlaw, James 144, 151
Leder, Stefan 10
Lefebure, Leo 171
Leiris, Michel *86f*
Lenin (Wladimir Iljitsch Uljanow) 277
Lessing, Gotthold Ephraim 287
Lieu, Judith 94
Lindbeck, George *146*
Lipps, Hans 237
Locklin, Reid 171
Luther, Martin 61, 256, *263*

Makransky, John 9
Mall, Ram Adhar *37*
Maraldo, John 139, 143
Marx, Karl 274, 277
Masuzawa, Tomoko 165
May, John 9
McFaul, Thomas 23, 25
Mensching, Gustav 251
Meyer-Abich, Michael 239
Misch, Georg 18, 236–243
Moyaert, Marianne 16
Müller, Friedrich Max 28
Mylius, Klaus *216*

Nehring, Andreas *82*, 98, 101
Neuwirth, Angelika *94*, 96f, *186*
Neville, Robert 47
Nicolay, Corry *135*
Nietzsche, Friedrich 248, 264, 274

Otto, Rudolf 44, 271, 273f
Ozankom, Claude *196*

Panikkar, Raimon 39
Patil, Parimal *29*, 39
Paul, Gregor *37*
Peirce, Charles Sanders 103, 120
Pesch, Otto Hermann 194f, *197*
Phan, Peter 47, 64f
Pieris, Aloysius 63, 162
Plessner, Helmuth 237, 240f, 253
Polanyi, Karl 146
Pratt, Douglas 130
Prothero, Stephen 117

Rahner, Karl *192*, 195
Randeria, Shalini *84*
Reichenbach, Hans 57
Rettenbacher, Sigrid 15f
Ricketts, William 265
Ricœur, Paul *138*
Roheim, Geza *264*
Rousseau, Jean-Jacques 287
Russell, Bertrand 142
Ryle, Gilbert 141

Said, Edward 86–89
Salomon, Richard 218
Schlegel, Friedrich 246
Schleiermacher, Friedrich Daniel Ernst 46, 53, 55, 60, 273
Schlette, Heinz Robert 253
Schmidt-Leukel, Perry 7, 14, 45, 47, *50*, 59, 63, 206, *211*, 249
Schmitz, Hermann 246
Schnädelbach, Herbert 34, 276
Schopenhauer, Arthur 246
Schreijäck, Thomas 7
Schuster, Peter 215
Schweitzer, Albert 240
Sheldrake, Rupert *241*
Sheridan, Daniel 167, 171
Smart, Ninian 39
Smith, Wilfred Cantwell 13, 34–38, 45, *48*, *183*
Spivak, Gayatri *87*, 89, *93*
Stosch, Klaus von 11, 46, 207f
Strehlow, Carl 262f
Strehlow, Ted 18f, 255–258, 261–269
Striet, Magnus *203*
Swidler, Leonard 13

Takim, Abdullah 204
Teoharova, Genoveva 58
Thatamanil, John 39
Thomas von Aquin 28, 35, *194*
Tielesch, Simon *82*
Tillich, Paul 53f, 279
Torevell, David 153

Ustorf, Werner 18f, 61

Varela, María do Mar *87*
Visker, Rudi 153
Voltaire 286

Waardenburg, Jacques 203f
Walz, Heike *207*
Ward, Keith 34, 39, 41, 46, 63, 162, *201*
Whitehead, Alfred North 244
Wijsen, Frans *135*
Wittgenstein, Ludwig 146

Woodhead, Linda 263
Yong, Amos 9
Young, Robert *87*
Yuval, Israel Jacob 94